Zwischen fristgerechter und verspäteter Einschulung

Waxmann Verlag GmbH
Steinfurter Straße 555, 48159 Münster
info@waxmann.com

Franziska Wehner

Zwischen fristgerechter und verspäteter Einschulung

Die Einschulungsentscheidung und ihre Bewährung aus Elternsicht

Waxmann 2015
Münster • New York

Die vorliegende Arbeit wurde 2013 von
der Otto-Friedrich-Universität Bamberg
als Dissertation angenommen.

1. Gutachterin: Prof. Dr. Gabriele Faust
2. Gutachterin: Prof. Dr. Katrin Liebers
Datum der Disputation: 16.12.2013

Bibliografische Informationen der Deutschen Nationalbibliothek
Die Deutsche Nationalbibliothek verzeichnet diese Publikation in der Deutschen
Nationalbibliografie; detaillierte bibliografische Daten sind im Internet über
http://dnb.d-nb.de abrufbar.

Internationale Hochschulschriften, Bd. 613

Die Reihe für Habilitationen und sehr
gute und ausgezeichnete Dissertationen

ISSN 0932-4763
Print-ISBN 978-3-8309-3211-6
E-Book-ISBN 978-3-8309-8211-1

© Waxmann Verlag GmbH, 2015
Postfach 8603, 48046 Münster

www.waxmann.com
info@waxmann.com

Umschlaggestaltung: Christian Averbeck, Münster
Umschlagabbildung: Susanna Kock, Frankfurt a.M.
Gedruckt auf alterungsbeständigem Papier, säurefrei gemäß ISO 9706

Printed in Germany

Danksagung

An erste Stelle gilt mein Dank meiner Doktormutter Frau Prof. Dr. Gabriele Faust für die fachliche Begleitung, stetige Förderung und motivierende Unterstützung bis zur Abgabe der Arbeit. Durch ihren viel zu frühen Tod konnte sie leider den Abschluss der Promotion nicht mehr erleben. Gabi Faust hat als äußerst engagierte Betreuerin sowohl zu Lebzeiten als auch über ihren Tod hinaus dafür gesorgt, dass ich die Arbeit zu Ende bringen konnte. Vielen Dank!

Bei Frau Prof. Dr. Katrin Liebers möchte ich mich für die Übernahme der Zweitbetreuung bedanken. Insbesondere für die fachlichen Hinweise und die Unterstützung in der abschließenden Phase der Promotion.

Ein besonderer Dank gilt Frau Prof. Dr. Annette Scheunpflug, die als Mentorin während meiner Arbeit immer ein offenes Ohr hatte und nach dem Tod von Gabi Faust die Betreuung übernahm.

Ein herzlicher Dank geht auch an alle Kolleginnen und Kollegen des BiKS-Projekts und des Lehrstuhls für Grundschulpädagogik und -didaktik für die konstruktive Unterstützung, nicht nur was inhaltliche und methodische Fragen anbelangt. Auch den an der BiKS-Studie teilnehmenden Eltern danke ich für die intensiven Einblicke, die sie mir ermöglicht haben, ohne sie wäre diese Arbeit nicht entstanden.

Abschließend möchte ich meiner Familie und meinen Freunden für ihre andauernde Geduld, Motivation und mentale Unterstützung danken, insbesondere bei Susanna Wehner, Susanne Hilpert und Victoria Müller für das unermüdliche Korrekturlesen. Stephan Härtel danke ich dafür, dass er immer für mich da war und an mich geglaubt hat.

Inhalt

1   Einleitung 11

2   Gesetzliche Regelungen zur Zurückstellung und schulvorbereitende
     Einrichtungen 17
2.1   Einschulungsregelungen in Deutschland 18
2.1.1 Einschulungsregelungen in Hessen 20
2.1.2 Einschulungsregelungen in Bayern 21
2.1.3 Anteil an verspäteten Einschulungen 23
2.2   Schulfähigkeit – Begriffserklärung und Erfassung
     bei der Einschulung 25
2.2.1 Begriffserklärung 25
2.2.2 Feststellung von Schulfähigkeit bei der Einschulung 28
2.3   Schulvorbereitende Einrichtungen 31

3   Einflussmerkmale für eine verspätete Einschulung 35
3.1   Individuelle Merkmale des Kindes 35
3.1.1 Alter 35
3.1.2 Schulfähigkeit 38
3.1.3 Geschlecht 40
3.2   Familiäre Bedingungen 43
3.3   Institutionelle Bedingungen 49
3.3.1 Kindergarten 50
3.3.2 Grundschule 52
3.4   Zusammenfassung 53

4   Auswirkungen des Einschulungszeitpunktes auf die Schullaufbahn 55

5   Theoretischer Rahmen 62
5.1   Werterwartungsmodelle 62
5.2   Übertragung des WET-Modells auf den Übergang in die
     Grundschule 64

6   Fragestellungen 66

7   Methodisches Vorgehen 69
7.1   Einbettung in die Forschergruppe BiKS 69
7.2   Erhebungsdesign 70
7.2.1 Erhebungsmethode: qualitative Leitfadeninterviews 70
7.2.2 Stichprobe 73

7.2.3   Datenerhebung 76
7.2.4   Durchführung der Untersuchung 78
7.3   Auswertungsdesign 80
7.3.1   Qualitative Inhaltsanalyse 80
7.3.2   Dimensionierung 83
7.3.3   Fallporträts 84

8   Ergebnisse: Einschulungsentscheidung 86
8.1   Kindbezogene Entscheidungskriterien 86
8.1.1   Alter des Kindes 86
8.1.2   Schulfähigkeit des Kindes 88
8.1.3   Geschlecht des Kindes 91
8.2   Einstellungen der Eltern 92
8.2.1   Präferenzen hinsichtlich des Einschulungszeitpunktes 93
8.2.2   Vorstellungen von Schulfähigkeit 97
8.2.3   Fördereinstellungen 100
8.2.4   Bildungsaspirationen im Kindergartenalter 104
8.3   Institutionelle Bedingungen 107
8.3.1   Förderung im Kindergarten 108
8.3.2   Information und Beratung im Kindergarten zur Einschulung 112
8.3.3   Information und Beratung in der Grundschule 116
8.3.4   Bild von Schule 121
8.4   Modell zur Zurückstellungsentscheidung 124

9   Ergebnisse: Bewährung der Einschulungsentscheidung 129
9.1   Bewältigung des Schulstarts 129
9.2   Beurteilung des Schuleintritts und Zufriedenheit mit der
         Einschulung 137
9.3   Beurteilung des zusätzlichen Jahres 142
9.4   Bildungsaspirationen 145
9.5   Zusammenfassung 147

10   Fallporträts 149
10.1   Fall 1: Zurückstellungen und Förderung in einer
         schulvorbereitenden Einrichtung 150
10.1.1   Einschulungsentscheidung 150
10.1.2   Bewährung der Entscheidung 155
10.1.3   Zusammenfassung 157
10.2   Fall 2: Fristgerechte Einschulung und keine Wiederausschulung
         aufgrund von hohem schulischen Interesse 158

10.2.1 Einschulungsentscheidung 158
10.2.2 Bewährung der Entscheidung... 162
10.2.3 Zusammenfassung.. 165
10.3 Fall 3: Zurückstellung und positive Hervorhebung des Älterseins...... 166
10.3.1 Einschulungsentscheidung 166
10.3.2 Bewährung der Entscheidung... 170
10.3.3 Zusammenfassung.. 171
10.4 Fall 4: Über die schulvorbereitende Einrichtung fristgerechte
      Einschulung an der Förderschule 173
10.4.1 Einschulungsentscheidung 173
10.4.2 Bewährung der Entscheidung... 177
10.4.3 Zusammenfassung.. 179
10.5 Fall 5: Zurückstellung mit intensiver Förderung und anfänglicher
      Unterforderung... 180
10.5.1 Einschulungsentscheidung 181
10.5.2 Bewährung der Entscheidung... 184
10.5.3 Zusammenfassung.. 186
10.6 Fall 6: Fristgerechte Einschulung mit Vorlaufkurs und gutem
      Schulstart.. 187
10.6.1 Einschulungsentscheidung 187
10.6.2 Bewährung der Einschulungsentscheidung...................................... 191
10.6.3 Zusammenfassung.. 193

11   Zusammenfassung und Diskussion 195
11.1 Einschulungsentscheidung – Hohe Erfolgserwartungen bei der
      Passung von individuellen Merkmalen des Kindes und
      Anforderungen der Schule... 195
11.1.1 Wahrnehmung des Kindes vor dem Hintergrund der
      Einschulungsregelungen... 195
11.1.2 Einstellungen der Eltern zur Einschulung, Förderung und dem
      weiteren Bildungsverlauf 199
11.1.3 Institutionelle Bedingungen – Kindergarten und Erzieherinnen als
      bedeutende Einflussgrößen für die Einschulungsentscheidung.......... 205
11.1.4 Institutionelle Bedingungen – Schule als Gesamtbild..................... 209
11.1.5 Modell zur Zurückstellungsentscheidung.. 211
11.2 Bewährung der Einschulungsentscheidung – Die richtige
      Einschulungsentscheidung führt zu einem guter Schulstart 213
11.2.1 Schulstart – Gute Bewältigung trotz kleinerer Schwierigkeiten........ 213
11.2.2 Zufriedenheit mit der Einschulung... 215

11.2.3 Positive Beurteilung des zusätzlichen Jahres 216

11.2.4 Bildungsaspiration nach der Einschulung 217

11.3   Grenzen der Untersuchung, weiterer Forschungsbedarf und
       praxisorientiere Folgerungen... 218

Literatur 221

Abbildungen 238

Tabellen 239

Anhang 240

1 Einleitung

Der Eintritt in die Grundschule bildet den Start in das deutsche Schulsystem und den Beginn der Schulpflicht. Als eigenständige Stufe des Bildungssystems soll sie allen Kindern eine grundlegende Bildung vermitteln (vgl. Schorch, 2009; Kultusministerkonferenz (KMK), 1994). Dabei schließt die Grundschule an bereits vorhandene Bildung an. Informelle Bildungsprozesse beginnen bereits mit der Geburt (vgl. Gloger-Tippelt, 2009), institutionelle Bildungsprozesse setzten bei einem Großteil der Kinder mit dem Eintritt in elementarpädagogische Institutionen (Krippen und Kindergärten[1]) ein. Gut 85 % der Kinder in Deutschland besuchen ab dem dritten Lebensjahr einen Kindergarten. Aufgrund der unterschiedlichen individuellen Voraussetzungen, die durch informelle Bildungsprozesse (beispielsweise in der Familie) bereits frühzeitig bestehen (vgl. Hart & Risley, 1995; Weinert, Ebert & Dubowy, 2010) und welche nur bedingt durch die Förderung im Kindergarten kompensiert werden können (Niklas, Schmiedeler & Schneider, 2010; Kratzmann & Schneider, 2008), sind die Fähigkeiten und Kenntnisse der Kinder vor dem Übergang in die Grundschule heterogen. Aufgabe der Grundschule ist es somit „Kinder mit unterschiedlichen individuellen Lernvoraussetzungen und Lernfähigkeiten so zu fördern, daß sich Grundlagen für selbstständiges Denken, Lernen und Arbeiten entwickeln" (KMK, 1994, S. 3; vgl. auch Bellenberg & Klemm, 2000). Obwohl eine Bildung für alle Kinder, auch mit unterschiedlichen Fähigkeiten, gefordert wird, finden bereits vor Schulbeginn Differenzierungen statt. Anhand von Fähigkeitseinschätzungen wird in nicht schulfähig oder schulfähig unterteilt (vgl. Gomolla & Radtke, 2007). Während bei einer vorzeitigen Einschulung ein Kind noch vor dem festgelegten Alter als schulfähig eingeschätzt wird, verschiebt sich mit einer Zurückstellung[2] die Eignung für den Schulbesuch um ein Jahr. Eine verspätete Einschulung kann als ein „harter Indikator für die Probleme beim Übergang in die Grundschule" (Blossfeld et al., 2007, S. 39, Hervorhebung im Original) angesehen werden. Die Trennung der Kinder mit Beginn der Grundschule deutet darauf hin, dass zum einen bereits in frühen Jahren institutionelle Differenzierung stattfindet sowie bereits bestehende Bildungsungleichheit zusätzlich verstärkt werden könnte und zum anderen,

---

1 Unter dem Begriff Kindergarten werden im Folgenden alle frühpädagogischen Einrichtungen für Kinder im Alter von drei bis sechs Jahren gefasst.
2 Die Begriffe Zurückstellung und verspätete Einschulung werden in der Arbeit synonym verwendet.

dass die Anforderung der Grundschule eine Schule für alle zu sein, nicht erfüllt
wird.

Im Zuge der internationalen Vergleichsstudien (z.B. PISA, IGLU) wurden
die unterschiedlichen Bildungschancen von Kindern im Schulverlauf sowie der
in Deutschland enge Zusammenhang von sozialer Herkunft und Bildungserfolg wieder hervorgehoben. Allerdings ist dies keineswegs eine ‚Neuentde-
ckung', sondern vielmehr eine Thematik, die seit gut einem halben Jahrhundert
besteht (vgl. Dahrendorf, 1965; Picht, 1964). Insbesondere die normativen
Übergänge werden im mehrfach gestuften deutschen Bildungswesen als jene
Phasen gesehen, die einen hohen Anteil zur Entstehung von Bildungsungleichheit beitragen (vgl. Bellenberg, Hovestadt & Klemm, 2005; Maaz, Hausen,
McElvany & Baumert, 2006, 2010). Während bisher der Schwerpunkt in der
Forschung zur Bildungsungleichheit vor allem auf dem Übergang von der
Primarschule auf die fortführenden Schulen sowie dem weiteren Bildungsweg
lag, rückt die Bedeutung des Elementarbereiches und des Übergangs in die
Grundschule zunehmend in den Blick der Forschung. Bezogen auf den Übertritt in die Grundschule wird unter anderem über das ‚richtige' Schuleintrittsalter diskutiert. Dieses ist eng mit dem Schulsystem verbunden und wurde bereits in den 1950er Jahren von Artur Kern (1954) unter dem Titel „Sitzenbleiberelend und Schulreife" behandelt. Spätestens seit den Empfehlungen der
KMK zur Neugestaltung des Schulanfangs von 1997 ist das Thema wieder
zunehmend in die Öffentlichkeit gerückt. Aufgrund der teilweise hohen Anteile
von Zurückstellungen in einigen Ländern und des im internationalen Vergleich
als zu hoch angesehenen Einschulungsalter in Deutschland wurden neue Regelungen für die Einschulung erlassen. Diese sollten ein Herabsenken des durchschnittlichen Schuleintrittsalters bewirken, indem die Stichtage flexibel verlegt
werden konnten und die Möglichkeit für eine vorzeitige Einschulung erweitert
wurde. Darüber hinaus soll eine verspätete Einschulung nur noch in Ausnahmefällen erfolgen. Eine Zurückstellung soll dann erfolgen, wenn zu erwarten
ist, dass das Kind noch nicht mit Erfolg am Anfangsunterricht teilnehmen kann
(vgl. Art. 37 Bayerisches Gesetz über das Erziehungs- und Unterrichtswesen
(BayEUG)). Sie soll demnach Kindern die Möglichkeit bieten, sich innerhalb
eines Jahres so zu entwickeln, dass zu einem späteren Zeitpunkt die Anforderungen des Anfangsunterrichts erfolgreich bewältigt werden können. Bisherige
Untersuchungen konnten sowohl Vor- als auch Nachteile für nicht fristgerecht
eingeschulte Kinder bezüglich ihrer Fähigkeiten, Kenntnisse und späteren Bil-
dungserfolge feststellen (z.B. Vorsprünge in Mathematik und Lesen – vgl.
Dong, 2010; Shepard & Smith, 1987; Nachteile in Lese- und Rechtschreibleis-

tungen Jansen, 1994). Das ‚richtige‘ Schuleintrittsalter bzw. ob eine Zurückstellung als günstig angesehen werden kann, lässt sich daraus nicht ableiten.
Hinsichtlich der Wirkung von späteren Einschulungen lassen sich zwei ge-
gensätzliche Positionen ausmachen. Einerseits diejenigen, die eine Zurückstellung befürworten, und andererseits diejenigen, die eine verspätete Einschulung
als nachteilig ansehen. Als vorteilhaft wird eine Zurückstellung vor allem beim
Start in die Grundschule angesehen, auf diese Weise würden frühzeitige Miss-
erfolge im schulischen Lernen und der sozialen Entwicklung verhindert (vgl.
Hong & Yu, 2008). Das zusätzliche Jahr (im Kindergarten) verschaffe dem
Kind wiederum mehr Zeit, um beispielsweise die bisher noch nicht vorhandenen Fähigkeiten zu erlangen oder Rückstände auszugleichen. Dies geht vor
allem einher mit der sogenannten Social Comparison Theory (vgl. Festinger,
1954). Die Zurückstellung wird als eine Art Wende für das Kind verstanden,
mit der eine bessere Selbstwirksamkeit, größeres schulisches Interesse oder
Vorteile in schulischen und sozialen Fähigkeiten einhergehen. Im Gegensatz
zum Argument der ‚geschenkten Zeit‘ (bzw. ‚gift of time‘) steht, dass ein Verbleib im Kindergarten die Möglichkeiten für die Teilhabe an altersgemäßen
kognitiven und sozialen Aktivitäten verhindere. Dies wiederum könne dazu
führen, dass vorhandenes schulisches Interesse unterdrückt und die sozio-
emotionale Entwicklung unterbrochen werden würde. Weiterhin wird davon
ausgegangen, dass Peer-Beziehungen, die Selbsteinschätzungen der schulischen Kompetenz und das eigene Problemverhalten sensibel gegenüber der
Maßnahme Zurückstellung reagieren. Im Sinne der Labeling Theory (vgl. Becker, 1963) hätte eine verspätete Einschulung nachteilige Effekte für die Entwicklung des Kindes und würde mit negativen Begriffen, wie Inkompetenz,
Fehlverhalten oder Verhaltensauffälligkeit, in Verbindung gebracht (vgl. Byrnes, 1989; Hong & Yu, 2008).

Ziel von Zurückstellung ist es, frühzeitiges Schulversagen zu vermeiden.
Diese Maßnahme stellt aber gleichzeitig eine Art des Scheiterns vor Schulbeginn dar. Davon betroffen ist durchschnittlich gesehen nur ein kleiner Anteil
von Kindern (Schuljahr 20010/11 7,5 %; vgl. Autorengruppe Bildungsberichterstattung, 2012). Unter ihnen befinden sich hauptsächlich Jungen, Kinder aus
Familien mit niedrigem sozioökonomischen und eher bildungsfernen Hintergrund, Kinder mit Migrationshintergrund und Kinder mit niedrigeren Kompetenzen. Gerade daran zeigt sich jedoch, dass dies eine besondere Gruppe darstellt, bei der verschiedene Risikofaktoren für Bildungsbenachteiligung kumulieren. Zwar ist nachgewiesen, dass vor allem diese Kinder mit einer höheren
Wahrscheinlichkeit verspätet eingeschult werden, allerdings ist wenig darüber

bekannt, wer diese Entscheidung aus welchen Gründen trifft sowie welche
Merkmale dabei tatsächlich einen Einfluss haben.

Beim Übergang vom Kindergarten in die Grundschule sind die Eltern der
Kinder ein wichtiger Entscheidungsträger. Es ist bekannt, dass Familien mit
niedrigem Bildungshintergrund häufiger von Zurückstellung betroffen sind
(vgl. Autorengruppe Bildungsberichterstattung, 2010), aber über die Motive
und das Verhalten ist bisher eher weniger bekannt. Verfolgen Eltern mit einer
verspäteten Einschulung das intendierte Ziel, Rückstände in den Fähigkeiten
der Kinder auszugleichen und damit eine erfolgreiche Teilnahme am Anfangsunterricht zu gewährleisten oder stehen möglicherweise andere Absichten dahinter? US-amerikanische Studien konnten einen Zuwachs von Zurückstellungen in den 1980er Jahren, insbesondere bei sozial besser gestellten Familien,
feststellen. Der verspätete Eintritt fand jedoch nicht aufgrund fehlender Fähigkeiten statt, sondern vielmehr als eine Maßnahme, um dem eigenen Kind Vorteile gegenüber den Klassenkameraden zu verschaffen. Dieses Vorgehen wurde
unter dem Begriff ‚Academic Redshirting‘[3] bekannt (vgl. Frey, 2005; Graue &
DiPerna, 2000; Marshall, 2003). Fraglich ist, ob sich dieses Phänomen auch in
Deutschland zeigt. Aber auch rechtliche Regelungen können möglicherweise
zu vermehrten Zurückstellungen führen. Im Zuge der KMK-Empfehlung und
der damit einhergehenden Flexibilisierung der Stichtagsregelungen stiegen in
einigen Bundesländern (z.B. Bayern) die Zurückstellungsquoten deutlich an
(vgl. Autorengruppe Bildungsberichterstattung, 2012). Möglicherweise zeigt
sich hier eine ablehnende Haltung der Eltern, die zu unterschiedlichen Einschulungsentscheidungen führt.

Einschulungsentscheidungen, insbesondere die Zurückstellung, stellen sich
als eine vielschichtige und umfassende Thematik dar, die sowohl vor als auch
nach dem Schuleintritt Einfluss und Auswirkungen auf individueller und institutioneller Ebene hat. Als frühzeitige Maßnahme soll sie differenzieren und
frühes Schulversagen verhindern, allerdings kann eine verspätete Einschulung
nicht vor späterem Schulversagen schützen (vgl. Krötz, 1985; Weigert, 1996).
Die vorliegende Arbeit greift daher die Problematik der Zurückstellung heraus
und bezieht sich dabei auf die Ebene der Eltern als Entscheidungsträger. Im
Gegensatz zu den bisherigen retrospektiven Betrachtungen unterschiedlicher
Einschulungszeitpunkte setzt die Studie bereits vor dem Schulstart an. Die
Einschulung wird dabei nicht als eine einmalige Handlung, sondern als Prozess

---

3   Der Begriff stammt ursprünglich aus dem Leistungssport. Hier wurde er verwendet, wenn
    Sportler ein Jahr vom Wettkampfbetrieb zurückgehalten wurden, um im darauffolgenden Jahr
    körperlich stärker entwickelt zu sein.

aufgefasst, der zu verschiedenen Zeitpunkten bestimmten Einflüssen unterliegt und sich in spezifischer Weise auswirkt. Ziel ist es daher die Einschulung, hinsichtlich der Wahl zwischen fristgerechtem und verspätetem Eintritt, in ihrer Gesamtheit aus Sicht der Eltern zu erfassen. Dabei wird nach den allgemeinen Merkmalen und individuellen Motiven der Eltern bei ihrem Entscheidungsprozess gefragt. Nachgezeichnet werden (1) die Bedingungen vor dem Schuleintritt, (2) der Verlauf der Einschulungsentscheidung und (3) deren Bewährung zu Beginn der ersten Klasse. Überprüft wird unter anderem, ob sich in den Ansichten der Eltern die rechtlichen Grundlagen und die bisherigen empirischen Ergebnisse widerspiegeln und inwieweit sich der Prozess der Entscheidungsfindung bei zurückstellenden Eltern von dem der fristgerecht einschulenden unterscheidet. Die Interviewstudie soll sowohl einen Beitrag zur weiteren Aufklärung des Übergangs vom Kindergarten in die Grundschule als auch zu den aktuellen Diskussionen um die bildungspolitischen Maßnahmen zur Einschulung und dem ,richtigen' Einschulungsalter leisten.

Die Arbeit ist wie folgt aufgebaut: Der theoretische Hintergrund strukturiert sich in vier Teile. Das *zweite Kapitel* erläutert die gesetzlichen Regelungen zur Zurückstellung, die Schulfähigkeit sowie schulvorbereitende Einrichtungen. Dabei wird insbesondere auf die Einschulungsregelungen der beiden Länder Bayern und Hessen[4] eingegangen. Ebenso wird der Begriff Schulfähigkeit und deren Feststellung zu Schulbeginn betrachtet. Bezüglich der schulvorbereitenden Einrichtungen wird der Schulkindergarten als eine Institution für zurückgestellte Kinder näher beschrieben.

Im *dritten Kapitel* werden anhand von Studien unterschiedliche Einflussmerkmale auf den Einschulungszeitpunkt dargestellt. Herausgearbeitet werden sowohl individuelle Merkmale des Kindes als auch familiäre und institutionelle Bedingungen, welche die Wahrscheinlichkeit einer Zurückstellung erhöhen.

Im *vierten Kapitel* werden die Auswirkungen einer verspäteten Einschulung beschrieben. Anhand von empirischen Befunden wird ein Überblick über den weiteren Bildungsverlauf zurückgestellter Kinder gegeben. Eingegangen wird dabei sowohl auf schulische Leistungsmerkmale als auch auf die sozialemotionale Entwicklung. Neben den Auswirkungen auf individueller Ebene wird auch die Bewährung der Einschulungsentscheidung aus Sicht der Eltern dargestellt.

Ein zentraler Aspekt der Arbeit ist die Darstellung der Entscheidung zwischen einer fristgerechten und verspäteten Einschulung. Im *fünften Kapitel*

---

4 Dies geschieht, da die Studie in diesen beiden Ländern erhoben wurde. Nähere Ausführungen dazu finden sich im Kapitel 7.

wird das Werterwartungsmodell dargelegt. Zurückgegriffen wird dafür auf soziologische und psychologische Werterwartungstheorien, die mit ihren Entscheidungskomponenten subjektiver Wert und Erfolgserwartung als Grundlage für ein Modell zur Zurückstellungsentscheidung dient.

Das *sechste Kapitel* gibt eine Zusammenfassung der wesentlichen Befunde im Zusammenhang mit der verspäteten Einschulung und stellt die daraus hervorgehenden Fragestellungen dieser Arbeit dar.

Im *siebenten Kapitel* wird auf das methodische Vorgehen eingegangen. Neben der Einbettung der Interviewstudie in die Forschergruppe BiKS („Bildungsprozesse, Kompetenzentwicklung und Selektionsentscheidungen im Vorschul- und Schulalter") werden das qualitativ ausgerichtete, längsschnittlich angelegte Erhebungsdesign sowie die Auswertung der vorliegenden Elterninterviews dargestellt.

Der Ergebnisteil gliedert sich an die Fragestellungen anschließend in drei Teile. Im *achten Kapitel* werden anhand verschiedener Dimensionen Entscheidungsaspekte beschrieben. Diese unterteilen sich in kindbezogene Kriterien, Einstellungen der Eltern sowie institutionelle Bedingungen. Die jeweiligen Aspekte werden in ihrer Breite und hinsichtlich der Unterschiede zwischen den fristgerecht und verspätet einschulenden Eltern beschrieben. Ausgehend von diesen Ergebnissen wird ein Entscheidungsmodell entwickelt, in dem die relevanten Aspekte in ihrem Zusammenhang wiedergegeben werden. Im *neunten Kapitel* wird auf die Ergebnisse zur Bewährung der Einschulungsentscheidung eingegangen. Wie im achten Kapitel werden auch hier die Dimensionen in ihren Ausprägungen und im Vergleich der beiden Gruppen dargelegt. Das *zehnte Kapitel* stellt anhand von sechs Einzelfällen exemplarisch den Verlauf der Einschulung, d.h. den Entscheidungsprozess und die Bewährung, dar.

Im *elften Kapitel* werden die zentralen Ergebnisse der Studie zusammengefasst und diskutiert. Außerdem werden Grenzen der Untersuchung und weiterer Forschungsbedarf thematisiert.

2 Gesetzliche Regelungen zur Zurückstellung und schulvorbereitende Einrichtungen

Die Zurückstellung vom Schulbesuch ist sowohl eine besonders frühzeitige Selektionsmaßnahme, denn sie findet noch vor dem Eintritt in das allgemeine Schulwesen statt, als auch eine administrative Maßnahme, bei der sich die Institutionen auf bestimmte rechtliche Mechanismen berufen. Die gesetzliche Formulierung dazu lautet meist wie folgt:

> „Ein Kind, das am 30. September [bzw. ein anderes landesspezifisches Datum; F.W.] mindestens sechs Jahre alt ist, kann für ein Schuljahr von der Aufnahme in die Grundschule zurückgestellt werden, wenn zu erwarten ist, dass das Kind voraussichtlich erst ein Schuljahr später mit Erfolg oder nach Maßgabe von Art. 41 Abs. 5 am Unterricht der Grundschule teilnehmen kann." (Art. 37, Abs. 2, BayEUG)

In dieser Formulierung zeigt sich nicht nur ein rein objektiver Aspekt – der des Stichtages –, sondern auch eine subjektive Sichtweise – der ‚spätere Erfolg'. Dieser wird nicht weiter definiert und knüpft an Erwartungen von einzelnen Personen bzw. subjektiven Theorien von Gruppen an (meist Lehrkräfte, die die Einschulungsuntersuchung durchführen).

In den folgenden Abschnitten soll deshalb darauf eingegangen werden, wie die Grundlagen und Rahmenbedingungen zur Zurückstellung bzw. Einschulung aussehen, insbesondere die gesetzlichen Regelungen. Das Hauptaugenmerk liegt auf den Stichtagsregelungen in Bayern und Hessen (vgl. Fußnote 4). Darüber hinaus wird die Entwicklung der Zurückstellungsquote für Deutschland dargelegt. Anschließend wird der Begriff der Schulfähigkeit aufgegriffen, dabei werden sowohl Auslegungen des Konstrukts, die Feststellung von Schulfähigkeit im Rahmen der Einschulung sowie die Verbreitung der Einschulungsverfahren beschrieben.

Im Falle einer Zurückstellung kommen die Kinder nicht gleich in die Grundschule. Ein Teil verbleibt im bisherigen Kindergarten, andere besuchen wiederum eine gesonderte Einrichtung. Aus diesem Grunde wird in diesem Kapitel abschließend auf schulvorbereitende Einrichtungen eingegangen sowie deren Aufgaben, Verbreitung und Nutzung dargelegt.

2.1   Einschulungsregelungen in Deutschland

Der Eintritt in die Grundschule ist nicht nur ein neuer Abschnitt im Leben eines Kindes, er ist gleichzeitig der erste verpflichtende Eintritt in das Bildungssystem (der Kindergartenbesuch erfolgt in Deutschland bisher noch auf freiwilliger Basis). Bundesweit wird der Schulbeginn über das Alter und zumeist anhand der Schulfähigkeit (nähere Erläuterungen zum Begriff ,Schulfähigkeit' unter Kapitel 2.2.1) der Kinder geregelt. Die jeweilige landesspezifische Stichtagsregelung entscheidet, wann ein Kind schulpflichtig wird. Alle jene Kinder, die bis zu einem bestimmten Datum im Jahr das sechste Lebensjahr vollenden, sind schulpflichtig. Die Stichtagsreglung besteht in den alten Bundesländern seit den 1960er Jahren (vgl. KMK, 1964), erst im Jahre 1997 verabschiedete die KMK einen neuen Entwurf der „Empfehlungen zum Schulanfang" (vgl. KMK, 1997). Der bis dahin bundesweite geltende Stichtag (30.06.) konnte verändert werden und sollte zwischen dem 30. Juni und dem 30. September liegen. Im gleichen Zuge wurde den Ländern die Möglichkeit zu einem zweiten zusätzlichen Einschulungszeitpunkt während des Schuljahres eingeräumt. Begründet wurde diese Maßnahme mit der Zunahme an Zurückstellungen, der Stagnation der vorzeitigen Einschulung sowie dem teilweise zu engen Begriff der Schulfähigkeit, welcher stark auf das Kind fokussiert und kaum Entwicklungsmöglichkeiten berücksichtigt. Die Veränderungen der Vorgaben zum Schuleintritt sollte unter anderem zu einer „Reduktion der teilweise zu hohen Zurückstellungsquoten" führen (KMK, 1997, S. 2).

Neben der fristgerechten Einschulung bestand seit dem Hamburger Abkommen von 1964 stets die Möglichkeit einer nicht fristgerechten Einschulung. Kinder können somit entweder ein Jahr vor der regulären Zeit oder ein Jahr später mit der Grundschule beginnen. Als vorzeitig eingeschult werden all jene Kinder erfasst, welche noch vor dem schulpflichtigen Alter die erste Klasse besuchen. Während vor der Flexibilisierung der Einschulungsregelungen der 31.12. als Obergrenze für eine vorzeitige Einschulung galt, wurde diese Vorgabe ebenfalls gelockert und die Festlegung des Zeitraumes den Bundesländern zur freien Entscheidung überlassen. Für eine vorzeitige Einschulung müssen Eltern bzw. Erziehungsberechtigte einen Antrag bei der Schule bzw. Schulbehörde stellen. Je nach Bundesland wird dann eine Prüfung der Eignung durchgeführt.[5] Die andere Möglichkeit einer nicht fristgerechten Einschulung

---

5   Da sich die vorliegende Arbeit mit dem Zustandekommen einer verspäteten Einschulungsentscheidung im Vergleich zur fristgerechten beschäftigt, werden die vorzeitige Einschulung und

stellt eine Zurückstellung vom Schulbesuch dar. Im Gegensatz zur vorzeitigen Einschulung, die bei gegebenen Voraussetzungen ausdrücklich erwünscht ist, soll hier nur in Ausnahmefällen davon Gebrauch gemacht werden. Eine Zurückstellung bzw. verspätete Einschulung bedeutet, dass ein eigentlich schulpflichtiges Kind noch ein Jahr vom Schulbesuch befreit wird. Solch eine Befreiung wird veranlasst, „wenn zu erwarten ist, dass eine Förderung im schulischen Rahmen keine für die Entwicklung des Kindes günstigere Voraussetzungen schafft" (KMK, 1997, S. 2).

Neben dem Alter, das die Schulpflichtigkeit festlegt, ist in den meisten Bundesländern auch die Schulfähigkeit ein entscheidendes Kriterium beim Schuleintritt (vgl. Anhang A1). In den Einschulungsregelungen der Bundesländer findet sich allerdings keine eindeutige Erläuterung, was unter dem Begriff verstanden wird. Verwendet werden übergreifende Formulierungen wie ‚körperliche und geistige Schulfähigkeit und soziales Verhalten' oder ‚erfolgreiche Teilnahme am Unterricht' als Umschreibung für Schulfähigkeit. Die Offenheit des Begriffs scheint gewollt, denn so wird eine angemessene Interpretation, je nach Ausrichtung der Schule, aber auch der aktuellen wissenschaftlichen Diskussion, ermöglicht.

Da die Einschulungsregelungen bundesweit sehr unterschiedlich sind, bestehen derzeit sechs verschiedene Stichtage, welche zwischen dem 30.06. und dem 31.12. liegen. Die Mehrheit der Bundesländer hat den 30. Juni als Stichtag beibehalten (vgl. Anhang A1). Einige Länder haben hingegen die Möglichkeit zur Veränderung der Einschulungsregelungen in Anspruch genommen. In den meisten Fällen wurde eine schrittweise Verschiebung angestrebt, bei der der Stichtag um einen Monat pro Jahr in Richtung Jahresende, hin zum angestrebten Datum, verlegt wurde. Einzig Berlin hat den Stichtag innerhalb eines Jahres um komplette sechs Monate auf den 31.12. verlegt.

Die Möglichkeit für eine Zurückstellung besteht in den meisten Bundesländern. Unterschiede in den Regelungen finden sich hinsichtlich der Bedingungen für eine Zurückstellung, der Begründung des Antragstellers und der daraus resultierenden Förderung. Übergreifend kann festgehalten werden, dass eine Zurückstellung dann vorgenommen werden soll, wenn aufgrund des geistigen, seelischen, körperlichen, gesundheitlichen oder sprachlichen Entwicklungsstandes keine erfolgreiche Teilnahme am Unterricht zu erwarten ist. Dabei variiert die Zusammensetzung der Fähigkeitsbereiche. Eine Zurückstellung vom Schulbesuch wird in den meisten Fällen von den Eltern eingeleitet und

---

deren Rahmenbedingungen hier nicht weiter behandelt. Weiterführende Literatur: Faust (2006); Kluczniok (2012); Roßbach (2001), Tietze (1978).

bei der Schule bzw. Schulbehörde beantragt. Gleichwohl kann aber auch ein nicht bestandener Einschulungstest oder eine Bestätigung der Schulunfähigkeit durch den Schularzt respektive des Gesundheitsamtes zu einer Zurückstellung führen. Dem Antrag auf eine Zurückstellung muss in den meisten Bundesländern die Schulleitung zustimmen. Vereinzelt ist dies nur dann möglich, wenn das zusätzliche Jahr in einer besonderen Fördereinrichtung wie Vorklasse oder Schulkindergarten verbracht wird. Die meisten Reglungen beinhalten allerdings keine Empfehlung zum Verbleib des Kindes (vgl. Anhang A1).

2.1.1 Einschulungsregelungen in Hessen

In Hessen wurde der bisherige *Stichtag* beibehalten. Demnach sind alle Kinder zum 1. August eines Jahres schulpflichtig, die bis zum 30.06. sechs Jahre alt werden. Zukünftige Schulkinder müssen in den Monaten März/April eineinhalb Jahre vor Schulbeginn bereits bei der zuständigen Grundschule angemeldet werden. Damit einher geht eine Feststellung der deutschen Sprachkenntnisse. Für Kinder mit erheblichen Schwierigkeiten, vor allem für diejenigen mit nicht deutscher Herkunftssprache, besteht die Möglichkeit Vorlaufkurse zur Förderung der deutschen Sprachkenntnisse zu besuchen. Auf diese Weise beginnt der Einschulungsprozess frühzeitig und mögliche Rückstände in den Fähigkeiten können bis zum Schulbeginn gefördert und möglicherweise noch aufgeholt werden.

Schulpflichtige, aber noch nicht schulfähige Kinder können für ein Jahr vom Schulbesuch zurückgestellt werden, wenn sie „noch nicht den für den Schulbesuch erforderlichen körperlichen, geistigen und seelischen Entwicklungsstand" haben (§ 58, Abs. 3, Hessisches Schulgesetzt (HSchG)). Der Aspekt der Schulfähigkeit wird festgemacht am Entwicklungsstand und nur allgemein und bereichsübergreifend beschrieben, nämlich körperlich, geistig und seelisch. Eine Zurückstellung kann durch einen Antrag der Eltern oder eine „Anhörung" der Eltern unter Beteiligung des Schularztes oder Schulpsychologen vorgebracht werden. In beiden Fällen entscheidet die Schulleitung über die vorübergehende Befreiung vom Schulbesuch. An Schulen mit einer flexibel gestalteten Schuleingangsphase (d.h. individuelle Verweildauer der Kinder in der ersten und zweiten Jahrgangsstufe) entfällt hingegen die Möglichkeit einer Zurückstellung (vgl. § 20, HSchG).

In den Erläuterungen zur Schulpflicht wird darauf hingewiesen, dass zurückgestellte Kinder das zusätzliche Jahr in einer Vorklasse gefördert werden sollten. Diese Förderung ist nicht verpflichtend und bedarf sowohl der Zustimmung der Eltern als auch des Schulleiters. Die Vorklassen sind an Grundschulen oder Förderschulen angegliedert und fördern zurückgestellte Kinder im Jahr vor der Einschulung. Die Kinder werden anhand „von sozialpädagogischen und unterrichtlichen Lern- und Arbeitsformen" gefördert (§ 18, Abs. 1, HSchG).

2.1.2 Einschulungsregelungen in Bayern

Während in Hessen überwiegend an den ursprünglichen Einschulungsregelungen festgehalten wurde, fanden in Bayern Veränderungen statt. Im Jahre 2005 wurde von der damaligen Regierung eine Verschiebung des Stichtages beschlossen. Diese beinhaltete, dass ab dem Schuljahr 2005/06 der *Stichtag* jährlich um einen Monat nach hinten verschoben werden sollte, so dass bis zum Schuljahr 2010/11 der 31.12. als neuer Stichtag feststehen und auch zukünftig gelten sollte. Für den Übergangszeitraum, d.h. während der Verschiebung des Stichtages, hatten die Eltern der schulpflichtigen Kinder, welche nach dem 30. September das 6. Lebensjahr vollendeten, eine Rücktrittsmöglichkeit. Die Eltern konnten ihr Kind vom Schulbesuch abmelden und erst den nächsten Einschulungstermin wahrnehmen. Dafür musste bei der zuständigen Grundschule lediglich eine schriftliche Erklärung der Inanspruchnahme des Rücktrittsrechtes vorgelegt werden. Die Kinder galten dann offiziell auch nicht als zurückgestellt (vgl. Bayerisches Staatsministerium für Unterricht und Kultus, 2005). Das mit der Verschiebung des Stichtages geplante jüngere Einschulungsalter wurde von vielen Eltern abgelehnt. Der rege Gebrauch des Rücktrittsrechts veranlasste die bayrische Regierung von der geplanten Verlegung des Stichtags auf den 31.12. Abstand zu nehmen. Seit dem Schuljahr 2010/11 gilt der 30. September als neuer Stichtag (vgl. Bayerisches Staatsministerium für Unterricht und Kultus, 2010). Die Schulanmeldung findet im April im Jahr der regulären Einschulung statt. Wie in Hessen wird ca. 18 Monate vor der Schulpflichtigkeit eine Sprachstandserhebung durchgeführt, jedoch nur für Kinder mit nichtdeutscher Muttersprache (vgl. Art. 37a, BayEUG).

Die Möglichkeit einer verspäteten Einschulung besteht auch in Bayern. Eine Zurückstellung vom Schulbesuch wird dann vorgenommen, „wenn zu erwarten ist, dass das Kind voraussichtlich erst ein Schuljahr später mit Erfolg [...] am Unterricht der Grundschule teilnehmen kann" (Art. 37 Abs. 2, BayEUG). Die *Schulfähigkeit* wird, wie in Hessen, bereichsübergreifend erfasst. Sowohl körperlich, geistig-seelisch als auch sozial sollte ein Kind so weit entwickelt sein, dass es den Anfangsunterricht ohne größere Probleme besuchen kann. Eine Zurückstellung sollte vor Schulbeginn beantragt werden, nur in Ausnahmefällen kann dies auch während des Anfangsunterrichtes erfolgen, allerdings lediglich bis Ende November des laufenden Schuljahres. Grundsätzlich gilt, dass eine Zurückstellung nur einmal möglich ist und nur dann vollzogen wird, wenn nicht die Notwendigkeit für eine Förderschule diagnostiziert wird (vgl. Art. 37, BayEUG). Wer den Antrag auf verspätete Einschulung stellen kann, wird in den rechtlichen Regelungen nicht aufgeführt. Die Einschulungsentscheidung trifft allerdings wie auch in Hessen der Schulleiter unter Rücksprache mit den pädagogischen Fachkräften des Kindergartens sowie einer Lehrkraft. Bei Unsicherheiten über die Entscheidung können auch weitere beratende Personen hinzugezogen werden (z.B. Arzt, Psychologe). Grundlegend werden die Eltern (bzw. Erziehungsberechtigten) vor einer Entscheidung angehört und einbezogen.

Empfehlungen zur Förderung von zurückgestellten Kindern sind im BayEUG Artikel 37 nicht enthalten. Dennoch bestehen schulvorbereitende Einrichtungen, welche in die Förderschulen eingegliedert sind (Art. 19, Absatz 2, BayEUG; vgl. Kapitel 2.3).

Die Bundesländer Hessen und Bayern unterscheiden sich in ihren Einschulungsregelungen in mehreren Punkten. Der Stichtag liegt in Hessen mit dem 30.06. ein Vierteljahr vor dem bayerischen. Dies bedeutet, dass die hessischen Kinder zu Beginn der Grundschule im Schnitt drei Monate älter sind als Schulanfänger in Bayern. Der Zeitpunkt der Schulanmeldung ist ebenfalls unterschiedlich organisiert. Während in Hessen die Anmeldung gut 18 Monate vor Schulbeginn erfolgt, findet sie in Bayern erst im April des Einschulungsjahres statt.

Ähnlichkeiten zeigen sich hingegen für die Sprachstandserhebungen. Diese werden in beiden Ländern gut eineinhalb Jahre vor dem regulären Übertritt durchgeführt, wobei diese Maßnahme in Bayern nur für Kinder mit Migrationshintergrund festgeschrieben ist. Die Gründe für eine Zurückstellung werden ebenso in beiden Ländern übergreifend angegeben und beinhalten die körperliche, geistig-seelische und soziale Entwicklung des Kindes. Die Entscheidung über eine verspätete Einschulung trifft der Schulleiter, in beiden Bundeländern soll dies aber in Absprache mit den Eltern und weiterem Fachpersonal (z.B. Erzieherinnen[6]) geschehen.

---

6   In der Gesamtstichprobe der BiKS-Studie liegt der Anteil der männlichen Erzieher bei knapp über fünf Prozent und in der qualitativen Interviewstudie beziehen sich die Aussagen der Eltern ausschließlich auf weibliches Kindergartenpersonal. Aus diesem Grunde wird in der vorliegenden Arbeit die weibliche Form verwendet.

Eine Besonderheit für Bayern ist, dass eine Zurückstellung möglichst vor Schulbeginn stattfinden sollte. In Hessen wird hingegen die Förderung der zurückgestellten Kinder in Vorklassen empfohlen, jedoch nicht als verpflichtend vorgeschrieben.

2.1.3 Anteil an verspäteten Einschulungen

Trotz der Möglichkeit einer nicht fristgerechten Einschulung beginnt die Mehrheit der Kinder in Deutschland die Grundschule fristgerecht (Schuljahr 2010/11 – 88 %). Betrachtet man die Entwicklung der Anteile von verspätet eingeschulten Kindern, so lässt sich ein kontinuierlicher Rückgang zwischen 1994 und 2006 feststellen (vgl. Abbildung 2.1). Seit 2006 steigt die Quote verspätet eingeschulter Kinder wieder. Diese Zunahme kann zum Großteil auf die Stichtagsverlegung in einigen Bundesländern zurückgeführt werden (im gleichen Zuge ist der Anteil der vorzeitig Eingeschulten deutlich gesunken). Im Schuljahr 2010/11 lag der *Anteil der verspätet Eingeschulten deutschlandweit* bei 7,5 Prozent, so hoch war die Quote zuletzt 1998 (vgl. Autorengruppe Bildungsberichterstattung, 2012). Zwischen den einzelnen Bundesländern unterscheiden sich die Anteile der zurückgestellten Kinder allerdings sehr deutlich. 1995 wies Bayern noch eine sehr niedrige Quote auf (3,8 %). In allen weiteren Ländern wurden zum gleichen Einschulungstermin mindestens sechs Prozent der eingeschulten Kinder verspätet eingeschult, den höchsten Anteil hatte damals Bremen mit 16,3 % zu verzeichnen. Im Gegensatz dazu wurde im Schuljahr 2010/2011 in Bayern mehr als ein Fünftel der Kinder verspätet eingeschult (21,5 %). Sehr niedrige Anteile verspätet eingeschulter Kinder wiesen für das Schuljahr 2010/11 mit knapp einem Prozent Nordrhein-Westfalen und Schleswig-Holstein auf (NRW: 0,8 %; SH: 1,1 %; vgl. Autorengruppe Bildungsberichterstattung, 2012, Internettabellen C5). Die Anteile an verspätet eingeschulten Kindern zwischen den einzelnen Bundesländern unterscheiden sich somit aktuell um gut 20 Prozentpunkte, wobei Bayern hier ein deutliches Extrem darstellt.

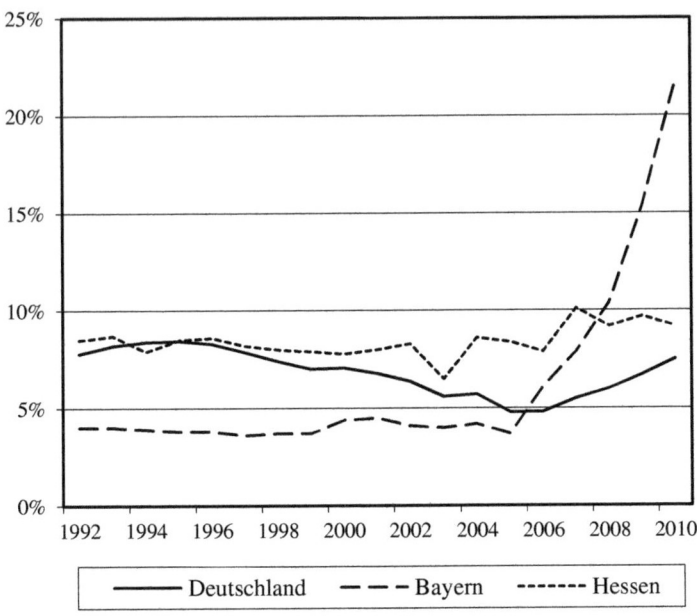

Abbildung 2.1:   Anteile verspätet eingeschulter Kinder (vgl. Autorengruppe
Bildungsberichterstattung, 2012)

Betrachtet man die beiden Bundesländer, auf welche sich die hier vorliegende
Arbeit bezieht, so zeigt sich für Hessen, dass die Anteile verspätet eingeschulter Kinder von 1995 bis 2002 nur leicht variieren. In den darauffolgenden Jahren gab es stärkere Veränderungen mit einem eher durchschnittlichen Anteil
von 6,5 % für das Schuljahr 2003/04 und einem eher hohen von 10 % in
2007/08. Für das Schuljahr 2010/11 betrug der Anteil an verspätet eingeschulten Kindern 9,2 %. Für Bayern zeichnet sich ein deutlich dramatischeres Bild
der Zurückstellungsquoten ab. Wie oben schon erwähnt, lag der Anteil bis zum
Jahr 2005 um die 4 %. Seit der Stichtagsverschiebung ist ein starker Anstieg zu
verzeichnen. Der Anteil an verspätet Eingeschulten hat sich innerhalb von vier
Jahren mehr als verfünffacht (vgl. Abbildung 2.1). Ähnliche Entwicklungen
zeigten sich in Brandenburg und Baden-Württemberg. In Brandenburg stieg
der Anteil an verspäteten Einschulungen im Jahr der Stichtagsänderung um
neun Prozentpunkte und fiel bis zum Schuljahr 2010/11 auf knapp 10,5 %. In
Baden-Württemberg nahm die Quote mit der schrittweisen Stichtagsverschiebung und danach sukzessive zu (vgl. Autorengruppe Bildungsberichterstattung,
2012). Inwieweit die Verschiebung des Stichtages der Grund für solch drasti-

sche Erhöhungen der verspäteten Einschulungen ist oder ob weitere Gründe den Anstieg beeinflussen, muss an dieser Stelle offenbleiben.

Die Anteile verspätet eingeschulter Kinder variieren sowohl im Zeitverlauf als auch zwischen den einzelnen Bundesländern. Darüber hinaus unterscheiden sie sich auch von denen der fristgerecht und vorzeitig eingeschulten Kinder hinsichtlich der Verteilung des Geschlechts und des familiären Bildungshintergrundes (vgl. Autorengruppe Bildungsberichterstattung, 2012; Kapitel 3.1.3 und 3.2).

2.2 Schulfähigkeit – Begriffserklärung und Erfassung bei der Einschulung

2.2.1 Begriffserklärung

Neben dem Alter wird die Einschulung im Allgemeinen von einem bereits erreichten Entwicklungsstand, der ‚Schulfähigkeit', abhängig gemacht. In den Ausführungen der Bundesländer wird allerdings kaum erläutert, was genau darunter zu verstehen ist. Der Ausgangspunkt in den Einschulungsregelungen ist stets das Kind, es muss bestimmte, allerdings nicht klar definierte, Fähigkeiten aufweisen, um eingeschult zu werden. In den neueren Bildungsplänen für den Elementar- und Primarbereich wird ein umfassenderes Verständnis von Schulfähigkeit hervorgehoben. Im Gegensatz zu den eher einseitigen Einschulungsregelungen wird die Schulfähigkeit nicht nur als ein auf das Individuum bezogenes Konzept dargestellt, sondern in Anlehnung an den ökosystemischen Ansatz (vgl. Nickel, 1981) als ein Konstrukt aller beteiligten Personen und Institutionen verstanden. Damit wird neben der Schulfähigkeit des Kindes auch die ‚Kindfähigkeit' der Schule betrachtet (vgl. Bayerisches Staatsministerium für Arbeit und Sozialordnung, 2006; Hessisches Sozialministerium & Hessisches Kultusministerium, 2007). Diesem Ansatz zufolge beinhaltet der Begriff Schulfähigkeit eine Dynamik, die als Entwicklungsprozess zu verstehen ist, der vor dem Eintritt in die Schule beginnt und sich nach dem Schulstart fortsetzt (vgl. Bayerisches Staatsministerium für Arbeit und Sozialordnung, 2006; Faust-Siehl, 1995).

Die elementar- und primarpädagogische Forschung beschäftigt sich seit Jahrzehnten mit dem Thema der Schulfähigkeit.[7] In den 1950er Jahren wurde der Bereich vorrangig unter dem Begriff *Schulreife* diskutiert. Der vor allem durch Kern (1954) geprägte Begriff lehnte sich eng an die Reifungstheorie an und beinhaltete, dass jedes Kind zu einem bestimmten Punkt die Schulreife erlangen wird – das eine früher, das andere später. Bei noch nicht schulreifen Kindern müsse man nur abwarten, denn eine Förderbarkeit der Schulreife schloss Kern aus. Bedeutsam ist weiterhin, dass Kern im Sinne der Reifungstheorie auch eine gleichmäßige Entwicklung der einzelnen Fähigkeitsbereiche annahm. Die Überprüfung eines Bereiches reichte demnach aus. Aus diesem Grunde beinhaltete sein Schulreifetest auch nur die Erfassung der visuellen Gliederungsfähigkeit. Kern sah demzufolge das Sitzenbleiben „primär [als] ein Reifeproblem und erst sekundär [als] ein soziales Phänomen" (Kern, 1954, S. 78). In der weiteren Entwicklung wurde vom Begriff der Schulreife Abstand genommen. In den auf die Eigenschaftstheorie bezogenen Überlegungen wurde die *Schulfähigkeit* an vergleichsweise stabile Fähigkeiten der Individuen geknüpft. Nicht vorhandene Schulfähigkeit, also von der Schule erwartete Eigenschaften und Fähigkeiten, wurden auf mangelnde Begabung zurückgeführt. Die anschließende Weiterentwicklung des Begriffes im Sinn der Lerntheorie bemühte sich um ein Konzept der Förderbarkeit. Schulfähigkeit wurde einerseits als förderbares und erlernbares Konzept aufgefasst. Andererseits wurde berücksichtigt, dass nicht nur das Kind dazu beiträgt, sondern auch die Schule (vgl. Kammermeyer, 2011). In den 1980er Jahren wurde die Schulfähigkeit vor allem vor dem Hintergrund einer ökopsychologischen Sichtweise betrachtet. Der relative Begriff der Schulfähigkeit verortete sich im Schnittpunkt mehrerer Determinanten (vgl. Rüdiger, Kormann & Peez, 1976). In Bezug auf den Ansatz von Nickel (1981) wurden alle das Kind umfassenden Ebenen einbezogen und als wichtig aufgefasst. Die Teilsysteme Schule, Schüler und Ökologie stehen in vielseitigen Beziehungen zueinander und werden stets vor dem gesamtgesellschaftlichen Hintergrund betrachtet. Für das ‚Schulreifekonstrukt' sollten das gesamte System und die Interaktionen zwischen den verschiedenen Ebenen in den Blick genommen werden. Schulfähigkeit stellt demnach ein Ziel dar, das von allen Akteuren gemeinsam angestrebt wird. Trotz eines mittlerweile umfassenderen Konzeptes von Schulfähigkeit erscheint es dennoch sinnvoll, die zu betrachtenden kindlichen Fähigkeiten näher zu bestimmen. Ein einheit-

---

7   Der historische Rückblick begrenzt sich auf die Entwicklung in den alten Bundesländern. Überblicke über die Entwicklung des Schulfähigkeitsbegriffs in der DDR finden sich in Prengel (1999) (von Ute Geiling) oder bei Witzlack (1972).

liches Raster kann und sollte es nicht geben, da es im Sinne der ökosystemischen Sichtweise ja stets ein Zusammenspiel verschiedener Ebenen darstellt. Gleichwohl finden sich in der Elementar- und Primarpädagogik Systematisierungen. Als übergreifende Bereiche beschreibt u.a. Faust-Siehl (1995) die Schulfähigkeit als ein „sich *ständig veränderndes und der Förderung zugängliches* Ensemble kognitiver, motivationaler und sozialer Voraussetzungen und Haltungen" (S. 26, Hervorhebung im Original). Sie bezieht sich dabei auf eine Kategorisierung von Nickel (1976), welcher unter kognitiven Fähigkeiten Aspekte wie sprachliche Entwicklung, Gliederungsfähigkeit oder realitätsgerechte Größen- und Mengenverhältnisse fasst. Anstrengungsbereitschaft oder Selbststeuerung werden den motivationalen und emotionalen Voraussetzungen und Selbstständigkeit, Fähigkeit zur zeitlichen Trennung von Bezugspersonen oder die Teamfähigkeit den sozialen Voraussetzungen zugeschrieben (ähnlich Niesel, 2008). Auch Weigert und Weigert (1995) formulieren einen ausführlichen Kriterienkatalog für die Schulfähigkeit auf Seiten der Kinder und betonen, dass es sich um einen nicht „genau definierbare[n] Entwicklungsstand (‚Entwicklungspunkt') des einzelnen Kindes" handelt (S. 21f.). Ihrer Ansicht nach ist es vielmehr ein Zusammenspiel der verschiedenen individuellen Voraussetzungen und der jeweiligen beteiligten Umwelten. Aufbauend auf einer Einteilung von Hielscher (1978) definieren sie drei Bereiche: körperliche, sozial-emotionale sowie kognitive Schulfähigkeit, welche anhand von konkreten Haltungen und Fähigkeiten ausdifferenziert sind. Auch ein neuerer Beitrag von Brozio (2004) beschränkt sich nur auf das Kind und versteht darunter „diejenige Kompetenz im Sinne von Wissen, Können und Motivation [...], die auf der Elementarstufe des Bildungssystems erworben und vermittelt werden [müssen] und die Grundlage biete[n] für den Übergang zur und den Erfolg auf der Primarstufe" (S. 11–13). Diese Sichtweise bezieht sich vorwiegend auf ältere Schulfähigkeitskonzepte und betrachtet lediglich die kindlichen Fähigkeiten. Die Grundschule als Ort, an dem sich Schulfähigkeit ebenfalls entwickelt, wird in dieser Ansicht vollständig vernachlässigt. Vielmehr schreibt Brozio die Vermittlung der nötigen Fähigkeiten ausschließlich dem Elementarbereich zu.

Dass die kindlichen Fähigkeiten von hoher Bedeutsamkeit sind, zeigt sich vor allem vor dem Hintergrund des Zusammenhangs von Vorläuferfähigkeiten und schulischer Entwicklung. Relevant sind insbesondere mathematische und schriftsprachliche Vorläuferfähigkeiten, da sie als prädiktiv für spätere schulische Leistungen aufgeführt werden (vgl. Aunola, Leskinen, Lerkkanen & Nurmi, 2004; Duncan et al., 2007; Krajewski, Renner, Nieding & Schneider, 2009; Niklas, 2011; vgl. Kapitel 2.2). Dass unter Schulfähigkeit nicht nur individuelle Fähigkeiten des Kindes verstanden werden sollten, zeigen La Paro und Pianta (2000) in ihrer Metaanalyse. Sie weisen darauf hin, dass neben den kindlichen Fähigkeiten auch weitere Faktoren wie Familie oder Schule die Schulfähigkeit beeinflussen (vgl. Kapitel 3.2 und 3.3).

2.2.2 Feststellung von Schulfähigkeit bei der Einschulung

Die Feststellung der Schulfähigkeit wird, trotz eines derzeitig umfassenderen wissenschaftlichen Verständnisses, in der Praxis hauptsächlich an den kindlichen Fähigkeiten festgemacht. Da weder bundesweit noch innerhalb der Länder einheitliche Regelungen bzw. Vorlagen existieren, besteht in diesem Zusammenhang eine fast unüberschaubare Menge an Einschulungsverfahren. Grundlegend kann unterschieden werden zwischen den Beobachtungen und Begutachtungen in der Schule durch Lehrer und Schulpsychologen und den schulärztlichen Untersuchungen. Zur Feststellung der Schulfähigkeit in den Grundschulen werden sowohl informelle als auch *standardisierte Verfahren* verwendet. Unter letzterem werden ältere Schulreifetests, wie der Grundleistungstest von Kern (1954), als auch diagnostische Verfahren, wie das Kieler Einschulungsverfahren (KEV – Fröse, Mölders & Wallrodt, 1988) oder der Duisburger Vor- und Einschulungstest (DVET – Meis & Poerschke, 1997) verstanden. Die einzelnen standardisierten Überprüfungen sind sehr unterschiedlich aufgebaut. Während beispielsweise der DVET lediglich ein Gruppentest für grundschulrelevante kognitive und feinmotorische Fähigkeiten ist, gliedert sich das KEV in ein Elterngespräch und Unterrichtsspiel sowie, falls nötig, eine individuelle Untersuchung (vgl. Kormann, Storath & Schlegel, 1993; Naumann, 2012). Neben den standardisierten diagnostischen Verfahren, welche auch in gekürzten bzw. abgewandelten Formen eingesetzt werden, finden ebenso *informelle Schuleingangsverfahren* statt (vgl. Förtsch, 2009; Kammermeyer, 2011; Naumann, 2012). Darunter können beispielsweise schuleigene Tests, strukturierte Schnupperstunden oder Schulspiele verstanden werden. Die von den Lehrkräften selbst zusammengestellten Verfahren orientieren sich oft an standardisierten Instrumenten, sind jedoch keine publizierten Tests bzw. Verfahren. In Schnupperstunden oder Schulspielen werden strukturierte und unterrichtsnahe Situationen hergestellt, in denen möglichst alle Aspekte der Schulfähigkeit auf Seiten des Kindes erfasst werden sollen, auch unter Berücksichtigung der vorhandenen Umwelt (vgl. Kammermeyer, 2011; Portmann, 1995). Die Auswahl der zu bewertenden Fähigkeiten und deren Beobachtung erfolgen durch Lehrkräfte. Dies bedeutet, dass je nach Verfasser unterschiedliche Schwerpunkte in der Feststellung der Schulfähigkeit vorhanden sind (vgl. Kammermeyer, 2000; Kammermeyer, 2011).

Nachteilig an informellen aber auch standardisierten Beobachtungsinstrumenten ist die weitgehend subjektive Einschätzung der Fähigkeiten durch die Lehrkräfte (vgl. Kammermeyer, 2011). Die Ergebnisse hängen stark von den Einstellungen der jeweiligen Lehrkraft ab und weisen somit keine objektiven Kriterien auf. Bezogen auf das KEV fordert Kammermeyer (2001) deshalb eine Überarbeitung im Hinblick auf intersubjektive Überprüfbarkeit, Ausrichtung auf den Erstunterricht und Einbezug der Erzieherinnen. Diese Forderung sollte auch für informelle Verfahren gelten, dadurch würde auch eine ökosystemische Sichtweise für die Feststellung von Schulfähigkeit angestrebt werden (vgl. auch Nickel, 1995). Es kann daher nicht von einer reliablen und validen Prognostik für den Anfangsunterricht ausgegangen werden. Bei den Schuleingangstests scheint eher die Selektion im Vordergrund zu stehen. Der intendierte Sinn – nämlich das Aufdecken von Förderbedarf – bleibt trotz der meist individuellen Ausrichtung auf das Kind im Hintergrund. Gerade hier sollte jedoch angesetzt werden, um die durch Tests aufgedeckten Defizite parallel zum Anfangsunterricht zu fördern und auf diesem Wege auch das Lernen und Lehren ans Kind anzupassen und nicht umgekehrt. Einschulungsverfahren, die anhand von unterrichtsnahen Situationen und Gesprächen versuchen den Entwicklungsstand der Kinder zu erfassen, sind positive und richtungsweisende Ansätze für einen förderorientierten Schulanfang. Vor allem bei unsicheren Einschulungsentscheidungen sollten vielmehr die Möglichkeiten der Förderung sowie das Vertrautmachen von Schule und Kind im Mittelpunkt stehen (vgl. Kammermeyer, 2000).

Neben den durch die Grundschule stattfindenden pädagogischen Überprüfungen, welche sich eher auf kognitive, motivationale und sozial-emotionale Fähigkeiten konzentrieren, werden auch *schulärztliche Untersuchungen* durchgeführt (z.B. in Bayern – Art. 80, Abs. 1, BayEUG). Diese finden in allen Bundesländern und für alle Kinder statt, somit auch für diejenigen, welche die fakultativ angelegte U9 nicht wahrnehmen (vgl. Rohling, 2002). Überprüft werden vorrangig körperliche Aspekte sowie grob- und feinmotorische Fähigkeiten.[8] Die ärztliche Untersuchung hat vor allem bei der Entscheidung über eine Zurückstellung eine große Bedeutung (vgl. Bellenberg et al., 2005; Mader, 1989; Weigert & Weigert, 1995), da diese unter anderem wegen noch nicht ausreichend vorhandenen körperlichen Fähigkeiten veranlasst werden.

---

8 Dies heißt aber keineswegs, dass fein- oder grobmotorische Fähigkeiten nicht auch Bestandteil der Schulfähigkeitstests sein können.

Umfassendere Studien zum *Einsatz und Nutzen von Schuleingangsverfahren* liegen kaum vor, was vermutlich auf deren Vielfalt beruht. Die verschiedenen Einschulungsuntersuchungen bestehen möglicherweise aufgrund der nicht präzisierten Begriffserläuterungen von Schulfähigkeit in den landesspezifischen Einschulungsregelungen und den unterschiedlichen Gegebenheiten im Ablauf der Schuleingangsuntersuchungen bzw. Einschulungsverfahren. Zwar wird versucht mit landesspezifischen Vorgaben mögliche Probleme abzufangen, allerdings wird das inhaltliche und zeitliche Vorgehen den einzelnen Schulen überlassen (vgl. Kapitel 2.1.1 und 2.1.2). Die Anmeldeverfahren gliedern sich zumeist in einen administrativen Teil, der von den Eltern bewältigt wird, Schnupperstunden, bei dem das Kind von Lehrkräften beobachtet wird, und eine Schuleingangsuntersuchung, welche von ärztlicher Seite den gesundheitlichen Zustand des Kindes überprüft.

Anfang der 1990er Jahre führten Kormann et al. (1993) eine Bestandserhebung an 937 bayrischen Grundschulen durch. Dabei ging es vor allem um den Einsatzbereich von Schulfähigkeitstests. Im Gegensatz zur starken Verbreitung und deren Einsatz in den 1960er Jahren zeigte sich, dass Schulfähigkeitstests weniger zum Einsatz kamen und nicht mehr bei allen Kindern eingesetzt wurden. Nach Angaben der Grundschullehrkräfte wurden die Tests vorrangig bei Entscheidungen zur vorzeitigen oder verspäteten Einschulung herangezogen (49,9 % bzw. 32,4 %). Dies zeigt, dass standardisierte Schulfähigkeitstests hauptsächlich in Bezug auf unsichere Schullaufbahnentscheidungen eingesetzt und vorwiegend zur Auslese anstatt zur Feststellung von Förderung genutzt werden. Darüber hinaus werden trotz neuerer und auf die Förderung ausgerichteter Verfahren eher alte und ‚bewährte' Instrumente eingesetzt. Weniger als die Hälfte der Befragten gab an, auch informelle Verfahren bei der Überprüfung der Schulfähigkeit einzusetzen (45 %). Angewandt wurden diese vor allem in den Bereichen Feinmotorik, optische Differenzierung, Sprachentwicklung sowie Zahlen- und Mengenverständnis (vgl. Kormann et al., 1993).

Hinweise auf eine große Vielfalt lassen sich auch bei Kelle, Ott und Schweda (2012) finden. In ihrer hessischen Beobachtungsstudie zeigten sie darüber hinaus Unsicherheiten der Lehrkräfte in Bezug auf die Eingangsdiagnostik auf. Trotz der Äußerungen, sich ein individuelles ‚Bild des Kindes' machen zu wollen, wurde in den umfangreichen Dokumentationen oft nur in auffällig oder unauffällig unterschieden. Als ein Ergebnis sehen sie, dass Lehrkräfte ihre Entscheidungen ohne den Bezug auf die direkt gemachten Beobachtungen konstituieren. Anstatt eines im ökosystemischen Sinne gemeinsamen Erarbeitens der Schulfähigkeit, z.B. mit der Familie, wird „diese zum diagnostischen Gegenstand und [...] als Ursache für statusbezogen fehlende Schulfähigkeit" herangezogen (ebd., S. 17).

An dieser Stelle scheint eine große Lücke in der wissenschaftlichen Forschung zu bestehen. Vor dem Hintergrund des Paradigmenwechsels von einer selektiven Schuleingangsdiagnostik zu einer Förderdiagnostik und der eher subjektiven Sichtweise von kindbezogener Schulfähigkeit (vgl. Kammermeyer, 2000; Kelle et al., 2012; Plehn, 2012) ist es wichtig, dieses Feld in Zukunft detailliert zu betrachten, um so selektive Prozesse wie die Zurückstellung auch von institutioneller Seite her erklären und verbessern zu können. Weiterhin ist fraglich, inwieweit punktuelle Beobachtungen sichere Prognosen über den weiteren Bildungsverlauf machen können. Der Einbezug von Erzieherinnen, welche die Kinder meist schon seit einigen Jahren begleiten, sollte demnach mehr berücksichtigt werden. Dies lässt sich auch anhand der Untersuchung von Kormann et al. (1993) bestätigen. Die befragten Grundschullehrkräfte gaben an, der Information von Seiten der Erzieherinnen eine große Bedeutung zuzuschreiben (78 %). Ebenfalls relevant, aber von geringerem Einfluss waren die Vorinformation über das Kind von Seiten des Schularztes (ca. 61 %; vgl. Kormann et al., 1993; vgl. auch Ahtola et al., 2011).

2.3   Schulvorbereitende Einrichtungen

Es gab und gibt verschiedene Wege, wie mit schulpflichtigen, aber nicht schulfähigen Kindern bei der Einschulung umgegangen wird. Flexible Schuleingangsphasen ermöglichen beispielsweise allen Kindern unabhängig von ihren Fähigkeiten den Beginn der Grundschule, indem die Verweildauer in den ersten beiden Klassenstufen individuell angepasst werden kann (vgl. Eckerth & Hanke, 2009; Faust, Hanke & Dohe, 2010; Liebers, 2008). Ein vollständig anderer Weg ist die Überweisung an eine Förderschule. Im Schuljahr 2010/11 wurden immerhin 3,5 % der Kinder direkt in einer Förderschule eingeschult (vgl. Autorengruppe Bildungsberichterstattung, 2012). Die meisten Lösungsansätze haben sich aus den historischen und bildungspolitischen Gegebenheiten herausgebildet und wurden im Laufe der Zeit verworfen oder weiterentwickelt (vgl. Mader, 1989).

Eine Möglichkeit für schulpflichtige, aber nicht schulfähige Kindern besteht im Besuch einer schulvorbereitenden Einrichtung, in der sie ein zusätzliches Jahr gefördert werden. Die Bezeichnungen für diese Institutionen und deren Angliederung unterscheiden sich zwischen den einzelnen Bundesländern. In Hessen werden sie als Vorklassen geführt und sind an Grundschulen oder Förderschulen angegliedert (vgl. § 18, Abs. 2, HSchG; ähnlich in Mecklenburg-Vorpommern und Sachsen-Anhalt), in Baden-Württemberg hingegen als Grundschulförderklassen. Bayerische schulvorbereitende Einrichtungen werden als Diagnose- und Förderklassen bezeichnet und sind an Förderzentren angeschlossen (ähnliche Bezeichnung in Mecklenburg-Vorpommern und Thüringen) und vergleichbare Einrichtungen werden unter dem Begriff Schulkindergarten in Bremen, Hamburg, Niedersachsen, Nordrhein-Westfalen, Rheinland-Pfalz, Saarland, Schleswig-Holstein geführt (vgl. Berthold, 2008). In Brandenburg hingegen bestehen keine gesonderten schulvorbereitenden Einrichtungen, da die vorschulische Erziehung dem Kindergarten zugeordnet wird (vgl. KMK, 2002).

Die Aufgabe von schulvorbereitenden Einrichtungen besteht in der Förderung von nicht schulfähigen Kindern, so „dass sie ein Jahr später mit Erfolg die Schule beginnen können" (Faust-Siehl, 1995, S. 29). Die teilnehmenden Kinder weisen Entwicklungsdefizite auf, aufgrund derer sie noch nicht am Anfangsunterricht teilnehmen können und welche möglicherweise durch fehlende Anregung und/oder Erziehung entstanden sind. Die vorhandenen Defizite werden so eingeschätzt, dass eine angemessene Förderung innerhalb eines Jahres den Schulstart ermöglichen kann (vgl. Hacker, 1998; Rüdiger et al., 1976). Sowohl Kinder, die vor Schulbeginn zurückgestellt, als auch diejenigen, die aus der ersten Klasse wieder ausgeschult werden, besuchen diese Institutionen. Der *Schulkindergarten* als eine der schulvorbereitenden Einrichtungen soll Bindeglied zwischen Kindergarten und Grundschule sein und somit eine Brückenfunktion einnehmen (vgl. Horn, 1996). Die Verweildauer ist auf ein Jahr ausgelegt und die Förderung soll nicht nur schulische Aspekte beinhalten, sondern das Kind spielerisch und altersangemessen in all seinen Fähigkeiten begleiten und zu grundschulspezifischen Lernformen hinführen (vgl. Hacker, 1998; Rüdiger et al., 1976).

Auch wenn die Förderung zurückgestellter Kinder in speziellen Einrichtungen auf den ersten Blick positiv erscheinen mag, bestehen erhebliche Zweifel an dem Konzept Schulkindergarten. Bedenklich ist, dass die „Daseinsberechtigung [...] erst durch das Scheitern schulpflichtiger Kinder im Einschulungsverlauf" entsteht (Mader, 1989, S. 36). Mader (1989) konnte diesen Zusammenhang in einer nordrhein-westfälischen Studie nachweisen. Das Vorhandensein eines Schulkindergartens ging mit einer erhöhten Quote an Zurückstellungen einher. Grundschulen, in deren Nähe sich ein Schulkindergarten befand, stellten fast doppelt so viele Kinder zurück wie Grundschulen ohne schulvorbereitende Einrichtung. Es scheint ein Spannungsverhältnis zwischen

Selektion und Förderung zu bestehen. Einerseits werden die nicht schulfähigen Kinder gezielt auf die Schule vorbereitet, andererseits wird ihnen der ‚Stempel der Unfähigkeit' aufgedrückt und durch die gesonderte Institution zusätzlich hervorgehoben. Dieses Verhältnis steht jedoch im starken Widerspruch zur integrativen Aufgabe der Grundschule (vgl. Prielipp, 1997).

Dem zugeschriebenen Förderbedarf geht eine Entscheidung für eine Zurückstellung voran. Diese kann jedoch nicht nur auf fehlende kindliche Fähigkeiten zurückgeführt werden, sondern bezieht sich auch auf familiäre oder institutionelle Faktoren. Beispielsweise hat der Bildungshintergrund der Familie einen Einfluss auf den Zeitpunkt der Einschulung, bildungsferne Eltern stellen ihre Kinder eher zurück als Eltern mit einem hohen Bildungshintergrund (vgl. Kapitel 3.2). Ebenso wirken institutionelle Rahmenbedingungen, wie die Einstellungen der Lehrkräfte oder die Anzahl der Schulanmeldungen und die damit zusammenhängende Klassengröße, auf Zurückstellungsentscheidungen mit ein (vgl. Kapitel 3.3). Faust-Siehl (1994) fordert daher „Schafft die Schulkindergärten ab!" (ebd., S. 2), auch weil sie keine, die vorliegende Benachteiligung aufhebende, spezifische Förderung sieht. Roßbach (1985) beschreibt schon zehn Jahre zuvor, dass zwar der Schulkindergarten auf den ersten Blick positiv erscheint, dies aber nicht bedeutet, dass „unter alternativen Bedingungen [...] nicht bessere Effekte erzielt werden können" (S. 57).

Die derzeitige Nutzung von schulvorbereitenden Einrichtungen kann nur anhand von offiziellen statistischen Daten ermittelt werden. Bundesweit wurden für das Schuljahr 2011 noch 1.974 Schulkindergartenklassen mit 18.432 Schülerinnen und Schüler erfasst, von denen 1.059 Klassen an Förderschulkindergärten waren.[9] Die Anzahl der Klassen in Schulkindergärten ist zwischen 2002 und 2011 um mehr als 40 % gesunken (vgl. KMK, 2012). Aus dem Rückgang lässt sich zunächst ein positiver Trend ablesen, der einen weniger selektiven Schuleingang vermuten lässt und eine geringere Unsicherheit, wie mit nicht schulfähigen Kindern verfahren werden soll. Relativiert wird dies jedoch in Teilen durch den hohen Anteil an Klassen in Förderschulkindergärten. Während 2002 weniger als ein Drittel der Schulkindergartenklassen an Förderschulen angegliedert war, betraf dies 2011 mehr als die Hälfte. Zwar gehen die Zurückstellung und Überweisungen in Schulkindergärten zurück, das Risiko im auffälligen Bereich eingeschätzt zu werden, steigt hingegen (vgl. KMK, 2012).

---

9   Es wurden allerdings nur Schulkindergärten erfasst, die einer allgemeinbildenden Schule zugeordnet werden konnten und im Zuständigkeitsbereich des jeweiligen Kultusministeriums lagen.

Der Rückgang von Schulkindergärten ist möglicherweise auch auf die umstrittene Effektivität zurückzuführen, allerdings sind die meisten Studien zu Auswirkungen der Einrichtungen mittlerweile mindestens 20 Jahre alt. Viele stammen aus den 1970er Jahren, also einer Zeit, in der Schulkindergärten weitverbreitet waren, weshalb sie nicht auf die heutigen pädagogischen Situationen übertragen werden können. Neben der Untersuchung von Mader (1989) kann die von Jansen (1994) durchgeführte Untersuchung als etwas ‚neuere' benannt werden. In dieser Studie wurden keine signifikanten Unterschiede zwischen Schulkindern und Kindern des Schulkindergartens bezüglich der Schriftsprach- und Rechenleistungen bis Ende des zweiten Schuljahres festgestellt (vgl. Jansen, 1994). Demnach entstehen durch den Besuch von Schulkindergärten weder kurz- noch langfristige positive Effekte. Die Ergebnisse deuten darauf hin, dass Schulkindergärten die benötigte Förderung nicht leisten können (vgl. Kapitel 2.3).

3 Einflussmerkmale für eine verspätete Einschulung

Die Bildungsforschung hat in den letzten Jahrzehnten bereits aufgezeigt, dass vor allem im stark gegliederten deutschen Bildungssystem an institutionellen Übergängen Ungleichheiten entstehen bzw. verstärkt werden. Die Selektivität beim Übergang in die weiterführenden Schulen wurde dahin gehend bereits umfangreich untersucht (vgl. Becker, 2000; Ditton, Krüsken & Schauenberg, 2005; Maaz et al., 2006). Im folgenden Kapitel wird darauf eingegangen, dass Bildungsungleichheiten bereits vor dem Eintritt in die Grundschule bestehen (vgl. Becker, 2009; Konsortium Bildungsberichterstattung, 2006; Kratzmann & Schneider, 2009). Entscheidend ist dabei, welche Merkmale die Wahrscheinlichkeit einer Zurückstellung erhöhen und welchen Einfluss sie auf den Übergang in die Grundschule nehmen. Diese Merkmale können übergreifend in die Bereiche individuelle, familiäre und institutionelle Ebene unterteilt werden.

3.1 Individuelle Merkmale des Kindes

In der bisherigen Forschung zum Übergang vom Elementar- in den Primarbereich haben sich drei individuelle Merkmale herausgestellt, die einen bedeutsamen Einfluss auf die Einschulung und den Zeitpunkt aufweisen: Alter, Schulfähigkeit und Geschlecht des Kindes.

3.1.1 Alter

Der derzeitige bildungspolitische Trend bezüglich des Alters liegt in einem frühen Eintreten in das Schulsystem und einer kurzen Verweildauer in den einzelnen Bildungsstufen (sowohl Primar-/Sekundarstufe als auch im tertiären Bereich, hier vor allem die universitäre Ausbildung). Diese Entwicklung wurde unter anderen durch die im internationalen Vergleich eher langen Ausbildungszeiten in Deutschland hervorgerufen. Die späteren Fachkräfte stehen dem Arbeitsmarkt erst in einem relativ hohen Alter zur Verfügung. Um mit anderen europäischen Ländern gleichzuziehen, soll beispielsweise der Eintritt ins Schulsystem neu gestaltet werden. Ein frühzeitiger Beginn der Grundschule wird durch die Verschiebung des Stichtages, aber auch durch eine Erhöhung von vorzeitigen Einschulungen angestrebt. Gleichzeitig sollen möglichst wenige Kinder verspätet eingeschult werden (vgl. KMK, 1997; Kapitel 2.1). Die

Einführung des achtjährigen Gymnasiums sowie die Verkürzung der Studien-
dauer durch die Gliederung in Bachelor und Master sind weitere bildungspolitische Intentionen zur Verkürzung der Ausbildungsdauer (vgl. Blossfeld et al.,
2007).

Die Diskussion um das richtige Alter bei Schuleintritt wird schon seit mehr
als einem halben Jahrhundert geführt. In den 1950er Jahren sorgte Kern (1954)
mit seinem Buch „Sitzenbleiberelend und Schulreife" für zahlreiche Kontro-
versen. Er ging davon aus, dass die hohen Sitzenbleiberraten gesenkt werden
könnten, indem man die Kinder erst dann in die Volksschule aufnimmt, wenn
sie die nötige Reife erlangt haben. Schulreife wurde im Sinne eines Entwick-
lungsstadiums verstanden, was jeder irgendwann erreichen wird. Bis heute
werden immer wieder veränderte Ansätze bezüglich des ‚richtigen' Schuleintrittsalters diskutiert, bisher besteht allerdings kein Konsens, der eine klare
Richtung vorgibt. Fraglich ist, warum ein früheres Einschulungsalter angestrebt wird. Im Vergleich zu anderen europäischen Ländern gehört Deutschland
mit einem Einschulungsalter von sechs Jahren zur Mehrheit der Nationen und
liegt somit im Mittelfeld. Von den 45 bei IGLU untersuchten Ländern[10] schulen 24 ihre Kinder regulär im Alter von sechs ein (Bsp. Belgien, Norwegen,
Polen). Eine frühere Einschulung im Alter von fünf Jahren findet in nur sechs
Ländern statt (z.B. England, Italien). Hingegen sehen sieben Länder das vollendete siebte Lebensjahr als reguläres Einschulungsalter vor (z.B. Schweden,
Lettland; vgl. Hornberg, Faust, Holtappels, Lankes & Schulz-Zander, 2007;
Mullis, Michael, Martin, Kennedy & Foy, 2007).[11]

Bezüglich der Debatte um das Schuleintrittsalter lassen sich zwei Argumente für ein höheres Alter finden: Einerseits wird davon ausgegangen, dass
ältere Kinder mehr Zeit für die Entwicklung von Fähigkeiten haben, und andererseits soll eine Zurückstellung einen besseren Start in die Grundschule ermöglichen. Während das erste Argument sich vornehmlich auf Altersunterschiede innerhalb eines Jahrgangs bezieht, geht das zweite auf Entwicklungsmöglichkeiten durch ein zusätzliches Jahr vor der Einschulung ein.

In den meisten Ländern wird der Einschulungszeitpunkt anhand eines
Stichtages geregelt. Dabei lässt sich ein Effekt auf nicht fristgerechte Einschulungen beobachten, der einen Zusammenhang zwischen der Verteilung der
Kinder auf die verschiedenen Einschulungszeitpunkte und den Geburtsmonaten widerspiegelt. Die jüngeren Kinder eines Jahrgangs, also jene, die knapp

---

10 Es handelt sich um 35 Staaten und zehn Regionen, die in Bildungsfragen weitestgehend ei-
     genverantwortlich arbeiten (vgl. Bos & Hornberg et al., 2007).
11 Die anderen acht Staaten weisen jeweils abweichende individuelle Regelungen auf.

vor dem Stichtag ihr sechstes Lebensjahr erreichen, werden tendenziell eher vom Schulbesuch zurückgestellt. Kinder, die hingegen kurz nach dem Stichtag das sechste Lebensjahr erreichen, werden eher vorzeitig eingeschult. In einer brandenburgischen Untersuchung zur Zurückstellung vollendeten gut 60 % der verspätet eingeschulten Kinder ihr sechstes Lebensjahr in den drei Monaten vor dem Stichtag (Stichtag in Brandenburg: 30.9.; vgl. Liebers, 2011, vgl. auch Kratzmann & Schneider, 2009). Dieses Ergebnis ließ sich auch anhand der BiKS-Stichprobe nachweisen. Sowohl für die in Hessen als auch in Bayern zurückgestellten Kinder galt, dass die Mehrheit das sechste Lebensjahr während der letzten drei Monate vor dem Stichtag vollendete (Hessen – ca. 70 %, Bayern – ca. 60 %; eigene Berechnungen). Dass dies kein auf Deutschland begrenztes Problem darstellt, zeigen internationale Studien (vgl. Cosden, Zimmer & Tuss, 1993; Donath, Bates, Al-Bataineh & Al-Rub, 2010; Graue & DiPerna, 2000; Martin, Foels, Clanton & Moon, 2004). In einer US-amerikanischen Untersuchung erreichten gut 80 % der zurückgestellten Kinder (verspäteter Eintritt in den Kindergarten[12]) in den letzten drei Monaten vor dem Stichtag das reguläre Schuleintrittsalter (vgl. Donath et al., 2010). In der Studie von Martin et al. (2004) wurden hingegen nur 44 % der zurückgestellten Kinder in den Sommermonaten geboren, die Untersuchung beschränkte sich auf einen Bundesstaat und Kinder ohne Migrationshintergrund (Kinder, die als ‚European American' bezeichnet wurden). Ausgehend von allen schulpflichtigen Kindern wurde gut ein Viertel der zwischen Juni und August geborenen Kinder zurückgestellt, während dies auf weniger als ein Zehntel der Kinder aus den Monaten September bis November zutraf (Stichtag: 1.9; vgl. Martin et al., 2004). Die meisten verspätet eingeschulten Kinder wären demnach bei einer fristgerechten Einschulung die Jüngsten in ihrer Klasse gewesen. Dieser Zusammenhang wird oft anhand eines reifungstheoretischen Verständnisses bzw. der „maturity hypothesis" (Martin et al., 2004, S. 308) zu erklären versucht. Grundlegend wird davon ausgegangen, dass jüngere Kinder eines Jahrgangs weniger weit entwickelt sind als ihre älteren Klassenkameraden. Auch in der Sicht der Eltern ist diese Annahme noch weit verbreitet, sie verbinden mit der verhältnismäßig geringeren Reife spätere Probleme in der Schule und ein stetes ‚Hinterhersein' (vgl. Donath et al., 2010).

Die Frage über das richtige Schuleintrittsalter wird sowohl national als auch international kontrovers diskutiert. Die differierenden empirischen Er-

---

12 Der US-amerikanische ‚Kindergarten' entspricht nicht dem deutschen Begriff. Er ist relativ curriculumsgebunden und vielmehr eine Einrichtung im Sinne einer Vorklasse, welche von 5-Jährigen besucht wird.

gebnisse geben keine wirkliche Auskunft darüber, welches Alter nun als das beste für die Einschulung und somit auch für den späteren Bildungserfolg und die Bildungsökonomie gesehen werden kann. Vielmehr kann geschlussfolgert werden, dass Kinder „bei gleichem Lebensalter Entwicklungsunterschiede von mehreren Jahren aufweisen" können, das Alter allein erlaubt somit keine Aussage darüber, „ob ein Kind eingeschult werden soll/kann oder nicht" (Faust-Siehl, Garlich, Ramseger, Schwarz & Warm, 1996, S. 139). Die genaue Festlegung des Einschulungsalters mangelt bisher an einer pädagogischen Begründung. Vielmehr scheint es sich um eine auf sozialen, politischen und ökonomischen Realitäten beruhende Festsetzung zu handeln (vgl. Bellenberg, 1999; Götz, 2004; May, Kundert & Brent, 1995).

3.1.2   Schulfähigkeit

Kinder des gleichen Alters entwickeln sich unterschiedlich, weshalb neben dem Alter die Schulfähigkeit als ein entscheidendes Merkmal bei der Einschulung berücksichtigt wird. Betrachtet man die Schulfähigkeit auf individueller Ebene, so kann diese anhand der vorschulischen Kompetenzen des Kindes beschrieben werden. In diesem Zusammenhang haben vorschulische Einrichtungen in den letzten Jahrzehnten an Bedeutung zugenommen, was sich unter anderem in den Beteiligungsquoten, den geänderten gesetzlichen Regelungen, wie dem Anspruch auf einen Betreuungsplatz ab dem 3. Lebensjahr (vgl. § 24, Sozialgesetzbuch (SGB)), oder dem qualitätsorientierten und bedarfsgerechten Ausbau der Tagesbetreuung zeigt (vgl. Das Tagesbetreuungsausbaugesetz (TAG)). Mittlerweile besuchen fast alle Kinder zwischen drei und sechs Jahren eine elementarpädagogische Bildungseinrichtung (94 %), für das letzte Jahr vor der Einschulung liegt der Anteil bei 97,3 % (vgl. Autorengruppe Bildungsberichterstattung, 2012; Hornberg & Faust et al., 2007). Geht man von den Bildungsplänen aus, (z.B. Bayerisches Staatsministerium für Arbeit und Sozialordnung, 2006; Hessisches Sozialministerium & Hessisches Kultusministerium, 2007), sollte somit fast jedes Kind vor dem Eintritt in die Grundschule eine ausreichende schulvorbereitende Förderung erhalten haben. In dieser wird explizit die Förderung von Vorläuferfähigkeiten wie Sprache oder die Auseinandersetzung mit mathematischen Inhalten empfohlen (vgl. Hessisches Sozialministerium & Hessisches Kultusministerium, 2007), die für spätere schulische Kompetenzen bedeutsam sind. Kindergärten und andere vorschulische Einrichtungen sind jedoch eher sozialpädagogisch orientiert als an schulischen Lernkulturen (vgl. Hornberg & Faust et al., 2007; Speck-Hamdan, 2006). Dass trotz bildungspolitischer Empfehlungen möglicherweise eine unzureichende Förderung besteht, weisen verschiedene Studien nach.

Vor allem proximale Fähigkeiten (beziehen sich eher auf schulnahe Fertigkeiten) haben eine hohe Bedeutung für den weiteren Verlauf der Grundschule und werden deshalb als wichtig für den Eintritt angesehen. Als gute Prädiktoren für spätere Mathematik- und Deutschleistungen haben sich vor allem mathematische und schriftsprachliche Fähigkeiten herausgestellt (vgl. Aunola et al., 2004; Duncan et al., 2007; Krajewski et al., 2009; Liebers, 2008; Marx, 2004; Niklas, 2011). Die Unterschiede in den vorschulischen Kompetenzen stehen in Zusammenhang mit Intelligenz, Migrationshintergrund, familiärem Bildungshintergrund, sozioökonomischem Status und Länge des Kindergartenbesuchs (vgl. Niklas et al., 2010), wobei die einzelnen Aspekte miteinander gekoppelt sind. In diesem Zusammenhang sind auch die Einschätzungen der Fähigkeiten durch die Erzieherinnen bedeutsam, denn sie beraten die Eltern bezüglich der Einschulung und werden oft als wichtige Informationsquelle auf Seiten der Eltern benannt (vgl. Pohlmann, Kluczniok & Kratzmann, 2009; Wehner, 2011). In einer Untersuchung zum Schulkindergarten wurden auch Einschätzungen zu den vorschulischen Leistungen einbezogen. Die Erzieherinnen schätzten die zurückgestellten Kinder schlechter ein als die regulär eingeschulten. Letztere wurden vor allem hinsichtlich ihrer vorschulischen Leistungen als signifikant besser bewertet, aber auch in den Bereichen Sprechverhalten, Sprachfähigkeit und Arbeitsverhalten fanden sich Unterschiede (vgl. Jansen, 1994). Anhand dieses Ergebnisses können zwei Folgerungen abgeleitet werden: Zum einen könnte davon ausgegangen werden, dass Erzieherinnen die Kinder hinsichtlich ihrer Fähigkeiten sehr gut einschätzen können und somit auch gute und gerechtfertigte Empfehlungen für die Einschulung aussprechen. Zum anderen war zum Zeitpunkt der Einschätzung die Einschulungsentscheidung schon gefallen, deshalb könnte auch angenommen werden, dass die Erzieherinnen in ihren Einschätzungen von dem feststehenden Einschulungszeitpunkt beeinflusst wurden. Dies würde bedeuten, dass den zurückgestellten Kindern grundlegend schlechtere kognitive Fähigkeiten zugeschrieben werden (allerdings kann dies anhand der Daten von Jansen nicht geklärt werden). Keine Unterschiede zeigten sich dagegen in den Subskalen ‚Selbstständigkeit‘ und ‚aggressives Verhalten‘ (vgl. Jansen, 1994).

Kein Zusammenhang konnte zwischen den Fähigkeitseinschätzungen durch die Eltern und den späteren schulischen Leistungen festgestellt werden. Im Rahmen von IGLU 2006 wurde im Elternfragebogen retrospektiv auch eine Einschätzung hinsichtlich der vorschulischen schriftsprachlichen Fähigkeiten erhoben. Etwas mehr als die Hälfte der Eltern sehen die Kinder als weniger gut bzw. gar nicht vorbereitet in Bezug auf die schriftsprachlichen Fähigkeiten (vgl. Hornberg & Faust et al., 2007). Das durch die Eltern geschätzte Maß an schriftsprachlichen Vorkenntnissen besaß jedoch keinen signifikanten Zusammenhang mit den tatsächlichen Lesekompetenzen der Kinder in der vierten Jahrgangsstufe (weder mit dem IGLU-Lesetest – $r = .05$, noch mit der Fachnote Deutsch – $r = -.13$; vgl. Bos & Valtin et al., 2007).

Dennoch kann es bedeutsam sein, dass die Eltern eine unzureichende Förderung wahrnehmen (vgl. Kapitel 3.2). Wichtig ist dies, da die Eltern den Übergang ihrer Kinder vom Kindergarten in die Grundschule mitgestalten und einen wesentlichen Beitrag zur Einschulungsentscheidung leisten. Bei der Begleitung des Übergangs könnten sich durch eine unzureichend wahrgenommene Schulvorbereitung auch auf Seiten der Eltern Ängste entwickeln, die sich dann wiederum auf die Kinder und deren Bewältigung übertragen.

3.1.3 Geschlecht

Die Debatte um die Chancengleichheit zwischen den Geschlechtern im Bildungssystem war bereits Anliegen der Bildungsreformen in den 1960er Jahren. Damals stand die starke Benachteiligung von Mädchen im Mittelpunkt. Dass es seitdem Veränderungen gegeben hat, wird am Wandel des personifizierten Bildes eines Bildungsbenachteiligten deutlich. Während einst das „Katholische Arbeitermädchen vom Lande" dieses Bild verdeutlichte, steht mittlerweile der „Hartz-IV-Migrantensohn" oder das „sozial schwache Migrantenkind an der Sonderschule für Lernbehinderte" dafür (vgl. Allmendinger, Ebner & Nikolai, 2009, S. 58; Kottmann, 2006). Mädchen werden als die Gewinnerinnen der Bildungsreform angesehen. Bezogen auf die schulische Bildung haben mittlerweile die Jungen das Nachsehen, weshalb ihre Benachteiligung mehr und mehr in den Fokus der Debatte um Chancengleichheit rückt. Mädchen erreichen aktuell in einigen Bereichen bessere Schulnoten, bekommen bei gleichem Leistungsstand eher eine Gymnasialempfehlung und stellen einen höheren Anteil der Studierenden an Universitäten. Die Verteilung von Jungen und Mädchen an weiterführenden Schulen zeigt ebenfalls eine Zunahme der Mädchen an höher qualifizierenden Schulen. Mädchen sind an Gymnasien mehr vertreten als an Haupt- und Sonderschulen, dort stellen hingegen die Jungen den größeren Anteil an Schülern (vgl. Hornberg, Valtin, Potthoff, Schwippert & Schulz-Zander, 2007; Mammes, 2009; Statistisches Bundesamt, 2011; Helbig, 2013). Betrachtet man hingegen den Arbeitsmarkt, so zeigen sich die Vorteile kaum noch, hier bestehen trotz hoher Bildungsabschlüsse immer noch Nachteile für Frauen. Bestätigt wird dies beispielsweise anhand des geringen Anteils von Frauen an Universitätsprofessuren (vgl. Autorengruppe Bildungsberichterstattung, 2012), aber auch anhand der aktuellen Diskussion um die Frauenquote.

Bezogen auf den Übergang vom Kindergarten in die Grundschule weisen Mädchen bereits vor Schulbeginn kleinen Vorsprung gegenüber Jungen auf. In der IGLU-Studie schätzten die Eltern retrospektiv Mädchen in ihren schriftsprachlichen Vorläuferfähigkeiten besser ein als Jungen. Als mögliche Erklärung werden die familiäre Unterstützung sowie das kulturelle Kapital (in Form von vorhandenen Kinderbüchern) aufgeführt. So zeigt sich, sowohl in den Angaben der Eltern als auch denen der Kinder selbst, dass bei Mädchen deutlich häufiger gemeinsam über Bücher und deren Inhalt gesprochen wird, Eltern beim Lesen zuhören und öfter Bibliotheksbesuche stattfinden als bei Jungen. Auch die Anzahl der vorhandenen Kinderbücher unterschied sich signifikant zwischen den beiden Geschlechtern (vgl. Valtin, Wagner & Schwippert, 2005). Dies könnte jedoch auf eine eher geschlechtsspezifische Sozialisation zurückzuführen sein, also unterschiedliche Anregungsstrategien. Halpern (2000) vermutet dies vor allem für industriell geprägte Länder, in denen bereits ab der Geburt geschlechtsspezifische Verhaltensweisen sichtbar werden.

In vielen Studien zeigt sich, dass das Geschlecht ein beeinflussender Faktor beim Einschulungszeitpunkt ist (vgl. Bellenberg, 1999; Donath et al., 2010; Kratzmann & Schneider, 2009; May et al., 1995; Roßbach & Tietze, 1996). So werden deutlich mehr Mädchen vorzeitig eingeschult als Jungen. Hingegen betrug der Anteil von Jungen an zurückgestellten Kindern bundesweit für das Schuljahr 2010/11 gut 60 % (vgl. Autorengruppe Bildungsberichterstattung, 2010).

Als mögliche Erklärungen für diese Phänomene können diverse Theorien herangezogen werden. Einerseits erklären biologische Voraussetzungen und andererseits gesellschaftliche Einflüsse die Geschlechtsunterschiede (vgl. Leaper & Smith, 2004). Die auf biologischen Argumenten beruhende Erklärung geht davon aus, dass die Entwicklung aufgrund von genetischen Anlagen (z.B. Gehirnfunktionen, Reifetempo) vorgegeben ist. Bezug genommen wird damit auf das Reifekonzept, wie es beispielsweise Pestalozzi oder Kern vertraten. Sozialisationstheoretische (bzw. gesellschaftliche) Erklärungsansätze begründen Geschlechtsunterschiede aufgrund von Umwelteinflüssen. Während beispielsweise in lerntheoretischer Sichtweise geschlechtsspezifisches Verhalten durch Imitation entsteht, gehen kognitive Theorien davon aus, dass Geschlechtsidentität, und somit auch Unterschiede, selbstbestimmt konstruiert werden (vgl. Leaper & Smith, 2004; Mammes, 2009). Bei der Herausbildung von Geschlechtsunterschieden in der frühen Kindheit spielen vor allem die Eltern eine bedeutsame Rolle, dies zeigt sich unter anderem in der unterschiedlichen Erziehung von Jungen und Mädchen (vgl. Mammes, 2009; siehe auch Kapitel 3.2). Insbesondere in Bezug auf die Sprachentwicklung haben Mädchen einen Vorteil gegenüber Jungen (vgl. Gleason & Ely, 2002; Hannover & Schmidthals, 2007). Je nachdem, welcher Erklärungsansatz herangezogen wird, entstehen unterschiedliche Begründungen. Im Sinne der biologischen Betrachtungsweise wird Mädchen ein besseres sprachliches Können zugeschrieben, das allerdings wiederum dazu führt, dass Mütter eher dazu angeregt sind, häufiger und intensiver mit ihnen zu kommunizieren (vgl. Leaper & Smith, 2004; Valtin et al., 2005). Sozialisationstheoretisch werden die guten sprachlichen Fähigkeiten der Mädchen der stärkeren häuslichen Anregung zugesprochen (vgl. Leaper, Anderson & Sanders, 1998).

Dass biologische Unterschiede bestehen, ist unumstritten, allerdings werden deren Auswirkungen noch stark diskutiert. In den neueren Debatten der Entwicklungsforschung wird deshalb davon ausgegangen, dass sowohl biologische als auch gesellschaftliche Aspekte auf die kognitive Entwicklung des Menschen Einfluss nehmen (vgl. Mammes, 2009; Richter, 1999; Scheunpflug, 2004; Siegler, DeLoache & Eisenberg, 2011). Auch in dem Überblicksartikel von Hannover und Schmidthals (2008) wird in den verschiedenen Betrachtungsweisen ein übergreifender Grundgedanke der Erklärungsansätze aufgezeigt: „[D]ie altersabhängigen Veränderungen [sind] auf universelle, d.h. unabhängig vom Geschlecht der Person gültige Mechanismen zurückzuführen" (S. 419). Vergleiche von Intelligenztests beider Geschlechter führen ebenso zu dem Schluss, dass durchschnittlich betrachtet beide Geschlechter nahezu gleiche Ergebnisse aufzeigen. Unterschiede zeigen sich jedoch hinsichtlich der Extremgruppen, so befinden sich deutlich mehr Jungen bzw. Männer sowohl unter den gering Begabten als auch den Hochbegabten (vgl. Siegler et al., 2011).

Die Übernahme von geschlechtsspezifischen Verhaltensweisen, egal ob über Umwelteinflüsse oder Selbstaneignung, spiegelt sich in den verschiedenen Phasen des Lebens wider. Für die frühe Kindheit zeigt sich dies unter anderem anhand der sozialen Angepasstheit. Mädchen passen sich eher Regeln und Normen an als Jungen, diese zeigen öfter Probleme, welche dann als auffällige Verhaltensweisen bzw. nicht vorhandene Schulfähigkeit eingeschätzt werden (vgl. Blossfeld et al., 2007; Fried, 2002; Roßbach & Tietze, 1996;

Siegler et al., 2011). In Bezug auf die Einschulung wird die Anpassung an neue Herausforderungen und Umgebungen als ein wichtiger Aspekt der Übergangsbewältigung angesehen (vgl. Griebel, 2004b; Liebers, 2008; Margetts, 1999; Niklason, 1987; Tietze, 2006). Hannover und Schmidthals (2008) beschreiben weitere ‚typische‘ Unterschiede, die sich bereits im frühen Alter zeigen. So weisen Mädchen einen deutlich größeren Wortschatz auf, während Jungen Vorteile in grobmotorischen Fähigkeiten, wie Rennen, gegenüber Mädchen haben (in Bezug auf mathematische Fähigkeiten vgl. auch Kasüschke, 2002).

3.2 Familiäre Bedingungen

In der frühen Kindheit wird die Familie als die erste und prägendste Sozialisationsinstanz angesehen. Sie hat nachweislich den stärksten Einfluss auf die (frühe) Entwicklung des Kindes (vgl. Griebel & Niesel, 2002; Griebel, 2004a; Seyda, 2009; Tietze, Roßbach & Grenner, 2005). Bekannte familiäre Einflussmerkmale sind beispielsweise der Bildungshintergrund der Eltern, das Einkommen, die Berufstätigkeit, die Anregungsqualität zu Hause, der Erziehungsstil, die Anzahl der Geschwister oder die Einstellungen der Eltern zur Förderung.

In Deutschland besteht ein starker Zusammenhang zwischen *familiären Bildungshintergrund und Bildungsbeteiligung bzw. Kompetenzen.* Auch im Vergleich zu anderen europäischen Ländern ist der Zusammenhang der Faktoren sehr hoch (vgl. Artelt et al., 2001; Baumert & Schümer, 2002; Baumert, Watermann & Schümer, 2003). Kinder mit eher niedrigerer sozialer Herkunft erreichen vergleichsweise häufig niedrigere Bildungsabschlüsse als Kinder aus höheren sozialen Schichten. Beim Übergang vom Kindergarten in die Grundschule haben vor allem jene Kinder eine größere Wahrscheinlichkeit zurückgestellt zu werden, die aus eher bildungsfernen Familien mit niedrigem sozioökonomischen Status und/oder Migrationshintergrund kommen (vgl. Kratzmann & Schneider, 2008; Liebers, 2011). Auch der Besuch elementarpädagogischer Institutionen scheint vom familiären Hintergrund beeinflusst. Mädchen und Jungen aus bildungsnahen Familien besuchen Kindergärten meist länger als Kinder aus Familien mit niedrigerem Einkommen (vgl. Bos & Valtin et al., 2007, Seyda, 2009). Eine frühzeitige Förderung von Kindern kann allerdings die Wahrscheinlichkeit einer verspäteten Einschulung verringern. Kratzmann und Schneider (2009) zeigen auf, dass ein frühzeitiger Kindergarteneintritt den Zusammenhang zwischen familiärem Bildungsniveau und Zurückstellungsrisiko verringert. Während Kinder von Eltern mit einem niedrigen Bildungsni-

veau, die spät in den Kindergarten kommen, ein Zurückstellungsrisiko von gut
50 % haben, liegt es bei Kindern mit gleichem familiären Bildungsniveau und
frühzeitigem Kindergartenbesuch bei knapp 20 % (vgl. Kratzmann & Schneider, 2009; auf die Frage nach kompensatorischen Effekten eines Kindergartenbesuchs wird im Kapitel 3.3 näher eingegangen).

Der Zusammenhang zwischen familiärem Hintergrund und Bildungsbeteiligung besteht möglicherweise aufgrund vorangegangener Prozesse. Studien
zeigen, dass die *familiäre Anregungsqualität und die Kompetenzentwicklung
der Kinder* miteinander verknüpft sind. Entscheidend ist dies vor allem vor
dem Hintergrund der Bedeutung von Schulfähigkeit für den Übergang vom
Kindergarten in die Grundschule (vgl. Kapitel 2.2). In einer Untersuchung zum
Einfluss verschiedener Bereiche (individuelle Merkmale, verschiedene Um-
weltmerkmale) auf kognitive und sozial-emotionale Entwicklungsmaße lag der
höchste Anteil an erklärter Varianz in fast allen Maßen bei der familiären Anregungsqualität während der Vorschulzeit. Lediglich bei der Schulfähigkeit
erklärten die individuellen Merkmale des Kindes (Alter und Geschlecht) mit
12,6 % Anteil aufgeklärter Varianz (gesamt 28,4 %) mehr als die pädagogische
Qualität in der Familie (Anteil aufgeklärter Varianz 8,9 %). Auch wenn die
Familie bei den Schulfähigkeitsmaßen nicht die größte Erklärungskraft besitzt,
so liegt sie dennoch in allen Maßen deutlich über den Anteilen des vorschulischen Bereiches (vgl. Tietze, 2006; Tietze et al., 2005). In Analysen der BiKS-
Daten zeigt sich ein starker Zusammenhang zwischen der familialen Anregungsqualität und dem Einkommen. Familien mit höherem Einkommen erreichten sowohl in Bezug auf globale als auch auf bereichsspezifische Anre-
gungsqualitäten im Mittel signifikant höhere Werte als Familien mit mittlerem
und niedrigem Einkommen. Trotz der Unterschiede ließ sich bei allen drei
Einkommensgruppen eine Steigerung in der familiären Anregungsqualität vom
ersten zum zweiten Kindergartenjahr feststellen (vgl. Schmitt, Kuger, Kluczniok & Maurice, 2010).

Neben den allgemeinen familiären Merkmalen wie elterliche Bildung oder
Einkommen spielen auch die Einstellungen der Eltern eine bedeutende Rolle
bei der Entwicklung der Kinder und der Bildungsentscheidungen. Der Übergang von der Grundschule in die weiterführenden Schulen wurde in dieser
Hinsicht schon eingehend betrachtet, vor allem unter den miteinander zusammenhängenden Gesichtspunkten Bildungsaspiration und Schullaufbahnemp-
fehlung (vgl. Ditton & Krüsken, 2010; Ditton et al., 2005; Kleine, Birnbaum,
Zielonka, Doll & Blossfeld, 2010; Wiedenhorn, 2011). Untersuchungen, die
sich mit den Einstellungen und dem Verhalten der Eltern beim Übergang vom

Kindergarten in die Grundschule befassen, bestehen ebenfalls, allerdings nur zu vereinzelten Aspekten. Bedeutung hat dies insbesondere vor dem Hintergrund des Transitionsansatzes gefunden (vgl. Griebel, 2004b), der neben dem Übergang für die Kinder auch die Umstellung auf Seiten der Eltern einbezieht (vgl. Esslinger-Hinz, 2004; Griebel, 2006; Niesel, Ribeiro & Hollen, 2006). Der vor allem in Deutschland verbreitete Ansatz verbindet verschiedene theoretische Sichtweisen und überträgt diese auf Übergänge (vor allem vom Kindergarten in die Grundschule). Zurückgegriffen wird auf den ökopsychologischen Ansatz (vgl. Bronfenbrenner, 1981), die Stressforschung (vgl. Lazarus, 1995) und das Konzept der kritischen Lebensereignisse (vgl. Filipp, 1995). Die Bewältigung des Übergangs findet auf drei Ebenen statt: individuell, interaktiv und kontextuell (vgl. Griebel, 2006). Beim Übergang vom Kindergarten in die Grundschule bestehen nicht nur Veränderungen beim Kind, sondern auch im Umfeld. Beispielsweise wandelt sich das Verhältnis zwischen Kind und Eltern von Eltern eines Kindergartenkindes zu Eltern eines Schulkindes. Vor diesem Hintergrund der Beteiligung der Familie an dem Übergangsprozess erscheint es wichtig, auch diese Seite näher zu betrachten.

Der Zusammenhang zwischen Inanspruchnahme frühkindlicher Betreuungen und sozioökonomischem Hintergrund der Familie wurde bereits dargelegt. Darüber hinaus besteht auch eine Verbindung zwischen der *Einstellung der Eltern zu frühkindlicher institutioneller Betreuung* und deren Inanspruchnahme. Beispielsweise zeigte sich, dass Eltern ihre Kinder eher spät bzw. gar nicht in Kindertageseinrichtungen geben, wenn sie eine grundlegend negative Einstellung zu frühzeitiger Betreuung besitzen und/oder keine positiven Bildungseffekte erwarten (vgl. Geier & Riedel, 2009). Allerdings besteht diese Verbindung nur für Kinder bis zu ca. drei Jahren, da der Großteil der Kinder ab drei und im Jahr vor der Einschulung fast alle Kinder eine vorschulische Einrichtung besuchen (vgl. Kapitel 3.3.1). Im letzten Kindergartenjahr finden in den meisten Einrichtungen spezielle Programme zur Schulvorbereitung statt. Die Erwartungen der Eltern an die Förderung im Kindergarten wurden bereits in einigen Studien erfasst (vgl. Dippelhofer-Stiem, 1999; Griebel & Niesel, 2002; Stuck & Wolf, 2004; Tietze et al., 2005). Übergreifend erweist sich, dass Eltern sich generell für eine langfristige Förderung der Kinder im Kindergarten aussprechen, gleichwohl im letzten Kindergartenjahr schulvorbereitende Maßnahmen als besonders wichtig erachten. Im Besonderen wird der Wunsch nach Vorschulgruppen oder der Einsatz von Vorschulheften geäußert. Diese Ergebnisse lassen sich auch anhand von Analysen der BiKS-Daten bestätigen (vgl. Wehner & Kratzmann, 2013). Die Bedeutung der Förderung von Vorläuferfähigkeiten nimmt mit Näherrücken des Schuleintritts bei den Eltern zu. Dennoch sehen die Eltern andere Aspekte der schulbezogenen Förderung als wichtiger an.

Das Verständnis von *Schulfähigkeit aus Sicht der Eltern* wurde bereits anhand von BiKS-Daten analysiert. Die Eltern sollten die für sie drei wichtigsten Fähigkeitsaspekte benennen. Fast die Hälfte der Eltern sahen die Konzentration sowie das Sozialverhalten als ein wichtiges Schulfähigkeitskriterium an. Das Interesse des Kindes, die Selbstständigkeit sowie die Reife wurden nur von einem Fünftel der Befragten aufgeführt. Kaum benannt (< 10 %) wurden hingegen emotionale Stabilität, allgemeiner Entwicklungsstand sowie das Alter und Wissen. In einem zweiten Befragungsinstrument sollten die Eltern 15 Kriterien hinsichtlich ihrer Wichtigkeit bewerten (vierstufig). Alle vorgelegten Aspekte wurden als (eher) wichtig angesehen. Zusätzliche Analysen anhand des Bildungsniveaus und der Einschulungspräferenz zeigten darüber hinaus, dass Eltern mit hohem Bildungsniveau sowie Eltern mit einer Präferenz zur frühen Einschulung physische Aspekte sowie das Alter des Kindes als signifikant weniger wichtig einschätzten als Eltern mit mittlerem und niedrigen Bildungsniveau sowie Eltern mit einer Präferenz zur fristgerechten oder verspäteten Einschulung. Hingegen wurde das Sozialverhalten von Eltern mit einer Präferenz zu späten Einschulung wichtiger angesehen als in den beiden anderen Gruppen (vgl. Pohlmann, Kratzmann & Faust, 2011). In einer schleswigholsteinischen Befragung wurde ebenfalls Schulfähigkeitsvorstellungen von Eltern erfasst. Sie sollten angeben, über welches Wissen und Können Kinder verfügen sollten, wenn sie in die Grundschule kommen. Am häufigsten gaben die Eltern Methodenkompetenzen (ca. 68 %), wie etwa die Arbeitshaltung oder Konzentration, an. Die zweithäufigsten Nennungen ließen sich unter den Bereich Selbstkompetenz zusammenfassen (ca. 62 %; z.B. selbstständiges Anziehen, Durchsetzungsfähigkeit). Gut die Hälfte der Eltern benannte als wichtige Schulfähigkeit des Kindes ebenso die Sozialkompetenz (ca. 52 %; z.B. Kooperationsfähigkeit innerhalb der Gruppe, Kritikfähigkeit) und die Sachkompetenz (ca. 49 %; z.B. Umgang mit Zahlen, Formen und Farben). Etwa ein Drittel der Eltern benannte auch die kommunikativen (ca. 39 %, z.B. sprachliche Ausdrucksfähigkeit) und motorischen Kompetenzen (ca. 33 %, z.B. Feinmotorik zum Schreiben), die Motivationskompetenz wurde lediglich von einem Viertel als wichtige Schulfähigkeit angegeben (z.B. Aufgeschlossenheit gegenüber dem Lernen; vgl. Brozio, 2004). Offen bleibt allerdings, ob die Antworten der Eltern in einer Rangfolge (Wichtigkeit der einzelnen Fähigkeiten) oder beliebig wiedergegeben wurden. Darüber hinaus wurden die offenen Fragen anhand eines theoretischen Rasters analysiert und spiegeln somit eine vorab eingeengte Auswahl wider. Auch wenn die Studie von Brozio begrenzt ist, so deuten sowohl diese Ergebnisse als auch die Analysen der BiKS-Daten darauf hin, dass bei Eltern vor allem die methodischen und sozialen Kompetenzen der Kinder als wichtig für den Schuleintritt angesehen werden.

Neben den allgemeinen Vorstellungen zur Schulfähigkeit spielt auch die *Einschätzung der kindlichen Fähigkeiten* bei der Einschulung eine entscheidende Rolle. May, Kundert und Brent (1995) stellten in ihrer Studie zur Zurückstellung und deren Auswirkungen auf den Schulverlauf unter anderem fest, dass fast alle Eltern ihre Entscheidung ohne Beratung durch Fachkräfte getroffen hatten. Als entscheidenden Forschungsbedarf sahen sie daher das Aufdecken von kindlichen Merkmalen, welche die Eltern für ihre Zurückstellungsentscheidung heranziehen. Die zurückstellenden Familien (aber auch Lehrkräfte und Erzieherinnen) sahen die Kinder als sozial und emotional noch nicht bereit für die erste Klasse an (vgl. auch Byrnes, 1989). Eine deutsche Studie untersuchte in Brandenburg ebenfalls die Frage nach Zurückstellungsgründen bei Eltern. Mit standardisierten Fragebögen wurden 132 Eltern, die einen Zurückstellungsantrag eingereicht hatten, befragt. Ausschlaggebend für die Entscheidung waren vor allem kindbezogene Aspekte und die Fähigkeitseinschätzungen. Die Mehrheit der Eltern begründete ihre Zurückstellungsentscheidung anhand von noch nicht ausreichend vorhandenen geistigen und sprachlichen Fähigkeiten sowie Wissensbeständen. Auch das fehlende Interesse an schulischen Inhalten und das junge Alter wurden von gut drei Viertel der Eltern als Argumente angegeben. Das Konzept ‚glückliche Kindheit' wurde als ein weiterer Aspekt benannt. Vielen Eltern ist es wichtig, dass ihr Kind noch ein zusätzliches Jahr unbeschwerte Kindheit erfahren kann. Dies wird auch durch die Antwort von mehr als der Hälfte der Eltern bestätigt. Sie geben an, dass „der Ernst des Lebens […] noch früh genug" kommen würde (Liebers, 2011, S. 25). Das Motiv des ‚Academic Redshirtings' spielt bei mehr als der Hälfte der Eltern ebenfalls eine Rolle bei der Einschulungsentscheidung.

Neben direkten kindbezogenen Zurückstellungsgründen, wie fehlenden kindlichen Fähigkeiten, wirken sich Einstellungen gegenüber den Institutionen auf die Entscheidung aus. Als ambivalent zeigt sich dabei die Haltung zur Grundschule. Einerseits sehen die Eltern die Schule als einen Ort, an dem Kinder individuell gefördert und spielerisch an das Lernen herangeführt werden. Andererseits verbinden sie damit auch stillsitzen und hohen Leistungsdruck (vgl. Liebers, 2011; Bellenberg et al., 2005; Einsiedler, 2003). Weitere Gründe für einen verspäteten Schuleintritt auf Seiten der Eltern lassen sich anhand der Studie von Donath et al. (2010) aufzeigen. Trotz der eher kleinen Stichprobe (N = 63) können Rückschlüsse auf Tendenzen zu bestimmte Zurückstellungs-kriterien gezogen werden. Keiner der vorgegebenen Aspekte wurde bei den Eltern im Durchschnitt als sehr bedeutsam beurteilt, vielmehr zeigte sich, dass mehrere Aspekte den Ausschlag geben. Als wichtig benannt wurden die Steige-rung des Selbstbewusstseins des Kindes durch das zusätzliche Jahr, das Alter des Kindes und der Schutz des Kindes vor frühzeitigen schulischen Misserfol-gen. Unbedeutende Zurückstellungsgründe waren mögliche problematische Erlebnisse aus dem Vorschulbereich, körperliche Entwicklungsverzögerungen des Kindes sowie der Ratschlag einer Lehrerin. Übergreifend beziehen sich die wichtigen Zurückstellungsgründe auf das Kind, ihm soll sowohl hinsichtlich sozialer als auch schulischer Aspekte noch Zeit zum Entwickeln geben werden. Für die meisten Eltern mit Kindern im angehenden schulpflichtigen Alter ver-bindet sich mit langsam lernenden und sozial noch nicht so kompetenten Kin-dern ein Stigma, vor dem eine Zurückstellung die eigenen Kinder und mög-licherweise auch die Eltern selbst schützen soll. Durch das zusätzliche Jahr erhoffen sich Eltern für ihr Kind einen zumindest gleichen Leistungsstand wie die anderen Schulanfänger. Die These, wonach Eltern ihrem Kind durch eine Zurückstellung einen Vorteil verschaffen wollen, zeigte sich im Gegensatz zur deutschen Studie (vgl. Liebers, 2011) bei Donath et al. (2010) nicht. Aspekte, die eher ein Verhalten im Sinne des Redshirtings beschreiben, wurden von den Eltern kaum als entscheidend genannt. Übergreifend kann jedoch festgehalten werden, dass Eltern durch eine Zurückstellung versuchen ihre Kinder vor einer nachteiligen bzw. schwierig zu bewältigenden Situation zu bewahren. Sie möchten vielmehr einen gelungenen und stressfreien Schulstart ermöglichen.

Eine sehr umfassende Befragung von Eltern zum Thema *Übergang vom Kindergarten in die Grundschule* war in das australische Starting School Rese-arch Project (SSRP) eingebunden. Betrachtet wurden die Anpassung an die Schule, das schulische Umfeld, Einstellungen der Beteiligten und kognitive, körperliche sowie familiäre Aspekte. Der Übergang wurde aus der ökosystemi-schen Perspektive untersucht. Als wichtig für die Eltern stellte sich die Anpas-sung an die neue Situation bei den Kindern und auch bei ihnen selbst heraus. Daneben beschäftigten die Eltern die oft veränderten Lehr-/Lerninhalte, wel-che teilweise zu Unsicherheiten im elterlichen Unterstützungsverhalten führ-ten. Vor allem Eltern, die selbst keine gute Schulkarriere aufweisen, war es wichtig, dass ihre Kinder möglichst gute Leistungen erzielen. Auch strukturelle Bedingungen zeigten sich in der Untersuchung als einflussreich für den Umgang der Eltern mit dem Übergang. So setzten sich Eltern aus städtischen Regionen mehr mit verschiedenen Schulen auseinander als jene aus ländlichen Gebieten. Für die Wahl der zukünftigen Schule wären unter anderem die Größe und der Ruf bedeutsam (vgl. Dockett & Perry, 2007).

Bisher scheinen diese Aspekte für die Grundschulwahl in Deutschland kaum ausschlaggebend zu sein, da hier überwiegend das Sprengelprinzip gilt. Dies bedeutet, dass Kinder jene Grundschule besuchen sollen, die dem Wohnort (Schuleinzugsbereich) zugeteilt ist. Allerdings kann ein Wechsel (Gastschulverhältnis) an eine andere Grundschule aus „zwingenden persönlichen Gründen" beantragt werden (vgl. Art. 43, BayEUG). Vor allem in Großstädten ist in den letzten zwei Jahrzehnten eine Tendenz zur Umgehung der Vorgaben festzustellen. Dies ist insbesondere auf die Schulumwelt (z.B. problematische Stadtbezirke mit hohen Migrantenanteil oder sozial schwachen Strukturen) sowie die zunehmende Profilierung der Grundschulen zurückzuführen (vgl. Radtke, 2007). So wurden für die Großstädte Berlin und Hamburg in einigen Bezirken zwischen zehn und 50 % Wechsler festgestellt (vgl. Katzenbach, Rauer, Schuck & Wudtke, 1999; Schulz, 2002). Die Eltern scheinen demnach auch in Deutschland zunehmend das soziale Umfeld des Kindes sowie das pädagogische Konzept der Grundschule beim Eintritt zu berücksichtigen. Vereinzelt wurde darauf reagiert und das Sprengelprinzip gelockert oder vorübergehend aufgehoben (z.B. Kiel, Hamburg oder Nordrhein-Westfalen; vgl. van Ackeren, 2006; Riedel, Schneider, Schuchart & Weishaupt, 2010; https://www.kiel.de/leben/bildung/Schulbezirke/index.php).

3.3 Institutionelle Bedingungen

Neben den individuellen und familiären Merkmalen bestehen verschiedene institutionelle Merkmale, welche den Einschulungszeitpunkt beeinflussen und somit auch die Wahrscheinlichkeit einer Zurückstellung erhöhen. Als grundlegend können die Einschulungsregelungen genannt werden, die von Seiten der Ministerien als Rahmenbedingung vorgegeben werden (vgl. Kapitel 2.1 und 2.2). Daneben wirken vor allem die beiden vorrangig beteiligten Institutionen, Kindergarten und Grundschule, auf die Einschulungsentscheidungen ein.

3.3.1 Kindergarten

Insbesondere der Besuch des Kindergartens und die *Dauer* beeinflussen sowohl den Einschulungszeitpunkt als auch den weiteren Bildungsverlauf. Mader (1989) erfasste in seiner Studie, dass Kinder ohne Kindergartenbesuch deutlich mehr von Zurückstellung betroffen sind als Kinder, die mindestens das letzte Jahr vor Schulbeginn eine Einrichtung besucht haben. Da mittlerweile der Großteil ohnehin im letzten Kindergartenjahr eine Einrichtung besucht, scheint eher die Dauer einen entscheidenden Faktor darzustellen. Kratzmann und Schneider (2008, 2009) betrachteten anhand von ausgewählten Daten des Sozioökonomischen Panels (SOEP) unter anderem, welchen Einfluss die Dauer auf Zurückstellung hat und inwieweit dies auch kompensatorisch für den familiären Hintergrund wirkt. In Bezug auf die Besuchsdauer zeigte sich, dass ein früherer Eintritt in den Kindergarten mit einer geringeren Zurückstellungswahrscheinlichkeit einherging. Im Zusammenhang mit dem familiären Bildungsniveau ließ sich ebenfalls ein geringeres Zurückstellungsrisiko für Kinder, die ab dem dritten Lebensjahr eine elementarpädagogische Einrichtung besuchten, feststellen.

Aufgrund der Bedeutung vorschulischer Bildungseinrichtungen, z.B. in Bezug auf Bildungschancen (vgl. Seyda, 2009), fand eine deutliche Expansion des Bereiches statt. In den letzten 20 Jahren wurde vor allem der Ausbau der Kindergärten vorangetrieben. Immerhin 85 % der Kinder verbringen mehr als zwei Jahre und 11 % zwischen einem und zwei Jahren in vorschulischen Einrichtungen. Lediglich 4 % wurden weniger als ein Jahr vor Schulbeginn außerfamiliär betreut (vgl. Hornberg & Faust et al., 2007).

Vor allem für Kinder aus bildungsfernen Familien hat ein längerer Kindergartenbesuch einen kompensatorischen Effekt. So zeigt sich für diese Kinder ein positiver Zusammenhang zwischen Besuchsdauer und späteren Leseleistungen (vgl. Bos et al., 2003). Allerdings kann von einer höheren Quantität (Aufenthaltsdauer) nicht kausal auf eine bessere Qualität (Förderung) geschlossen werden. Der Zusammenhang zwischen Kindergartenbesuch und kognitiven Fähigkeiten ist demnach nicht nur von der reinen Dauer abhängig, sondern auch von der *Qualität der Institutionen* (vgl. Tietze, 1998). Dies ist mit entscheidend, da die Einschulung von den kindlichen Fähigkeiten abhängig ist und Kinder mit eher niedrigen Kompetenzen mit einer höheren Wahrscheinlichkeit vom Schulbesuch zurückgestellt werden (vgl. Kapitel 2.2). Als Qualitätsaspekte in Institutionen werden die Orientierungen der pädagogischen Fachkräfte, die Prozessqualität sowie die Strukturqualität in Bildungseinrichtungen gefasst. Tietze (1998) berichtet, dass gute Anregungsqualität[13] Entwicklungsvorsprünge von bis zu einem Jahr ergeben können. Roßbach, Kluczniok und Kuger (2009) zeigen in ihrem Forschungsüberblick zu Auswirkungen des Kindergartenbesuchs auf die kindliche Entwicklung auf, dass „eine gute Anregungsqualität konsistent mit besseren Ausprägungen in verschiedenen Maßen des kognitiv-leistungsbezogenen Bereichs verbunden" ist (S. 145). Auch wenn die Qualitätseffekte als gering beschrieben werden, wird deren Bedeutung betont. Vor allem in qualitativ hochwertigen Interventionsprogrammen in den USA konnten positive Effekte auf die kognitive Entwicklung von Kindern aus sozial schwachen Familien festgestellt werden. Die Orientierungen der pädagogischen Fachkräfte als Qualitätsaspekt, d.h. die Einstellungen der Erzieherinnen, sind vor allem bei der Umsetzung von Fördermaßnahmen entscheidend. Erzieherinnen lehnen spezielle und kurzzeitig angelegte Vorschulprogramme eher ab, sie verstehen Schulvorbereitung im Sinne einer langfristigen, übergreifenden und täglichen Arbeit (vgl. Griebel & Niesel, 2002; Stuck & Wolf, 2004; Wolf, 2002). Hinsichtlich der Einstellung gegenüber unterschiedlichen Einschulungszeitpunkten zeigen Analysen der BiKS-Daten, dass Erzieherinnen tendenziell eine negative Haltung zu einer frühen Einschulung haben, während eine Zurückstellung aus ihrer Sicht stets eine sinnvolle Alternative darstellt. Generell bevorzugen sie allerdings eine fristgerechte Einschulung der Kinder (vgl. Plehn, 2012; Wehner & Kratzmann, 2013).

Ein möglicher weiterer institutioneller Aspekt, der den Einschulungszeitpunkt beeinflusst, ist die *Kooperation von Kindergarten und Grundschule*. Die Zusammenarbeit zwischen den beiden Institutionen soll den Übergang für die Kinder und Eltern erleichtern sowie einen fachlichen Austausch zwischen den pädagogischen Fachkräften und den Lehrerinnen ermöglichen. Über das Vorhandensein von Kooperationsmaßnahmen und deren Bedeutung für den Übergang und weiteren schulischen Bildungsverlauf liegen sowohl nationale als auch internationale Studienergebnisse vor. Es zeigte sich, dass je mehr und vielfältiger die genutzten Kooperationsmaßnahmen sind, die Kinder in den Einschätzungen der Lehrkräfte signifikant weniger Bewältigungsprobleme (z.B. sozial-emotionale Kompetenzen) aufweisen (vgl. Margetts, 1999). Darüber hinaus verweisen Ahtola et al. (2011) auf einen Zusammenhang zwischen der Anzahl an Maßnahmen und der schulischen Leistungsentwicklung. Je mehr Kooperationsaktivitäten durchgeführt wurden, desto höher war die Veränderung der kindlichen Fähigkeiten. Marginal bedeutsam für die späteren

---

13 Der Begriff Anregungsqualität wird meist als Oberbegriff für die drei Qualitätsdimensionen verwendet.

schriftsprachlichen und mathematischen Leistungen waren Treffen mit der zukünftigen Lehrerin oder die direkte Durchführung von gemeinsamen Veranstaltungen. Die gemeinsame Erarbeitung von vorschulischen und schulischen Lehrplänen und die Weitergabe von kindbezogenen Bildungsdokumentationen an die Grundschule hingegen zeigten signifikante Auswirkungen auf die schulische Entwicklung der Kinder. Demgegenüber konnte für das Kennenlernen der Schule oder Aktivitäten unter Einbezug der Eltern kein Einfluss festgestellt werden. In einer US-amerikanischen Studie erwies sich jedoch für Kinder aus sozial schwachen Familien, dass diese vor allem aus Kooperationsmaßnahmen einen positiven Nutzen für die Bewältigung ziehen, wenn sie selbst daran teilnehmen (z.b. Besuch der zukünftigen Einrichtung; vgl. LoCasale-Crouch, Mashburn, Downer & Pianta, 2008). Aussagen zu Auswirkungen von Kooperationsmaßnahmen beim Übergang auf nicht fristgerechte Einschulungen lassen sich anhand der bisherigen Studien nicht treffen. Hierzu müssten spezifische Untersuchungen zu diesem Zusammenhang durchgeführt werden.

3.3.2   Grundschule

Die Grundschule wird als eine weitere institutionelle Einflussdimension angesehen. Wie schon für die Erzieherinnen angesprochen, wirken sich auch die *Orientierungen der Lehrkräfte* auf den Einschulungszeitpunkt aus. Insbesondere Einstellungen gegenüber nicht fristgerechten Einschulungen, Heterogenität im Anfangsunterricht und Schulfähigkeit können sich bei der Einschätzung der kindlichen Fähigkeiten bemerkbar machen. Empirische Befunde zu Einstellungen von Lehrkräften in Zusammenhang mit nicht fristgerechten Einschulungen bestehen bisher kaum. Auswertungen der qualitativen Teilstudie mit Schulleitern innerhalb der BiKS-Studie zeigten auf, dass die Schulleiter bei der Einschulungsentscheidung stark auf die Empfehlungen der Erzieherinnen zurückgreifen und diese sogar wichtiger einschätzen als ihre eigene (vgl. Schipper & Pohlmann-Rother, 2013). Relevant ist dieser Zusammenhang, da Erzieherinnen zwar vorwiegend eine fristgerechte Einschulung befürworten, einer Zurückstellung jedoch nicht negativ gegenüberstehen (vgl. Plehn, 2012).

Strukturelle Merkmale wie die Anzahl der Kinder in den Klassen oder die Zusammensetzung der Schüler nach Migrationshintergrund stehen ebenfalls im Zusammenhang mit Zurückstellungsquoten. Je mehr Schüler in eine Klasse aufgenommen werden, desto eher werden Kinder zurückgestellt (vgl. Naumann, 2012; Mader, Roßbach & Tietze, 1991). Dass ein hoher Anteil von Kindern mit Migrationshintergrund zu höheren Zurückstellungsquoten führt, haben verschiedene Studien über die letzten Jahrzehnte festgestellt (vgl. Hansel, 1982; Mader et al., 1991; Mader, 1989; Roßbach & Tietze, 1996). In kleineren Klassen oder in solchen mit einem geringeren Anteil an Kindern mit Migrationshintergrund scheint die Anpassung an die Anforderungen des Anfangsunterrichtes sowie die individuelle Förderung leichter zu sein. Dies trägt wiederum zu einer geringeren Selektivität bei. Offen bleibt allerdings, ob hier ein Zusammenhang zu den Einstellungen der Lehrkräfte gegenüber der Förderung von lernschwachen Kindern besteht.

Der Einsatz von Schuleingangsdiagnostik (z.b. Schulreifetests) führt ebenfalls zu einer höheren Anzahl von Zurückstellungen. Nach Hansel (1982) birgt der Einsatz von Tests zur Feststellung von Schulfähigkeit ein höheres Risiko der Fehldiagnose und kann folglich zu Fehlentscheidungen bei der Einschulung führen. Mader (1989) zieht den Schluss, dass der Einsatz standardisierter Tests weniger zu einer „objektiveren Einschulungs- bzw. Zurückstellungspraxis" führt (S. 195), als dass die Lehrer die Testergebnisse als Rechtfertigung für ihre Entscheidung heranziehen. Mittlerweile werden standardisierte Tests allerdings hauptsächlich von Schulpsychologen durchgeführt, welche ohnehin eher bei unsicheren Einschulungsentscheidungen, also kritischen Fällen, hinzugezogen werden.

Ein weiteres herauszustellendes Strukturmerkmal ist der Zusammenhang zwischen Zurückstellung und dem Vorhandensein von schulvorbereitenden Einrichtungen. In der auf Nordrhein-Westfalen begrenzten Untersuchung von Mader (1989) wurden in Schulen mit integriertem Schulkindergarten durchschnittlich höhere Quoten an Zurückstellung festgestellt als an Schulen ohne Schulkindergarten. Bestand ein an die Grundschule angeschlossener Schulkindergarten, wurden stets Zurückstellungen durchgeführt, hingegen verzichteten einige Grundschulen (13 %) ohne eigenen Schulkindergarten komplett auf verspätete Einschulungen. Die Legitimation von Schulkindergärten bzw. vergleichbaren schulvorbereitenden Einrichtungen ergibt sich aus der Selektion von ‚förderbedürftigen' Kindern zu Schulbeginn (vgl. Kapitel 2.3).

3.4 Zusammenfassung

In diesem Kapitel wurden die verschiedenen Einflussmerkmale, welche die Wahrscheinlichkeit einer Zurückstellung erhöhen, dargestellt. Zusammenfassend lässt sich sagen, dass zahlreiche Kriterien sich in unterschiedlichem Ausmaß auf den Einschulungszeitpunkt auswirken. Besonders bedeutsam sind jedoch die individuellen Merkmale Alter, Schulfähigkeit und Geschlecht. Dies ist weniger erstaunlich, da Alter und Schulfähigkeit ohnehin die beiden Bedingungen der rechtlichen Einschulungsregelungen darstellen. Bezüglich des Geschlechts ist nicht geklärt, ob sich dies auf biologische Aspekte oder Einstellungen der Beteiligten zurückführen lässt. Daneben wirkt sich der familiäre Bildungshintergrund entscheidend auf den Einschulungszeitpunkt aus. Es ist deutlich geworden, dass einzelne individuelle und familiäre Merkmale in einem engen und vielschichtigen Zusammenhang stehen, bei denen die Richtung der Wirkung nicht immer eindeutig festgestellt werden kann. Besondere Beachtung sollte hier eine kleine Gruppe von Kindern finden, bei der die spezifischen Merkmale sich bei Maßnahmen wie der Zurückstellung kumulieren. Für zurückgestellte Kinder bedeutet dies, dass sie eher zu den jüngeren ihres Jahrgangs gehören, eher aus sozial schwachen und bildungsfernen Familien kommen sowie meist Jungen mit niedrigen Kompetenzen sind, die unter anderem durch nicht vorhandene oder geringe Förderung entstanden sind. Neben individuellen und familiären Aspekten wirken sich aber auch institutionelle Bedingungen wie die Stichtagsregelung oder die Klassengröße auf Zurückstellungsentscheidungen aus.

4 Auswirkungen des Einschulungszeitpunktes auf die Schullaufbahn

Nach den Merkmalen, die das Risiko einer Zurückstellung erhöhen, soll betrachtet werden, wie sich der weitere Bildungsverlauf zurückgestellter Kinder entwickelt. Im folgenden Abschnitt wird dies anhand verschiedener Studien dargelegt. Ausgehend von den Annahmen, dass ältere Kinder mehr Zeit für die Entwicklung von Fähigkeiten haben und eine Zurückstellung einen besseren Start in die Grundschule ermöglicht, müsste sich dies anhand der schulischen Leistungen und des sozial-emotionalen Wohlbefindens der Kinder in der Schule aufzeigen lassen.

In Bezug auf ältere Kinder finden sich Untersuchungen, welche die schulischen Fähigkeiten zwischen *jüngeren und älteren fristgerecht eingeschulten Kindern eines Jahrgangs* vergleichen. Ältere Kinder haben zu Beginn der Grundschule bessere schulische Leistungen als ihre jüngeren Klassenkameraden. Dies zeigt sich für die Leseleistungen über die gesamte Grundschulzeit hinweg (vgl. Cameron & Wilson, 1990). Dieser Zusammenhang ließ sich auch bei einem Vergleich der Durchschnittsnote in der neunten Jahrgangsstufe (vgl. Fredriksson & Öckert, 2005) und in den Einschätzungen von Lehrkräften und Eltern feststellen. In der Beurteilung von mathematischen oder schriftsprachlichen schulischen Leistungen und im sozial-emotionalen Verhalten wurden die jüngeren fristgerecht eingeschulten Kinder schlechter bewertet als ihre älteren Klassenkameraden (vgl. Margetts, 1999). Analysen der BiKS-Daten zeigten ebenfalls, dass in den Einschätzungen von Eltern und Lehrkräften ein höheres Einschulungsalter (innerhalb des Jahrgangs) positiv für die Bewältigung des Schulanfangs ist. Ein verspäteter Einschulungszeitpunkt (im Vergleich zur fristgerechten Einschulung) hatte jedoch keinen Einfluss auf einen gelungenen Schulstart (vgl. Faust, Kratzmann & Wehner, 2012). Daraus lässt sich ein Vorteil für ältere Kinder ableiten, welcher nicht nur zu Schulbeginn, sondern auch im späteren Verlauf besteht. Zu erwarten wäre, dass dieser Vorteil sich auch bei zurückgestellten Kindern zeigt. Diese sind deutlich älter und hatten ein zusätzliches Jahr zur Vorbereitung auf die Schule zur Verfügung. Demgegenüber muss allerdings bedacht werden, dass verspätet eingeschulte Kinder vorrangig aufgrund fehlender Fähigkeiten zurückgehalten werden und im Gegensatz zu älteren fristgerecht eingeschulten Kindern eine selektive Gruppe darstellen. In den Ergebnissen von Cameron und Wilson (1990) bestätigt sich dieses Argument. Für ältere fristgerecht eingeschulte Kinder konnten sie in der zweiten Klasse signifikant bessere Leseleistungen nachweisen als für verspätet eingeschulte Kinder. Möglicherweise ist das Ältersein bei der Einschulung nicht in jedem Fall ein Nutzen. Überalterung aufgrund von Zurückstellung könnte dann auch wieder nachteilig sein.

Studien zu *Leistungsunterschieden zwischen fristgerecht und verspätet eingeschulten Kindern* weisen eher Nachteile für die Zurückgestellten auf. Immerhin konnten US-amerikanische Untersuchungen auch Vorteile für den Beginn der Grundschulzeit aufzeigen. Die verspätet eingeschulten Kinder (verspäteter Eintritt oder Wiederholung des Kindergartenjahres) wiesen in den Bereichen Mathematik und Lesen signifikante Leistungsvorsprünge, teilweise bis in die dritte Klassenstufe, auf. Allerdings ließen sich keine langfristigen Wirkungen feststellen. Die Leistungen der fristgerecht und verspätet eingeschulten Kinder glichen sich im Verlauf der Grundschule wieder an (vgl. Dong, 2010; Shepard & Smith, 1987). Ähnliche Ergebnisse zeigten sich in Analysen der BiKS-Daten anhand eines Parallelgruppendesigns. Die zurückgestellten Kinder besaßen im gleichen Alter zwar Nachteile im Hörverstehen und in den mathematischen Kompetenzen, dies kann aber auch die unterschiedlichen Curricula zurückgeführt werden. Im Klassenstufenvergleich ergab sich hingegen ein Vorteil für die später eingeschulten Kinder gegenüber den fristgerechten. Der positive Effekt zeigte sich für die mathematischen Fähigkeiten und den passiven Wortschatz sowohl am Ende der ersten als auch der zweiten Klasse. Vorsprünge im Hörverstehen ließen sich nur für die erste Klasse feststellen. Aus Sicht der Eltern wiesen die verspätet eingeschulten Kinder besser schriftsprachliche Fähigkeiten auf als die fristgerecht eingeschulten. In den Einschätzungen der Lehrkräfte zeigten sich hingegen keine signifikanten Unterschiede (vgl. Kratzmann, Faust & Wehner, 2013).

Im Gegensatz dazu stehen die Ergebnisse von Jansen (1994). In der Untersuchung wurden die Rechtschreib- und Leseleistungen von drei Gruppen verglichen: Zurückgestellte Kinder, die im zusätzlichen Jahr einen Schulkindergarten besuchten (SKG-Gruppe, N = 20); fristgerecht eingeschulte Kinder, welche vergleichbare Merkmale (Alters- und Geschlechtsverteilung, Intelligenz) wie die Schulkindergarten-Gruppe besaßen (Kontrollgruppe, N = 144); und fristgerecht eingeschulte Kinder, die als repräsentative Gruppe regulär eingeschulter Kinder galt (Vergleichsgruppe, N = 155). Trotz der Förderung im Schulkindergarten wiesen die zurückgestellten Kinder im Rechtschreiben keine signifikant besseren Leistungen als die Kontrollgruppe auf. Bei den Leseleistungen zeigten sich statistische Unterschiede jeweils am Ende der Jahrgangsstufe, jedoch nicht zu Beginn der zweiten Klasse. Gegenüber der Vergleichsgruppe hatten die zurückgestellten Kinder in allen Bereichen wesentlich schlechtere Leistungen, einzig der Rechtschreibvergleich am Ende der ersten Klasse zeigte keine signifikanten Unterschiede. Die Ergebnisse zu den schulischen Leistungen spiegeln ein erwartetes Bild wider. Bezogen auf eine vergleichbare Gruppe von fristgerecht eingeschulten Kindern (Kontrollgruppe) zeigen sich bis auf den Lesetest keine Unterschiede. Weniger überraschend ist hingegen, dass die Kinder der Vergleichsgruppe durchgehend bessere schulische Leistungen aufwiesen, da sie sich auch im Ausgangsniveau von den beiden anderen Gruppen unterschieden. Sowohl kurzfristige als auch langfristige positive Effekte der Zurückstellung und der Förderung im Schulkindergarten konnten also nicht nachgewiesen werden. Da auch die Kontrollgruppe im Vergleich zu den regulär eingeschulten Kindern über den gesamten Zeitraum meist signifikant schlechtere Leistungen in den Tests erreichte, konnte auch ein kompensatorischer Effekt des Anfangsunterrichtes für Kinder mit schlechteren Ausgangsleistungen ausgeschlossen werden (vgl. Jansen, 1994).

Für den Zusammenhang von Zurückstellung und *Klassenwiederholung* im Grundschulverlauf lassen sich widersprüchliche Ergebnisse finden. In einer Studie aus den 1970er Jahren zeigen sich Nachteile für verspätet eingeschulte Kinder. Diese blieben deutlich häufiger sitzen als die fristgerecht Eingeschulten und lagen eher im mittleren und unteren Leistungsniveau (vgl. Kemmler, 1975). Im Gegensatz dazu fanden sich keine Unterschiede in Bezug auf Klassenwiederholungen zwischen zurückgestellten Kindern, die das zusätzliche Jahr in einem Schulkindergarten verbrachten, und fristgerecht Eingeschulten in den Ergebnissen von Mader et al. (1991; vgl. auch May et al., 1995). Die Kinder durchliefen die Grundschule mit einem ähnlichen ‚Selektionsmuster' wie fristgerecht Eingeschulte. In eine andere Richtung und somit in die von Kemmler (1975) weisen die Analysen von Fertig und Kluve (2005). In ihrer retrospektiven Längsschnittbefragung von Jugendlichen in Deutschland zeigte sich, dass mit höherem Schuleintrittsalter auch die Wahrscheinlichkeit zunimmt, im weiteren Schulverlauf eine Klasse zu wiederholen und eher einen niedriger qualifizierten Schulabschluss zu erreichen als fristgerecht eingeschulte Kinder. Die Frage, ob eine verspätete Einschulung die Gefahr einer späteren Klassenwiederholung verringert, kann anhand der vorliegenden Ergebnisse nicht geklärt werden. Ein Erklärungsansatz, weshalb Zurückgestellte weniger von Klassenwiederholungen betroffen sein könnten, ist möglicherweise das strategische Vorgehen von Lehrkräften. Den ohnehin schon älteren verspätet eingeschulten Kindern soll keine zusätzliche Klassenwiederholung zugemutet werden und somit noch ein Jahr Altersunterschied. Eine Folge aus diesem Verhalten zeigt sich möglicherweise in der Inanspruchnahme von zusätzlichen

Förderungen. Zurückgestellte Kinder nehmen statistisch gesehen häufiger an zusätzlichen Förderprogrammen teil als fristgerechte. Graue und DiPerna (2000) konnten die erhöhte Nutzung von Förderung bei verspätet eingeschulten Kindern nachweisen (sowohl bei einem verspäteten Eintritt als auch bei der Wiederholung des Kindergartens). Die zurückgestellten Kinder hatten im Vergleich zu fristgerecht Eingeschulten eine doppelt so hohe Wahrscheinlichkeit frühzeitig an zusätzlichen Lernangeboten teilzunehmen (vgl. auch Bellenberg, 1999).

Wenn zurückgestellte Kinder eher weniger von Klassenwiederholungen betroffen sind als fristgerecht oder vorzeitig eingeschulte Kinder, ist es fraglich, ob sich an dieser Stelle eine positive Wirkung des verspäteten Einschulungszeitpunktes zeigt. Ein Vergleich der Leistungsentwicklung von Zurückgestellten (N = 157) und Klassenwiederholern (N = 314)[14] in den ersten Schuljahren zeigte positive Effekte für eine verspätete Einschulung. Für die betrachteten verbalen und nonverbalen Intelligenzmerkmale erreichten die zurückgestellten Kinder signifikant bessere Werte als die Kinder mit Klassenwiederholung (vgl. Kundert, May & Brent, 1995). Im Vergleich zu einer frühzeitigen Klassenwiederholung scheinen zurückgestellte Kinder einen günstigeren Entwicklungsverlauf in der Grundschule zu haben. Dies bestätigt sich auch in der Hamburger Lernausgangslagenuntersuchung. Zu Beginn der fünften Klasse lagen die Leistungen der Zurückgestellten über denen der regulär Eingeschulten mit einer Klassenwiederholung (vgl. Lehmann, Peek & Gänsfuß, 1997). Zurückstellung scheint im Gegensatz zu einer Klassenwiederholung in der Grundschule die sinnvollere Maßnahme darzustellen.

Betrachtet man den Bildungsverlauf von zurückgestellten Kindern an *weiterführenden Schulen*, so zeigt sich hier eine Tendenz für niedrig qualifizierende Schulformen. In der nordrhein-westfälischen Untersuchung von Bellenberg (1999) waren verspätet eingeschulte Kinder an Hauptschulen deutlich überrepräsentiert (29 %), der Anteil lag fast dreimal so hoch wie der Durchschnitt an zurückgestellten Kindern über alle Schulformen hinweg. Als eine Folge davon wird die Überalterung der Hauptschüler angeführt. An den Realschulen entsprach der Anteil der Zurückgestellten dem des damaligen Bundesdurchschnitts (9 %). Für die Gesamtschule zeigte sich ebenfalls ein höherer Anteil an Zurückgestellten (15 %). Wie zu erwarten, lag der Anteil von Zurückgestell-

---

14 Dabei wurden nur Kinder einbezogen, die keinen Migrationshintergrund aufwiesen, und diejenigen ausgeschlossen, die sowohl verspätet eingeschult wurden als auch eine Klasse wiederholen mussten. Kinder mit zwei Klassenwiederholungen gab es nicht, was auf die politische Regelung in diesem Gebiet zurückzuführen ist.

ten an Gymnasien am niedrigsten (3 %), hier waren verspätet eingeschulte Kinder deutlich unterrepräsentiert. Einen ebenfalls erwartbaren, aber auch ernüchternden Befund konnte Bellenberg bei den Schulen für Lernbehinderte feststellen, hier betrug der Anteil von zurückgestellten Kindern 56 %. Dieses Ergebnis steht im Zusammenhang mit der Zunahme an Schulkindergartenklassen in Förderschulen (vgl. Kapitel 2.3). Eine US-amerikanische Studie zu langfristigen Auswirkungen unterschiedlicher Einschulungsalter (z.b. College-Besuch oder Gehalt) konnte auch keine Vorteile für zurückgestellte Kinder finden (Lincove & Painter, 2006).

Wie im Zusammenhang mit dem *Geschlecht* dargelegt wurde, sind Jungen deutlich häufiger von Zurückstellungen betroffen als Mädchen (vgl. Kapitel 3.1.3). Die Rückstände vor Beginn der Grundschule zeigen sich für vereinzelte Aspekte auch in der weiteren Schullaufbahn. Sowohl für die Klassenwiederholung als auch die Inanspruchnahme von Förderprogrammen konnte ein Geschlechtseffekt festgestellt werden. In der Studie von May et al. (1995) waren fast drei Viertel der zurückgestellten Jungen, welche später zusätzlich noch Förderung erhielten. Auch die Wahrscheinlichkeit im Verlauf der Grundschule eine Klasse zu wiederholen lag bei Jungen höher als bei Mädchen. In der Studie von Bellenberg (1999) bekamen Jungen schlechtere Noten, erreichten deutlich seltener höher qualifizierende Schulformen und somit auch eher niedrige Schulabschlüsse. Die geschlechtsspezifischen Nachteile scheinen sich somit nach dem Schuleintritt nicht zu verringern, sondern vielmehr zu verstärken.

Neben den Vergleichen hinsichtlich schulischer Leistungen und der weiteren Bildungslaufbahn kann sich eine Zurückstellung auch auf die *sozial-emotionale Entwicklung* der Kinder auswirken. Zu diesem Bereich ist die Befundlage zur Entwicklung von verspätet eingeschulten Kindern ebenso sehr widersprüchlich. In der Studie von Thomas et al. (1992) wurden fristgerecht eingeschulte und zurückgestellte Kinder (Wiederholer von Kindergarten und Klasse 1) anhand von Lehrereinschätzungen am Ende der Grundschule verglichen. In Bezug auf Verhaltensauffälligkeiten wurden beide Gruppen relativ gleich eingeschätzt (keine signifikanten Unterschiede). Für die internalisierten Symptome zeigte sich in den Lehrereinschätzungen jedoch ein signifikant ängstlicheres Verhalten bei den zurückgestellten Kindern. Darüber hinaus wurden die verspätet eingeschulten Kinder in den sozialen und kognitiven Fähigkeiten schlechter bewertet als die fristgerecht eingeschulten (vgl. auch Jimerson, Carlson, Rotert, Egeland & Sroufe, 1997). In einer weiteren US-amerikanischen Studie wurden zurückgestellte Kinder mit Kindern verglichen, die hinsichtlich verschiedener Ausgangsmaße das gleiche Risiko hatten, zurückgestellt zu werden. Erhoben wurden die selbst wahrgenommene Kompetenz, schulisches Interesse und internalisierte Probleme in Selbst- und Fremdeinschätzung. Sowohl in der dritten als auch in der fünften Klasse lagen die Werte der zurückgestellten Kinder in der selbst eingeschätzten Kompetenz und dem Interesse in den Bereichen Mathematik, Lesen und in allen Schulfächern höher als bei den fristgerecht eingeschulten Kindern. Signifikante Unterschiede zeigten sich jedoch nur im Lesen und allen Fächern in der dritten Klasse sowie ein tendenziell signifikanter Unterschied im Lesen in der fünften Klasse. Hinsichtlich der Einschätzung des internalisierten Problemverhaltens zeigte sich aus Schülersicht, dass sich die zurückgestellten Kinder mit weniger Problemen belastet sahen als die vergleichbaren fristgerecht eingeschulten Kinder. Gleiches zeigte sich auch in den Lehrereinschätzungen. Die Unterschiede waren jedoch aus Schülersicht nur in der dritten Klasse und aus Sicht der Lehrer nach der Einschulung signifikant. Im Gegensatz dazu schätzen zurückstellende Eltern ihre Kinder in Bezug auf problematische Verhaltensweisen leicht schlechter ein als fristgerecht einschulende Eltern (jedoch nicht signifikant). Grundsätzlich konnten Hong und Yu (2008) keine Nachteile anhand ihrer Ergebnisse für verspätet eingeschulte Kinder finden. Vielmehr zeigte sich, dass Risikokinder, wenn auch in kleinem Maße, davon profitierten. Die Kinder zeigten mehr Selbstvertrauen in Bezug auf schulische Kompetenzen und Interesse sowie ein geringeres Problemverhalten. Zwar sind die Effekte nicht durchgängig signifikant, dennoch kann davon ausgegangen werden, dass sich die Kinder aufgrund der Zurückstellung nicht schlechter entwickeln als vergleichbare fristgerecht eingeschulte Kinder. In Bezug auf die sozial-emotionale Entwicklung scheint demnach eine Zurückstellung weder positive noch negative Auswirkungen zu haben (vgl. auch Lincove & Painter, 2006; Mantzicopoulos & Morrison, 1992).

Während die Bewährung der Zurückstellung auf der Grundlage von Leistungsdaten und weiterer Schullaufbahnentscheidungen als eher nachteilig eingeschätzt werden kann, bestehen in Bezug auf die *Zufriedenheit mit Zurückstellungsentscheidungen* nach der Einschulung aus Sicht der Eltern bisher kaum Ergebnisse. Als gelungen beschreiben Eltern einen Schulstart, wenn ihr Kind Freude und Begeisterung an der Schule zeigt und keine negativen Verhaltensveränderungen aufweist (vgl. Mirkhil, 2010). Analysen der BiKS-Daten belegten anhand eines Parallelgruppenvergleichs von fristgerecht und verspätet eingeschulten Kindern, dass in den Einschätzungen der Eltern zurückgestellte Kinder eine schlechtere Schuleinstellung haben als fristgerecht eingeschulte. Darüber hinaus wurden die Eltern gefragt, inwieweit sie mit der Einschulungsentscheidung zufrieden sind und ob sie den Einschulungszeitpunkt erneut wählen würden. Dabei ergab sich, dass die Mehrheit der befragten Eltern (ca. 80 %) zufrieden mit ihrer Wahl war, dies zeigte sich über die gesamte Grundschulzeit hinweg. Ein ähnliches Bild konnte bei der zweiten Frage festgestellt werden, hier gaben gut 90 % der Eltern an, dass sie ihr Kind wieder zum gleichen Zeitpunkt einschulen würden. Diejenigen, die einen anderen Zeitpunkt wählen würden, gaben mehrheitlich an lieber später einzuschulen. Begründet wurde dies vor allem mit kindbezogenen Aspekten, wie Alter, Entwicklungsstand und Arbeitsverhalten (vgl. Kratzmann et al., 2013). Shepard und Smith (1989) konnten in ihrer Studie aufzeigen, dass die übergreifend positive Sicht auf die Zurückstellungsentscheidung auch dann versucht wird aufrecht zu erhalten, wenn eigentlich mehr negative Effekte bestehen. Die positive Wertung kann als ein Phänomen angesehen werden, das sowohl die getroffene Entscheidung bestätigt als auch die im Zusammenhang damit auftretenden Ambivalenzen nach außen hin reduzieren soll.

Von einem systematisch besseren oder schlechteren Schulstart von zurückgestellten Kindern kann anhand der dargelegten Ergebnisse nicht ausgegangen werden. Positive Effekte zeigen sich zu Beginn der Grundschulzeit und im Vergleich zu späteren Klassenwiederholungen. Dabei scheint die Entscheidung für eine verspätete Einschulung weniger als frühzeitiges Scheitern angesehen zu werden als eine Klassenwiederholung. Die Ergebnisse, welche keine Unterschiede zwischen verspätet und fristgerecht eingeschulten Kindern aufzeigten, sprechen für einen normalen Schulverlauf beider Gruppen. Allerdings zeigen sich auch vermehrt Nachteile für zurückgestellte Kinder. Die Schüler gehören im Laufe der Zeit eher wieder zu den Leistungsschwächeren, besuchen eher niedrige Schulformen und erreichen geringer qualifizierende Abschlüsse. Auch bei systematischen Vergleichen zwischen verspätet und fristgerecht eingeschulten Kindern, mit ähnlichen Ausgangslagen, konnten durch eine Zurückstellung keine Vorteile erlangt werden. Ein deutlich positiver Aspekt der Bewährung zeigte sich hingegen in der Zufriedenheit mit der Entscheidung aus Sicht der Eltern. Eingrenzend sollte hier aber berücksichtigt werden, dass dies auch auf die Mehrheit der Eltern, also auch vorzeitig und fristgerecht einschulende, zutrifft.

5 Theoretischer Rahmen

5.1 Werterwartungsmodelle

Zur Erklärung von Entscheidungen wird auf theoretische Modelle zurückgegriffen. Weit verbreitet sind dafür handlungstheoretische Ansätze wie die Rational-Choice-Theorie. Sie geht, kurz gesagt, davon aus, dass Akteure jene Alternative wählen, die für sie, aufgrund von Kosten-Nutzen-Abwägungen, die günstigste Wahl darstellt. Dabei werden die eigene sozioökonomische Position sowie der Statuserhalt bei der Entscheidung mit berücksichtigt. Auch für die Aufklärung von Bildungsentscheidungen wird darauf zurückgegriffen. Es bestehen sowohl soziologische als auch psychologisch ausgerichtete Erklärungsmodelle. Als Grundlage der meisten Modelle kann Boudons (1974) *soziologische* Theorie der rationalen Wahl angesehen werden. Ausgangspunkt ist der Akteur, welcher rational in einem Kosten-Nutzen-Kalkül entscheidet. Bildungsentscheidungen werden nach Boudon als ein Zusammenspiel von individuellen Leistungen des Kindes, Mechanismen des Bildungssystems sowie dem familiären Entscheidungsverhalten verstanden, die stets vor dem Hintergrund sozialer Präferenzen entstehen. Da die Mechanismen des Bildungssystems für alle gleich sind, werden Bildungsunterschiede auf Differenzen in den Leistungen der Kinder (primäre Herkunftseffekte) und den Bildungsaspirationen (sekundäre Herkunftseffekte) zurückgeführt. *Primäre Herkunftseffekte* entstehen aufgrund familiärer sozioökonomischer Ressourcen. Dies bedeutet, dass Kinder aus eher bildungsfernen Familien meist mit geringeren Leistungen in die Schule starten als Kinder aus bildungsnahen Familien. Unter anderem wird dies auf das größere kulturelle Kapital von besser gestellten Familien zurückgeführt, was wiederum bessere Unterstützungsmöglichkeiten bedeutet. *Sekundäre Herkunftseffekte* können als klassenspezifische Bildungsaspirationen und das damit verbundene Entscheidungsverhalten beschrieben werden. Bildungsnahe Familien entscheiden sich eher für einen höheren Schulabschluss, da ein niedrigerer Bildungsweg einen Statusverlust bedeuten würde und die erwarteten Kosten für einen höheren Bildungsweg als eher gering angesehen werden. Für Familien mit niedrigerem Sozialstatus ist es eher umgekehrt. Ein niedrigerer Bildungsabschluss würde keinen Statusverlust nach sich ziehen, allerdings würde ein höherer Bildungsgang mit erheblichen Kosten einhergehen (vgl. Maaz, Baumert & Trautwein, 2010; Stubbe, 2009).

Kritisiert wurde an Boudons Modell unter anderem das nutzenmaximierende Handeln. Esser (1990) greift diesen Aspekt auf und fasst Handeln als vorrangig habituell auf. Weiterhin geht er davon aus, dass Handeln innerhalb einer definierten Situation stattfindet und die Entscheidungspräferenzen stets neu daran angepasst werden. Diese Spezialfälle sind unter den Begriffen ‚Habits‘ und ‚Frames‘ in der Theorie implementiert. Beide stellen gedankliche Orientierungen zur Vereinfachung der Situation dar. Aufgrund der Anpassungen scheint das Wert-Erwartungsmodell von Esser dem „Lösen von Alltagsproblemen" sehr naheliegend zu sein (Esser, 1999, S. 248).

„Versuche dich vorzugsweise an solchen Handlungen, deren Folgen nicht nur wahrscheinlich, sondern Dir gleichzeitig auch etwas wert sind! Und meide ein Handeln, das schädlich bzw. zu aufwendig für Dich ist und/oder für Dein Wohlbefinden keine Wirkung hat!" (ebd., S. 248)

Die *psychologischen* Wert-Erwartungsmodelle befassen sich eher mit der Motivation für bestimmte Bildungsentscheidungen, legen aber ebenfalls, wie die soziologischen, den nutzentheoretischen Ansatz Boudons zugrunde. Zielgerichtetes Verhalten wird einerseits durch die Erwartungen und anderseits durch die Wertigkeit des Ziels erklärt. Allerdings beeinflussen auch hier situationsspezifische und personale Merkmale das Verhalten. Eccles et al. entwickelten das Wert-Erwartungs-Modell aus psychologischer Sicht weiter. Anstelle des Kosten-Nutzen-Kalküls steht der subjektive Wert als Entscheidungskomponente. Der subjektive Wert beinhaltet die vom Handelnden zugrunde gelegte Wichtigkeit, den intrinsischen Wert sowie Kosten und kurz- bzw. langfristigen Nutzen, die der Aufgabe und deren Bewältigung zugeschrieben werden. Die Erfolgserwartung stellt dabei die Wahrscheinlichkeit des Erfolges der Aufgabe (bzw. Entscheidung) dar. Sie hängt, wie bei Esser, von der individuellen Einschätzung der Situation, also der individuellen Fähigkeiten sowie des Schwierigkeitsgrads der Aufgabe, ab. Der subjektive Wert und die Erfolgserwartungen wirken als direkt beeinflussende Faktoren auf die Bildungsentscheidung. Beide Komponenten werden durch psychologische und soziokulturelle Faktoren beeinflusst und vermitteln zwischen der Entscheidung und den Hintergrundvariablen wie sozialer Herkunft oder individuellen Merkmalen (vgl. Eccles, 2005).

Darüber hinaus muss berücksichtigt werden, dass bei Entscheidungen nie alle Alternativen betrachtet werden. Einige Möglichkeiten sind dem Handelnden nicht bewusst, da sie nicht in das bisherige Selbstbild passen, andere stehen aufgrund unzureichender bzw. falscher Informationen erst gar nicht zur Verfügung (vgl. Eccles, 2005). Das Problem von nicht bewussten Alternativen kann auch als Vorteil aufgefasst werden. Dieckmann und Krauss (2005) belegen anhand von einfachen Heuristiken, dass „unter gewissen Umständen gerade das Ignorieren von Information zu guten Entscheidungen führen kann" (S. 187). Diese Entscheidungsheuristiken können schnell und einfach angewandt werden, man benötigt nicht jegliche Informationen und dennoch führen sie zu robusten Ergebnissen. Relevant scheinen solch einfache Entscheidungsheuristiken vor allem für das alltägliche Handeln, was oft unter einem gewissen Zeitdruck abläuft.

Die Kritik, dass normative Entscheidungsmodelle die Realität teilweise außer Acht lassen, ist dementsprechend berechtigt. Allerdings greifen wiederum die einfachen Entscheidungsheuristiken zu kurz, um beispielsweise komplexere Zusammenhänge wie den Einschulungszeitpunkt oder die Schulformwahl nach der Grundschule zu bestimmen. Dabei handelt es sich um Entscheidungen, die mittelfristig, also ohne Zeitdruck, angelegt sind und nicht überstürzt getroffen werden.

5.2 Übertragung des WET-Modells auf den Übergang in die Grundschule

Für die Beschreibung von Bildungsentscheidungen beim Übergang von der Grundschule in die Sekundarstufe I existieren bereits soziologische und psychologische Modelle (vgl. Becker, 2000; Pohlmann, 2009; Stubbe, 2009). Auch der Übergang vom Kindergarten in die Grundschule wurde bereits anhand des Werterwartungsmodells erklärt (vgl. Faust, Kluczniok & Pohlmann, 2007; Kratzmann, 2011). Aus diesem Grunde wird in der vorliegenden Arbeit auf die bestehenden Modelle zurückgegriffen. Für die Beschreibung der Entstehung von Bildungsentscheidungen sind die psychologischen Modelle besser geeignet als die soziologischen. Sie beinhalten explizit „die zwischen zentralen Merkmalen der sozialen Herkunft und den jeweiligen Einschätzungen der Wert- und Erwartungskomponente angesiedelt[en]" Einflussfaktoren (Maaz et al., 2006, S. 315).

Die bereits beschriebenen Modelle können jedoch nicht pauschal für die Zurückstellungsentscheidung übernommen werden. Grundlegend wird davon ausgegangen, dass die Einschulungsentscheidung einerseits vom subjektiven Wert und andererseits von der Erfolgserwartung für die jeweilige Alternative beeinflusst wird. Die beiden Entscheidungskomponenten sind subjektiv und somit abhängig von den Eltern. Dies bedeutet auch, dass deren sozioökonomische Position Einfluss auf die Entscheidung nimmt. Allerdings ist dieses Merkmal dem Entscheidungsraum vorgelagert. So können auch die individuellen Merkmale des Kindes sowie die Einschulungsregelungen des jeweiligen Bundeslandes als vorangestellte Merkmale, die auf den Entscheidungsraum einwirken, angesehen werden. Aufzuklären sind die zwischen den vorangestellten Merkmalen und den Entscheidungskomponenten (subjektiver Wert und Erfolgserwartungen) vermittelnden Wirkmechanismen, welche die Entscheidung für eine verspätete oder fristgerechte Einschulung beeinflussen.

Eine vollständige Aufklärung der Einschulungsentscheidung kann jedoch nicht erreicht werden, da hier lediglich die Sichtweise der Eltern betrachtet wird und die vorgelagerten Merkmale nur in einem beschränkten Maße berücksichtigt sind. Zum einen ist dies der soziale Kontext, der für jeden Handelnden unterschiedlich ausgeprägt ist und demnach je nach Person verschiedene Wahlmöglichkeiten und Folgen beinhaltet (vgl. Eccles, 2005; Esser, 1999). Zum anderen werden Bildungsentscheidungen vor einem spezifischen institutionellen Hintergrund getroffen (vgl. Becker, 2000; Hillmert, 2005). Dass individuelle Bildungswege nicht nur vom Handelnden bestimmt sind, sondern auch von Institutionen beeinflusst werden, zeigt sich z.b. beim Übergang in weiterführende Schulen. Zwar hängen die Leistungen zu einem erheblichen Teil von den Kindern selbst ab, die Grenze, mit welchem Notendurchschnitt auf welche Schule gewechselt werden kann, bestimmt allerdings die Institution (vgl. Ditton & Krüsken, 2010). Auch beim Übergang vom Kindergarten in die Grundschule begrenzen Vorgaben (z.B. die Erreichbarkeit von unterschiedlichen Einrichtungen) die Einschulungsentscheidung.

6 Fragestellungen

In den vorangegangenen Kapiteln wurden die Aspekte aufgeführt, welche im Zusammenhang mit einer Zurückstellungsentscheidung stehen. Als grundlegend für den Übergang können die Einschulungsregelungen angesehen werden (vgl. Kapitel 2.1). Diese bilden einen Teil des institutionellen Rahmens der Entscheidung und werden sowohl durch die Schulpflicht als auch die Schulfähigkeit als leitende Aspekte bestimmt. Die Schulpflicht bezieht sich anhand eines Stichtages auf das Alter der Kinder und stellt somit ein objektiv gegebenes Kriterium dar. Hingegen wird der Begriff der Schulfähigkeit in den Regelungen vage formuliert, dadurch bietet er aber gleichzeitig viel Spielraum für Interpretation. Während in den 1960er Jahren u.a. Gliederungsfähigkeit als Maßstab zugrunde gelegt wurde, geht man heute von einem ökosystemischen Verständnis von Schulfähigkeit aus. Neben dem Kind werden auch die Familie und beteiligte Institutionen einbezogen. Ein Aspekt dabei ist, dass Kinder vor Schulbeginn nicht über einen bestimmten Katalog von Fähigkeiten verfügen müssen, sondern die Schulfähigkeit auch im Laufe der Grundschulzeit weiterentwickelt werden soll (vgl. Kapitel 2.2). Dennoch beginnt ein Teil der Kinder aufgrund von ,fehlenden Fähigkeiten' die Grundschule später. Das zusätzliche Jahr verbringen die Kinder aufgrund von mangelnden Alternativen entweder in Kindergärten oder in schulvorbereitenden Einrichtungen. Fraglich bleibt, inwieweit in dieser Zeit eine angemessene Förderung der Kinder stattfindet und ob schulvorbereitende Einrichtungen nicht eher als ,Auffangbecken' für benachteiligte Kinder genutzt werden (vgl. Kapitel 2.3).

In einem nächsten Schritt wurde dargelegt, welche Kinder vorwiegend von Zurückstellung betroffen sind bzw. welche Merkmale die Wahrscheinlichkeit einer verspäteten Einschulung erhöhen. Dabei wurde eine Unterteilung in drei Bereiche – individuelle, familiäre und institutionelle – zugrunde gelegt. Anhand der bundesweiten Statistiken und der vorliegenden Untersuchungen wurden auf individueller Ebene das Alter, die Schulfähigkeit sowie das Geschlecht als bedeutsam herausgestellt. Vor allem die Jüngeren eines Jahrgangs, Kinder mit schwächer entwickelten Fähigkeiten und Jungen werden öfter vom Schulbesuch zurückgestellt (vgl. Kapitel 3.1). Im Hinblick auf familiäre Einflussvariablen ist vor allem der familiäre Hintergrund im Sinne von Bildungsniveau und sozio-ökonomischem Status entscheidend (vgl. Kapitel 3.2). Daneben bestehen vielschichtige institutionelle Bedingungen, die sich auf den Übergang vom Kindergarten in die Grundschule auswirken. Die Bundesländer tragen mit ihren unterschiedlichen Regelungen dazu bei, dass in einigen Ländern mehr

Kinder von Zurückstellung betroffen sind als in anderen (vgl. Kapitel 2.1.3). Neben dem Geschlecht und dem landesspezifischen Stichtag bestehen weitere Merkmale, wie die Einstellungen der Erzieherinnen oder strukturelle Merkmale der Grundschule, die den Einschulungszeitpunkt beeinflussen und somit auch die Wahrscheinlichkeit einer Zurückstellung erhöhen (vgl. Kapitel 3.3). Entscheidend für eine nicht fristgerechte Einschulung ist allerdings auch, inwieweit solch eine Maßnahme den weiteren Bildungsweg und vor allem die schulischen Leistungen beeinflusst (vgl. Kapitel 4). Die bestehenden Forschungsergebnisse hierzu sind widersprüchlich. Neben kurzfristigen Leistungsvorsprüngen bestehen aufgrund einer Zurückstellung kaum leistungsbezogene Vorteile. Langfristig scheinen vermehrt Nachteile zu entstehen. Im Vergleich zu fristgerecht und vorzeitig eingeschulten Kindern haben zurückgestellte Kinder eine deutlich geringere Wahrscheinlichkeit eine höher qualifizierende Schule zu besuchen. Dies wiederum führt zu eher niedrigeren Bildungsabschlüssen und niedrigeren Beschäftigungsverhältnissen. Allerdings wird so nur ein rein ökonomischer Output dargestellt und keinerlei Aussage über Wohlbefinden oder Zufriedenheit der Betroffenen beschrieben. Studienergebnisse zur sozial-emotionalen Entwicklung deuten darauf hin, dass zurückgestellte Kinder sich selbst in den ersten Schuljahren bezüglich schulischer Interessen und Leistungen nicht schlechter einschätzen als ihre fristgerecht eingeschulten Klassenkameraden, also keine Nachteile empfinden. Wenn keine eindeutigen Belege dafür bestehen, dass eine Zurückstellung vom Schulbesuch positive Auswirkungen auf den weiteren Schulverlauf hat, stellt sich die Frage, weshalb dennoch ein nicht zu unterschätzender Anteil von Kindern davon betroffen ist.

Weshalb entscheiden sich Eltern für eine Zurückstellung anstatt für einen fristgerechten Schuleintritt? Die dargestellten Forschungsergebnisse geben Auskunft über einzelne Aspekte des Zurückstellungsprozesses, bisher fehlen jedoch Betrachtungen, welche den Prozess in seiner Gesamtheit und in Abgrenzung zur regulären Einschulung erfassen. Darüber hinaus wurden die Einschulungsentscheidungen bisher eher retrospektiv betrachtet und die Sicht der Eltern eher vernachlässigt. Die hier vorliegende Arbeit beschäftigt sich daher mit der Rekonstruktion der Zurückstellungsentscheidung aus Sicht der Eltern anhand von Längsschnittdaten. Ziel der vorliegenden Arbeit ist es den Übergang vom Kindergarten in die Grundschule unter dem Fokus auf Zurückstellung systematisch darzustellen. Dazu wird in mehreren Schritten vorgegangen.

Ausgehend von den bisherigen Ergebnissen soll geklärt werden, welche individuellen, familiären und institutionellen Aspekte die Einschulungsentscheidung beeinflussen. Spiegeln sich die bisherigen empirischen Befunde zu individuellen, familiären und institutionellen Merkmalen im Entscheidungsverhalten der Eltern wider? Oder werden Zurückstellungen lediglich aufgrund von fehlenden Fähigkeiten vorgenommen, wie es die Einschulungsregelungen vorsehen? Möglicherweise spielen auch weitere Aspekte wie die elterliche Bildungsaspiration oder die Einstellung zur frühkindlichen Förderung in Kindergarten eine Rolle. So muss beachtet werden, dass Bildungsentscheidungen immer im Spannungsfeld der elterlichen Bildungsaspirationen für ihre Kinder stehen. Bedeutend ist auch der Wert bzw. die Wichtigkeit der einzelnen Aspekte. Spielt beispielsweise das Geschlecht des Kindes, welches als sehr prädiktiv herausgestellt wurde, für die Eltern eine bedeutsame Rolle oder werden eher individuelle Fähigkeiten als Begründung herangezogen? Dabei werden insbesondere die Unterschiede im Entscheidungsverhalten zwischen den fristgerecht und den verspätet einschulenden Eltern berücksichtigt. Ziehen zurückstellende Eltern andere Entscheidungsaspekte heran als fristgerecht einschulende oder zeigen sich bei gleichen Aspekten unterschiedliche Ausprägungen?

Vor dem dargelegten theoretischen Hintergrund der Werterwartungstheorie wird ein Entscheidungsmodell entwickelt. Dabei sollen die vorher aufgedeckten Aspekte in einen Erklärungszusammenhang zueinander und zu den Entscheidungskomponenten Erfolgserwartung und subjektiver Wert gebracht werden.

Da sich die Zurückstellungen möglicherweise nicht wie gewünscht auswirken, wird nach der Bewährung der Einschulungsentscheidung zu Beginn der Grundschulzeit gefragt. Wie und anhand welcher Aspekte bewerten die Eltern ihre Entscheidung? Und bestätigen sich ihre Erwartungen im Zusammenhang mit der Zurückstellung (bzw. regulären Einschulung)? Darüber hinaus soll geklärt werden, ob das zusätzliche Jahr mit ausreichend Förderung verbunden war bzw. ob die Gründe für eine Zurückstellung dadurch behoben werden konnten.

Die Einschulung scheint nach den dargelegten Aspekten einen komplexen Prozess darzustellen, der weder am Tag der Schulanmeldung beginnt noch mit dem ersten Schultag beendet ist. Wie gestaltet sich demnach das Zusammenspiel der verschiedenen Merkmale über den gesamten Zeitraum? Betrachtet werden soll der Prozess in seiner Gesamtheit, d.h. welche Bedingungsfaktoren der Entscheidung führen zu welchem Einschulungszeitpunkt und wie wirkt sich dies auf die Bewährung aus.

7 Methodisches Vorgehen

7.1 Einbettung in die Forschergruppe BiKS

Die hier vorgestellte Untersuchung entstand im Rahmen der durch die Deutsche Forschungsgemeinschaft geförderten interdisziplinären Forschergruppe „Bildungsprozesse, Kompetenzentwicklung und Formation von Selektionsentscheidungen im Vorschul- und Schulalter" (BiKS) an der Universität Bamberg. Die Studie gliedert sich in zwei Längsschnittstudien, in denen Bildungsprozesse, Entwicklungen von Kompetenzen sowie die Formation von Selektionsentscheidungen am Anfang und am Ende der Grundschulzeit betrachtet werden. Im Längsschnitt BiKS-3–10 wird die Entwicklung von Kindern vom Eintritt in den Kindergarten, im Alter von ca. drei Jahren, bis zum Ende der Grundschule (Alter ca. zehn Jahre) betrachtet. Der zweite Längsschnitt BiKS-8–14 begleitet Kinder von der dritten bis zur neunten Klassenstufe in den weiterführenden Schulen. Betrachtet werden in beiden Längsschnittstudien die individuellen Entwicklungen sowie die Einflüsse von familiären und institutionellen Bedingungen. Erhoben wurde in den Bundesländern Bayern und Hessen, unter Berücksichtigung von jeweils zwei städtischen und ländlichen Regionen: Städtische Regionen sind Nürnberg, Bamberg, Frankfurt und Darmstadt; ländliche Regionen sind die Landkreise Bamberg und Forchheim in Bayern sowie Bergstraße und Odenwald in Hessen. Bei der Auswahl der beiden Bundesländer wurden die unterschiedlichen Rahmenbedingungen bei den Bildungsentscheidungen berücksichtigt. Die Stichprobenziehung für den ersten Längsschnitt erfolgte als mehrfach geschichtete Zufallsstichprobe. Aufgrund einer disproportionalen Schichtung wurden mehr bayerische als hessische Kinder (Verhältnis 60:40) sowie mehr Kindergärten aus den beiden Großstädten Nürnberg und Frankfurt aufgenommen (33 % der gesamten Stichprobe). Es erfolgte die Aufnahme aller Kinder einer Kindergartengruppe, welche zum Schuljahr 2008/09 schulpflichtig wurden. Insgesamt konnten 547 Kinder aus 97 Kindergärten für die Studie BiKS-3–10 gewonnen werden (vgl. Kurz, Kratzmann & Maurice, 2007).

Das Teilprojekt 6 (Leitung: Frau Prof. Dr. Gabriele Faust; FA 650), aus dem das Forschungsprojekt hervorging, ist in den Längsschnitt BiKS-3–10 eingegliedert. Der Fokus des Teilprojektes ist die Formation von Entscheidungsprozessen beim Übergang vom Kindergarten in die Grundschule im Zusammenhang mit Bildungserwartungen und Kompetenzentwicklung. Spezifischer betrachtet wird der Umgang aller Beteiligten, also Kinder, Eltern, Erzieherinnen und Lehrkräfte, mit den unterschiedlichen strukturellen, personellen und curricularen Gegebenheiten von Kindergarten, Grundschule und Familie. Aufgrund der bestehenden verschiedenen Einschulungszeitpunkte und den damit verknüpften Entwicklungen wird in gesonderten Teilstudien die Entstehung von Bildungsentscheidungen bei Eltern, Erzieherinnen und Lehrkräften sowie die Bewährung von unterschiedlichen Einschulungszeitpunkten im weiteren Grundschulverlauf betrachtet.

Um die verschiedenen strukturellen und individuellen Gegebenheiten bei der Übergangsentscheidung besser erfassen zu können, wurden mehrere qualitative Teilstudien durchgeführt. Um individuelle bzw. familiäre Einschulungsentscheidungen genauer zu betrachten, wurden drei Substichproben gebildet. In einer ersten Teilstudie wurde die Formation der Einschulungsentscheidung bei Familien mit türkischem Migrationshintergrund erfasst (vgl. Kratzmann, 2011). Eine zweite Teilstudie beschäftige sich mit dem Zustandekommen einer vorzeitigen Einschulungsentscheidung im Vergleich zur fristgerechten bei autochthonen Familien (vgl. Faust et al., 2007; Pohlmann et al., 2009). Die dritte Teilstudie untersuchte die Zurückstellungsentscheidung im Vergleich zur fristgerechten Einschulung bei deutschen Familien. Die vorliegende Arbeit stellt die Ergebnisse der dritten Teilstudie dar. Auf institutioneller Ebene wurden dazu Interviews mit Erzieherinnen und Schulleitern geführt (vgl. Förtsch, 2009; Naumann, 2012; Plehn, 2012; Pohlmann-Rother & Plehn, 2010).

7.2   Erhebungsdesign

7.2.1   Erhebungsmethode: qualitative Leitfadeninterviews

Bei qualitativen Interviews existieren Unterschiede in Aufbau und Form, auch wenn darunter oft übergreifend nicht standardisierte Formen verstanden werden. Leitfadeninterviews zeichnen sich dadurch aus, dass sowohl das Thema des Interviews als auch spezifische Fragen vorgegeben sind. Offene Interviews hingegen stehen zwar auch unter einem vorherbestimmten Thema, allerdings werden hier keine verbindlichen Fragen vorgelegt. Bei narrativen Interviews wiederum soll aus einer eher komplexen Einstiegsfrage eine Erzählung generiert werden, hier ist weder vorab ein direktes Gesprächsthema definiert noch existieren vorgegebene Fragen (vgl. Friebertshäuser, 2003; Gläser & Laudel, 2010; Lamnek, 2010).

Zur Erhebung von subjektiven Sichtweisen und Prozessen eignen sich im Besonderen qualitative Interviews. Bei Interviews besteht eine große Bandbreite an verschiedensten Formen, die je nach Aspekt unterschiedlich eingeteilt werden können. So kann man anhand des zu erhebenden Gegenstandes differenzieren (z.b. Biografie, Wissen, Einstellungen), nach den zu befragenden Personen (z.b. Kinder, Schüler, Studenten, Rentner) oder nach Standardisierung der Datenerhebung (voll-, halb- und nicht standardisiert). Aber auch die Anzahl der Interviewpartner pro Gespräch (Einzel- vs. Gruppeninterview) oder die Form der Befragung (persönlich, telefonisch, postalisch) kann zur Abgrenzung dienen. Die Unterteilungen können auch als einzelne Aspekte eines jeden Interviews gesehen werden. Jedes Interview stellt somit eine Kombination aus den verschiedenen Aspekten dar (vgl. Gläser & Laudel, 2010).

Bei der vorliegenden Studie sind die subjektiven Sichtweisen und Einstellungen zum Thema Übergang vom Kindergarten in die Grundschule der Untersuchungsgegenstand. Als Interviewpartner dienten daher Familien, in denen ein Kind kurz vor der Einschulung stand. Als besonders geeignet zur Erfassung von Einstellungen und subjektiven Sichtweisen haben sich bisher nicht standardisierte bzw. qualitative Interviews erwiesen (vgl. Meuser & Nagel, 2003). Für die vorliegende Studie ist die Problemstellung und somit ein abgegrenzter Forschungsbereich bzw. eine Thematik vorhanden. Es schien daher sinnvoll, leitfadengestützte Interviews als Erhebungsinstrument zugrunde zu legen. Eine weitere Eingrenzung wurde durch die Fokussierung auf problemzentrierte Interviews vorgenommen. Dadurch wird der Bezug zu einer bestimmten Forschungsfrage nochmals verstärkt. Vor der Erstellung des Leitfadens wurden die „wesentliche[n] objektive[n] Aspekte" (Mayring, 2002, S. 68) der eingegrenzten Thematik erarbeitet. Diese im Vorfeld bestimmten Bezugspunkte wurden, insofern sie für die Forschungsfrage als relevant erschienen, bei der Erstellung des Leitfadens berücksichtigt und einbezogen. Trotz der Vorarbeiten und der Begrenzung auf ein bestimmtes Thema bedeutet dies nicht, dass hier eine geschlossene Erhebungsform vorliegt. Das Interview soll in seiner Anlage offen sein und dem Interviewten ausreichend Möglichkeiten bieten sich frei zum Thema zu äußern (vgl. Mayring, 2002). Ein weiterer Grundgedanke des problemzentrierten Interviews ist die Erklärung bestimmter gesellschaftlicher Thematiken, welche anhand von sprachlichen Aussagen mit subjektiven Bedeutungen versehen werden (vgl. Mayring, 2002; König, 2002). Die stets zu wahrende Offenheit der Interviewsituation gewährleistet, dass der Befragte seine subjektiven Darstellungen zu den Fragen wiedergibt und nicht anhand eines bestimmten Formates antwortet. Auf diese Weise soll sichergestellt werden, dass die vom Forscher gestellten Fragen tatsächlich verstanden wurden. Durch gezieltes Nachfragen können beispielsweise subjektive Zuschreibungen des Interviewten näher erläutert und in eigene Strukturen und Zusammenhänge gebracht werden (vgl. Mayring, 2002).

Im Gegensatz zu erzählgenerierenden Interviews, die keinen vorbereiteten Leitfaden aufweisen und den Befragten dazu animieren aus seinem Leben zu erzählen sowie die Thematik dabei selbst festzulegen bzw. zu strukturieren, ist das problemzentrierte Interview durch einen Leitfaden vorstrukturiert (vgl. Friebertshäuser, 2003). Das Grundgerüst des Leitfadens ist auf theoretischen Überlegungen aufgebaut und kann dem laufenden Interview angepasst werden. Man kann also nicht von einem rein deduktiven Vorgehen sprechen. Vielmehr verbinden sich theoriegeleitetes und induktives Vorgehen. Der Leitfaden stellt kein starres Instrument dar, sondern dient vielmehr als Rahmen bzw. Gedächtnisstütze für den Interviewer (vgl. Friebertshäuser, 2003; Witzel, 2000). Die im Leitfaden integrierten theoretischen Vorarbeiten sind wichtig, um grundlegende Themenbereiche der Fragestellungen abzudecken. Gleichzeitig sollen neue Aspekte nicht unterdrückt, sondern mit aufgenommen werden (vgl. Lamnek, 2010).

Die Leitfäden zur vorliegenden Untersuchung waren in drei Bereiche strukturiert: Einstieg, Hauptteil, Abschluss. Die Einstiegsfrage, welche als ‚Warm-up' diente und allgemein das zu erforschende Problem umriss, war offen und erzählgenerierend formuliert. Im sogenannten Hauptteil waren verschiedene Frageblöcke mit unterschiedlichen Themen integriert. Diese Bereiche mussten nicht nacheinander abgefragt werden, sondern wurden in ihrer Reihenfolge möglichst an den Interviewverlauf angepasst. Jeder thematische Block enthielt eine unstrukturierte Frage (Einleitungsfrage), die den Interviewten zum freien Erzählen anregen sollte. Des Weiteren bestanden halbstrukturierte Fragen (Sondierungsfragen), die bestimmte Aspekte fokussierten und vertieft Informationen erfragten, sowie strukturierte Fragen (Ad-hoc-Fragen), die auf vorhandene Erfahrungen abzielten und Ja-Nein-Tendenzen wiedergeben sollten. Am Ende des Interviews stand die offene Abschlussfrage, welche noch einmal Gelegenheit bot Aspekte aufzugreifen, welche nicht ausführlich genug oder gar nicht thematisiert, aber vom Interviewten als bedeutsam erachtet wurden.

Der Vorteil eines Leitfadens liegt in der späteren Vergleichbarkeit der Interviewtexte. Durch die inhaltliche Einschränkung und die übergeordneten Hauptfragen, welche in jedem Interview gestellt werden mussten, waren die Aussagen der befragten Personen in Bezug auf die übergreifenden Themen vergleichbar (vgl. Meuser & Nagel, 2003; Nohl, 2006).

7.2.2 Stichprobe

Qualitative Forschung zielt nicht auf statistische Repräsentativität ab, sondern versucht spezifische Inhalte des Forschungsgegenstandes aufzudecken. Die vorliegende Studie untersuchte einen Entscheidungsprozess. Da die Interviews begleitend und nicht erst nach der Entscheidung geführt wurden, konnte nicht vorab bestimmt werden, welche Fälle letztendlich einer Zurückstellung unterlagen. Die Stichprobenziehung wurde deshalb anhand theoretischer Überlegungen vorgenommen (vgl. Glaser & Strauss, 2010). Die Festlegung der Kriterien orientierte sich an bestehenden empirischen Befunden (vgl. Kapitel 2 und 3), dadurch sollte die Wahrscheinlichkeit einer späteren Zurückstellung bei Schulbeginn erhöht werden.

Als Grundgesamtheit lag der qualitativen Teilstudie zur Zurückstellung die Gesamtstichprobe der BiKS-Studie zugrunde (vgl. Kurz et al., 2007). Ausgehend von den Befunden der Literatur, dass Kinder mit fehlender Schulfähigkeit zurückgestellt werden (vgl. Kapitel 2.1 und 3.1.2), wurden die Kompetenzen der Kinder im Alter von etwa vier Jahren als ein Auswahlkriterium festgelegt. Berücksichtigt wurden vier Bereiche, die bekannte Vorläuferfähigkeiten abdecken, die als prädiktiv für spätere Leistungen angesehen werden: Rechenfertigkeiten, sprachliche Fähigkeiten, nonverbale Fähigkeiten sowie Gedächtnisleistungen.[15] Die Ergebnisse der jeweils erhobenen Tests wurden z-standardisiert und anschließend in drei Perzentilgruppen unterteilt. Die Perzentilgruppen wurden mit Rängen gleichgesetzt (unteres Drittel = niedrige Kompetenzen, mittleres Drittel = mittlere Kompetenzen, oberes Drittel = hohe Kompetenzen) und alle vier Bereiche addiert. Der Wert, den ein Kind erreichen konnte, lag somit zwischen vier und zwölf Punkten. Kinder, die Werte von vier bis sechs Punkten besaßen, wurden mit einem niedrigen Kompetenzniveau codiert, bei Werten von sieben bis neun Punkten wurde ein mittleres Kompetenzniveau und bei zehn bis zwölf Punkten ein hohes Kompetenzniveau festgehalten. Aus der Gesamtstichprobe ausgewählt wurden nur Kinder, die im Alter von ca. vier Jahren ein niedriges oder mittleres Kompetenzniveau aufwiesen.

Ein weiteres Auswahlkriterium war die Angabe der Eltern zum gewünschten Einschulungszeitpunkt. Diese Aussage wurde aus dem quantitativen Elternfragebogen des dritten Erhebungszeitpunktes (Herbst 2006) entnommen. Die

---

15 Die Kompetenzwerte und Grenzen wurden durch das Teilprojekt 3 „Entwicklungsbeziehungen zwischen kognitiv-sprachlichem Kompetenzerwerb, Selbststeuerung und Merkmalen der Erwachsenen-Kind-Interaktion" (Leitung: Prof. Dr. S. Weinert) festgelegt.

Frage lautete: „Wann soll Ihr Kind Ihrer Meinung nach eingeschult werden?" Es bestanden vier Antwortmöglichkeiten, wobei nur jene Eltern in die Stichprobe eingeschlossen wurden, die mit „eher spät" oder „weiß ich noch nicht" geantwortet hatten (weitere Antwortmöglichkeiten waren „eher früh" und „sobald es schulpflichtig ist"). Nicht in die Studie eingeschlossen wurden Familien mit Migrationshintergrund und Familien, deren Kinder schon in einer Substichprobe mit vertieften Kompetenztestungen waren, um eine zu hohe Erhebungsbelastung zu vermeiden.

Nach Anwendung der vier Auswahlkriterien verblieb eine Gruppe von 39 Kindern und deren Familien (23 mit mittlerer und 16 mit niedriger Kompetenz). Die Stichprobe für die qualitative Untersuchung zur Zurückstellung sollte auf ca. 20 Familien beschränkt werden. Da Kinder, die weit vor dem Stichtag das sechste Lebensjahr erreichen, eine geringere Wahrscheinlichkeit haben zurückgestellt zu werden (vgl. Kapitel 3.1.1), wurden die vier ältesten hessischen sowie die 13 ältesten bayrischen Kinder mit mittlerem Kompetenzniveau ausgeschlossen. Die so entstandene Stichprobe umfasste 22 Kinder und deren Familien. Nur 16 Familien waren zu einem qualitativen Interview bereit. Aufgrund der Ausfälle noch vor Erhebungsstart wurden vier Familien nachgezogen. Auswahlkriterien waren die Angabe der Eltern, ihr Kind möglichst spät einschulen zu wollen sowie die Nähe des Geburtstages zum landesspezifischen Stichtag. Nun wurde auf eine Eingrenzung nach Kompetenzniveau verzichtet. Somit konnte für die qualitative Teilstudie eine Startstichprobe von 20 Familien erreicht werden.

Als Interviewpartner diente die Hauptbezugsperson des Zielkindes, in allen Fällen war dies die Mutter (bei einigen Interviews waren auch Väter phasenweise anwesend). Die Interviewten waren zu Beginn des ersten Befragungszeitpunktes (November 2007) im Schnitt 36.5 Jahre alt ($Min = 29.08$; $Max = 42.5$; $SD = 3.69$). Bei zwölf der befragten Familien war das Zielkind das erste Kind. Für diese Eltern war die Thematik der Einschulung demzufolge neu. Bei den anderen acht Familien war es bereits das zweite oder sogar dritte Kind (sechs bzw. drei Familien), welches eingeschult wurde.

Die Substichprobe umfasste zum ersten Erhebungszeitpunkt 20 Familien. Zum zweiten Erhebungszeitpunkt konnten noch 17 Familien der anfänglichen Stichprobe befragt werden. Die Ausfälle waren auf die Beendigung der Teilnahme an der gesamten BiKS-Studie zurückzuführen. Nach Abschluss der zweiten Erhebungsphase war zudem ersichtlich, dass keines der hessischen Kinder verspätet eingeschult werden sollte. Aus diesem Grunde wurde anhand der Elternfragebögen aus den quantitativen Erhebungswellen 6 (Frühjahr

2008) und 6a (Herbst 2008) all jene hessischen Kinder ermittelt, welche vom Schulbesuch zurückgestellt wurden. Die zwei ermittelten Familien wurden kontaktiert und eine Familie konnte für die qualitative Teilstudie gewonnen werden.

Die geschichtete Stichprobe der BiKS-Studie spiegelt sich in den Fällen der qualitativen Teilstudie zur Zurückstellung wider, es sind deutlich mehr bayrische als hessische Familien vertreten. Aufgrund der Auswahlkriterien sind nur Kinder mit einem niedrigen und mittleren Kompetenzniveau (auch unter Berücksichtigung der nachgezogenen Familien) im Alter von ca. vier Jahren eingeschlossen. Der Anteil an Jungen in der Substichprobe ist, wie erwartet, hoch. Eher unerwartet hingegen ist die Verteilung der Familien nach Bildungsniveau. Aufgrund der Angaben in der Literatur wurden vor allem Familien mit einem eher niedrigen bis mittleren Bildungshintergrund erwartet. Die Substichprobe spiegelt dies allerdings nicht wider. Neun der 20 Familien wiesen einen hohen und nur vier einen eher niedrigen familiären Bildungshintergrund auf (vgl. Tabelle 7.1).

Tabelle 7.1: Stichprobenverteilung über die drei Erhebungszeitpunkte

	1. EZP	2. EZP	3. EZP	
Einschulungszeitpunkt			Fristgerecht	Verspätet
Bundesland				
Bayern	15	13	7	6
Hessen	5	4 (+1)	4	1
Geschlecht				
Mädchen	6	4	2	2
Jungen	14	13 (+1)	9	5
Kompetenz				
Mittel	8	7	4	3
Niedrig	12	10 (+1)	7	4
Familiäres Bildungsniveau				
Niedrig	4	3	2	1
Mittel	7	7 (+1)	4	4
Hoch	9	7	5	
Gesamt	20	17 (+1)	11	7

Anmerkung: EZP = Erhebungszeitpunkt; (+1) ist das später hinzugekommene hessische Kind.

7.2.3 Datenerhebung

Ziel der Interviewauswertung ist es, die individuelle Seite des Entscheidungsprozesses bezüglich der Einschulung und deren Bewährung aus Sicht der Eltern darzustellen (vgl. Hillmert, 2005). Da der Übergang vom Kindergarten in die Grundschule als Prozess aufgefasst wird (vgl. Ditton & Krüsken, 2010; Griebel, 2004b; Niesel et al., 2006a), wurde ein längsschnittliches Design mit drei Erhebungszeitpunkten zugrunde gelegt. Die Entstehung der Einschulungsentscheidung wurde anhand von zwei Interviews vor Schulbeginn erhoben, die Bewährung durch ein Interview nach Schulstart erfasst.

Das *erste Interview* diente zur Erfassung von allgemeinen Einschulungsorientierungen und -haltungen der Eltern. Im ersten Block sollten bereits vorhandene Einschulungstendenzen und allgemeine Einschulungsorientierungen erfasst werden. Dabei sollten bereits vorliegende Entscheidungen, deren Zustandekommen sowie diesbezügliche Unsicherheiten erfasst werden. Weiterhin wurden die übergeordneten Einstellungen der Eltern bezüglich der Einschulung (Kindheit schenken vs. frühe Einschulung) sowie mögliche Vor- und Nachteile einer Zurückstellung erfragt. Der zweite Block beinhaltete die Informationsbeschaffung und Beratungssituationen zum Thema Einschulung. Angesprochen wurden die verschiedenen Informationsquellen und deren Wichtigkeit für die konkrete Entscheidung. Ein besonderer Fokus lag hierbei auf Gesprächen mit der Erzieherin (vgl. Griebel & Niesel, 2002; Stipek & Byler, 2001). Der letzte Block des ersten Interviews befasste sich mit der Schulfähigkeit. In Bezug auf die Einschulungsregelungen (vgl. Kapitel 2.1) wurden vorwiegend die Fähigkeiten auf Seiten der Kinder fokussiert. Da bereits subjektive Theorien von Schulfähigkeit auf Seiten der Erzieherinnen und Lehrer untersucht wurden, sollte nun die Sicht der Eltern erfasst werden. Gefragt wurde nach den Fähigkeiten, welche unabhängig vom eigenen Kind als wichtig für die Schule erachtet werden. Darüber hinaus sollte eine Rangordnung der benannten Aspekte gebildet und die vom Kind bereits erworbenen Fähigkeiten benannt werden (vgl. Anhang A2).

Die *zweite Interviewerhebung* fand ca. drei Monate vor der möglichen fristgerechten Einschulung statt und somit zu einem Zeitpunkt, an dem die Entscheidung über eine Zurückstellung bereits getroffen war. Wie schon beim ersten Erhebungszeitpunkt bestanden auch hier verschiedene Themenblöcke, die im Vergleich allerdings umfangreicher und detaillierter waren. Der erste Teil beschäftigte sich wie beim ersten Interview mit dem Zeitpunkt der Einschulung. Dabei wurden ausschlaggebende Entscheidungsaspekte erfragt. Im

Sinne des ökosystemischen Ansatzes wurde das Vorhandensein und die Inanspruchnahme von Unterstützungs- und Beratungsmöglichkeiten durch die Institutionen Kindergarten und Grundschule thematisiert (vgl. Kapitel 3.3). Da zum Zeitpunkt des zweiten Interviews die Einschulungsentscheidung bereits getroffen war, wurde um eine rückblickende Bewertung des bisherigen Prozesses gebeten. Der dritte Abschnitt beschäftigte sich mit der Kooperation von Kindergarten und Grundschule beim Übergang (vgl. Griebel, 2006; Mader, 1989; Roßbach, 2008). Auch wenn für nicht fristgerecht eingeschulte Kinder bisher kaum Erkenntnisse dazu vorliegen, können sich Kooperationsmaßnahmen wie der curriculare Austausch zwischen Erzieherinnen und Lehrkräften positiv auf die sozial-emotionale Entwicklung auswirken (vgl. Ahtola et al., 2011; LoCasale-Crouch et al., 2008). Wichtig war eine Bestandsaufnahme von Kooperationsmaßnahmen und wie diese den individuellen Übergangsprozess beeinflussen.[16] Der letzte Block beinhaltete die Bildungsaspirationen der Eltern. Von Interesse waren insbesondere die schulspezifische Förderung sowohl im Kindergarten als auch außerhalb davon, die idealistischen und realistischen Bildungsaspirationen und die Erwartungen an die Grundschule (vgl. Anhang A3).

Im *dritten Interview* kurz nach der Einschulung sollte die Bewährung der Einschulungsentscheidung thematisiert werden. Gefragt wurde nach dem Verlauf der ersten Schulwochen, insbesondere lag der Fokus auf anfänglichen Schwierigkeiten und Fortschritten sowie der Beurteilung des Schuleintritts. Der zweite Block beschäftigte sich mit den Bildungsaspirationen und den Fähigkeiten des Kindes, auch im Vergleich zu Klassenkameraden. Bezogen auf den Schulstart sollten die Eltern rückblickend auch die schulvorbereitende Förderung im Kindergarten und die durchgeführten Kooperationsmaßnahmen einschätzen (vgl. Griebel, 2006; Griebel & Niesel, 2002). Ebenso erfragt wurden die Bildungsaspirationen in Bezug auf den weiteren Grundschulverlauf und die weiterführende Schule. In den letzten beiden Abschnitten wurde zum einen der Kontakt der Eltern zum Klassenlehrer/zur Klassenlehrerin angesprochen und zum anderen die Zufriedenheit mit der Einschulungsentscheidung. Im Leitfaden für die Eltern der zurückgestellten Kinder wurde darüber hinaus auf den Verlauf des zusätzlichen Jahres vor der Einschulung eingegangen (vgl. Anhang A4).

---

16 Der Aspekt Kooperation zwischen Kindergarten und Grundschule wurde in der Arbeit nicht weiter ausgewertet, da die Eltern hierzu kaum Kenntnisse hatten und die Aussagen daher nicht ergiebig waren.

7.2.4 Durchführung der Untersuchung

Die Daten wurden anhand von offenen leitfadengestützten qualitativen Interviews erhoben. Durchgeführt wurden die Interviews von geschulten Interviewern und Interviewerinnen. Diese nahmen vor jedem Erhebungszeitpunkt an einer eintägigen Schulung teil, in der Inhalte des Projektes, Verhalten bei qualitativen Interviews, der Aufbau und Umgang mit dem Leitfaden sowie thematische Schwerpunkte der Erhebung besprochen wurden. Vor der Haupterhebung fanden Probeinterviews statt, diese wurden einerseits zur Überprüfung der Leitfäden und andererseits zur Erprobung für die Datenerheber genutzt.

Die Familien wurden zuerst schriftlich über das Ziel und den Zweck der Erhebung informiert und im Anschluss von den Interviewern telefonisch zur Terminvereinbarung kontaktiert. Die Erhebung fand stets zu Hause bei den Familien statt.

Zum ersten Befragungszeitpunkt wurden Interviews mit 20 Müttern durchgeführt. Die Erhebungen in Bayern fanden zwischen Oktober 2007 und Januar 2008 statt. Das zweite Interview wurde vor der möglichen fristgerechten Einschulung im Mai bzw. Juni 2008 durchgeführt. Die nachgezogene hessische Familie wurde im Herbst 2008 interviewt. Dazu wurde ein gesonderter Leitfaden erstellt, welcher Schwerpunkte aus dem ersten und zweiten Erhebungszeitpunkt beinhaltete (vgl. Anhang A5). Die letzte Interviewerhebung fand nach der Einschulung statt. Die Familien der elf fristgerecht eingeschulten Kinder wurden ca. vier Monate nach Schulbeginn interviewt. Aufgrund des unterschiedlichen Schulbeginns in den beiden Bundesländern fanden die Interviews in Hessen Ende November 2008 und in Bayern Ende Januar und Anfang Februar 2009 statt. Die Mütter der sieben zurückgestellten Kinder wurden nach der Einschulung 2009 interviewt. Das hessische Interview fand Mitte Dezember 2009 statt und die bayrischen Erhebungen von Mitte Dezember 2009 bis Anfang März 2010. Zwischen dem zweiten und dritten Interview kamen keine Stichprobenausfälle vor.

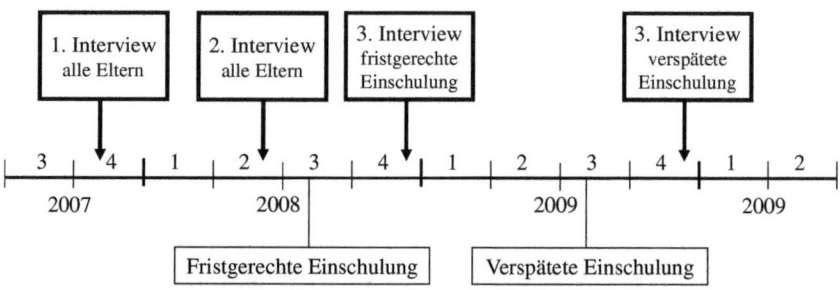

Abbildung 7.1:   Erhebungszeitpunkte

Die durchschnittliche Dauer der Interviews betrug ca. 38 Minuten, allerdings unterschieden sich die einzelnen Gespräche deutlich voneinander (*Min* = 11 min 16 sek, *Max* = 1h 18 min 27 sek). Die erhobenen Interviews wurden zeitnah von den Interviewern transkribiert. Dabei lag der Schwerpunkt auf einer „Übertragung in normales Schriftdeutsch", da für die Untersuchung „die inhaltlich-thematische Ebene im Vordergrund" stand (Mayring, 2002, S. 91; vgl. auch Kowal & O'Connell, 2004). Zudem wurde auf eine kommentierte Transkription, wie sie von Kallmeyer und Schütze (1976) vorgeschlagen wird, zugunsten der Lesbarkeit verzichtet. Besonderheiten wie lange Pausen oder Unterbrechungen wurden dennoch kenntlich gemacht (vgl. Anhang A6). Anschließend an die Transkription wurde diese noch einmal von einer zweiten Person kontrolliert.

Bei der Analyse und Interpretation der Interviews muss stets beachtet werden, dass die Transkripte als Grundlage dienen und diese eine reduzierte Form der Wirklichkeit darstellen. Die eigentliche Gesprächssituation kann nur bedingt nachvollzogen werden, da weder Gestik noch Mimik bzw. weitere besondere Umstände, welche nicht auditiv erfasst werden konnten, transkribiert wurden. Weiterhin wurden die Gespräche bei der Transkription zur besseren Lesbarkeit von groben Sprachfehlern bereinigt. Diese Selektivität, die den Transkripten zu Grunde liegt, „wirkt sich auf die Analyse und Interpretation" (Kowal & O'Connell, 2004, S. 440) der Texte aus.

7.3 Auswertungsdesign

7.3.1 Qualitative Inhaltsanalyse

Innerhalb der qualitativen Forschung bestehen fast ebenso viele Auswertungs- wie Erhebungsmethoden. Es lässt sich jedoch eine Zusammengehörigkeit von spezifischen Erhebungsverfahren und Auswertungsmethoden festhalten. Schon die Forschungsfrage grenzt die möglichen Verfahren ein. Um beispielsweise biografische Strukturen und Verknüpfungen im Text zu erschließen, werden meist narrative Interviews gewählt, welche dann anhand der objektiven Hermeneutik oder der Narrationsanalyse ausgewertet werden (vgl. Gläser & Laudel, 2010). Für die Analyse von Leitfadeninterviews eignet sich besonders die Inhaltsanalyse. Sie ist geeignet, um soziale Sachverhalte darzustellen und den Vergleich von mehreren Interviews systematisch aufzubereiten. Mayring (2003) beschreibt verschiedene Varianten der Inhaltsanalyse und deren Verwendung in der qualitativen und auch quantitativen Forschung. Grundlegend für die qualitative Inhaltsanalyse ist Kommunikation (in welcher Form auch immer) als Gegenstand der Untersuchung. Kommunikation liegt dabei meist in einer fixierten Form vor. Diese wird dann systematisch und nach bestimmten Regeln analysiert, was zu einem gewissen Grad auch die intersubjektive Nachprüfbarkeit sichert. Weiterhin ist die Inhaltsanalyse ein vorwiegend theoriegeleitetes Auswertungsverfahren. Das Material wird nicht rein induktiv ausgewertet, sondern die wissenschaftliche Fragestellung wird an das Material angelegt (deduktives Vorgehen; vgl. Mayring, 2003). Unterschieden werden können drei Grundformen der Interpretation: Zusammenfassung, Explikation und Strukturierung. Alle werden hinsichtlich einzelner Analyseschritte als „systematische […] inhaltsanalytische […] Techniken" beschrieben (ebd., S. 59).

Die Daten der vorliegenden Arbeit wurden anhand der skalierenden Strukturierung ausgewertet, welche darauf ausgerichtet ist, bestimmte Inhalte aus den Interviews herauszuarbeiten und diese dann einzuschätzen. Grundlegend für den Ablauf ist die Entwicklung eines Kategoriensystems, das sich anhand von einzelnen Arbeitsschritten beschreiben lässt. Diese sind so angelegt, dass man sich schrittweise und unter möglicher Wiederholung einzelner Schritte der Lösung annähert (vgl. Abbildung 7.2).

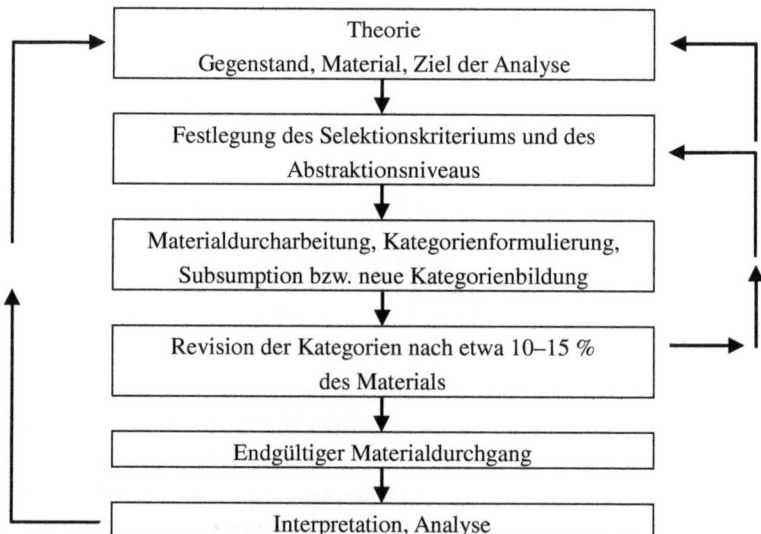

Abbildung 7.2:   Schritte der Kategorienbildung nach Mayring (2003, S. 75)

Die Aufarbeitung und Auswertung des Interviewmaterials erfolgte mithilfe des Computerprogramms MAXqda 2007. Die Codierung des Datenmaterials wurde von zwei Personen vorgenommen. Die einzelnen Codierschritte wurden jeweils unabhängig voneinander durchgeführt und später abgeglichen. Eine erste Codierung fand beim Durchlesen der Interviews statt. Dabei sollte eine grobe Einteilung von Themen (Auswertungskategorien) anhand einiger Fälle erstellt werden (vgl. Schmidt, 2003). Diese orientierten sich zumeist an den Fragen des jeweiligen Leitfadens und können daher als deduktiv-induktiv beschrieben werden (der Leitfaden basierte auf theoretischen Überlegungen, dennoch waren die Interviews Grundlage der ersten Einteilung). Diese ersten Auswertungskategorien wurden an die Interviews angelegt und anhand des Materials weiter induktiv ausdifferenziert. Gleichzeitig konnten neue, sich aus dem Material bildende Kategorien aufgenommen werden. Der so entstandene erste Codebaum wurde zwischen den beiden unabhängig arbeitenden Codierern verglichen und danach ein übergreifendes Codierraster erstellt. Anhand dieses gemeinsamen Codebaumes wurden einige zufällig ausgewählte Interviews codiert. Im Anschluss wurde betrachtet, ob die beiden Personen das gleiche Verständnis für die Kategorien hatten, um darauf aufbauend einen ab-

schließenden Codebaum mit Codierregeln zu erstellen.[17] Mithilfe dieses Co-
dierschemas wurden den einzelnen Kategorien die im Interview auftretenden
passenden Textpassagen zugeordnet. Insofern problematische oder schwer zu-
ordenbare Interviewabschnitte auftraten, wurden diese vermerkt, um sie im
Anschluss gemeinsam zu diskutieren. Zur Überprüfung der Reliabilität wurde
nach der Hälfte der Interviews eine Prüfung vorgenommen (vgl. Lenz, 2008).[18]
Berechnet wird der Intercoderreliabilitätskoeffizient (IR-Koeffizient) anhand
folgender Formel (Lenz, 2008):

$$R = \frac{2 \times \text{Anzahl der übereinstimmenden Codierungen}}{\text{Anzahl der Codierungen von Kodierer A} + \text{Anzahl der Codierungen von Kodierer B}}$$

Der IR-Koeffizient[19] kann dabei einen Wert zwischen 0 und 1 annehmen, wobei 0 keine Übereinstimmung und 1 eine vollständige Übereinstimmung bedeutet. Als Übereinstimmungsvariante wurde eine „weiche Prüfung" angelegt,
d.h., es sollte eine Überschneidung der Textpassagen von mindestens 20 Zei-
chen vorhanden sein. Die Variante der exakten Übereinstimmung ist für die
Inhaltsanalyse eher unbrauchbar, da der Fokus auf dem angesprochenen Inhalt
der Textpassagen liegt und es nicht um eine quantifizierte Genauigkeit geht.
Da für diese Art der qualitativen Datenprüfung kaum Literatur vorhanden ist,
wurde ein eigener Maßstab festgelegt. Als akzeptabel wurde ein Wert von $R \geq$
.60 bestimmt (vgl. Kratzmann, 2011, hier wurde ein von $R \geq$ .50 vorgeschlagen). Anhand der Ergebnisse für die einzelnen Kategorien wurde der Codebaum nochmals im Team besprochen und spezifiziert. Dies galt vor allem für
die Kategorien, welche unter dem festgelegten Wert lagen.

Auf der Grundlage des so entstandenen Codebaumes wurden nun alle weiteren Interviews codiert. Die überarbeiteten Kategorien wurden nochmals bei
allen Interviews erneut codiert. Nach Beendigung der kompletten Codierung
wurde der Intercoderreliabilitätskoeffizient abermals berechnet, um die letzt-
endliche Übereinstimmung festzuhalten. An dieser Stelle erfolgten keine Über-

---

17 Bei der Codierung und Einschätzung der Interviews wurden auch Codes erstellt, welche nicht
    in die vorliegende Arbeit mit einfließen (z.B. der Umgang mit den Hausaufgaben).

18 Die Überprüfung der Intercoderreliabilität konnte nur für die Erhebungszeitpunkte zwei und
    drei durchgeführt werden, da das Programm zum Zeitpunkt der Codierung der ersten Inter-
    views noch nicht zur Verfügung stand.

19 In der quantitativen Statistik wird die Interrater-Reliabilität meist anhand von Cohens Kappa
    berechnet. Für qualitativ angelegte Studien erscheint es eher weniger sinnvoll, dieses Maß zu
    verwenden. Im Gegensatz zum hier verwendeten IR-Koeffizienten schließt Cohens Kappa
    auch die zufällig erwartete Übereinstimmung mit ein, da bei qualitativen Codierungen dies
    aber eher ausgeschlossen werden kann, wird darauf verzichtet.

arbeitungen der Kategorien und ihrer Codierregeln mehr. Als Grundlage der endgültigen Auswertung wurden die Codes beider Codierer übernommen, wobei bei überschneidenden Codierungen die längere Passage verwendet wurde. Lediglich als schwierig angesehene Textpassagen wurden gemeinsam besprochen und angenommen bzw. abgelehnt.

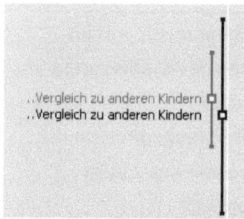

weiter ist hat sie... Das kann sie inzwischen. Da hat sie an Reife gewonnen.

Oder auch an der Fähigkeit, nicht mehr so... also sachliche Dinge von

spielerischen zu unterscheiden. Ich denke, da ist sie den anderen voraus.

Das hat mir ja auch die Lehrerin bestätigt. Wenn es mal Lesestunden gibt

wo die Mamas kommen können, dann kann ich da eher was dazu sagen.

Ich habe überhaupt keinen Vergleich. Ich kann es jetzt nur im Vergleich zu

Abbildung 7.3:   Beispiel für eine Codeübernahme bei Überschneidungen –
                  übernommen wurde der längere Code

Nach der Überarbeitung der weniger zufriedenstellenden Codes ($R <.60$) und der Codierung des gesamten Materials des zweiten Erhebungszeitpunktes ergab die IR-Prüfung $R = .72$, was als gut eingeschätzt werden kann (vgl. Anhang A7). Für den dritten Erhebungszeitpunkt lag der IR-Koeffizient bei .73 (dieser ergab sich allerdings nur anhand der Interviews der fristgerecht einschulenden Eltern, da die Texte der zurückstellenden Eltern erst ein Jahr später erhoben wurden; vgl. Anhang A8). Die Texte der zurückstellenden Eltern wurden mit dem gleichen Codebaum codiert wie die der fristgerechten. Zusätzlich wurden zwei Kategorien hinzugefügt, die das Thema Zurückstellung aufgriffen: Bewertung des zusätzlichen Jahres und Entwicklung des Kindes im zusätzlichen Jahr. Nach Abschluss der Codierungen für das Material der zurückstellenden Eltern ergab sich ein IR-Koeffizient von .72 (vgl. Anhang A9).

7.3.2   Dimensionierung

Im folgenden Schritt der Auswertung wurde das codierte Interviewmaterial bezogen auf die einzelnen Kategorien (bzw. Unterkategorien) eingeschätzt. Dieser Schritt bedeutet, dass die Eigenschaften bzw. Dimensionen einer Kategorie herausgearbeitet werden, um diese also „entlang eines Kontinuums [zu] verorte[n]" und sie damit „inhaltlich näher zu bestimmen" (Flick, 2004: 263, vgl. auch Schmidt, 2004). Die zu einer Kategorie gehörenden Textstellen mussten nun der jeweiligen Dimension (bzw. Ausprägung), welche eine Art zusammenfassende Charakteristik widerspiegelte, zugeordnet werden. Dieser

Interpretationsschritt der qualitativen Inhaltsanalyse ist wohl der subjektivste, weshalb auch hier wieder zwei unabhängige Einschätzer am Material arbeiteten.

Tabelle 7.2: Einschätzregeln für die Unterkategorie Vorhandensein der Beratung im Kindergarten mit Textbeispiel

Kategorie	Unterkategorie	Ausprägung	Codierregel
Beratung im Kindergarten	Vorhandensein der Beratung im Kindergarten	Ja, aktiv	Es waren Beratungen vorhanden, welche vom Kindergarten initiiert wurden.
		Ja, passiv	Es waren Beratungen vorhanden, welche von den Eltern initiiert wurden.
		Nein	Es waren keine Beratungen vorhanden.

Beispiel: Ausprägung – Ja, passiv
Vielleicht wenn man jetzt nachgefragt hätte, wie es ausschaut oder so, hätten die mit Sicherheit was gesagt. Aber ich denke, wenn jetzt etwas Außergewöhnliches gewesen wäre, hätten die es vielleicht auch gesagt. (EZP 2_F 12_129)

Nach der Dimensionierung der einzelnen Textpassagen wurden die Arbeiten der beiden Einschätzer abgeglichen. Bei Uneinigkeiten der beiden Codierer wurde im Diskurs eine Lösung ausgehandelt (vgl. Schmidt, 2004). Anhand dieser Einschätzungen können nun die verschiedenen Kategorien bezogen auf die Breite der Ausprägungen und hinsichtlich der Unterschiede zwischen den Einschulungsgruppen interpretiert werden. Zur Veranschaulichung der Ergebnisse werden Interviewausschnitte herangezogen.

7.3.3 Fallporträts

Zur Aufdeckung der individuellen Prozesse bei Einschulungsentscheidung wurden als letzter Schritt der Auswertung Fallporträts erstellt. Die Einzelfälle sollten unter Berücksichtigung der im Forschungsstand belegten Ergebnisse, dass eher Jungen mit niedrigen Kompetenzen, aus sozial schwachen und bildungsfernen Familien vermehrt von Zurückstellung betroffen sind, ausgewählt werden. In Bezug auf den Bildungshintergrund der Familie (unter Unterteilung in niedrig vs. mittel/hoch) sowie den Kompetenzstand des Kindes im zweiten Kindergartenjahr (niedrig vs. mittel) wurde eine theoriegeleitete Einteilung vorgenommen. Berücksichtigt wurden jedoch nur die 17 Fälle, von denen zu allen drei Erhebungszeitpunkten ein Interview vorlag. Die Verteilung ergab drei Gruppen.

Gruppe 1 – mittlere Kompetenzen und mittlerer/hoher Bildungshintergrund (N=7)
Gruppe 2 – niedrige Kompetenzen und mittlerer/hoher Bildungshintergrund (N=7)
Gruppe 3 – niedrige Kompetenzen und niedriger Bildungshintergrund (N=3)

Trotz der Einordnung anhand der Merkmale soll keine Typisierung vorgenommen werden, vielmehr soll eine möglichst kontrastierende Darstellung von Einschulungsverläufen abgebildet werden. Zurückgegriffen wird auf die Auswahlstrategien von typischen Fällen und Gegenbeispielen (vgl. Gläser & Laudel, 2010). Aus diesem Grunde wird aus jeder Gruppe je ein Fall der fristgerechten und verspäteten Einschulung dargestellt. Berücksichtigt wurden darüber hinaus Besonderheiten der Familie (z.B. Besuch einer schulvorbereitenden Einrichtung) und das Geschlecht der Kinder. Dadurch soll die vorhandene Breite der unterschiedlichen Entscheidungsverläufe, trotz ähnlicher Hintergrundmerkmale, aufgezeigt werden.

Tabelle 7.3: Einordnung der Fälle nach theoretischen individuellen und familiären Merkmalen sowie dem realisierten Einschulungszeitpunkt

		Einschulungszeitpunkt		Gesamt
		Fristgerecht	Verspätet	
Gruppe 1	Jungen	4	2	6
	Mädchen	-	1	1
Gruppe 2	Jungen	4	1	5
	Mädchen	1	1	2
Gruppe 3	Jungen	1	1	2
	Mädchen	1	-	1
Gesamt		11	6	17

Die Darstellung der Fallporträts strukturiert sich entlang bestimmter Auswertungskategorien, welche sich anhand der fallübergreifenden Darstellung ergeben. Es werden die Entscheidungsprozesse vor dem Hintergrund der Wahrnehmung des Kindes und der institutionellen Einflüsse und die Bewährung der Entscheidung betrachtet.

8 Ergebnisse: Einschulungsentscheidung

Im folgenden Kapitel werden die einzelnen Dimensionen in ihren Ausprägungen dargestellt, welche bei der Einschulungsentscheidung der Eltern von Bedeutung sind. Eingegangen wird auf kindbezogene Aspekte, wie sie auch bei den Einschulungsregelungen auftreten. Anschließend werden die Einstellungen der Eltern aufgezeigt. Im dritten Abschnitt werden die wahrgenommenen institutionellen Bedingungen des Kindergartens und der Grundschule abgebildet. Die einzelnen Aspekte werden zuerst in ihren Ausprägungen dargestellt. Anschließend an die einzelnen Dimensionen werden die Unterschiede zwischen den fristgerecht und verspätet einschulenden Eltern erläutert. Abschließend wird der Zusammenhang der aufgezeigten Dimensionen anhand des zugrunde liegenden theoretischen Modells (vgl. Kapitel 5.2) beschrieben. Zur Veranschaulichung der Dimensionen und ihrer Ausprägung werden Aussagen aus den Interviews zitiert. In Klammer vermerkt sind jeweils der Erhebungszeitpunkt (EZP), die Familie (F) sowie der Absatz des Zitates.

8.1 Kindbezogene Entscheidungskriterien

Die Kriterien für die Einschulung sind nach den gesetzlichen Reglungen das Alter sowie die Schulfähigkeit des Kindes (vgl. Kapitel 2.1). Dass kindliche Merkmale gute Prädiktoren für den Einschulungszeitpunkt und den weiteren Schulverlauf sind, haben verschiedene Studien nachgewiesen (vgl. Kapitel 3). Für die elterliche Einschulungsentscheidung spielen die objektiven Fähigkeiten, wie sie beispielsweise in standardisierten Kompetenztests ermittelt werden, kaum eine Rolle. Vielmehr ist die subjektive Wahrnehmung des Kindes durch die Eltern relevant. Welche Aspekte in Bezug auf das Kind in die Entscheidung einbezogen werden, wird in den folgenden Abschnitten aufgeführt.

8.1.1 Alter des Kindes

Bereits im ersten Interview finden sich vermehrt Aussagen zur Bedeutung des Alters für den Einschulungszeitpunkt. In Familien, deren Kinder zum regulären Schulbeginn mindestens sechs Jahre und drei Monate alt wären, stellt das Alter zu Beginn der Grundschule kein Problem dar. Sie sehen das Kind vor dem Hintergrund der Einschulungsregeln als alt genug an. Ein Teil der Eltern äußert jedoch Bedenken: Einerseits wird eine Einschulung mit fünf Jahren allgemein als zu früh angesehen, andererseits kommt für sie auch eine Zurückstellung nicht infrage, da die eigenen Kinder dann zu alt wären.

> Und er hat jetzt dann im Februar seinen sechsten Geburtstag. [...] Dann wäre er schon sieben dreiviertel, wenn wir ihn zurückstellen würden, wenn er in die Schule kommt. Und das ist ... da sind welche mit fünf dann in der Klasse und er würde dann acht werden – das geht nicht. (EZP 1_ F 8_626–628)

Familien, deren Kinder kurz vor oder nach Schulbeginn das sechste Lebensjahr erreichen, äußern hingegen Bedenken über das zu junge Alter bei der Einschulung. Die Eltern verbinden mit einem niedrigeren Schuleintrittsalter Nachteile bei der Bewältigung der schulischen Anforderungen, wobei sie gleichzeitig ein besseres Zurechtkommen bei einem höheren Schuleintrittsalter vermuten.

> Ich fände es eigentlich besser, wenn er ein Jahr später in die Schule kommen würde. Er wird jetzt Ende August sechs Jahre und rutscht eben gerade noch mit hinein. Angenehmer wäre es ein Jahr später, da ich auch nicht weiß, ob er Nachteile davon hat, wenn er der Jüngste ist. (EZP 1_ F 8_34)

In den Interviews kurz vor dem regulären Einschulungszeitpunkt benennt nur noch ein Teil der Eltern das Alter als einen wichtigen Entscheidungsgrund. Familien, die das Alter zu Beginn der Schule als wichtigen Aspekt angeben, lassen sich wie zum ersten Interviewzeitpunkt in zwei Gruppen unterscheiden. Während ein Teil der Eltern die Kinder als zu jung beschreibt, schätzen die anderen ihr Kind als alt genug ein.

> Und, wenn ich sie früher eingeschult hätte, wär' sie in der Klasse wieder bei den Jüngsten gewesen, also hätte wieder das gleiche Problem gehabt. (EZP 2_ F 3_18)

> INTERV.: Und was waren die Gründe, die eine Rolle gespielt haben für Ihre Entscheidung? ELTERN: Dass der XY sieben Jahre alt wird, im September. (EZP 2_F 16_18–19)

Insbesondere die Eltern, die ihre Kinder als zu jung für den Schulbeginn ansehen, setzen das Alter ihres Kindes auch ins Verhältnis zur Altersspanne in den Klassen.

> Und ich habe halt die Erfahrung mit einem größeren Kind. Wenn ich jetzt die Erfahrung nicht hätte mit einem größeren Kind, die sich in der Schule nicht so leicht tut und merkt jedes halbe Jahr, also bei der, bei der Großen, sind halt Kinder drinnen, die sind ein halbes bis dreiviertel Jahr älter, die tun sich wesentlich leichter mit Konzentration und so etwas. Und da habe ich halt Vergleiche und da sage ich:

‚Das will ich ihr halt auch geben, dass sie einfach älter ist und sich leichter tut.' (EZP 1_F 1_25)

Und wir haben eben schon ein Schulkind in der dritten Klasse und ich weiß halt, wie es in der Schule ist und mich stört diese Altersspanne. Kinder mit fünf kommen in die Schule und Kinder mit sieben. Und von daher hab ich mir gedacht, ist sie lieber etwas mehr schulreif. (EZP 2_F 1_24)

Neben dem als zu niedrig angesehenen Einschulungsalter spricht die Mutter schon im ersten Interview die Altersspanne in den Anfangsklassen als problematisch an. Sie beruft sich dabei auf ihre bisherigen Erfahrungen mit dem älteren Kind. Mit dem Altersunterschied von bis zu zwei Jahren verbinden die Mütter auch Leistungsunterschiede, welche als nachteilig für jüngere Kinder angesehen werden. Eine Zurückstellung stellt somit die Möglichkeit dar, diese Nachteile für das Kind zu vermeiden. Hier zeigt sich deutlich, dass ein höheres Schuleintrittsalter mehr Zeit zur Entwicklung gibt und dies wiederum mit mehr Schulreife gleichgesetzt wird (vgl. Kapitel 3.1.1).

Unterschiede zwischen den beiden Einschulungsgruppen zeigen sich in den Aussagen zum zweiten Interviewzeitpunkt. Die fristgerecht einschulenden Eltern beschreiben das Alter ihrer Kinder als passend für den Schulstart. Im Gegensatz dazu nehmen zurückstellende Eltern ihre Kinder als zu jung für die Grundschule wahr und führen diesen Aspekt als entscheidungsrelevant auf. Verstärkt wird diese Sichtweise bei einigen noch durch die Vorstellung von Reife, bei der mit höherem Alter auch die Schulfähigkeit zunimmt.

Dass einige Eltern nicht auf das Alter als für sie relevanten Einschulungsaspekt eingehen, kann möglicherweise folgende zwei Gründe haben: (1) Die Eltern sehen ihr Kind ohnehin als alt genug an (vgl. erster Interviewzeitpunkt). (2) Für die Einschulungsentscheidung waren andere Aspekte bedeutender. Zwei dieser Eltern erwähnen zwar das relativ junge Schuleintrittsalter des Kindes, geben jedoch an, dass sie dies nicht als einen ausschlaggebenden Grund für oder gegen eine fristgerechte Einschulung ansehen.

8.1.2 Schulfähigkeit des Kindes

Neben dem Alter ist die Schulfähigkeit das zweite rechtlich vorgegebene Kriterium für die Einschulung. Zahlreiche Untersuchungen haben den teilweise starken Einfluss bestimmter Vorläuferfähigkeiten auf spätere bereichsspezifische schulische Leistungen aufgezeigt (vgl. Kapitel 3.1.2). Fraglich ist, ob sich dieser mittlerweile bekannte und umfassend belegte Zusammenhang auch bei der elterlichen Einschätzung der kindlichen Fähigkeiten findet. Fast alle Eltern geben in beiden Interviews vor der Einschulung an, dass der allgemeine Entwicklungsstand des Kindes ausschlaggebend für ihre Entscheidung ist. Dabei spiegeln die Aussagen zwei Richtungen wider. Einerseits wird eine relativ ‚normale Entwicklung' angesprochen.

> Er hat keine Defizite und es ist alles normal entwickelt, von daher passt es. (EZP 2_F 12_20)

> Ich habe den Eindruck, er ist einfach auch reif dafür. (EZP 2_F 4_23)

Andererseits beschreiben die Eltern einen Entwicklungszustand, der allgemein als noch zu ‚verspielt bzw. unreif' angesehen wird.

> Die unruhige Art, die er einfach noch an sich hat. Er ist noch zu sehr Kind, zu verspielt. Ich denke, das gibt sich innerhalb von dem einen Jahr Kindergarten. [...] Und Schule sollte einfach Spaß machen. Und er hat im Moment noch einfach nicht diesen Drang, sich mal hinzusetzen und mal für längere Zeit als nicht nur zehn Minuten, sondern anhaltend eine halbe Stunde was konkret zu machen. (EZP 2_F 5_19–21)

Hinter der Bezeichnung ‚allgemeine Entwicklung' stehen konkrete kindliche Fähigkeiten, welche die Kinder ausreichend bzw. noch nicht ausreichend beherrschen. Für viele Eltern ist in diesem Zusammenhang das *Interesse des Kindes an der Schule bzw. schulischen Inhalten* bedeutsam (vgl. Kapitel 8.2.2), da sie es beim Lernen als grundlegend ansehen. Die Mehrheit der Eltern schätzt das Interesse ihrer Kinder für die bevorstehende Schulzeit als positiv ein. Sie begründen ihre Einschätzung mit der Neugier des Kindes für schulische Inhalte wie Lesen, Schreiben oder Rechnen, der Freude an Vorschulprogrammen im Kindergarten und dem konkret geäußerten Wunsch des Kindes in die Schule kommen zu wollen. Zusätzlich wird auch die Langeweile der Kinder oder die eher ablehnende Haltung gegenüber einem weiteren Besuch im Kindergarten benannt.

> Also, er will auch. Das ist natürlich ganz wichtig. Und freut sich darauf und würde auch auf keinen Fall mehr in den Kindergarten wollen. (EZP 2_F 4_23)

> Ja, ich habe das Gefühl, dass es ihm im Kindergarten auch langweilig wird. Dass es ihm im Kindergarten schon langweilig wird. Dass es ihn einfach nicht mehr reizt. Er hat auch keine Lust mehr zu gehen. (EZP 2_F 11_17)

Nur wenige Eltern sprechen hingegen ein Desinteresse der Kinder an Schule an. In deren Aussagen wird deutlich, dass sie bei ihren Kindern noch keinen „Drang" wahrnehmen sich länger hinzusetzen und sich mit schulischen Themen zu beschäftigen. Auch der Wunsch bald in die Schule zu kommen, wurde von den Kindern bisher nicht ausgesprochen. In einigen Fällen berichten die Eltern sogar von der vorrangigen Freude am Kindergartenbesuch oder dem Wunsch des Kindes, erst im kommenden Jahr eingeschult zu werden. Für sie sind dies Aspekte, die gegen eine fristgerechte Einschulung sprechen.

> ‚Was wünschst du dir eigentlich?' Und dann hat er erst gesagt, er möchte in die Schule gehen. Und dann hat er gesagt: ‚Ich möchte aber mit dem M. und mit dem J. in die Schule gehen.' Und das sind zwei Kinder, die erst im nächsten Jahr reinkommen. Und dann habe ich gesagt: ‚Gut, dann weiß ich jetzt ja, was du dir wünschst. Dann wärst du dann aber schon noch ein Jahr im Kindergarten.' ‚Ja, Mama.' […] Er möchte an sich in die Schule, aber er möchte mit den Kindern, und das sagt viel aus, die sind ein Jahr jünger und mit denen spielt er auch, mit denen ist er zusammen. (EZP 2_F 7_78)

Weitere benannte Aspekte sind die *kognitiven Fähigkeiten* wie erste Vorkenntnisse der Kulturtechniken sowie Aufgabenverständnis oder Merkfähigkeit. Lediglich eine Mutter gibt an, dass ihr Kind noch keine Fertigkeiten im Schreiben, Rechnen oder Lesen hat, alle anderen berichten über erste Kenntnisse der Kinder in einer oder mehreren Kulturtechniken. In Bezug auf das Aufgabenverständnis oder die Merkfähigkeit nimmt ein Teil der Eltern allerdings noch Rückstände bei den eigenen Kindern wahr und verweist auf einen notwendigen Nachholbedarf.

Das *Sozialverhalten* wird bei der Einschätzung der kindlichen Fähigkeiten von vielen Eltern benannt. Angesprochen werden allerdings unterschiedliche Aspekte des Sozialverhaltens. Die Mütter beziehen sich unter anderem auf die Offenheit ihrer Kinder gegenüber anderen, eine gute Integration in die Klassengemeinschaft, ein gewisses Maß an Durchsetzungsvermögen sowie ausreichend Selbstbewusstsein. Der Großteil der Eltern sieht bei den Kindern kaum noch Probleme, nur in sehr wenigen Interviews berichten die Eltern über unselbstständiges oder schüchternes Verhalten der Kinder.

> Aber ich denke halt einfach, dieses Schüchterne, Zurückhaltende, und auf einem Schulhof ist es halt mal etwas wilder, man muss sich vielleicht auch mal durchsetzen. Das ist für mich eigentlich hauptsächlich der Grund, dass sie zu klein ist. (EZP 2_F 1_60)

Trotz der Rückstände im sozialen Verhalten verweisen die Mütter auf positive Aspekte, da das Sozialverhalten von den Eltern als wichtig angesehen wird (vgl. Kapitel 8.2.2). Bei den explizit angesprochenen Entscheidungskriterien, für oder gegen eine fristgerechte Einschulung, wird dieser Aspekt allerdings nur vereinzelt genannt. Eine mögliche Erklärung könnte die ohnehin für die meisten Eltern ausreichend vorhandene soziale Kompetenz ihrer Kinder sein.

Körperliche Aspekte werden selten angesprochen und nur dann, wenn aus Sicht der Eltern Probleme bestehen. Benannt werden vor allem motorische Schwierigkeiten, wie beim selbstständigen Anziehen, oder die fehlende Feinmotorik bei der Stifthaltung und -führung.

Zwischen den fristgerecht und verspätet einschulenden Eltern zeigen sich deutliche Unterschiede in der Wahrnehmung der kindlichen Fähigkeiten. Im Hinblick auf den allgemeinen Entwicklungsstand sehen fristgerecht einschulende Eltern ihre Kinder als reif genug an. Zurückstellende Eltern beschreiben hingegen ein verspieltes Verhalten und schätzen die Kinder als noch nicht bereit für die Schule ein. Dementsprechend stellt sich auch das Interesse an Schule dar. Die verspätet einschulenden Eltern nehmen bei ihren Kindern noch keine ausgeprägte Neugier für schulische Inhalte wahr, während Eltern von fristgerecht eingeschulten Kindern ein gesteigertes Interesse an Schule feststellen. Das Sozialverhalten ihrer Kinder schätzen die regulär einschulenden Eltern als positiv und ausreichend ein. Bei den zurückstellenden Eltern zeigt sich ein differenzierteres Bild. Während einige ihre Kinder hinsichtlich des Sozialverhaltens als schulfähig betrachten, geben andere Rückstände an, die aus ihrer Sicht gegen eine Einschulung sprechen. Körperliche Aspekte werden in beiden Elterngruppen nur bei auftretenden Problemen benannt. Relevant bei der Einschulungsentscheidung sind sie jedoch nur bei den zurückstellenden Eltern. Bei der Einschätzung der kognitiven Fähigkeiten zeigen sich keine Unterschiede. Grundsätzlich ist festzustellen, dass die fristgerecht einschulenden Eltern ihren Kindern im Durchschnitt mehr ausreichend entwickelte als fehlende Fähigkeiten zuschreiben. Die zurückstellenden Eltern sehen bei ihren Kindern hingegen eher Rückstände und nur wenig vorhandene schulrelevante Fähigkeiten.

8.1.3   Geschlecht des Kindes

In den Elterninterviews vor Schulbeginn lassen sich kaum Aussagen finden, die auf Geschlechtsunterschiede abzielen. Lediglich vier Mütter von Jungen gehen auf geschlechtsspezifische Fähigkeiten ein. Benannt werden feinmotorische Fähigkeiten wie Basteln, Malen oder Schreiben, welche Jungen weniger gern machen und dies auch schwerer bewältigen als Mädchen.

> Ich denke jetzt allgemein mit dem Schreiben und Malen, dass die Jungs ein wenig länger brauchen und sich allgemein ein wenig schwerer tun wie die Mädchen. (EZP 1_F 12_367)

Darüber hinaus gehen die Eltern darauf ein, dass Mädchen in ihrer Entwicklung meistens ‚ein bisschen weiter sind' als Jungen und so auch leichter den Übergang bewältigen. Die Eltern ziehen dies als Begründung heran, weshalb ihr Sohn noch nicht alle schulrelevanten Fähigkeiten aufweist, sie aber dennoch eine reguläre Einschulung nicht als gefährdet ansehen. Eine Mutter schildert, dass sowohl ihr Mann als auch der Kinderarzt die fehlenden Fähigkeiten mit dem Geschlecht des Jungen begründen.

> INTERV.: Aber Sie überlegen, ob er in die Ergotherapie ...
>
> ELTERN: Äh ja. Wir sind da zwiegespalten, mein Mann und ich. Also, mein Mann meint, er bräuchte es nicht, weil, also, er ist ja ein Junge. Die Jungen haben es mit dem Basteln, dem Malen sowieso nicht so. (EZP 1_F 11_60–61)

> Und da habe ich mir dann das erste Mal Gedanken gemacht, naja, vielleicht hat er wirklich Probleme und, ja, ich bin ja dann auch zum Kinderarzt gegangen. Der hat wiederum gesagt, eine Ergotherapie hält er nicht für notwendig, weil er einfach sieht, er ist ein Junge, er ist relativ jung, wenn er in die Schule kommt. (EZP 2_F 11_49)

Zwar zeigt sich auch in der vorliegenden Interviewstudie, dass mehr Jungen als Mädchen zurückgestellt werden (vgl. Kapitel 7.2.2), allerdings lässt sich kein Zusammenhang mit den Sichtweisen der Eltern bei der Einschulungsentscheidung finden.

8.2   Einstellungen der Eltern

Der bedeutsame Einfluss von familiären Aspekten, wie dem Bildungshintergrund oder dem sozioökonomischen Status, auf die Einschulungsentscheidung ist bekannt (vgl. Kapitel 3.2). Entscheidungen sind jedoch auch stark von Einstellungen der Akteure geprägt (vgl. Kapitel 5). Im Folgenden wird deshalb neben den kindbezogenen Merkmalen (vgl. Kapitel 8.1) auf weitere Erklärungsmuster der elterlichen Einstellungen eingegangen. Dargestellt werden sowohl allgemeine als auch auf das Kind bezogene Präferenzen zum Einschulungszeitpunkt. Da sich die Schulfähigkeit als zentrales Merkmal für die Einschulung herausgestellt hat, werden die allgemeinen Schulfähigkeitsvorstellungen der Eltern wiedergegeben. Zusätzlich werden die Fördereinstellungen sowie die Bildungsaspirationen der Eltern während der Kindergartenzeit beschrieben.

8.2.1 Präferenzen hinsichtlich des Einschulungszeitpunktes

Sowohl in der Praxis als auch in der Wissenschaft wird seit mehreren Jahrzehnten eine Diskussion über den ‚richtigen Einschulungszeitpunkt' geführt. Insbesondere die Veränderungen von Einschulungsregelungen in den letzten Jahren (vgl. Kapitel 2.1) haben die Thematik ins Bewusstsein der Eltern gerückt. Zu Beginn des ersten Interviews sollten die Eltern deshalb ihre *Einschulungspräferenz für das eigene Kind* angeben. Der Großteil der interviewten Familien bevorzugt zu Beginn des dritten Kindergartenjahres die reguläre Einschulung. Dies spiegelt auch die statistisch gesicherte Tendenz zur fristgerechten Einschulung wider. Während einige Eltern eine reguläre Einschulung als nicht problematisch ansehen, äußern andere Bedenken. Zwar wünschen sich diese Familien eine fristgerechte Einschulung für ihr Kind, sie erscheint ihnen allerdings nur als realistisch, wenn bis Schulbeginn keine großen Probleme auftreten. Als ein mögliches Hindernis geben die Eltern die Einschulungstests an.

> Das hängt ein bisschen ab. XY ist ein integratives Kind in der Kindergartengruppe und er wird im Januar bei seinem Kinderarzt noch einen Schulreifetest machen, weil der Kinderarzt das einfach absichern möchte. Fällt dieser Test positiv aus, wird er normal im September 2008 eingeschult. (EZP 1_F 7_20)

Falls die Entwicklung des Kindes und der angesprochene Test negativ ausfallen würden, wären die Eltern zu einer Zurückstellung bereit.

Eine Mutter sieht die Bewertung des Kindes als schulfähig durch die Erzieherinnen im Kindergarten und den Kinderarzt als Vorgabe für die fristgerechte Einschulung an, der sie sich kaum wiedersetzen kann.

> Ja, ich kann da wohl kaum etwas dagegen machen. Also, sie ist so gut im Kindergarten jetzt in der Vorschule, dass es heißt, es ist kein auffälliges Kind, und es wird überall befürwortet, dass sie in die Schule geht. Auch der Kinderarzt sagt: ‚Nein so schlecht ist es nicht.' Und er befürwortet es auch, dass das Kind in die Schule kommt. Also habe ich wohl kaum Chancen, dass ich sie zurückstellen lassen kann.

[...] Im Grunde gefällt es mir nicht so sehr gut, dass sie da jetzt eingeschult wird. Aber ich werde mich dem wohl fügen müssen. (EZP 1_F 6_19–23)

Die eigentliche Einschulungspräferenz der Mutter wäre eine Zurückstellung. Als Begründung führt sie die Hörprobleme und das Alter des Kindes an. Sie geht davon aus, dass ihr Kind zwar die Anforderungen bewältigen würde, ohne das auditive Problem jedoch bessere Leistungen erzielen könnte. Eine Zurückstellung könnte somit dem Kind mehr Zeit zum Aufholen verschaffen. Darüber hinaus wäre sie bei Schuleintritt dann eines der ältesten Kinder in der Klasse, worin die Mutter einen Vorteil sieht. Aus ihrer Sicht bewältigen ältere Kinder neue Anforderungen leichter. Dies bezieht sie sowohl auf allgemeine soziale als auch schulische Situationen. An dieser Stelle lässt sich ein Hinwies auf Academic Redshirting (vgl. Kapitel 3.2) erkennen. Obwohl das Kind als schulfähig eingeschätzt wird, möchte die Mutter ihm noch Zeit verschaffen, um ein Jahr später besser als die anderen in die Grundschule starten zu können.

Lediglich drei Mütter sprechen ein Jahr vor der regulären Einschulung den Wunsch nach bzw. die Tendenz zu einer Zurückstellung an. Ausschlaggebend sind die kindlichen Fähigkeiten. Als Begründung werden Rückstände im Sozialverhalten und den mathematischen Vorläuferfähigkeiten sowie motorische Schwierigkeiten aufgrund körperlicher Krankheiten angegeben. Des Weiteren wird das junge Alter zu Beginn der Schulpflicht erwähnt. Trotz der angesprochenen Bedenken wollen zwei der Mütter die Entwicklung des Kindes abwarten. Falls noch positive Fortschritte gemacht werden, möchten sich die Mütter so eine fristgerechte Einschulung noch offen halten.

Im Zusammenhang mit den Einschulungspräferenzen zeigt sich, dass die Mehrheit der Eltern über die Einschulungsregelung in ihrem Bundesland informiert ist. Vor allem diejenigen, deren Kinder kurz vor dem Stichtag das sechste Lebensjahr erreichen, geben an, auch über die allgemeine Stichtagsregelung hinaus Kenntnisse zur Zurückstellung oder zum Rücktrittsrecht (in Bayern) zu haben.

Die Mehrheit der Eltern präferiert zwar eine fristgerechte Einschulung, dennoch sehen sie für die Familie und das Kind eher Nachteile. Nur zwei Mütter sprechen Vorteile für das *Familienleben* aufgrund einer fristgerechten Einschulung an. Während für eine Mutter der bisherige lange Fahrweg zum Kindergarten wegfallen würde, sieht die andere Mutter Erleichterungen in der Betreuungssituation.

Und ich glaube, für uns ist es eher positiv. [...] Weil ich mich ja kümmere um die Große. Ich muss ja mit der Großen Hausaufgaben machen. [...] Mit ihm mache ich

Vorschule. Er hält dann nicht so lange durch natürlich, die Stunde, die sie macht. Und ich denke, das ist für uns eher gut. (EZP 1_F 4_69)

Im Gegensatz dazu sieht der Großteil der Eltern Nachteile im Zusammenhang mit einer fristgerechten Einschulung. Als problematisch wird die Vereinbarkeit zwischen der eigenen Arbeit und der Nachmittagsbetreuung der Kinder eingeschätzt sowie die zusätzliche Aufgabe der Hausaufgabenbetreuung.

> INTERV.: Und wenn Sie jetzt so an die Einschulung denken, welche Vor- und welche Nachteile, denken Sie denn, hat das für Ihre Familie?
> ELTERN: Hm. Dass halt mittags immer einer auf jeden Fall daheim sein muss. Im Kindergarten hat man sie doch mal länger lassen können, wenn was gewesen wäre. [...] Und mit den Hausaufgaben wird es wahrscheinlich ein wenig ein Kampf werden. (EZP 1_F 12_74–77)

Ein weiterer Nachteil einer Einschulung sind die Schulferien. Die Eltern sehen die eingeschränkte Flexibilität bei der Urlaubsplanung sowie die unklare Betreuungssituation während der Ferienzeiten als Beeinträchtigungen. Hauptsächlich sprechen die Mütter organisatorische Probleme an, die aufgrund der Einschulung entstehen. Die genannten Aspekte, die sich für die Eltern als Nachteile einer fristgerechten Einschulung darstellen, würden allerdings bei einer Zurückstellung ebenfalls auf die Familie zukommen, wenn auch ein Jahr später.

Im Gegensatz zu familiären *Veränderungen* benennen die Eltern *bezogen auf das eigene Kind* deutlich mehr Vorteile einer fristgerechten Einschulung. Als vorteilhaft beschreiben sie die Stärkung des Selbstbewusstseins und der Selbstständigkeit durch den Schuleintritt. Zudem sehen sie die Grundschule als einen Ort der Förderung an, an dem die Kinder beispielsweise Lesen und Schreiben lernen. Vor allem für Kinder, die bereits Spaß am Lernen zeigen, könnte der Ablauf im Kindergarten eher langweilig werden. Einige Eltern befürchten allerdings auch, dass ihre Kinder aufgrund des jüngeren Alters Probleme bei der Bewältigung der Anforderungen haben werden. Dies beziehen sie auf die Lerninhalte, die neue Gruppensituation sowie die täglichen Pflichten wie Hausaufgaben oder das frühe Aufstehen. Ein Teil der Eltern vermutet, dass die Kinder ein Jahr später die Herausforderungen möglicherweise leichter bewältigen würden. Obwohl die meisten Eltern eine fristgerechte Einschulung präferieren, stehen sie dieser eher skeptisch gegenüber und benennen mehr Nachteile als Vorteile, welche für die Familie und die Kinder entstehen würden.

Neben der auf das eigene Kind bezogenen Einschulungspräferenz sollten die Eltern auch Bezug nehmen auf die Schlagwörter *frühe Einschulung oder Kindheit schenken*. Vor dem Hintergrund der Stichprobenauswahl (vgl. Kapitel 7.2.2) ist es wenig erstaunlich, dass die Mehrheit der Eltern die Vorstellung ‚Kindheit schenken' befürwortet. Begründet wird diese Haltung sehr unterschiedlich. Viele Eltern wollen noch Raum zum Spielen lassen. Vereinzelt weisen sie aber auf eine notwendige zusätzliche Förderung im Kindergarten hin. An dieser Stelle wird wiederum das Alter der Kinder als Argument aufgeführt und eine Einschulung im Alter von fünf als zu zeitig angesehen. Nähere Erläuterungen lassen sich nicht finden, allerdings kann es auf die grundlegende Haltung vieler Eltern zurückgeführt werden, dass ältere Kinder ausgeprägtere Fähigkeiten aufweisen als jüngere und somit den schulischen Alltag besser bewältigen.

> Also, ich denke, den Kindern sollte die Kindheit gelassen werden. Ich denke schon mit der Vorschule und so, es wird da schon viel verlangt und schon viel gemacht. Das ist ja gut und die Kinder können es ja auch größtenteils schaffen und sie zeigen ja, dass sie das gerne machen und so, aber man sollte das Kind auch Kind sein lassen, ein Stück weit. Und ich glaube nicht, dass es jetzt das eine Jahr da voll rausreißt. Ich glaube nicht, dass man den Kindern tatsächlich einen Gefallen tut, das kann ich mir nicht denken. Es würde sicher jedem Kind einfach besser tun noch einmal etwas Kind zu sein. (EZP 1_F 6_40)

Für diese Eltern scheint die Einschulung einen starken Bruch darzustellen, bei dem nicht nur vom spielerischen zum institutionellen Lernen gewechselt wird, sondern das kindliche Spiel vorbei ist. Im Gegensatz dazu stehen die Eltern, die weder für eine frühe Einschulung noch für ‚Kindheit schenken' plädieren. Für sie ist vielmehr eine an das Kind angepasste Einschulungsentscheidung wichtig. Diese Eltern betonen, dass es sich hierbei um eine individuelle Entscheidung handeln sollte, welche vorrangig vom Kind abhängig ist.

> Ich denke, auch nach der Schule kann man noch eine schöne Zeit haben, nachmittags. Und man sollte halt die Schule dadurch mit so wenig Druck wie möglich ankündigen. [...] Einfach als was Schönes, was weitergeht im Leben. Auch von vielen Eltern hört man so ‚Oh Gott, die Schule.' Ich sage dann immer, ich finde, es muss doch weitergehen. Wir können ja nicht ewig jetzt daheim mit den Kindern herumsitzen. (EZP 1_F 4_151–153)

Diese Aussage macht deutlich, dass Eltern, die sich für eine individuelle Einschulungsentscheidung aussprechen, den Übergang auch nicht als ein Ende der

Kindheit ansehen, sondern eher als ein positives Fortschreiten im Leben. In Verbindung mit den Einschulungspräferenzen zeigt sich jedoch, dass eine individuelle Entscheidung zumeist mit einem regulären Eintritt verbunden ist. Trotz der Tendenz für eine spätere oder individuelle Einschulung sprechen einige Eltern die frühe Einschulung an. Hier besteht keine vollkommene Ablehnung, sie weisen eher darauf hin, dass im deutschen Bildungssystem eine frühe Einschulung nicht praktikabel sei bzw. der Übergang vom Elementar- in den Primarbereich umgestaltet werden muss, damit auch die frühzeitige Einschulung mehr in Anspruch genommen wird.

Unterschiede in den Einschulungspräferenzen lassen sich zwischen den fristgerecht und verspätet einschulenden Eltern bereits zu Beginn des letzten Kindergartenjahres feststellen. Während die fristgerecht einschulenden Eltern den regulären Eintritt favorisieren, sind die zurückstellenden Eltern noch unentschieden. Einige geben die Zurückstellung als Einschulungspräferenz an, andere Familien benennen die Zurückstellung als eine mögliche Option, falls das Kind als noch nicht schulreif eingeschätzt werden würde. In Bezug auf die allgemeine Haltung zum Einschulungszeitpunkt (‚Kindheit schenken' vs. ‚frühe Einschulung') lassen sich keine Differenzen zwischen fristgerecht und verspätet einschulenden Eltern finden. Vielmehr zeigt sich, dass die Eltern sich entweder für eine spätere Einschulung aussprechen, und damit noch Raum für Kindheit geben möchten, oder für eine individuell am Kind orientierte Einschulungsentscheidung plädieren.

8.2.2 Vorstellungen von Schulfähigkeit

Die Schulfähigkeit als eines der beiden Kriterien, die als Voraussetzungen für den Eintritt in die Grundschule angesehen werden (vgl. Kapitel 2.1), spielt auch bei der Entscheidungsfindung der Eltern eine tragende Rolle. In den Interviews zum ersten Erhebungszeitpunkt wurden die Eltern zu ihren allgemeinen Vorstellungen von Schulfähigkeit befragt. Da die Einschätzungen der Fähigkeiten des eigenen Kindes sich stark an den Vorstellungen zur Schulfähigkeit orientieren, bestehen hier in weiten Teilen Überschneidungen.

Von fast allen Eltern wurden das Arbeitsverhalten sowie das Sozialverhalten des Kindes benannt. Unter dem Begriff *Sozialverhalten* fassen die Eltern unter anderem die Integration eines Kindes in die neue Gruppe, den fairen Umgang mit Mitschülern (ausreden lassen, Rücksichtnahme), aber auch die Fähigkeit in der Gruppe Kompromisse eingehen zu können. Hinter dem Begriff *Arbeitsverhalten* steht die Konzentrationsfähigkeit, d.h. Aufmerksam sein und Zuhören können, sowie die Ausdauer, vor allem das längere Stillsitzen in der Grundschule.

> Dann Konzentration, die muss auf jeden Fall vorhanden sein. Und dass das Kind überhaupt stillsitzen kann. Still ist gut, ruhig sitzen kann. Dass es sich in eine Gruppe integrieren kann. (EZP 1_F 19_124)

Beide Aspekte sind aus Sicht der Eltern wichtig, da sie grundlegend für die Bewältigung des Schulalltages nötig sind und auch das Erlernen von neuen Inhalten erleichtern.

Ein weiteres Merkmal der Schulfähigkeit ist für viele Eltern das *Interesse des Kindes an schulischen Inhalten bzw. am Lernen*. Umschrieben wird es unter anderem durch Begeisterungsfähigkeit, Lernbereitschaft, Interesse oder Lust am Lernen. Hierzu zählt für die Eltern auch, die Motivation sich mit neuen Inhalten bzw. Sachverhalten auseinanderzusetzen.

Weniger als die Hälfte der Eltern benennt Vorläuferfähigkeiten oder emotionale Fähigkeiten. Unter den mit der Schule in Verbindung gebrachten *Vorläuferfähigkeiten* werden insbesondere Vorkenntnisse in den Kulturtechniken Lesen, Schreiben und Rechnen verstanden. Dazu gehört auch das Aufgabenverständnis im Sinne der Umsetzung von Anweisungen. Erwartet werden hier allerdings keine vollständig entwickelten Fähigkeiten, sondern vielmehr die Grundvoraussetzungen, auf denen in der Schule aufgebaut werden kann. Als *emotionale Fähigkeit* wird der Umgang mit Niederlagen oder das Erledigen von Aufgaben gegen den eigenen Willen angesprochen.

> Dann müssen sie erstens mal auch emotional so weit sein, auch mal zurückzustecken. Wenn ich jetzt zum Beispiel eine Niederlage in der Schule habe – Mensch, das schaffe ich jetzt nicht – da kann ich nicht losplärren und ausrasten ohne Ende. (EZP 1_F 8_167–169)

Einige Eltern beschreiben diese Aspekte auch als Selbstbewusstsein und führen zusätzlich noch das Durchsetzungsvermögen mit an.

Als weitere schulrelevante Fähigkeit wird die *Feinmotorik* benannt, da sie insbesondere zum Schreibenlernen bedeutsam ist. Wichtig ist, dass die Kinder einen Stift „richtig" halten und mit einer Schere umgehen können. Eine Mutter benennt, dass Kinder ihren Namen schreiben können sollten. Ihre Meinung geht auf die Aussage einer Lehrerin zurück, welche die Mutter in ihre eigenen Vorstellungen über relevante Schulfähigkeitskriterien übernommen hat.

> Also, ich habe von einer Lehrerin gehört, den Namen sollten sie schon schreiben können, habe ich im Kindergarten gehört, wie die das gesagt hat. (EZP 1_F 10_37)

Im Gegensatz zu den feinmotorischen Fähigkeiten wird die *allgemeine körperliche Entwicklung*, im Sinne von Körpergröße oder krankheitsbedingten Rückständen, die auch bei der Schuluntersuchung betrachtet werden, nur selten als Schulfähigkeitskriterium benannt.

Einzelne Eltern geben die sprachliche Entwicklung oder die Selbstständigkeit als relevant für den Schulbeginn an. Bezüglich der *Sprache* sind eine deutliche Aussprache und die Beherrschung der deutschen Sprache entscheidend, wobei dies von den Eltern vor allem auf Kinder mit Migrationshintergrund bezogen wird. Die Aussagen zur *Selbstständigkeit* der Kinder umfassen alltägliche Abläufe, wie sich selbstständig Anziehen oder den Schulranzen Packen. Für einige Eltern ist auch das „Sich von der Mutter lösen können" (EZP 1_F 20_63) ein relevanter Aspekt der Selbstständigkeit.

Neben der allgemeinen Benennung von Schulfähigkeitsaspekten sollten die Eltern diese zusätzlich in eine Rangfolge bringen. Dabei zeigt sich, dass die relativ häufig genannten sozialen Fähigkeiten nicht die oberste Priorität haben. Hingegen werden Konzentration und Ausdauer als die wichtigsten Fähigkeiten zu Schulbeginn angesehen. Ebenso bedeutsam sind daneben das Selbstbewusstsein und die Selbstständigkeit des Kindes.[20]

> Ich würde es als das Wichtigste erachten, dass das Kind einfach genug Selbstvertrauen hat, dass es verschiedene Sachen alleine meistern kann. Dass es nicht immer jemanden dazu braucht, dass es einfach selbstständig genug ist und genug Selbstvertrauen hat, dass es das alleine kann. Dass es keine Angst mehr hat vor der Schule. (EZP 1_F 6_53)

Anhand der verschiedenen Aussagen ist deutlich geworden, dass die Eltern unter dem Begriff Schulfähigkeit lediglich auf das Kind bezogene Fähigkeiten verstehen. Die Schule als Förderort, welcher sich auch den individuellen Fähigkeiten der Kinder anpassen sollte – im Sinne der kindfähigen Schule –, wird hingegen nicht einbezogen. Für die Eltern ist demnach das Bild vom schulfähigen Kind als Einschulungsvoraussetzung entscheidend.

Große Unterschiede hinsichtlich der relevanten Schulfähigkeitskriterien gibt es zwischen den fristgerecht und verspätet einschulenden Eltern nicht. Lediglich der Aspekt sozio-emotionale Entwicklung wird von den zurückstellenden Eltern stärker hervorgehoben als durch die andere Gruppe. Hingegen

---

20 Da nur ca. zwei Drittel der Eltern eine Rangfolge der Schulfähigkeitskriterien angegeben haben, ergibt sich dieser deutliche Unterschied zu den allgemein benannten Schulfähigkeitskriterien.

steht bei den fristgerecht einschulenden Eltern der Aspekt Interesse des Kindes an schulischen Inhalten und Themen im Vordergrund.

8.2.3   Fördereinstellungen

Bei den Fördereinstellungen kann grundsätzlich zwischen familiärer und institutioneller Förderung unterschieden werden. Betrachtet man die Förderung von Kindern im Kindergartenalter, findet die institutionelle Förderung zum einen im Kindergarten, zum anderen durch zusätzliche außerfamiliäre Fördermaßnahmen statt. Im Folgenden sollen die familiären Maßnahmen (direkt zu Hause) sowie die außerfamiliären Angebote betrachtet werden. Auf die institutionelle Förderung im Kindergarten wird im Kapitel 8.3.1 eingegangen.

Die Familie wird als wichtige und primäre Sozialisationsinstanz angesehen (vgl. Ecarius, Köbel & Wahl, 2011; Stubbe, 2009; Walper & Roos, 2001). Vor allem in der frühen Kindheit beeinflusst sie die Entwicklung von Kindern am stärksten, weshalb der *familiären Förderung* eine große Bedeutung zugeschrieben wird (vgl. Lehrl, Roßbach & Weinert, 2012; Siegler et al., 2011; Stubbe, Buddeberg, Hornberg & McElvany, 2007). Angenommen wird, dass sich die familiäre Förderung vor allem in vermehrten Aktivitäten vor Schulbeginn widerspiegelt.

Zum ersten Befragungszeitpunkt sprechen nur wenige Eltern sehr unterschiedliche Fördermaßnahmen an. Einige Familien fördern ihre Kinder mit Gesellschaftsspielen oder feinmotorischen Übungen. Feinmotorik sollen die Kinder anhand von Bastelarbeiten, Malen und ersten einfachen Schreib- bzw. Nachzeichenaufgaben üben. Zwei Mütter berichten auch über die Bearbeitung von Aufgabenblättern aus Vorschulheften.

> Ich habe auch so Blätter von der Ergotherapeutin bekommen, wo er halt Linien nachmalen muss oder fortführen muss oder so. Und das haben wir, also da hatte ich sie auch darum gebeten […]. (EZP 1_F 2_93)

Darüber hinaus werden Vorlesen und sportliche Aktivitäten angesprochen.

Mit dem Näherrücken der Einschulung steigern sich die beschriebenen Aktivitäten. Kurz vor der fristgerechten Einschulung gehen fast alle Eltern darauf ein, ihre Kinder zu Hause auf die Schule vorzubereiten. Lediglich eine Mutter gibt an ihr Kind nicht über den Kindergarten hinaus zu fördern, da sie dies ablehnt.

Lehne ich auch komplett ab. [...] Weil es Schwachsinn ist. Da wüsste ich jetzt zum Beispiel nicht, welche Bücher die Grundschule bevorzugt, welche sie akzeptieren würden. Und dann gibt es mindestens die Hälfte der Kinder, die das nicht haben. Und die sollen alle den gleichen Start haben und nicht der eine schon rechnen können und schreiben. Oder sogar schon lesen. Und die anderen fangen bei null an, dann wird er [das Kind] sich nur langweilen. (EZP 2_ F 16_197–199)

Familien, die zu Hause fördern, machen dies unter anderem durch allgemeine Aktivitäten und Hobbys. Genannt werden Gesellschaftsspiele, die die Konzentration und Ausdauer unterstützen sollen. Feinmotorische Fähigkeiten hingegen werden, wie auch zum ersten Interviewzeitpunkt, durch Basteln und Malen gefördert. Weiterhin geben einzelne Eltern an, das selbstständige Anziehen der Kinder zu unterstützen oder durch gemeinsame Ausflüge (z.B. in Büchereien, Theater, Konzerte) Interesse an neuen Themen anzuregen. Mehr als die Hälfte der Eltern fördert zudem spezifisch schulbezogene Inhalte, wie Lesen, Schreiben und Rechnen. Dabei ist es einigen Eltern wichtig, dass ihr Kind schon kleine Wörter, Zahlen oder den eigenen Namen schreiben kann.

Also, wir haben jetzt schon angefangen mit den Buchstaben, die er halt kann. Also den Namen schreiben oder Mama, Papa oder wir haben jetzt auch mal Affe. (EZP 2_F 15_191)

Zur Unterstützung nutzt ein Teil dieser Eltern Hilfsmittel wie Vorschulhefte, -blätter oder Rechenschieber.

Auffällig ist, dass zu beiden Zeitpunkten überwiegend allgemeine und spielerische Förderaktivitäten, wie Malen oder Gesellschaftsspiele, angesprochen werden. Mit Näherrücken des Einschulungszeitpunktes finden jedoch auch mehr schulbezogene Förderaktivitäten, wie Rechnen, Schreiben oder Buchstaben erkennen, statt.

Unterschiede zwischen den fristgerecht und verspätet einschulenden Eltern lassen sich nur tendenziell feststellen. Trotz der wenigen Angaben zu familiärer Förderung im ersten Interview berichten die fristgerecht einschulenden Mütter eher von verschiedenen Förderaktivitäten als die zurückstellenden. Eine Erklärung dafür könnte die Einschulungspräferenz der fristgerecht einschulenden Eltern sein. Aufgrund dieser sehen sie eher die Notwendigkeit der Förderung schulbezogener Inhalte als verspätet einschulende Eltern. Zum zweiten Befragungszeitpunkt unterscheiden sich fristgerecht und verspätet einschulende Eltern hinsichtlich der familiären Förderung hingegen nicht mehr voneinander.

Bedeutsam bei allen Elternaussagen ist jedoch, dass eine spezifische schul-relevante Förderung anfänglich nur dann stattfindet, wenn die Kinder dies auch selbst wollen. Ein Jahr vor der fristgerechten Einschulung steht kein Zwang dahinter. Zu erwarten wäre, dass sich dies bis zum zweiten Interview ändert. Mit Blick auf den baldigen Schulbeginn könnten die zu einer fristgerechten Einschulung tendierenden Eltern die Schulvorbereitung stärker forcieren (vgl. Kapitel 3.2). Die Aussagen in den Interviews bestätigen diese Vermutung al-lerdings nicht. Keine der fristgerecht einschulenden Mütter gibt an, ihr Kind vermehrt zu fördern. Eine übertriebene Förderung wird eher als hinderlich angesehen und abgelehnt. Vielmehr stehen die Wünsche und der Wille des Kindes im Mittelpunkt. Die Ablehnung begründet sich zum einen aus der An-nahme, dass dem Kind so die Vorfreude auf die Schule genommen werden könnte. Zum anderen könnten Vorsprünge entstehen, die im Anfangsunterricht wiederum zu Langeweile führen würden.

> Wir sagen aber nie: ‚Jetzt setz dich mal hin und jetzt mach mal', das machen wir nicht. Dann hat er noch Vorschulblöcke oder so Vorschulhefte. Es ist für ihn wie so eine Art Malbuch. Also wenn die kleine Schwester malt, dann nimmt er sich halt jetzt seinen Vorschulblock und zeichnet nach und zählt, wie viele Fische da sind, und macht solche Übungen, aber auch nur wenn er Lust hat. Also, wir zwingen ihn nicht dazu und es ist auch nicht so, dass wir sagen: ‚Regelmäßig einmal die Woche musst du das machen oder so', also immer wenn er Lust hat. Und wenn es mal regnet und wir malen, dann kommt halt auch dieser Block mit her und den macht er dann auch von sich aus gerne. [...] Weil ich denke mir einfach, wenn wir ihn zwingen würden, dann steht es ihm schon hier oben, wenn er in die Schule geht. Und ich möchte auch nicht zu weit vorgreifen. Also ich weiß, das geht jetzt sehr schnell im ersten Jahr. Ich glaube, die müssen bis Weihnachten schon lesen oder schreiben können, oder irgendwie so was. Und ich denke es nicht mehr so wie frü-her, wo sie einfach mehr Zeit hatten, im ersten Jahr. Aber trotzdem glaube ich, wenn man zu viel vorgreift, und wenn sie schon zu viel können, wird es vielleicht auch wieder uninteressant. (EZP 2_F 11_110)

Bei den zurückstellenden Familien besteht hingegen ein differenziertes Bild. Zwei Mütter geben an, dass sie nur dann mit ihrem Kind schulspezifische In-halte üben, wenn auch das Interesse von Seite des Kindes besteht. Zwei weite-re Mütter berichten, dass sie bis zur Zurückstellungsentscheidung im April „schon oft mit Druck [haben] arbeiten müssen" (EZP 2_F 5_81). In beiden Fällen sind die Befürchtungen eines möglichen Rückstandes zu Schulbeginn ausschlaggebend für die eher erzwungene Förderung der Kinder. Eine der beiden Mütter berichtet zusätzlich über Konflikte, die aufgrund des gezielten Übens zwischen ihr und ihrem Kind entstanden sind.

Wir haben also auf verschiedene Arten und Weisen versucht, dem XY Schule näher zu bringen. Wir haben oft mit Druck arbeiten müssen, dass er einfach weiß, eine Hand, XY, wie viel Finger, dann fängt er an *[Mutter zeigt das Fingerabzählen]* fünf. Sag ich, das muss wie aus der Pistole geschossen kommen, eine Hand. Also so, ja, so mit einem Muss, mit einem Druck wirklich dahinter. Und vermehrt irgendwie, keine Ahnung, auf die Buchstaben eingegangen, und weil wir wirklich gedacht haben, um Gottes willen, das Kind muss im September in die Schule. Vermehrt darauf geachtet, dass er wirklich fein sauber ausmalt und nichts neben raus geht, dann hat er radieren müssen. (EZP 2_F 5_81)

In beiden Fällen wurde die erzwungene Förderung nach der Zurückstellungsentscheidung beendet. Die Kinder werden weiterhin gefördert, allerdings mit mehr Ruhe und je nach Interessenlage des Kindes.

Eine Verbindung aus freiwilligem und gezieltem Üben lässt sich in den Aussagen einer weiteren zurückstellenden Mutter finden. Neben der allgemeinen und eher spielerischen Förderung übt sie regelmäßig mit dem Kind seinen Namen zu schreiben. Andere schulrelevante Inhalte wie Lesen oder Rechnen werden hingegen nicht gefördert.

Naja, wir halten sie immer mal wieder an, ihren Namen zu schreiben. Das macht sie aber nicht gerne. […] Aber so, dass ich die jetzt fördere, dass die lesen kann, bis sie in die Schule kommt, das mache ich nicht. Da bin ich dagegen. Wenn sie es kann, dann kann sie es, aber von mir lernt sie es nicht. (EZP 2_F 1_98)

Außerfamiliäre Fördermaßnahmen finden zu Beginn des letzten Kindergartenjahres nur vereinzelt statt. Diese beziehen sich auf das Interesse der Kinder an bestimmten Aktivitäten oder auf empfohlene therapeutische Maßnahmen. Lediglich ein kleiner Teil der Eltern gibt regelmäßige Hobbys des Kindes oder die Teilnahme an Förderprogrammen außerhalb des Kindergartens an. Die Kinder nehmen an musikalischen (musikalische Früherziehung, spezifisches Instrument) und sportlichen Förderungen (Turnen, Fußball) teil. Eine Mutter erwähnt eine therapeutische Maßnahme. In diesem Fall wird allerdings von einer intensiven außerfamiliären Förderung berichtet.

VATER: Und Montag, Dienstag ist ja auch Frühförderung und Logopädie.
MUTTER: Donnerstag geht er Sport machen.
VATER: Donnerstag Sport und Musik.
MUTTER: Genau, Musikschule.

VATER: Das ist am selben Tag. Und die restlichen Tage sind auch immer schnell rum. (EZP 1_F 8_464–466)

Auch wenn in vielen Fällen keine außerfamiliäre Förderung benannt wurde, geben einzelne Eltern an, dass sie eine zusätzliche Förderung bei Bedarf nicht ausschließen würden.

Die eher geringe Teilnahme an Aktivitäten außerhalb der Familie und des Kindergartens verändert sich bis zum zweiten Interview deutlich. Zu diesem Zeitpunkt berichtet der Großteil der Mütter über außerfamiliäre Förderung. Genannt werden vor allem Sportgruppen, in denen die Kinder motorische, aber auch soziale Fähigkeiten entwickeln sollen. Wie zu erwarten, lässt sich hierbei eine geschlechtsspezifische Aufteilung erkennen. Während Mädchen bevorzugt tanzen, spielen Jungen eher Fußball. Beide Geschlechter besuchen Turngruppen. Ein kleinerer Teil der Eltern fördert die Kinder ebenfalls durch musikalische Erziehung oder therapeutische Maßnahmen. Angesprochen werden vor allem Ergotherapie und Logopädie, in einem Fall wird eine psychomotorische Gruppe genannt. Über die Teilnahme an einem täglichen Vorlaufkurs in der nahegelegenen Grundschule berichtet eine weitere Mutter.

Die holen dann die Kinder im Kindergarten ab. So zwei, drei Schulstunden ist das schon. Dann werden sie wieder in den Kindergarten gebracht. [...] Also bei dem letzten Test hat die gemeint, die Grammatik und so, das wäre besser geworden. Und das wird ja da auch geübt. (EZP 2_F 18_115–117)

Zusammenhänge zwischen der Teilnahme an außerfamiliären Aktivitäten und dem Einschulungszeitpunkt lassen sich lediglich für den zweiten Interviewzeitpunkt feststellen. Nur ein Teil der fristgerecht eingeschulten Kinder nimmt vereinzelt an zusätzlichen Fördermaßnahmen teil. Hingegen besuchen alle zurückgestellten Kinder nach Angaben der Eltern mindestens zwei außerfamiliäre Aktivitäten. Tendenziell nutzen die zurückgestellten Kinder häufiger therapeutische Angebote als die fristgerecht eingeschulten. Dies könnte ein Hinweis auf die häufiger vorhandenen Rückstände sein.

8.2.4   Bildungsaspirationen im Kindergartenalter

Vor dem Hintergrund des Werterwartungsmodells sind Bildungsungleichheiten unter anderem auf unterschiedliche Bildungsaspirationen zurückzuführen (vgl. Kapitel 5.1). Die Eltern wurden deshalb in den Interviews vor der regulären Einschulung zu ihren realistischen und idealistischen Erwartungen an den

Schulstart sowie an den weiteren Bildungsverlauf ihrer Kinder befragt. Gleichfalls wurde nach Erfolgserwartungen zu Beginn der Grundschule gefragt.

In den Aussagen der Eltern zu den *idealistischen Bildungsaspirationen* lässt sich eine Präferenz zu höheren Schulabschlüssen feststellen. Ein Teil der Befragten gibt eindeutig den gymnasialen Abschluss als wünschenswert an.

> Was wünscht man sich natürlich als Mutter? – Dass sie Abi machen. Klar. (EZP 2_F 16_173)

Ein anderer Teil der Eltern benennt den Realschulabschluss als idealen Schulabschluss. Innerhalb dieser zweiten Gruppe zeigen sich allerdings Unterschiede. Während zwei Mütter sich auf die mittlere Reife beschränken, ergänzen die anderen nachträglich das Abitur. Der Realschulabschluss wird vielmehr als ‚Mindestwunsch' und das Abitur als ‚erhoffter' Zusatz angesehen.

> Also ich wünsche mir schon mindestens Realschulabschluss. Ich sage mal, Bildung ist ja heutzutage, ja, ich finde das ganz wichtig. Und das ist schon immer, nicht nur heutzutage. Ja und das andere: Ein höherer Abschluss wäre natürlich wünschenswert, aber ich sage mal, erst mal die Mitte anpeilen. Gut, das genügt mir erst mal. Und, ja, wäre natürlich schön, wenn er mehr ... , aber, ja, also, da wären wir schon erst mal zufrieden mit. Und ich werde natürlich mein Bestes geben, ihn da auch weiter zu bringen, ohne Stress hoffentlich. (EZP 2_F 4_141)

Im Gegensatz dazu betont eine Mutter, dass sie ihr Kind nicht auf ein Gymnasium gehen lassen möchte.

> Also, ins Gymnasium möchte ich mein Kind nicht geben, also jetzt mit diesem G8, was man da auch immer so schön hört. [...] Und die Kinder, denke, ich einmal heute ins Gymnasium zu schicken, wenn sie jetzt wirklich ... dann müssen sie schon sehr gut sein. [...] Aber ins Gymnasium möchte ich sie nicht unbedingt, also sehen, sage ich jetzt einmal so. Aber, wenn sie das jetzt will, gut, dann würde ich mich auch mit der Entscheidung, aber da muss man sich dann damit auseinandersetzen, wenn es dann so weit ist, denke ich jetzt einmal. (EZP 2_F 9_64)

Die idealistische Bildungsaspiration der Mutter scheint durch ein stark leistungsorientiertes Bild des Gymnasiums geprägt zu sein. Insofern der gymnasiale Besuch der ausdrückliche Wunsch des Kindes wäre, würde sie dies, trotz ihrer betont negativen Haltung gegenüber der Schulart, in Betracht ziehen.

Eine Mutter grenzt ihren Wunsch für den Bildungsabschluss ihres Kindes nach unten hin ab, indem sie eine Schulform ausschließt. Als nicht erstrebenswert sieht die Mutter einen Förderschulabschluss an. Diese Sichtweise ergibt sich aus der Zurückstellungsentscheidung und der damit einhergehenden Überweisung in einen schulvorbereitenden Förderschulkindergarten. Die Mutter spricht immer wieder ihre Bedenken bezüglich der Reaktionen des sozialen Umfeldes an. An dieser Stelle zeigt sich deutlich, dass bei Zurückstellungsentscheidungen nicht nur die Kinder die Auswirkungen bewältigen müssen, sondern auch die Eltern.

Eine weitere Mutter äußert sich im Interview sehr offen. Für sie ist hinsichtlich der idealistischen Bildungsaspiration entscheidend, dass ihr Kind überhaupt einen Abschluss macht und Spaß am Lernen hat. Die Möglichkeiten für höhere Bildungsabschlüsse sind ihr bewusst, allerdings sieht sie es nicht als „Maß aller Dinge" an, das Abitur zu machen (EZP 2_F 2_98).

Im Gegensatz zur idealistischen Bildungsaspiration, in der sich der Wunsch nach dem Schulabschluss ausdrückt, gibt die *realistische Bildungsaspiration* eine Einschätzung dessen wieder, welche Entwicklung die Eltern aufgrund der bisherigen Leistungen und Fähigkeiten ihrem Kind zutrauen. Während die meisten Eltern den Wunsch nach dem Abitur äußern, erachtet dies nur eine Mutter als tatsächlich realistisch. Ihre Auffassung führt sie auf die vorhandene familiäre Unterstützung zurück.

> Aber die Unterstützung, die er braucht, die kriegt er. Und ich bin sehr hinterher, dass das mit der Schule klappt. (EZP 2_F 220_217)

Für viele Eltern ist hingegen die mittlere Reife ein realistischer Bildungsabschluss für das eigene Kind. Während sich ein Teil der Aussagen lediglich allgemein auf die Mittlere Reife bezieht, benennen andere eindeutig den Realschulabschluss. Einige Eltern betonen darüber hinaus, dass dies der Schulabschluss ist, den die Kinder mindestens schaffen werden.

Andere Eltern können zum zweiten Interviewzeitpunkt nicht einschätzen, welcher Schulabschluss später einmal erreicht wird. Begründet wird dies mit dem Argument, dass der Bildungsabschluss hauptsächlich von der weiteren Entwicklung des Kindes abhängig und diese nicht wirklich planbar ist. Die Eltern wollen zudem das Kind nicht unter Druck setzen, indem sie frühzeitig schon einen bestimmten Abschluss forcieren. Wichtiger ist den Eltern zu diesem Zeitpunkt ein guter Schulstart und Verlauf der Grundschulzeit.

Die *Erfolgserwartungen zu Beginn der Grundschule* werden von fast allen Eltern als überwiegend positiv beschrieben. Dennoch stellen einige die Schwierigkeit der Einschätzung zukünftiger Verläufe heraus und benennen auch mögliche zu erwartende Probleme. Diese sind sehr vielfältig und beziehen sich beispielsweise auf soziale Aspekte, wie die Einbindung in die Klasse oder die Hausaufgabenbewältigung. Die Aussagen der Eltern variieren nicht nur thematisch, sondern auch hinsichtlich ihrer Genauigkeit. Einige Eltern berichten nur allgemein über erwartbare Schwierigkeiten, andere dagegen benennen Fächer oder bestimmte Fähigkeiten, bei denen sie Probleme für ihre Kinder zu Beginn der Grundschule sehen.

> Weil er einfach ständig irgendwas zusammenzählt und rechnet und: ,Mensch, Mama, ist vier und vier acht?' Und dann sage ich: ,Mensch ja, toll.' Also er fragt von sich aus immer, wie viel es ist, wenn man es zusammenzählt oder wenn man es wegtut. Das kommt von ihm alleine. Und nachdem er nicht gerne malt, vermute ich fast mal, dass das beim Schreiben dann ähnlich ist. […] Und deswegen glaube ich einfach, dass er in Mathe mal besser sein wird als wie im Schreiben und im Lesen lernen, aber ich kann nicht sagen, ich rechne jetzt damit, dass er erhebliche Probleme hat, das kann ich nicht sagen. (EZP 2_F 11_123)

Unterschiede hinsichtlich der idealistischen Bildungsaspiration zwischen fristgerecht und verspätet einschulenden Eltern treten anhand der vorliegenden Aussagen nicht auf. Tendenzielle Unterschiede lassen sich in den realistischen Bildungsaspirationen finden. Während die zurückstellenden Eltern hauptsächlich einen mittleren Bildungsabschluss als realistisch ansehen, unterscheiden sich die Angaben innerhalb der Gruppe fristgerecht einschulender Eltern. Ein Teil gibt die mittlere Reife an, während andere Eltern noch keine Aussage über den tatsächlich erreichbaren Abschluss des Kindes machen können und möchten. Immerhin eine Mutter ist davon überzeugt, dass ihr Kind das Abitur schafft.

> INTERV.: Und, also denken Sie, er könnte es dann auch schaffen, Gymnasium zu machen und Abitur?
> ELTERN.: Ja klar, bin ich überzeugt. (EZP 2_F 20_222–223)

Bezogen auf die Entwicklung des Kindes zu Beginn der Grundschule zeigt sich ein heterogenes Bild in beiden Gruppen.

8.3 Institutionelle Bedingungen

Neben den Einschulungsregelungen als institutionelles Merkmal beeinflussen der Kindergarten und die Grundschule die Einschulungsentscheidung (vgl. Kapitel 3.3). In den Interviews wurde sowohl die Förderung im Kindergarten als auch die Beratung im Kindergarten und in der Grundschule angesprochen.

Im letzten Abschnitt wird das Bild von Schule, welches die Eltern haben und das ebenfalls von Bedeutung für die Einschulungsentscheidung ist, betrachtet.

8.3.1 Förderung im Kindergarten

Der Kindergarten soll die Entwicklung der Kinder fördern (vgl. Hessisches Sozialministerium & Hessisches Kultusministerium, 2007; § 22, SGB). Besonders im letzten Jahr findet hierzu eine gezielte Vorbereitung auf den Eintritt in die Schule statt (vgl. Griebel & Niesel, 2002). In den Interviews vor der Einschulung wurde diese dementsprechend thematisiert. Zu Beginn des dritten Kindergartenjahres geben nur wenige Eltern spezifische Maßnahmen der Förderung an. Vereinzelt sprechen sie Programme zur Sprache oder zu Zahlen an, allerdings sind diese Angaben eher ungenau und nicht detailliert. Drei Mütter berichten zusätzlich über Ausflüge, die mit den Vorschulkindern gemacht wurden.

> Sie [die Vorschulkinder] gehen jetzt in die Bücherei, da haben sie Stofftaschen bemalt. Gehen mit dem Kindergarten in die Bücherei, leihen sich Bücher aus. Diese Woche machen sie einen Ausflug in eine Autowerkstatt. (EZP 1_ F 20_111)

Die allgemeinen und eher knappen Aussagen zu den Vorschulprogrammen verdeutlichen, dass bei den meisten Eltern zum ersten Interviewzeitpunkt noch keine intensive Auseinandersetzung mit der gezielten schulbezogenen Förderung im Kindergarten besteht. Deren Relevanz zeigt sich erst im zweiten Interview, hier sprechen alle Mütter das *Vorhandensein von Schulvorbereitung* an. Die Hälfte der Eltern berichtet von Vorschulprogrammen und/oder Vorschulgruppen, vereinzelt werden auch spezifische Programme benannt, wie das Würzburger Training zur phonologischen Bewusstheit („Hören, lauschen, lernen") oder das „Zahlenland" zur mathematischen Frühförderung. Hinzu kommen allgemeine Fördereinheiten, die zu bestimmten Zeiten stattfinden oder in denen Aufgabenblätter bearbeitet werden.

> Zahlen schreiben, Striche üben, Dreiecke üben, Malen, also geometrische Formen. So ein bisschen Geschichten nacherzählen und Reime singen. (EZP 2_F 4_31)

Die vorschulischen Maßnahmen finden meist in separaten Räumen und nur für zukünftige Grundschüler statt. Es werden extra Sitzkreise oder abgegrenzte Spiel- und Arbeitsecken eingerichtet, in denen für die Kinder Materialien zu Zahlen und Buchstaben zur Verfügung stehen. Neben den schulbezogenen Inhalten geben Eltern vereinzelt auch allgemeinere Fördermaßnahmen an. Die

Kindergärten gestalten unter anderem thematische Projekte oder unternehmen Ausflüge mit den Vorschulkindern, z.b. in nahegelegene Betriebe oder Tiergärten. Selten sind hingegen musikalische Förderungen (Flöte) oder Fremdsprachenunterricht.

Sichtbar wird, dass ein Teil der Eltern unter Schulvorbereitung im Kindergarten ausschließlich die Förderung von schulbezogenen Inhalten, wie Buchstaben oder Zahlen kennen und schreiben lernen, fasst. Andere hingegen haben ein umfassendes Verständnis von Schulvorbereitung. Für sie gehören nicht schulspezifische Maßnahmen, wie Projekte oder musikalische Aktivitäten, ebenso zur Vorbereitung auf die Schule wie spezifische Vorschulprogramme.

Mit der Frage nach der Zufriedenheit wurde erfasst, inwiefern die Eltern mit den schulvorbereitenden Angeboten des Kindergartens auch eine optimale Förderung mit Blick auf die Grundschule verbinden. Alle Eltern beschreiben die Förderung ihres Kindes in der Einrichtung als zumindest ausreichend. Eine Gruppe von Eltern gibt an, sehr zufrieden mit der (schulvorbereitenden) Förderung im Kindergarten zu sein. Betont werden von den Eltern die umfangreichen und vielfältigen Angebote, welche Anregungen für unterschiedliche Entwicklungsbereiche des Kindes bieten. Als positiv schätzen einzelne Mütter auch die zusätzliche Ausbildung der Erzieherinnen oder die Rückmeldung an die Eltern zur Entwicklung des Kindes im Vorschulprogramm ein. Hingegen beschreiben die anderen Eltern die Förderung nur als ausreichend bzw. passend. Eltern, die die Schulvorbereitung als passend einschätzten, haben auch eher eine ablehnende Haltung gegenüber zu viel schulvorbereitender Förderung. Sie befürchten, dass sich die Kinder aufgrund der intensiven Vorbereitung später in der Schule langweilen könnten.

> Ich finde schon, das reicht. Also das ist, denke ich, gut. Nicht zu viel, nicht zu wenig. Gerade für die Kinder wohl dosiert. Das ist so in Ordnung. Spielerisch das Ganze noch. Und ich denke, viel mehr, das kann auch nach hinten losgehen. [...] Wenn die dann zu viel, dann langweilen sie sich später. Und wenn man halt dann so verschiedene Kindergärten dann zusammengewürfelt hat in der Grundschule, da ist ja das Gefälle halt auch wieder ziemlich groß oder kann ziemlich groß sein. Langeweile, wenn es so ist. (EZP 2_ F 19_180–182)

Die anderen Mütter, welche die Vorbereitung als ausreichend einschätzen, wünschen sich sowohl mehr als auch spezifischere schulvorbereitende Förderung und äußern entsprechende Verbesserungsvorschläge. Benannt werden eine intensivere und zeitlich längere Schulvorbereitung oder gesonderte Gruppen für Vorschulkinder. Auch eine individuellere Betreuung der Kinder durch zusätzliche Hilfen wie Fachdienste wird als sinnvoll angesehen. Eine Mutter wünscht sich auch eine Förderung über „das Intellektuelle" hinaus. Was sie genau darunter versteht, wird im Interview jedoch nicht klar. Möglicherweise fasst sie unter den intellektuellen Fähigkeiten insbesondere die schulnahen Fähigkeiten und erwartet eher eine Förderung im sozial-emotionalen Bereich.

> Also, das ist so diese ehemalige Kuschelpädagogik, die ist jetzt abgehakt und man versucht, glaube ich, neue Wege zu finden, aber nur das Intellektuelle zu fördern ist, glaube ich, nicht der richtige Weg und zu dieser siebziger Jahre Vorschulerziehung will man, glaube ich, auch nicht zurück. […] Ich weiß, dass die so Vorschulblätter machen, also so kognitive Sachen, die man halt auch in den Siebzigern schon gemacht hat. Was gehört nicht dazu und verbinde oder irgendwie so etwas, genau. (EZP 2_F 3_88–92)

Innerhalb der BiKS-Studie war ebenfalls von Interesse, wen Eltern und Erzieherinnen in der Verantwortung sehen auf die Schule vorzubereiten. Die quantitativen Analysen der BiKS-Daten zeigten, dass die Mehrheit der Eltern den Kindergarten zwar in einem begrenzten Maße als verantwortlich sehen, sich dies mit Näherrücken der Einschulung jedoch in Richtung Kindergarten verschiebt (vgl. Wehner & Pohlmann, 2010). Aussagen zur Verantwortung für die Förderung schulbezogener Fähigkeiten lassen sich in den Interviews nur vereinzelt finden. Eine Mutter gibt an, dass sie sich auf die Förderung im Kindergarten durch die pädagogischen Fachkräfte und deren Erfahrungen verlässt. Eine andere Mutter betont ihre Erwartungen an eine verstärkte schulbezogene Förderung im Kindergarten, insbesondere im letzten Jahr vor der Einschulung. Im Gegensatz dazu verdeutlichen andere Eltern, dass für sie nicht der Kindergarten allein verantwortlich für die schulische Vorbereitung ist, sondern die Familie auch einen Teil dazu beitragen muss.

> Wenn du sagst, ‚Okay, das Kind kriegt jetzt Frühförderung – Schön! Dann brauche ich nichts mehr machen', dann liegst du falsch. (EZP 1_F 8_450)

> Man kann nicht alle Aufgaben weiter delegieren auf den Kindergarten und sagen: ‚Macht ihr mal! Ich bringe euch das Kind, ich halte mich da raus.' Also ich sehe das immer noch als im Verantwortungsbereich der Eltern. Und wenn es mir zu wenig ist, was der Kindergarten macht, dann muss ich als Eltern halt mehr machen. (EZP 2_F 20_207)

Aufgrund der vereinzelten, aber vielfältigen Aussagen bleibt an dieser Stelle offen, wen die Eltern tatsächlich in der Verantwortung sehen schulbezogene Förderung zu leisten.

Die *Bewertung der Schulvorbereitung kurz nach dem Eintritt in die Grund-schule* ist sehr unterschiedlich und stimmt nur in einigen Fällen mit den Aussagen ein halbes Jahr vorher überein. Im Rückblick gibt der Großteil der Eltern an, sehr zufrieden mit der Schulvorbereitung zu sein. Betont wird die Vielfalt der Maßnahmen und dass die Kinder aufgrund der Vorbereitung den Schulstart relativ problemlos bewältigt haben. Einen großen Anteil an der positiven Sichtweise scheinen die spezifischen Programme für schulische Vorläuferfähigkeiten zu haben. Das frühzeitige Vertrautmachen mit Zahlen und Buchstaben spiegelt sich aus Sicht der Eltern in Lernerfolgen zu Beginn der Grundschule wider.

In den Interviews, in denen die Schulvorbereitung im Nachhinein als weniger gut angesehen wird, sprechen die Eltern in fast allen Fällen eine zu geringe Förderung an. Negativ bewertet werden Vorschulgruppen, die beispielsweise nur eine Stunde stattfanden, oder Inhalte, die mehr auf schulische Erfordernisse hätten abgestimmt sein können. In einem Fall wechselt das Kind den Kindergarten für das letzte Jahr. Aus Sicht der Mutter hätte dieser Wechsel nicht stattfinden müssen, wenn die Schulvorbereitung im ersten Kindergarten besser gewesen wäre. Zwar bestanden nach ihren Angaben auch in dieser Einrichtung Fördermaßnahmen, wie das Würzburger Sprachprogramm, die regelmäßige Teilnahme wurde allerdings den Kindern selbst überlassen und somit in der Sicht der Mutter keine gezielte Förderung angestrebt.

> Wir haben halt ein wenig dieses Würzburger Programm mitgemacht, und wer da keinen Bock gehabt hat, hat da nicht hin müssen. (EZP 3_F 13_73)

Unterschiede in der Beurteilung der Angebote zeigen sich zwischen fristgerecht und verspätet einschulenden Eltern nicht. Hinsichtlich der Bewertung der Schulvorbereitung wäre erwartbar gewesen, dass zurückstellende Eltern nur eine ausreichende Förderung beschreiben und vermehrt Probleme angeben. Dies lässt sich allerdings anhand der vorliegenden Daten nicht belegen. Sowohl in der Elterngruppe mit einer durchweg positiven Bewertung der Schulvorbereitung im Kindergarten als auch bei den Eltern mit einer weniger positiven Meinung finden sich zurückstellende und fristgerecht einschulende Eltern.

Unabhängig vom Einschulungszeitpunkt lässt sich zum zweiten Erhebungszeitpunkt ein Zusammenhang zwischen der Bewertung der Förderung und dem Verständnis von Schulvorbereitung im Kindergarten finden. Eltern, die sehr zufrieden mit der Förderung im Kindergarten sind, haben zugleich ein umfassenderes Verständnis von Schulvorbereitung. Möglicherweise sind diese

Eltern besser und breiter über die Schulvorbereitung im Kindergarten informiert, was gleichzeitig mit einer höheren Zufriedenheit einhergeht.

8.3.2 Information und Beratung im Kindergarten zur Einschulung

Neben der Förderung ist der Kindergarten auch eine wichtige Anlaufstelle für
Eltern. Sie erhalten Informationen und Beratung zur Entwicklung der Kinder,
zur Einschulung und zu externen Fördermaßnahmen (vgl. Plehn, 2012). In den
ersten Elterninterviews, gut ein Jahr vor der fristgerechten Einschulung, gibt
fast die Hälfte der Eltern an, erste *Informationen zur Einschulung durch den
Kindergarten* bzw. die Erzieherinnen erhalten zu haben. Auskünfte erhielten
die Eltern entweder in Einzelgesprächen oder bei Elternabenden zur Einschulung. All jene Eltern, welche bis zum Interview noch keine Informationen erhalten haben, geben an, dass Elternabende oder Einzelgespräche geplant
und/oder bereits Termine vereinbart sind.

> Ich habe jetzt ein Gespräch übernächste Woche eben, noch einmal mit dem Kin-
> dergarten. Die Kinder wurden jetzt beobachtet, also die hatten so Beobachtungs-
> wochen, wo sie eben genau schauen: Wie weit ist das Kind in welcher Beziehung,
> in welchen Fähigkeiten, in welchen Sachen? Und da wurde mir schon andeu-
> tungsweise gesagt, es wäre nichts Auffälliges dabei herausgekommen. Aber das
> Gespräch steht eben noch aus. Das möchte ich auf jeden Fall noch abwarten und
> mir dann noch einmal eine Meinung bilden. (EZP 1_F 6_35)

Drei Monate vor dem fristgerechten Einschulungstermin berichten fast alle
Eltern über Gespräche mit der Erzieherin zur Einschulung. Dabei unterscheiden sich die Gesprächsformen deutlich. Viele Eltern nehmen Einzelgespräche
in Anspruch, wobei es sich bei zwei Familien um regelmäßige Entwicklungs-
gespräche im halbjährlichen Abstand handelte. In einigen Fällen finden neben
den individuellen Gesprächen auch Elternabende oder Tür- und Angelgespräche[21] statt. Lediglich eine Mutter hat zum Zeitpunkt des zweiten Interviews
noch kein Gespräch mit dem Kindergarten über die Einschulung geführt.

---

21 Als „Tür- und Angelgespräche" werden Kontakte zwischen den Eltern und Erzieherinnen
    verstanden, die einen kurzen Informationsaustausch beinhalten und eher nebenher geführt
    werden, wie z.B. beim Bringen bzw. Abholen der Kinder.

ELTERN: Ja, es wäre vielleicht einmal ein Einzelgespräch mit einem – okay, die Lehrer kennen die Kinder nicht –, vielleicht mit einer Kindergärtnerin oder so nicht schlecht gewesen. Wenn die da mal was angeboten hätten. INTERV.: Da gab es jetzt so nichts im Kindergarten? ELTERN: Nein. Vielleicht wenn man jetzt nachgefragt hätte, wie es ausschaut oder so, hätten die mit Sicherheit was gesagt. Aber ich denke, wenn jetzt etwas Außergewöhnliches gewesen wäre, hätten die es vielleicht auch gesagt. (EZP 2_F 12_127–129)

Es wird deutlich, dass weder der Kindergarten noch die Mutter aktiv ein Gespräch suchen. Einerseits kritisiert die Mutter die fehlende Beratung im Kindergarten, andererseits spricht sie gleichzeitig die aus ihrer Sicht vorhandene Möglichkeit an. Darüber hinaus bringt sie den Erzieherinnen so viel Vertrauen entgegen, dass sie davon ausgeht, dass bei problematischen Situationen der Kindergarten aktiv wird.

In den zweiten Interviews zeigt sich eine deutlich unterschiedliche *Wahrnehmung der Beratungsangebote* im Kindergarten. Daraus lassen sich zwei Erzieherinnentypen herausarbeiten: Die eine Gruppe der Eltern beschreibt die Erzieherinnen als aktive Beraterinnen. Diese zeichnen sich dadurch aus, dass sie von sich aus auf die Eltern zugehen und sie zu Einzelgesprächen bitten oder Informationen in den sogenannten „Tür- und Angelgesprächen" weitergeben. Die anderen Eltern sehen die Erzieherinnen hingegen eher in einer passiven Rolle. Zwar bestehen nach Angaben der Eltern Beratungsmöglichkeiten im Kindergarten, allerdings müssen diese, wenn der Bedarf besteht, von den Eltern eingefordert werden.

Von selbst jetzt tun die eigentlich nichts. Da muss man schon auf die zugehen. [...] Also ich meine, er ist ja jetzt kein Problemkind oder irgendwie auffällig. Vielleicht ist es schon manchmal nicht verkehrt, wenn sie sich ein bisschen mehr einbringen würden. (EZP 2_F 18_51)

Wenig erstaunlich ist deshalb, dass die Eltern, welche die Erzieherinnen als passiv wahrnehmen, sich mehr Engagement und eine individuellere Betreuung wünschen.

Die *Informations- und Beratungsmöglichkeiten im Kindergarten* werden von fast allen Eltern als hilfreich und/oder gut bewertet. Die meisten Eltern sehen den Rat der Erzieherinnen als zusätzliche Meinung, welche sie sehr schätzen und die ihnen Sicherheit bei ihrer Entscheidung gibt. Betont wird dabei von einigen, dass das Kind ohnehin den Großteil des Tages in der Einrichtung verbringt und die Erzieherinnen es gut einschätzen können. Darüber hinaus haben die pädagogischen Fachkräfte gegenüber den Eltern den Vorteil die Kinder in größeren Gruppen von Gleichaltrigen beobachten zu können und somit auch Vergleichsmöglichkeiten zu haben.

> Na ja, ausschlaggebend war schon der, denke ich, der Kindergarten. Weil die sehen die Kinder ja, also die Unterschiede gerade zu anderen. Wie groß der Unterschied da ist. Und ob es jetzt passt oder nicht. (EZP 2_F 15_131)

Nur zwei Mütter bewerten die Beratung durch den Kindergarten als eher schlecht. In einem Fall berichtet die Mutter, falsche Informationen bezüglich einer gesonderten Fördermaßnahme erhalten zu haben. Sie betont zwar einerseits, dass auch der Kindergarten nur eingeschränkt Zugang zu Informationen hat, bemerkt aber andererseits, dass die Mitarbeiter sich in Bezug auf die Einschulung und Sonderfälle besser informieren sollten. In dem anderen Fall werden die zu spät erkannten und benannten Rückstände des Kindes als Begründung für die schlechte Bewertung der Beratung herangezogen.

> Also bei uns ist gewechselt worden im November letzten Jahr, da ist die eine Erzieherin zurückgekommen und die andere ist gegangen. War auch eine super Frau, gibt es gar nichts. Und ich habe immer gesagt: ‚Passt alles?' – ‚Ja, der XY, na ja, ist ein Bub, der braucht ein wenig einen Tritt und dann wird das schon.' Habe ich mich darauf verlassen, wie man halt so ist als Mutter. Und wenn wir daheim gespielt haben, Memory oder sonst irgendwas, ist mir auch nichts aufgefallen, oder wenn er den Namen, den haben sie ja jetzt erst gelernt zu schreiben. Da ist mir auch nicht aufgefallen, dass er das ‚S' nicht kann. Ja, und dann ist die A. (= Erzieherin) wieder gekommen. Und dann irgendwann, im November ist die wieder gekommen und im Dezember sagt sie zu mir: ‚Mensch, ich trau es dir gar nicht sagen', und dann sage ich: ‚Was ist denn los?' – ‚Der XY braucht Ergo.' Sage ich: ‚Ach jetzt auf einmal, wo es zur Einschulung geht.' Ja, also, das hätte schon eher auffallen müssen. (EZP 2_F 13_37)

Besonders den verspäteten Hinweis auf das Problem betont die Mutter immer wieder kritisch. Aus ihrer Sicht hätte eine frühere Intervention in Form einer ergotherapeutischen Förderung die Rückstände und eine Zurückstellungsentscheidung verhindern können. In diesen beiden Fällen gehen die Mütter darauf ein, dass sie sich mehr Beratung durch die Erzieherinnen gewünscht hätten.

Da die Hälfte der Familien erst im letzten Halbjahr vor der regulären Einschulung Informationen und Beratung zur Einschulung erhalten hat, ist der vermehrt geäußerte Wunsch nach einer frühzeitigeren und/oder regelmäßigen Beratung während der Kindergartenzeit nicht erstaunlich. Während zu Beginn des dritten Kindergartenjahres nur ein Teil der Eltern erste Informationen zur Einschulung erhalten hat, berichten fast alle über die Teilnahme an einer Informationsveranstaltung oder Beratung drei Monate vor dem regulären Schulbeginn. Das Thema Einschulung gewinnt sowohl bei den Eltern als auch bei den Erzieherinnen erst mit Näherrücken des Ereignisses an Bedeutung.

Systematische Unterschiede zwischen den fristgerecht und verspätet einschulenden Eltern hinsichtlich des als aktiv oder passiv eingeschätzten Beratungsverhaltens treten nicht auf. Hingegen zeigen sich Tendenzen bei den Formen der Beratungen. Während bei den fristgerecht einschulenden Eltern einige lediglich durch allgemeine Elternabende oder Tür- und Angelgespräche informiert werden, haben die zurückstellenden Eltern alle ein individuelles Beratungs-/Entwicklungsgespräch erhalten.

Trotz der angesprochenen Kritikpunkte in Bezug auf die Ausgestaltung der Beratung wird der Meinung und dem *Einschulungsrat der Erzieherin* eine hohe Bedeutung zugesprochen. An dieser Stelle zeigen sich deutliche Unterschiede zwischen den beiden Einschulungsgruppen. Ein Teil der fristgerecht einschulenden Eltern gibt an, dass die Erzieherinnen die reguläre Einschulung direkt befürworten. Die Eltern sehen dies als Bestätigung ihrer Entscheidung. Die anderen fristgerecht einschulenden Eltern nehmen keinen direkten Rat wahr. Dies erachten sie jedoch nicht als negativ oder Rückzug aus der Verantwortung. Vielmehr erklären sie sich dieses Verhalten mit dem Argument, dass eine Zurückstellung nie ein Thema gewesen ist, und somit auch bei der Erzieherin kein Zweifel am Übertritt in die Grundschule mit Beginn der Schulpflicht besteht. Bei den verspätet einschulenden Eltern raten hingegen die meisten Erzieherinnen explizit zu einer Zurückstellung vom Schulbesuch.

> Die Erzieherin, die für ihn zuständig ist, hat ihre Notizen eben abgeglichen und ihre Erfahrungen mitgeteilt. Und sie hat uns gesagt, sie wäre absolut dafür ihn ein Jahr länger zu lassen. Wir haben dann natürlich die Entscheidungsgewalt, nicht sie, aber sie wäre schon für das Zurückstellen beim XY und der Fachdienst war der gleichen Auffassung. (EZP 2_F 7_41)

Lediglich in zwei Fällen nehmen die Eltern eine zurückhaltende Empfehlung wahr. Die Erzieherinnen vermeiden eine direkte Aussage zum Einschulungszeitpunkt gegenüber den Eltern.

> INTERV.: Nur, dass ich das jetzt richtig verstehe, sie [die Erzieherin] hat Ihnen dann auch dazu geraten, XY noch ein Jahr warten zu lassen?

ELTERN: Nein, das direkt hat sie nicht gesagt. Nein, das wollte sie nicht. Sie wollte sich da nicht in die Verantwortung nehmen lassen, also das ist klar. Aber so, tendenziell habe ich rausgehört, lieber nicht.

INTERV.: Und mit welcher Begründung hat sie diese Tendenz formuliert?

ELTERN: Das waren zwei Begründungen. Einmal, dass sie XY auch als sehr schüchternes Kind sieht, die noch nicht genug aus sich rausgeht und so zurückhaltend ist. Und dass sie glaubt, dass sie in einer großen Klasse, und das sind hier meistens an die 30 Kinder, einfach nicht ihren Ort findet. (EZP 2_F 3_27–30)

Die Aussage der Mutter verdeutlicht, dass in den Gesprächen mit der Erzieherin dennoch Tendenzen für eine Zurückstellung wahrgenommen werden. Die Auffassung wird anhand der Einschätzung bestimmter Rückstände in den kindlichen Fähigkeiten durch die pädagogischen Fachkräfte begründet. Dies entspricht den Befunden von Plehn (2012), dass Erzieherinnen die Zurückstellung als Alternative zur fristgerechten Einschulung ansehen, sowohl bei nicht ausreichend vorhandenem Entwicklungsstand des Kindes als auch bei eigenem unsicheren Entscheidungsverhalten. Darüber hinaus wird innerhalb der Gruppe der zurückstellenden Eltern ein weiterer Unterschied sichtbar. Eltern mit einem Jungen erhalten von den Erzieherinnen einen direkten Rat für eine Zurückstellung. Betrifft die Entscheidung allerdings ein Mädchen, nehmen die Eltern eher einen zurückhaltenden Standpunkt der Erzieherinnen wahr. Inwieweit dieser Unterschied auf die Erzieherinnen oder die Wahrnehmung der Eltern zurückzuführen ist, kann anhand der Interviews nicht aufgedeckt werden. Möglicherweise bestehen auf Seiten der pädagogischen Fachkräfte geschlechtsspezifische Stereotype, die in die Beratung einfließen (vgl. Kapitel 3.1.3).

8.3.3   Information und Beratung in der Grundschule

Die Schule als aufnehmende Institution ist wie der Kindergarten auch am Einschulungsprozess beteiligt (vgl. Kapitel 3.3). Im Gegensatz zu vorschulischen Einrichtungen, welche mit ihrem pädagogischen Personal gewohnte Anlaufpunkte für Informationen und Beratungsgespräche sind, stellt die Grundschule, vor allem für Eltern mit dem ersten Schulkind, eine neue Institution dar. Die Erfahrungen mit der Schule beziehen sich auf die eigene Schulzeit oder auf Berichte von Freunden und Verwandten. Familien mit älteren Geschwisterkindern haben hingegen bereits Erfahrungen mit der Einschulung gemacht. Die Kontakte zur Grundschule entstehen an verschiedenen Stellen des Einschulungsprozesses. Für die Kinder sind dies Schulbesuche mit dem Kindergarten, Schnupperstunden oder die Schuleingangsuntersuchung. Eltern hingegen erhalten Informationen über das Schreiben zur Schulanmeldung, bei Elternabenden, am Tag der offenen Tür oder bei Rückmeldungen bzw. Beratungsgesprächen zum Einschulungstest. Parallel zum Themenblock Beratung im Kindergarten wurde im zweiten Interview auch für die Grundschule erfasst, inwieweit Beratungsmöglichkeiten bestanden und in welcher Form und von wem Einschulungsuntersuchungen durchgeführt wurden.

Die *Einschulungsuntersuchungen* gestalten sich sehr unterschiedlich. Während ein Teil der Kinder an einem Probeunterricht (bzw. Schulspiel) teilnimmt, wird die Schulfähigkeit bei anderen in Einzeluntersuchungen festgestellt. Darüber hinaus werden Kinder auch vereinzelt zusätzlich vom Kinderarzt, Schularzt oder Gesundheitsamt ärztlich untersucht (damit ist nicht die zum Teil gesetzlich vorgeschriebene Vorsorgeuntersuchung zwischen dem 60. und 64. Lebensmonat (U9) gemeint). Bezüglich der körperlichen Fähigkeiten werden vor allem Seh- und Hörtests, aber auch die Prüfung koordinativer Abläufe (Hüpfen, Balancieren etc.) als Bestandteil erwähnt. Viele Eltern benennen auch feinmotorische Übungen als Teil der Einschulungsuntersuchung. Diese Aussagen umfassen Anweisungen wie Männchen oder Formen malen, Linien verbinden, Schreiben des Namens bis hin zu Bastelarbeiten. Die Überprüfung kognitiver Fähigkeiten wie Sprachvermögen oder Wahrnehmung geben ebenfalls viele Eltern als Teil der Schulfähigkeitsfeststellung an. Die Mütter benennen eine Vielzahl an Aufgaben, wie Erkennen und Beschreiben von Formen, Zahlen oder Bildern, Nachsprechen von Wörtern oder Sätzen sowie freies Erzählen.

> Ja, also die Kinder, ja, machen so, müssen halt Tiere erkennen, gewisse, also bis sieben müssen sie zählen können, ähm, klatschen, Silben klatschen, solche Dinge, die sie jetzt in der Vorschule eben auch machen. Dann gibt es so Bildergeschichten, und da muss er eine Geschichte dazu erzählen. Muss er halt erkennen, okay, da ist zum Beispiel Geburtstag, die Mama bringt die Torte, Kuchen, Kerzen ausblasen und so weiter. (EZP 2_F 2_24)

Vereinzelt berichten die Eltern auch von Aufgaben zur Konzentration oder Mengenauffassung. Die Prüfung sozial-emotionaler Schulfähigkeitsaspekte nehmen die Eltern hingegen sehr selten wahr. Beschrieben werden außerdem Beobachtungen des Verhaltens während der Probestunde, wie der Umgang mit anderen Kindern oder Lehrkräften.

Sie haben was ausgemalt und, ich weiß jetzt nicht, ich glaube, auch irgendwo anstellen mussten. Und dann wurde halt getestet, ob die Kinder sich alle vordrängeln und wie sie sich da verhalten halt. Irgendwie solche Sachen dann. (EZP 2_F 15_57)

In dieser Aussage wird auch deutlich, dass die Eltern oft nicht genau wiedergeben können, welche Aspekte überprüft wurden, da sie an Probestunden und einzelnen Untersuchungen nicht teilnehmen. Ihre Angaben stützen sich deshalb zum Teil auf den Aussagen der Kinder und nicht auf eigene Erfahrungen. Darüber hinaus zeigt sich, dass sich die in Kapitel 2.2.2 beschriebene Vielfalt an Einschulungsuntersuchungen auch in den vorliegenden Interviews widerspiegelt. Lediglich in einem Fall fand keine Feststellung der Schulfähigkeit statt. Da für die Mutter schon frühzeitig feststand, dass sie ihr Kind zurückstellt und dem auch problemlos zugestimmt wurde, musste das Kind an keiner Eingangsuntersuchung teilnehmen.

Die Einschulungsuntersuchungen stellen neben den allgemeinen Elternabenden die häufigsten Kontaktformen zwischen Grundschule und Eltern dar. Die Mehrheit der Eltern spricht mehrere *Informationsmöglichkeiten von Seiten der Grundschule* an. Zwar nehmen auch viele Familien daran teil, dennoch berichten einzelne, keine Angebote für Beratungen oder weiterführende Informationen zur Einschulung von Seiten der Grundschule erhalten oder in Anspruch genommen zu haben. Die Gründe und Zusammenhänge sind bei den einzelnen Familien unterschiedlich. Eine Mutter gibt an, das Beratungsgespräch in der Grundschule nicht gesucht zu haben, da das Kind ohnehin zurückgestellt werden sollte. Das Gespräch lehnt sie ab, da aus ihrer Sicht die Lehrer das Kind nicht kennen und somit die Schulfähigkeit nicht einschätzen können. Weiterführend erklärt sie jedoch, mit der Lehrerin ihres älteren Kindes allgemein über die Einschulung von jüngeren Kindern gesprochen zu haben, um sich so ein Bild zu verschaffen. In einem anderen Fall hätte sich die Mutter eine Beratung nach der Spielstunde gewünscht, hat diese allerdings nicht erhalten.

ELTERN: Als Eltern sitzt man an einem extra Tisch, und die machen das mit dem Kind alles alleine. Man darf sich da auch gar nicht einmischen. Ich habe einfach einmal eine Antwort selbst gegeben, weil XY so verschüchtert war. Und das ist da gar nicht gewünscht. Und man bekommt auch keine ...

INTERV.: Rückmeldung?

ELTERN: Keine Rückmeldung. Nein.

INTERV.: Also Sie haben auch gar nichts darüber erfahren, wie er dann abgeschnitten hat? Oder was das ...

ELTERN: Nein, gar nicht. Nein. (EZP 2_F 20_61–65)

Die Mutter führt weiter aus, dass nur jene Eltern eine Rückmeldung bzw. ein Feedback erhalten, bei denen die Schule Bedenken wegen der Einschulung bzw. der Schulfähigkeit des Kindes hat. Die Familien, bei denen die Kinder das „Schulspiel" ohne größere Probleme absolvieren, erhalten keine Rückmeldung, was die Mutter negativ beurteilt. Eine kurze Zusammenfassung bzw. Bestätigung der Fähigkeiten und des Verhaltens des eigenen Kindes hätte für sie ausgereicht, um ihre eigene Entscheidung abzusichern. Die individuellen Rückmeldungen bzw. Beratungssituationen fallen je nach Grundschule unterschiedlich aus. Während im oben geschilderten Fall die Mutter keine Informationen nach dem Schulspiel bekam, erhielt eine weitere Mutter ein anschließendes Beratungsgespräch, auch wenn bei ihrem Kind die Schulfähigkeit grundsätzlich nicht in Frage stand.

> Die waren dann zwei Stunden alleine im Klassenzimmer mit der Lehrerin. Haben dann so gebastelt und gemalt usw. und danach sind dann die Eltern zum Elterngespräch sozusagen reingekommen. Das war so ein kurzes Beratungsgespräch. Waren aber vielleicht bloß zehn oder fünfzehn Minuten. Also nur so, um grob zu sagen, was aufgefallen ist. Wo die Stärken sind, wo die Schwächen sind. Hauptsächlich die Schwächen, und ob er schulreif ist oder nicht. (EZP 2_F 11_35)

Bei einigen individuellen Rückmeldungen oder Beratungsgesprächen äußerten sich die Lehrkräfte auch zum Einschulungszeitpunkt des Kindes. Den später fristgerecht einschulenden Eltern wird die Schulfähigkeit ihres Kindes bestätigt und somit die fristgerechte Einschulung empfohlen. Von den verspätet einschulenden Eltern erhalten einige den Rat für und andere gegen eine fristgerechte Einschulung. Dieser Zurückstellungsrat wird mit der noch nicht vorhandenen Schulfähigkeit und dem damit möglicherweise einhergehenden frühzeitigen Versagen begründet. In zwei Fällen wird anfänglich für eine fristgerechte Einschulung von Seiten der Grundschule plädiert. Grundlage sind die bestehende Schulpflicht und die durch Tests bestätigte Schulfähigkeit.

> Da stieß ich auf taube Ohren beim Rektor. Der hat sich also komplett quer gestellt und hat gesagt: ‚Nein, und er ist im September geboren, auch wenn es nur zwei Tage sind, aber er ist schulpflichtig und er muss gehen.' (EZP 2_F 5_49)

> Also ich habe ein langes Gespräch mit dem Herrn Z., das ist der für die Einschulung zuständige Lehrer gewesen, ein langes Telefonat gehabt. Er hat sich XY auch

angeguckt. Er war der völligen Überzeugung, dass XY schulfähig ist. (EZP 2_F 7_69)

In beiden Fällen ändert sich durch das Vorlegen eines ärztlichen Attestes und eines anschließenden erneuten Gesprächs die Einschulungsempfehlung der Grundschule. Dem Wunsch der Eltern nach einer Zurückstellung wird anschließend zugestimmt.

Zufriedenheit äußert die Hälfte der Eltern, welche Informationen und Beratung durch die Grundschulen erhalten hatten. Die als hilfreich bezeichneten Ratschläge sehen sie vor allem als eine Bestätigung der eigenen Einschulungsentscheidung. Der andere Teil der Eltern äußert sich unzufrieden über die Beratungsgespräche. Begründet wird die Unzufriedenheit mit der allgemeinen und zu kurzen Beratung. Individuell gehen einzelne Mütter auch auf widersprüchliche und ungenaue Informationen oder das Gefühl von ‚Abfertigung' bei den Einschulungsuntersuchungen bzw. Gesprächen ein.

Was ich wirklich sag, ist, dass der Rektor eventuell anders reagiert hätte auf mein Anliegen. Dass er vielleicht gesagt hätte, schauen wir erst mal, jetzt testen wir ihn erst mal. Aber irgendwie war das ja im Februar in dieser Sprechstunde so: ‚Nein, und er ist im September geboren und er ist schulpflichtig und der geht.' Also von dem hab ich mich so richtig gemobbt gefühlt. So richtig so. Ich bin ein Mensch, ich bin keine Maschine: ‚Ich bin ja nur da, um mich irgendwie zu informieren und zu beraten und um Ihnen die Problematik im Endeffekt, die mein Kind hat, vorzustellen.' Und er fertigt mich da so ab, also das fand ich nicht gerade prickelnd. Vor allem, weil ich die Argumente dann ja, die ich im Februar zu ihm gesagt hab, mit denen hat er mich dann wieder beruhigt im April. Ja, also, da hätte ich mir schon bisschen etwas anderes gewünscht. Ganz ehrlich. (EZP 2_F 5_111)

Übergreifend zeigt sich sowohl bei einigen Eltern, die zufrieden mit der Einschulungsberatung sind, als auch bei jenen, welche Unzufriedenheit äußern, dass sie sich mehr Gesprächsmöglichkeiten gewünscht hätten. Unterschiede hinsichtlich der beiden Einschulungszeitpunkte zeigen sich bei mehreren Aspekten. Falls ein Gespräch mit der Grundschule stattfand, nahmen die zurückstellenden Eltern individuelle Beratungen in Anspruch. Hingegen sprechen die fristgerecht einschulenden Eltern lediglich von Rückmeldungen beim Schulspiel oder den allgemeinen Elternabenden. Allerdings erhalten fristgerecht einschulende Eltern direkt nach den Einschulungsuntersuchungen deutlich mehr Rückmeldungen über die Schulfähigkeit ihrer Kinder als zurückstellende Eltern. Auch die erteilten Ratschläge zum Einschulungszeitpunkt unterscheiden sich zwischen den beiden Gruppen.

8.3.4   Bild von Schule

Neben den Förderbedingungen im Kindergarten sowie den Beratungssituationen in Kindergarten und Grundschule lassen sich aus den Interviews vor der
Einschulung unterschiedliche Einstellungen der Eltern gegenüber der Schule
feststellen. Diese zeigen sich sowohl bezogen auf die Grundschule als auch auf
das gesamte Bildungssystem.

Zum ersten Interviewzeitpunkt wird mit Blick auf die Grundschule von einigen Eltern neben der bereits erwähnten Kritik an der schulischen Beratung
das Einschulungsverfahren angesprochen. Die bestehenden Regelungen beschreiben die Eltern als unflexibel, stark altersfixiert und nicht individuell ausgerichtet. Eine Mutter geht darauf ein, dass die Eingangsselektivität stark auf
Homogenität zu Beginn der Grundschule ausgerichtet ist. Ihrer Meinung nach
entspricht dieser Ansatz nicht den realen Voraussetzungen, da Kinder im gleichen Alter nicht die gleichen Fähigkeiten aufweisen.

> Da muss man bloß mal in den Kindergarten einen Tag gehen, die Kinder angu-
> cken, wie unterschiedlich die sind. (EZP 1_F 4_111).

Darüber hinaus wird die in Bayern vorgenommene Stichtagsverschiebung kritisch betrachtet. Als Begründung führen die Eltern die zunehmend hohe Altersspanne und die damit einhergehende leistungsbezogene Heterogenität in den
Anfangsklassen an. Ebenfalls angesprochen wird die geringe Mitbestim-
mungsmöglichkeit der Eltern bei der Einschulungsentscheidung. In einem Fall
geht die Mutter sogar auf den zu großen Einfluss der Schulleitung ein.

> Weil ich dann auch schon gehört habe, es liegt viel am Rektor der Schule. Wo ich
> mir dann oftmals denke, äh, was ist das eigentlich für Blödsinn, weil der Rektor
> der Schule sieht das Kind einmal zwanzig Minuten und entscheidet innerhalb von
> diesen zwanzig Minuten, ob mein Kind schulfähig ist oder nicht. Ist ein Schmarrn,
> weil ein Kind, jedes Kind, kann sich mal hinsetzen und zwanzig Minuten konzent-
> rieren. (EZP 1_F 5_125)

Neben den Einschulungsregelungen kritisieren einige Eltern noch weitere Aspekte des deutschen Bildungssystems. Im Zusammenhang mit der Einschulung
wird vereinzelt die Anschlussfähigkeit von Kindergarten und Grundschule
benannt. Dass eine ‚Lücke‘ zwischen Kindergarten und Grundschule trotz
frühkindlicher Förderung besteht, schreiben die Eltern sowohl den hohen Leistungsanforderungen der Schule als auch einem fehlenden Austausch zwischen
beiden Institutionen zu.

Ich habe bloß durch die Blume mitgekriegt [...], dass sich zwei Lehrerinnen wohl an dieser Schule beschwert haben beim Kindergarten, dass die Erzieherinnen zu wenig machen würden mit den Kindern. (EZP 1_F 8_566)

Unzufriedenheit äußern Eltern bezogen auf den hohen Leistungsdruck, im Besonderen am Ende der Grundschulzeit, die große Anzahl von Kindern in den Klassen und die damit einhergehende eingeschränkte individuelle Förderung. Vor dem Hintergrund der Einführung des achtjährigen Gymnasiums wird außerdem die kurze Grundschulzeit kritisiert.

Auch in den Interviews kurz vor dem regulären Einschulungstermin benennen die Eltern kritische Aspekte des Schul- und Bildungssystems. Verstärkt gehen sie auf den Übergang vom Kindergarten in die Grundschule ein. Angesprochen wird neben der schlechten schulischen Einschulungsberatung nochmals die als „nicht sinnvoll" angesehene Verschiebung des Stichtages in Bayern. Das jüngere Einschulungsalter führt aus Sicht der Eltern nicht zum gewünschten Ziel, sondern eher zur vermehrten Nutzung von Zurückstellung oder der vorübergehenden Rücktrittsmöglichkeit (vgl. Kapitel 2.1.2).

Früher gab es das Thema Zurückstellung gar nicht, bilde ich mir ein. War überhaupt kein Thema, und heute ist das, schon dieser Stichtag macht den Eltern sehr zu schaffen, dass das einfach jetzt Fünfjährige gibt, die in die Schule gehen. Und wenn ich mir die Klassen anschaue, die wenigsten Kinder sind tatsächlich, greifen von dem Modell her, die meisten werden zurückgestellt von den Eltern. (EZP 2_F 7_160)

Gerade weil die Einschulung zu diesem Zeitpunkt für die Eltern ein sehr präsentes und für viele auch neues Thema darstellt, gehen sie darauf ein, dass eine ausführlichere Beratung erforderlich wäre. Vor allem Eltern mit im Oktober geborenen Kindern berichten über fehlende und unzureichende Informationen zu den Veränderungen aufgrund der Stichtagsverschiebung. Darüber hinaus sehen sie massive Probleme bei der Fähigkeitseinschätzung durch die Schule. Hier wäre ihrer Meinung nach eine besondere Beratung oder eine Lehrkraft zur Beobachtung von kritischen Fällen im Kindergarten angemessener gewesen. Auf diese Weise hätten die Ratschläge zur Einschulung besser begründet und möglicherweise den Eltern die eigenen Entscheidungen erleichtert werden können. Der bereits im Zusammenhang mit der Einschulungsberatung angesprochene Wunsch nach individuellerer Beratung wird dazu erneut von einer Mutter geäußert.

Aber ich denke schon, dass das gut wäre, wenn da einfach ein bisschen Zeit. Und wenn es nur, was weiß ich, 20 Minuten sind oder so. Einfach, dass man mal so sein Herz ausschütten kann und dann sagen kann: ‚Gut, da kann man noch mal mit jemandem reden.' Und dass dann vielleicht auch, viele Eltern wissen gar nicht, dass ihr Kind irgendein Problem hat oder so. Dass dann vielleicht die Lehrerin, oder wer auch immer da halt, Schulpsychologe, keine Ahnung, mitspricht. Dass die dann halt auch sagen, gehen sie doch mal da und da hin und lassen sie ihr Kind anschauen oder so, bevor dann alles zu spät ist. Dann denk ich mal, dann haben sie ein halbes Jahr, was will man da noch ausrichten, dann. (EZP 2_F 2_46)

In der Aussage wird deutlich, dass die Mutter eine individuellere Beratung als besser ansehen würde. Vor allem könnten so den Eltern, die zum ersten Mal mit der Einschulung konfrontiert sind, Ängste genommen werden. Gleichzeitig sieht sie ein, dass für eine reguläre Grundschule diese Forderung schwierig umzusetzen ist. Im Vergleich zu der angestrebten privaten Grundschule, in der sie sehr persönlich beraten wurde, sieht sie an ‚normalen Grundschulen' eher „eine Masse mehr Kinder […] und Eltern, die sie [die Lehrer an staatlichen Grundschulen, F.W.] abfertigen müssen" (EZP 2_F 2_82). Als eine mögliche Lösung schlägt sie daher ein frühzeitiger ansetzendes Informations- und/oder Beratungsverfahren vor. Dieser Wunsch spiegelt sich in der Bewertung der Einschulungsberatung aller Eltern wider. Weiterführend wird die schulvorbereitende Förderung thematisiert. Die teilweise geäußerte Unzufriedenheit (vgl. Kapitel 8.3.1) wird durch die Forderung nach einer gesonderten Vorschule bzw. einem verpflichtenden Vorschuljahr für die zukünftigen Grundschulkinder unterstrichen. In zwei Fällen vergleichen die Eltern auch mit anderen Bildungssystemen, in denen ihrer Meinung nach die Vorbereitung auf und der Übergang in die Grundschule besser gestaltet sind als in Deutschland.

Es ist halt im Kindergarten nur eine Stunde Vorschule die Woche. Das finde ich eindeutig zu wenig. Gerade weil ich ja eine Freundin auch in der Schweiz habe, wo die Kinder ein Jahr in einer kompletten Vorschule sind, was ich sehr sinnvoll finde. Dass sie da einen neuen Schritt haben, neue Freunde teilweise dann dadurch kennen lernen schon, eine neue Klasse bilden. Also das finde ich, bei uns in Deutschland, fehlt komplett. (EZP 2_F 4_117)

Das Bild von Schule unterscheidet sich deutlich zwischen fristgerecht und verspätet einschulenden Eltern. Sowohl im ersten als auch im zweiten Interview äußern sich nur wenige fristgerecht einschulende Eltern negativ hinsichtlich schulischer Aspekte. Hingegen lässt sich bei fast allen zurückstellenden Eltern in beiden Interviews vor der Einschulung Kritik finden. Darüber hinaus zeigen

sich Differenzen aufgrund des familiären Bildungshintergrundes bei den fristgerecht einschulenden Eltern. Lediglich die Familien mit hohem und eine Mutter mit mittlerem Bildungsniveau äußern sich kritisch in Bezug auf die Schule.
Möglicherweise setzen sich Eltern mit einem bildungsnahen Hintergrund mehr
und auch kritischer mit dem deutschen Bildungssystem auseinander. Dagegen
spricht allerdings, dass sich dieser Unterschied bei den zurückstellenden Eltern
nicht finden lässt und sich hier alle Eltern, unabhängig vom Bildungshintergrund, vermehrt kritisch äußern.

8.4   Modell zur Zurückstellungsentscheidung

Auf Grundlage der Ergebnisse zur Einschulungsentscheidung können übergreifende Entscheidungsaspekte benannt und mit dem Werterwartungsmodell (vgl.
Kapitel 5.2) und den Entscheidungskomponenten subjektiver Wert und Erfolgserwartung in Verbindung gebracht werden. Die aufgezeigten Entscheidungsaspekte lassen sich anhand ihrer Beziehungen zueinander in einem Modell zusammenfassen.

Dem Entscheidungsprozess vorgelagert sind die drei Rahmenbedingungen
individuelle Merkmale des Kindes, soziokulturelle Herkunft der Familie sowie
die Einschulungsregelungen des jeweiligen Bundeslandes. Alle drei Aspekte
werden als unabhängig angesehen.

Als bedeutsam für die Entscheidung zwischen einer fristgerechten und verspäteten Einschulung haben sich folgende Faktoren herausgestellt: Die Beratung im Kindergarten und in der Grundschule, die Einstellungen der Eltern
gegenüber Schulfähigkeit, Förderung und Einschulungszeitpunkten, die Wahrnehmung des Kindes sowie das Bild von Schule.

Die institutionelle *Förderung und Beratung im Kindergarten* hat einen
starken Einfluss auf die Einschulungsentscheidung der Eltern. Die Förderung
im Kindergarten in Form der schulvorbereitenden Programme beeinflusst zum
Teil die Vorstellungen der Eltern über Schulfähigkeit. Darüber hinaus wirkt
sich die Förderung im Kindergarten auf die kindlichen Fähigkeiten aus. Dies
hat wiederum Konsequenzen für die Wahrnehmung des Kindes durch die Eltern. Gleichfalls trägt die Beratung im Kindergarten zur Einschulungsentscheidung bei. Die Erzieherinnen werden von den Eltern als wichtigste Informationsquelle benannt, was sich vor allem in der Einschätzung der kindlichen Fähigkeiten und dem Rat zum Einschulungszeitpunkt widerspiegelt. Die Inter-
viewaussagen zeigen, dass die Eltern den Einschätzungen der Erzieherinnen
eine hohe Bedeutung zuschreiben und diese für ihre eigene Entscheidung

übernehmen. Gleiches gilt für die *Beratung durch die Grundschule*. Im Gegensatz zum Kindergarten ist sie jedoch nicht von so hoher Bedeutung. Eine Veränderung der Einschulungsentscheidung wird durch die Beratung nicht bewirkt. Die Ratschläge durch die Grundschule dienen den Eltern vielmehr als eine Bestätigung bereits getroffener Entscheidungen und eine Absicherung hinsichtlich des rechtlichen Rahmens. Beide Institutionen beeinflussen die Einschulungsentscheidung der Eltern so unterschiedlich stark und lediglich indirekt.

Die *Vorstellungen über Schulfähigkeit und deren Förderung sowie die Einschulungspräferenz* haben einen Einfluss auf die Wahrnehmung des Kindes. Die allgemein als wichtig angesehenen Schulfähigkeitskriterien werden von den Eltern auch bei der Wahrnehmung des eigenen Kindes in Betracht gezogen. Dies wirkt sich auf die zusätzliche und familiäre Förderung aus. Jene Schulfähigkeitsaspekte, die die Eltern als wichtig erachten und bei ihren Kindern noch als defizitär ansehen, fördern sie entweder zu Hause oder in zusätzlichen außerfamiliären Angeboten.

Auswirkung auf die Einstellungen der Eltern hat neben der Beratung und Förderung im Kindergarten auch das *Bild von Schule*. Dieses wirkt sich wiederum direkt auf den *subjektiven Wert* aus. Mit einem kritischen Bild der Grundschule und/oder des Bildungssystems im Allgemeinen verbinden sich vor allem hohe Leistungsanforderung und Selektivität. Eher unerwartet ist, dass mit einem kritischen Bild von Schule eine vielfältige und breit angelegte Vorstellung von Schulfähigkeit sowie die Tendenz zu einer eher von Zwang geprägten familiären Förderung einhergehen.

Die *Wahrnehmung des Kindes* steht in einem engen Zusammenhang mit den Aspekten der Einschulungsregelungen. Die Fähigkeiten und das Alter des Kindes bei Schuleintritt werden zudem, wie beschrieben, durch den Kindergarten geprägt. Zudem bedingen sich die elterlichen Vorstellungen von Schulfähigkeit und Förderung und die Wahrnehmung des Kindes gegenseitig. Die als wichtig angesehenen Kriterien der Schulfähigkeit werden bei der Einschätzung der kindlichen Fähigkeiten besonders beachtet. Gleichzeitig beeinflussen noch nicht vorhandene Fähigkeiten des Kindes auch die Einstellung zu den verschiedenen Aspekten der Schulfähigkeit und deren Förderung. Eine direkte Wirkung hat die Komponente Wahrnehmung des Kindes auf den *subjektiven Wert*. Einige Eltern verbinden mit einer fristgerechten Einschulung mehr Kosten, während sie einer Zurückstellung eher einen Nutzen für das Kind und die Familie zuschreiben. Einen indirekten Einfluss hat die Wahrnehmung des Kindes auf die *Erfolgserwartungen*. Diese ergeben sich aus der Passung zwischen

Bild von Schule und Wahrnehmung des Kindes. Liegen die kindlichen Fähigkeiten nach Einschätzung der Eltern unter den von ihnen wahrgenommenen Anforderungen von Schule, so verbinden sie mit der fristgerechten Einschulung eine negative Erfolgserwartung und ziehen eine Zurückstellung vor. Nehmen die Eltern ihre Kinder bezüglich der Fähigkeiten und des Alters so wahr, dass sie die vermuteten Anforderungen der Grundschule weitestgehend erfüllen können, so ergibt sich daraus eine positive Erfolgserwartung bezogen auf eine fristgerechte Einschulung.

Zurückstellende Eltern mit einem kritischen Bild von Schule sehen in einer fristgerechten Einschulung zusätzlich hohe Kosten, die vor allem zulasten des Kindes gehen würden. Hingegen erwarten fristgerecht einschulende Eltern zwar auch vereinzelt Kosten durch die Einschulung, diese werden aber vom Nutzen überwogen.

Ausgehend von der Wert-Erwartungs-Theorie scheint die Erfolgserwartung bei der Entscheidung zwischen einer fristgerechten oder verspäteten Einschulung eine besondere Bedeutung zu haben.

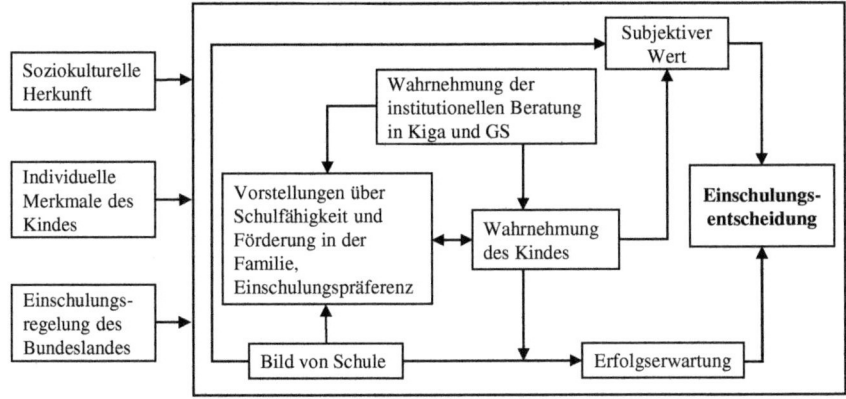

Abbildung 8.1: Modell der Einschulungsentscheidung zwischen fristgerechter und verspäteter Einschulung

Hinsichtlich der späteren Schullaufbahn zeigten sich nur Unterschiede in den realistischen Bildungsaspirationen. Da diese in einem sehr engen Zusammenhang mit der aktuellen Wahrnehmung der kindlichen Fähigkeiten stehen, werden sie darunter eingegliedert. Die idealistischen Bildungsaspirationen hingegen haben keinen Einfluss auf die Entscheidung zwischen einer fristgerechten und verspäteten Einschulung. Aus diesem Grunde werden sie nicht als entscheidungsrelevant angesehen und im vorliegenden Modell nicht berücksichtigt.

Betrachtet man die einzelnen Entscheidungsfaktoren in ihrem Zusammenspiel, lassen sich übergreifend für die fristgerechte Einschulung bestimmte Zusammenhänge erkennen. Aus den Beratungen im Kindergarten nehmen die meisten Eltern für ihre Einschulungsentscheidung den direkten oder indirekten Rat für eine fristgerechte Einschulung mit. Begründet wird der Rat von den Erzieherinnen durch das Vorhandensein der für die Schule als wichtig erachteten Fähigkeiten bei den Kindern. Der starke Einfluss der Beratung im Kindergarten spiegelt sich in der elterlichen Wahrnehmung der kindlichen Fähigkeiten wider. Sie schätzen ihre Kinder als „normal entwickelt" ein und stellen ausreichend Fähigkeiten für den Besuch der Schule fest. Wenn Probleme benannt werden, sind diese nicht so bedeutend, dass eine Einschulung gefährdet wäre. Der Zusammenhang zwischen Schulfähigkeitsvorstellungen und Wahrnehmung der kindlichen Fähigkeiten zeigt sich deutlich am Aspekt ‚Interesse an schulischen Inhalten'. Dieser wird von den fristgerecht einschulenden Eltern bei den Kindern als vorhanden angesehen. Das neben der Schulfähigkeit entscheidende Einschulungskriterium Alter wird ebenfalls deutlich hervorgehoben. Die Eltern sehen ihre Kinder als alt genug an, um in die Schule zu kommen. Dass die Einstellungen der Eltern sich nicht nur auf ihre Wahrnehmung des Kindes auswirken, sondern hier eine Wechselwirkung vorliegt, verdeutlicht sich anhand der Fördereinstellungen. Die positive Einschätzung der kindlichen Fähigkeiten wird in der familiären Förderung sichtbar. Diese richtet sich nach den Interessen des Kindes und findet je nach Wunsch statt. Das Bild von Schule ist bei den fristgerecht einschulenden Eltern unterschiedlich ausgeprägt. Während die meisten Eltern kaum oder keine kritischen Aussagen machen, bringen Familien mit hohem Bildungshintergrund vermehrt Kritik an. Dennoch wird die Schule als ein Ort der Förderung und Entwicklung verstanden. Bezüglich des subjektiven Wertes erwarten die Eltern demnach zwar vereinzelt Kosten durch die fristgerechte Einschulung, diese werden aber vom Nutzen, der Weiterentwicklung des Kindes, überwogen. Eine positive Erfolgserwartung für die fristgerechte Einschulung entsteht bei den Eltern demnach aus der Passung der vorhandenen kindlichen Fähigkeiten mit den erwarteten schulischen Anforderungen und den Entwicklungsmöglichkeiten.

Bei einer Zurückstellung bestehen ähnliche Zusammenhänge zwischen den einzelnen Entscheidungsaspekten, allerdings unterscheiden sich die Ausprägungen und somit ihre Auswirkungen. Die Eltern erhalten entweder einen direkten Rat zur Zurückstellung oder ihnen wird die Entscheidung selbst überlassen. Diese Eltern nehmen in der Beratungssituation eine Tendenz gegen eine fristgerechte Einschulung wahr. Die Erzieherinnen begründen auch hier ihren

Rat mit den kindlichen Fähigkeiten. Allerdings werden im Gegensatz zu den fristgerecht eingeschulten Kindern hauptsächlich fehlende oder unzureichende Fähigkeiten angesprochen. Diese eher auf Rückstände orientierte Beurteilung der Erzieherinnen spiegelt sich auch in der Wahrnehmung der kindlichen Fähigkeiten durch die Eltern wider. Es werden mehr fehlende als vorhandene Fähigkeiten registriert, vor allem im motorischen und sozio-emotionalen Bereich. Darüber hinaus werden das fehlende Interesse an schulischen Inhalten sowie das als zu jung angesehene Alter von den Eltern herausgestellt. Die Betonung von fehlenden sozialen und emotionalen Fähigkeiten kann auf die Schulfähigkeitsvorstellung zurückgeführt werden, denn die zurückstellenden Eltern benennen diese als einen zentralen Teil der Schulfähigkeit. Die Einstellung zur familiären Förderung ist eher pflichtbetont. Die familiäre Unterstützung findet regelmäßig und mit Druck statt. Diese häusliche Situation entsteht aufgrund der wahrgenommenen Rückstände und des nicht vorhandenen schulischen Interesses der Kinder. Darüber hinaus haben die zurückstellenden Eltern ein kritisches Bild von Schule, welches sich vor allem mit hohen Leistungsanforderungen verbindet. Der subjektive Wert einer fristgerechten Einschulung wird deshalb mit hohen Kosten verbunden, die vor allem zulasten des Kindes gehen würden. Durch eine verspätete Einschulung würden sich aus Sicht der Eltern die möglichen Kosten verringern und der Nutzen würde steigen. So würde dem Kind Zeit eingeräumt, um Rückstände aufzuholen, die es bei einer fristgerechten Einschulung zugleich mit der Erfüllung der schulischen Anforderungen ausgleichen müsste. Ziel der Eltern ist es, dem Kind einen erfolgreichen Start in die Schule zu ermöglichen. Da die kindlichen Fähigkeiten nach Einschätzung der Eltern unter den wahrgenommenen Anforderungen von Schule liegen, erwarten sie bei einer fristgerechten Einschulung keinen erfolgreichen Verlauf und ziehen daher eine Zurückstellung vor.

9 Ergebnisse: Bewährung der Einschulungsentscheidung

Im vorangegangenen Kapitel wurden die entscheidenden Aspekte bei der Entscheidung zwischen einer fristgerechten und verspäteten Einschulung beschrieben und es wurden anhand eines Werterwartungs-Modells deren Zusammenhänge erklärt. Im folgenden Kapitel soll nun dargelegt werden, wie sich die Einschulungsentscheidungen nach dem Eintritt in die Grundschule bewähren. Eingegangen wird auf die Bewältigung des Schulstarts, vor allem vor dem Hintergrund der kindlichen Fähigkeiten, auf die allgemeine Beurteilung des Schuleintritts und die Zufriedenheit mit dem Einschulungszeitpunkt sowie auf die Bewertung des zusätzlichen Kindergartenjahres durch die zurückstellenden Eltern. Zum Schluss werden die Bildungsaspirationen der Eltern dargestellt. Die Ausprägungen der Dimensionen werden zuerst übergreifend für die beiden Elterngruppen und jeweils anschließend hinsichtlich der Unterschiede beschrieben.

9.1 Bewältigung des Schulstarts

Ein Aspekt der Bewährung der Einschulungsentscheidung ist die Bewältigung des Schulstarts durch die Kinder. In Bezug auf die ersten Schulwochen berichten die Eltern sowohl über anfängliche Probleme als auch über unerwartete Entwicklungen. In allen Interviews lassen sich Aussagen zu *Problemen innerhalb der ersten Schulwochen* auf Seiten der Kinder finden. Dabei unterscheiden sich die angesprochenen Bereiche, in denen Schwierigkeiten auftreten, und die Anzahl der berichteten Probleme. Von vielen Eltern werden Probleme im Unterricht benannt, diese beziehen sich auf das Stillsitzen, die Konzentration sowie den Umgang mit Klassenkameraden. Für einige Kinder stellt der neue Rhythmus des Unterrichts eine Schwierigkeit dar. So fällt es ihnen nach Angaben der Eltern schwer, sich einen längeren Zeitraum mit einer Aufgabe zu befassen oder zuzuhören. Als Ursachen werden Unkonzentriertheit, Ablenkung durch Mitschüler, das langsame Arbeitstempo oder auch Unterforderung genannt. Hinsichtlich des Umgangs mit anderen Kindern thematisieren nur einzelne Eltern die Probleme beim Aufbau von neuen Freundschaften. Als Schwierigkeiten werden häufiger Streitereien zwischen den Kindern angesprochen.

Ja, es ist ein Junge dabei, der scheinbar von Anfang an Stress gemacht hat, mit allen. Und der XY, der lässt sich nichts gefallen und hat sich auch mit den Fäusten
gewehrt. Was nicht richtig war, aber er wusste sich dann auch nicht anders zu weh-
ren, wie das in dem Alter so ist. Verbal setzen die sich ja noch nicht auseinander.
(EZP 3_F 21_15)

Ein kleiner Teil der Eltern geht auch auf Probleme beim Verstehen von bestimmten Lerninhalten ein. Die benannten Schwierigkeiten beziehen sich auf
Mathematik und/oder Deutsch und zeigen sich vor allem bei der Mengenerfas-
sung sowie beim Schreiben- und Lesenlernen. Die Eltern nehmen dies unter
anderem durch einen vermehrten Übungsbedarf zu Hause wahr.

Also in Mathe ist mal ein bisschen was aufgefallen. Und da haben wir dann halt
mal ein bisschen mehr mit ihm geübt. (EZP 3_F 15_21)

Eher selten werden hingegen körperliche Probleme benannt. Einzelne Mütter
beschreiben, dass ihre Kinder nach der Schule müde sind. Diese Veränderung
wird dem neuen Tagesablauf zugeschrieben, der vor allem durch die lange
Konzentrationsphase in der Schule geprägt ist.

Und wenn er heimgekommen ist, da war er fertig, jetzt ist er nicht mehr so fertig.
Also da war er fertig. Da hat es auch mal ein, zwei Tage gegeben, wo er sich auf
das Sofa gelegt hat und hat schlafen müssen. Das ist bei ihm noch nie vorgekom-
men, außer er ist krank gewesen. Aber so, da war er richtig ausgepowert. Na, weil
es ist ja doch eine Umstellung. Ich muss halt da sitzen und machen. Es dauert alles
seine Zeit. (EZP 3_F13_134)

Neben den angesprochenen Schwierigkeiten berichten die meisten Eltern auch
über *Fortschritte und Erfolge der Kinder innerhalb der ersten Schulwochen.*
Dabei deuten die Aussagen der Eltern darauf hin, dass diese für sie in einem
positiven Sinne unerwartet und auffällig sind. Viele sprechen den Fortschritt
im Arbeitsverhalten der Kinder an. Dieser wird anhand der allgemeinen Lernfreude, der Lernbereitschaft für neue Inhalte, einer besseren Konzentration und
Ausdauer oder der größeren Selbstständigkeit wahrgenommen.

Vereinzelt gehen Eltern auch auf ein gestärktes Selbstbewusstsein ihres
Kinds ein. Die Mütter begründen dies insbesondere mit dem größeren Selbstbewusstsein der Kinder, auch gegenüber anderen.

Ist auch eher selbstbewusster sogar geworden. Ja. Steht auch mehr zu seiner eigenen Meinung. (EZP 3_F 4_83)

Fortschritte hinsichtlich des Sozialverhaltens oder der motorischen Fähigkeiten werden nur selten benannt. Eine Mutter beschreibt den positiven Umgang des Kindes mit Konflikten. Sie bezieht sich dabei auf das schriftliche Zwischenzeugnis, nach welchem das Kind „Konflikte besonnen und friedlich" löst (EZP 3_F 4_35). Diese Entwicklung und die Einschätzung der Lehrkraft empfindet die Mutter als überraschend positiv. In ihrer Aussage geht sie darauf ein, dass sie eher ein problematisches Verhalten erwartet hätte, da das Kind zu Beginn der Grundschule Schwierigkeiten mit den neuen Regeln zeigte.

Trotz der Probleme schätzen die meisten Eltern das *allgemeine Zurechtkommen mit den schulischen Anforderungen* ihrer Kinder als gut bis sehr gut ein. Auch wenn die Mütter die Unkonzentriertheit als eine Schwierigkeit zu Beginn der Grundschule benennen, unterstreichen sie gleichzeitig das allgemeine Zurechtkommen anhand von Ausdauer und Konzentration. Sie gehen darauf ein, dass die Kinder beispielsweise gut stillsitzen, ruhig und zielstrebig an ihren Aufgaben in der Schule und auch zu Hause arbeiten können. Einzelne Mütter berichten, dass ihre Kinder teilweise unterfordert sind.

> INTERV.: Okay, und so insgesamt, wie kommt er denn so mit den Anforderungen in der Schule zurecht?
> ELTERN: Sehr gut.
> INTERV.: Sehr gut, also ...
> ELTERN: Und es, also ich denke mal, er sieht das eher noch so als Baby-Kram. Ist alles, ist alles viel zu einfach. (EZP 3_F 16_76–79)

Eine Mutter geht hingegen auf eine mögliche Überforderung des Kindes in der Schule ein. Ihrer Meinung nach kann das Kind dem Unterricht nicht folgen, da es unkonzentriert ist, eine geringe Ausdauer und teilweise unpassendes Verhalten, wie hereinreden oder herumkaspern, zeigt.

Bei der Einschätzung der *kindlichen Fähigkeiten im Deutschunterricht* sprechen die Eltern vorrangig das Lesen, Schreiben und den sprachlichen Ausdruck an. Ein Teil der Mütter berichtet über gute Lesefähigkeiten der Kinder. Allerdings verstehen die Eltern darunter unterschiedlich ausgeprägte Fertigkeiten. Als gute Lesefähigkeiten geben einige Eltern das Lesen kurzer Wörter an. Andere hingegen verstehen darunter, dass das Kind bereits vor Schulbeginn lesen konnte oder mittlerweile kurze Texte lesen kann.

> Lesen konnte sie jetzt natürlich vor der Schule. Das hat sich mit dem Würzburger Programm nicht vermeiden lassen. (EZP 3_F 3_26)

Ein anderer Teil der Eltern beschreibt eher schlechte Lesefähigkeiten. Ihre Einschätzungen begründen sie mit einem langsamen Lesetempo. Die Kinder benötigen viel Zeit um Wörter zu erkennen und einzelne Buchstaben bzw. deren Laute zu einem Wort zusammenzuziehen. Die als schlecht eingeschätzten Lesefähigkeiten werden vereinzelt unter Bezug auf andere Kinder dargestellt. Die Mütter gehen dabei auf ältere Geschwister oder andere bekannte Kinder ein, bei denen das Lesen zu diesem Zeitpunkt bereits deutlich besser war.

> Also, es gibt sicher Kinder, die besser lesen. Ich weiß, da sind Kinder drin, die können wesentlich besser, also die können schon lesen. Auch ein fünfjähriges Kind kann schon lesen. (EZP 3_F 1_48)

Auch hinsichtlich des Schreibenlernens äußern einige Eltern Probleme. Diese zeigen sich im Zusammenhang mit der Feinmotorik und dem Hörverstehen. Die feinmotorischen Schwierigkeiten werden am spiegelverkehrten Schreiben von Zahlen und Buchstaben, an der verkrampften Stifthaltung oder an einem unsauberen Schriftbild festgemacht. Probleme in Bezug auf das Hörverstehen werden auf den Dialekt oder die Lernmethode zurückgeführt. Eine Mutter beschreibt die Methode des Lesenlernens in der Grundschule wie folgt.

> Und die haben in der ersten Woche dieses Buchstabenhaus bekommen, mit allen Buchstaben, die es gibt, und mussten von Anfang an alle Wörter verschriften. So, wie sie es eben hören. Nicht nach Rechtschreibregeln, sondern so wie sie es hören. Da haben wir also in der ersten Woche schon Wörter wie Ananas und Elefant geschrieben. Und das fällt ihm schwer. Diese, dann soll er das Wort Frosch schreiben. Dann sagt er sich das vor: ‚Frosch'. Dann hört er ein ‚sch'. Dann steht da als Erstes ein s, c, h. Dann sagt er sich das Wort wieder: ‚Frosch'. Dann hört er das f. Dann steht da also s, c, h, f – fertig. Das ist sein Frosch. Und das hier umzusetzen, diese Buchstaben einzeln nacheinander zu hören, ist wahnsinnig schwer für ihn. Da kämpfen wir am meisten. (EZP 3_F 20_20)

Nur vereinzelt benennen die Eltern ein unsauberes Schriftbild oder grammatikalische Probleme, wie die richtige Verwendung der Zeitformen. Positive Aussagen zu den sprachlichen Fähigkeiten bleiben hingegen eher allgemein und werden nicht näher erläutert.

Im Gegensatz dazu schätzen fast alle Eltern die *mathematischen Fähigkeiten* des eigenen Kindes als gut ein. Die Eltern beziehen sich in ihren Aussagen auf die Klassenkameraden. Ein Teil der Mütter gibt an, dass ihr Kind gut zurechtkommt und sich im Mittelfeld der Klasse befindet. Der andere Teil schätzt die Kinder hinsichtlich der mathematischen Fähigkeiten über den durchschnittlichen Leistungen der Klasse ein. Als eine Begründung wird der selbstständige und schnelle Umgang mit den Hausaufgaben angegeben.

> Ja, er hat es eigentlich richtig gut drauf, muss man sagen. Ich habe ganz geschaut, die haben gestern auch Aufgaben gehabt, da mussten sie, auf eine halbe Stunde hatte sie, glaube ich, 56 Aufgaben. Und da mussten wir die Küchenuhr einstellen und gucken, wie lange sie brauchen. Und da sollte man auch Restzeit hinschreiben. Und da hat er sein Ganzes in, glaube ich, 24 Minuten gelöst gehabt. Und es waren höchstens zwei falsch. Und da habe ich echt geguckt, wie er das gemacht hat. Vor allem, da waren Kettenaufgaben dabei, wo er früher noch nie gerechnet hatte. Und das ging weit über 20. Und da hat er halt einfach geknackt. Ich habe echt ... Ich war wie von den Socken. Ich habe mir gedacht, Spitze. (EZP 3_F 8_141)

Trotz einer überwiegend guten Einschätzung der mathematischen Fähigkeiten benennen einzelne Eltern zusätzlich kleinere Probleme. Angesprochen werden anfängliche Schwierigkeiten in der Erfassung von Lerninhalten. Die Kinder benötigen zu Beginn von neuen Lernabschnitten mehr Zeit, um sich diese zu erschließen. Gleichzeitig relativieren die Mütter ihre Aussage und gehen darauf ein, dass nach einigen Übungen keine Probleme mehr bestehen.

> Also, sie braucht lange, bis sie es erfasst hat, und wenn sie es geübt hat, kann sie es. Aber wenn dann was Neues kommt, dann ist sie schnell überfordert, und dann braucht sie wieder lange, bis sie es gut kann. Aber wenn sie es kann, dann kann sie es. Dann verrechnet sie sich halt bei einer Plus- und einer Minusaufgabe einmal. Also mehr nicht. (EZP 3_F 3_84)

Nur zwei Mütter schätzen die mathematischen Fähigkeiten ihrer Kinder als schlecht ein. Die Probleme nehmen beide ebenfalls anhand der Hausaufgaben wahr, beispielsweise werden oft Hilfestellungen benötigten.

> Also wir besprechen das vorher, die Blätter. Und dann soll sie es halt schon selbstständig machen. Und das ist halt momentan, in Mathe ist das halt jetzt nicht so der Fall. Wo sie, wo ich jetzt sage, sie macht schon was alleine auch, aber es ist einfach, wo sie dann immer auch noch fragt und wo sie dann einfach Hilfe braucht. (EZP 3_F 9_119)

Beide Familien versuchen durch zusätzliches Üben die Schwierigkeiten in der Schule auszugleichen.

Neben den spezifischen Mathematik- und Deutschkenntnissen sollten die Eltern ihre Kinder auch *allgemein im Vergleich zu anderen* beurteilen. Die

Mehrheit der Mütter sieht ihr eigenes Kind dabei im Mittelfeld. Einige wenige schätzen ihre Kinder besser als den Durchschnitt ein und sehen sie unter den besten Schülern der Klasse. In den Aussagen nur einer Mutter wird deutlich, dass sie die Fähigkeiten ihres Kindes im Vergleich zu anderen als schlechter ansieht. Als zusätzlichen Referenzpunkt ziehen die Eltern in diesem Zusammenhang oftmals das Alter heran. Im Vergleich zu älteren Klassenkameraden bewertet ein Teil der Eltern die Fähigkeiten der eigenen Kinder als etwas geringer. Ebenso gehen sie darauf ein, dass dies nicht als problematisch bewertet wird, da im Vergleich zu Gleichaltrigen keine Unterschiede wahrgenommen werden. Ein anderer Teil beurteilt die Fähigkeiten in Bezug auf jüngere Kinder und gibt bessere Leistungen für die eigenen Kinder an. Bei dieser Betrachtungsweise werden den eignen Kindern bessere sozial-emotionale Fähigkeiten sowie eine höhere Konzentration und Ausdauer zugeschrieben.

> Und die anderen sind halt verspielt und hüpfen herum und wollen dies und jenes.
> Und das macht sie gar nicht. (EZP 3_F 3_24)

Auch Geschwisterkinder oder das Geschlecht werden vereinzelt von den Eltern zum Vergleich von Fähigkeiten herangezogen. Während bei den Geschwistern die Zielkinder sowohl besser als auch schlechter abschneiden, wird beim Geschlecht ein Vorteil für Mädchen beschrieben. Allerdings gehen nur Mütter von Jungen auf diesen Aspekt ein und sehen die Fähigkeiten von Mädchen besser an als die ihrer Jungen.

Die *Einschätzung der sozialen Fähigkeiten* bzw. des sozialen Verhaltens der Kinder in der Grundschule wird nur von einem Teil der Eltern angesprochen. Mütter, die ihren Kindern ein positives soziales Verhalten zuschreiben, geben an, dass diese Konflikte untereinander friedlich und verbal zu lösen versuchen. Darüber hinaus halten sie sich an die Regeln des Unterrichts, fügen sich gut in die Klasse ein und sind hilfsbereit gegenüber anderen.

> Also, so von dem sozialen Umfeld, z.B. wenn hier in der Nachbarschaft oder in der Gegend irgendwelche Kinder krank sind, wird bei uns angerufen, dann bringt die die Hausaufgaben mit. Also, solche Sachen, denke ich, da ist sie auch zuverlässig und alles. (EZP 3_F 1_48)

> Also, die haben ein integratives Kind in der Klasse und die Lehrerin ist zum Beispiel heilfroh, dass die XY danebensitzt. Die kann sagen: ‚Pass auf, Junge, ich mache erst meine Sachen und danach helfe ich dir.‘ (EZP 3_F 3_24)

Einige Eltern beschreiben hingegen ein problematisches Sozialverhalten, das sich vor allem während des Unterrichts zeigt. Sie gehen darauf ein, dass ihre

Kinder durch ‚Kaspereien' oder Gespräche den Unterricht und somit auch andere Kinder stören.

Obwohl sich Probleme in der Bewältigung der schulischen Anforderung zeigen, berichten fast alle Eltern über vorwiegend positive Schuleinstellungen der Kinder. Die Mütter geben an, dass ihre Kinder gern in die Grundschule gehen und sich in der neuen Situation wohlfühlen. Betont wird dies durch den Spaß oder die große Motivation der Kinder beim Schreiben- und Rechnenlernen. Eine Mutter berichtet in diesem Zusammenhang über Trödeleien ihres Kindes, damit es noch länger in der Schule bleiben kann.

> ELTERN: Es gefällt ihm sehr gut in der Schule. Und er möchte dann auch gerne länger bleiben sogar. Und deshalb trödelt er am Ende total. Und er hat auch gefragt, ob er bei so einer freien Ethik-Stunde evangelisch, ob er da nicht, obwohl er katholisch ist, mitmachen kann, weil es ihm so gut gefällt, freiwillig. […] Und, also, ich glaube, er macht das schon auch ein bisschen bewusst, auch am Schluss, dass er so der Langsamste beim Hausaufgaben-Aufschreiben ist, weil er einfach da noch bleiben möchte.
>
> INTERV.: Also er geht schon gerne, sehr gerne in die Schule?
>
> ELTERN: Eigentlich schon, ja. Also früh macht er sich gerne fertig und geht mit der Schwester. Das gefällt ihm auch, dass sie mitgeht. […] Also der macht sich fertig, freut sich und steht schon an der Türe, zieht sich an und will auch, rennt auch zum Auto oder zum, wenn wir laufen, manchmal. Also da ist schon eine Begeisterung eindeutig da. Ja. Genau. (EZP 3_F 4_25–27)

In einigen Fällen grenzen die Mütter die überwiegend positive Schuleinstellung ein. Die Kinder gehen zwar gern in die Grundschule, allerdings zeigen sie gegenüber den Hausaufgaben eine eher negative Einstellung und erledigen diese ungern.

Bei zwei Interviews lässt sich eine differenzierte Haltung zur Schule finden. Eine der beiden Mütter gibt an, dass ihr Kind gern in die Schule geht, aber schon öfter ansprach, wieder in den Kindergarten gehen zu wollen. Eine Begründung, weshalb das Kind diese Aussagen trifft, gibt die Mutter allerdings nicht. Im zweiten Fall wird die veränderte Schuleinstellung des Kindes auf einen Lehrerwechsel zurückgeführt. Zwar geht das Kind seitdem gern in die Schule, dennoch berichtet die Mutter auch über negative Haltungen des Kindes.

> Er geht schon. Weil er gehen muss. […] Es ist jetzt nicht unbedingt sein Liebstes. (EZP 3_F 5_29–31)

Die eher ablehnende Einstellung zur Schule führt die Mutter auf die vom Kind geäußerte Langeweile in der Grundschule zurück. Im Gegensatz zu der anderen Familie geht das Kind nach Aussagen der Mutter allerdings lieber in die Schule als weiterhin den Kindergarten besuchen zu müssen. Lediglich eine Familie berichtet über eine vorwiegend negative Schuleinstellung des Kindes, die seit Beginn der Grundschule besteht.

> INTERV.: Und geht Ihr Kind gern in die Schule?
> ELTERN: Nein, nicht so sehr. Wahrscheinlich das Ungewohnte, Neue, Stillsitzen und Hausaufgaben. Nein. Er wäre gern noch vier Jahre länger in den Kindergarten gegangen. Mit zehn die erste Klasse. Ja, er geht nicht gern. (EZP 3_F 19_33–34)

Die Mutter führt die negative Einstellung vor allem auf die eher ungewohnten Abläufe in der Grundschule zurück. Die Umstellung von einer eher unbeschwerten Zeit im Kindergarten zu neuen Regeln und täglichen Hausaufgaben fällt dem Kind schwer. Nur in Bezug auf seine Freunde fühlt sich das Kind in der Grundschule wohl.

Hinsichtlich der anfänglichen Probleme lassen sich kaum Unterschiede in den Aussagen der fristgerecht und verspätet einschulenden Eltern feststellen. Körperliche Probleme werden eher von zurückstellenden Eltern angesprochen. Allerdings ist dies ohnehin ein Aspekt, der eher selten auftritt. Weder die auftretenden Schwierigkeiten noch die positiv wahrgenommenen Entwicklungen sind abhängig vom Einschulungszeitpunkt. Auffallend ist hingegen, dass von den meisten Eltern mehr Schwierigkeiten als Fortschritte beschrieben werden, sowohl beiden fristgerecht als auch bei den verspätet einschulenden Familien. Bei der Einschätzung der kindlichen Fähigkeiten lassen sich nur in einzelnen Bereichen Differenzen zwischen fristgerecht und verspätet einschulenden Eltern finden. Hinsichtlich der Bewältigung der allgemeinen schulischen Anforderungen sowie der Fähigkeiten in Mathematik, Lesen und Schreiben bestehen keine systematischen Unterschiede. In Bezug auf die sprachlichen Fähigkeiten schreiben die fristgerecht einschulenden Eltern ihren Kindern eher Probleme zu als Eltern von zurückgestellten Kindern. Diese schätzen die sprachlichen Fähigkeiten ihrer Kinder indessen als sehr gut ein. Besonders betont werden dabei der große Wortschatz und die angemessene Verwendung von Wörtern. Weitere Unterschiede lassen sich im Vergleich zu anderen Kindern feststellen. Auch wenn die meisten Eltern die Fähigkeiten ihrer Kinder im Mittelfeld einordnen, so tendieren die fristgerecht einschulenden eher zu einem negativeren Bild. Die zurückstellenden Eltern geben hingegen eine positive Sichtweise wieder. Dies kann insbesondere auf die Vergleichsdimension Alter zurückgeführt werden. Während fristgerecht einschulende Eltern den Bezug zu älteren Kindern ziehen, gehen zurückstellende im Vergleich auf jüngere Klassenkameraden ein. Das Sozialverhalten wird nur von wenigen fristgerecht einschulenden Eltern angesprochen, hingegen gehen alle zurückstellenden Eltern darauf ein. Allerdings lassen sich für beide Gruppen sowohl positive als auch negative Aussagen finden. Dass die zurückstellenden Eltern die Bewältigung des Schulstarts etwas positiver einschätzen als die fristgerechten, ist erwartbar, da aufgrund der Maßnahme und somit der Besonderheit des Kindes auch ein Vorteil erwartet wird.

9.2   Beurteilung des Schuleintritts und Zufriedenheit mit der Einschulung

Die Eltern wurden in den Interviews drei Monate nach der Einschulung gebeten, eine globale *Beurteilung des Schuleintritts* zu geben. Eingeschätzt werden sollte, ob dieser schwerer als erwartet, wie erwartet oder leichter als erwartet war. In den Interviews lassen sich alle drei Ausprägungen finden. Ein Teil der Eltern beurteilt den Schuleintritt als leichter. Diese Eltern berichten darüber, mit Problemen, wie der Motivation für die Schule oder der Hausaufgabenbewältigung und -betreuung, gerechnet zu haben.

> ELTERN: War eigentlich leichter als erwartet. Ich habe eigentlich gedacht, dass es am Anfang schon ein wenig Schwierigkeiten gibt. Aber es ist eigentlich ganz gut gelaufen.
> INTERV.: Was hätten Sie erwartet?
> ELTERN: Na, dass er dann einmal nach ein paar Tagen kommt, er will nicht mehr in die Schule und das ist doof in der Schule und so. So etwas habe ich eigentlich erwartet, aber war eigentlich nicht. In die Schule geht er eigentlich gern. (EZP 3_F 12_91–93)

> Also ich habe es mir wesentlich schwerer vorgestellt. Ich habe mir schon Sachen ausgemalt. Um Gottes willen, der geht jetzt den ersten Tag rein mit der Schultüte, neue Eindrücke, der geht mir morgen nicht mehr rein. War ganz anders wie ich es mir vorgestellt habe. (EZP 3_F 13_121)

Die Befürchtungen der Eltern traten allerdings nicht ein und führen so zu einer positiven Einschätzung des Übergangs.

Andere Eltern geben hingegen an, dass der Schuleintritt wie von ihnen erwartet verlaufen ist. Die Aussagen differenzieren sich innerhalb dieser Gruppe.

Während eine Mutter berichtet, dass es so einfach wie erwartet verlaufen ist, geben andere Eltern an, dass die erwarteten Schwierigkeiten auch eingetroffen sind. In diesen Fällen gingen die Eltern demnach schon von einem problembelasteten Schulstart aus. Eine Mutter berichtet, dass der Schuleintritt wie erwartet sowohl im positiven als auch im negativen Sinne verlaufen ist.

> Meine Erwartung war, er schafft das mit links. Macht er auch. Meine Befürchtung war, er gibt sich mit dem zufrieden, was er kann, und hat wenig Ansporn, mehr daraus zu machen, wo er es könnte. Und das kam auch. (EZP 3_F 5_49)

Ein weiterer Teil der Eltern berichtete dagegen von starken Problemen bzw. Umstellungen zu Beginn der Grundschulzeit. Sie beurteilen den Eintritt in die Schule als schwerer als erwartet. Das bedeutsamste Problem, das die Familien ansprechen, ist das unerwartet hohe Lerntempo in der Grundschule. Als schwierig stellt sich dies für die Eltern vor allem im Zusammenhang mit dem von Anfang an hohem Zeitaufwand für Hausaufgaben und zusätzliches Lernen dar. Die Mütter berichten, an dieser Stelle weniger Betreuungsarbeit erwartet zu haben, und nehmen die Situation als eine Belastung sowohl für das Kind als auch sich selbst wahr.

> Also, ich habe es mir ein wenig einfacher vorgestellt. Aber es ist halt wirklich am Anfang ... ich meine, gut, wenn es das erste Kind ist, beim zweiten weiß man dann, was auf einen zukommt. Aber beim ersten Kind ist man da schon noch ein wenig blauäugig, sage ich einmal. Und auch was von den Kindern verlangt wird, also, ich habe dann ganz geschaut. Weil die haben ja nach fünf Wochen schon eine Leseprobe geschrieben, das war eine komplette Seite, und ich bin da schon etwas erschrocken eigentlich, muss ich sagen. Was von den Kindern auch jetzt im Rechnen dann schon verlangt wird. Also, da habe ich dann schon ganz schön geschaut. (EZP 3_F 9_65)

Daneben ist die *Zufriedenheit mit dem Einschulungszeitpunkt* ein weiterer Aspekt der Bewährung. Zwar beschreiben einige den Schuleintritt als schwerer als erwartet, dennoch sind fast alle Eltern deutlich zufrieden mit der momentanen Situation und dem Einschulungszeitpunkt.

> Ja, das war genau das Richtige. Und ich bin auch froh, dass ich mich da von keinem Schularzt umstimmen haben lasse. (EZP 3_F 1_103)

Lediglich zwei Familien beurteilen ihre Entscheidung rückblickend als nicht richtig. Eine Mutter erläutert, dass sie zwischen Zufriedenheit und Unzufriedenheit schwankt, je nachdem wie das Kind mit dem aktuellen Lernstoff zurechtkommt. Im anderen Fall überwiegt die Unzufriedenheit mit der Einschulungsentscheidung deutlich. Die Überlegungen der Mutter schließen sogar eine Wiederausschulung des Kindes mit ein. Die erheblichen Probleme beim Lesen- und Schreibenlernen belasten sowohl das Kind als auch die Mutter. Als Begründung für die Schwierigkeiten benennt sie das angewandte Lernsystem.

> Aber meine Nachmittage sind im Moment komplett geprägt von Schule mit dem Großen und dem Kleinen. Also das ist eine wahnsinnige Belastung im Moment. Und auch die Wochenenden, es ist nicht mehr so, dass man entspannt ein Wochenende planen kann. Man muss immer im Hinterkopf haben, ha, ich muss noch für die Schule üben. Und so schwer wollte ich es ihm eigentlich nicht machen. Deswegen zweifle ich immer noch mit mir, ob ich ihn nicht einfach noch mal rausnehme. Es ist vor allem das Schreiben. Lesen, es ist halt auch dieses System ist neu. [...] Der hat jetzt heute Hausaufgaben aufgehabt. Das ist ein Blatt, da stehen fünf Wörter drauf: ‚Kamel‘, ‚Lamm‘, ‚Hund‘, ‚Katze‘, ‚Maus‘ und die Bilder dazu. Und der soll das versuchen zu entziffern und zu verbinden. Das kriegt er rucki zucki hin. Aber mein Großer konnte in der Zeit flüssig lesen. Das klappt da noch nicht. Wenn er dann liest ‚Mama malt‘ und bei dem Wort ‚malt‘ muss er sich erst alle einzelnen Buchstaben vorsagen und die dann mühsam zusammensetzen. Wobei ich nicht weiß, ob das nach diesem System vielleicht so gewollt ist. (EZP 3_F 20_20)

Beide Familien geben an mit der Einschulungsentscheidung nicht zufrieden zu sein. Diese Einstellung kann sowohl auf die Unzufriedenheit mit der momentanen Situation als auch auf den problematischen Schuleintritt zurückgeführt werden. In beiden Interviews äußern die Mütter, dass der Schulanfang schwerer als bzw. wie erwartet schwierig verlaufen ist.

Im Zusammenhang mit der Zufriedenheit bezüglich des Einschulungszeitpunktes wurden die Eltern auch gefragt, ob sie mit ihrem jetzigen Wissen die gleiche Einschulungsentscheidung treffen würden. All jene Eltern, die zufrieden mit ihrer Entscheidung sind, würden demnach auch den gleichen Einschulungszeitpunkt wählen. Allerdings ergänzen zwei Mütter, dass sie die Möglichkeit einer Einschulung während des laufenden Schuljahres bevorzugen würden, eine Zurückstellung jedoch nicht infrage käme.

> [...] ein Jahr später wäre mir zu spät. Da wäre er dann wieder einfach zu groß. Wenn es halt so ein Zwischending gäbe, ein halbes Jahr, finde ich, wäre ideal gewesen. Aber da das halt nicht geht, muss man halt Kompromisse schaffen. (EZP 3_F 4_129)

Trotz der gleichen Einschulungsentscheidung würden einige Eltern den Entscheidungsprozess verändern. Die Mütter würden bestimmten Fähigkeiten oder soziale Kontakte zu künftigen Klassenkameraden fördern. Einige Mütter würden frühzeitiger Informationen und Unterstützungen von anderen einfordern, um so zeitiger eine Einschulungsentscheidung treffen und belastende Phasen vermeiden zu können. Lediglich die beiden Mütter, welche unzufrieden mit ihrer Entscheidung sind, würden mittlerweile einen anderen Einschulungszeitpunkt wählen. Während eine der beiden Mütter zum Zeitpunkt des Interviews nicht einschätzen kann, ob es die richtige Entscheidung war, würde die andere Mutter nun eine Zurückstellung bevorzugen. Sie hatte sich nur für die reguläre Einschulung entschieden, da es ihr von anderen angeraten wurde. Rückblickend äußert die Mutter, dass sie ihre eigene Meinung hätte durchsetzen und sich nicht den anderen fügen sollen.

> Hätte ich es noch mal zu entscheiden, würde ich ihn noch ein Jahr springen lassen. Und ich denke, dann würde ihm vieles leichter fallen. Aber wie gesagt, wie vorhin schon gesagt, es ist schwer, sich gegen alle dann so, wenn alle sagen, das Kind schafft es, das Kind ist soweit, allein aus dem Bauch heraus als Mutter zu sagen: ‚Nein, und ich mache es doch nicht.' Ist eine schwere Entscheidung. Man will ja auch nicht das Kind irgendwo demotivieren, wenn man sagt: ‚Du bist noch nicht soweit. Du kannst das nicht. Ich traue dir das nicht zu.' Und vielleicht liegt man ja auch als Mutter mit der Entscheidung falsch. Man denkt, das ist halt mein Kleiner, der ist so behütet und beschützt. Und nur aus dem Grund traue ich das meinem Kind nicht zu. Diesen Schritt wollte ich dann auch nicht gehen. Wäre vielleicht besser gewesen. (EZP 3_F 20_85)

Im Rückblick auf die Einschulungsentscheidung und nach den ersten Schulmonaten äußern sich die Eltern auch darüber, wie sie den *Zeitraum der Entscheidungsfindung* erlebt haben. Hier lassen sich sowohl positive als auch negative Bewertungen finden. Ein Teil der Eltern beschreibt diese Zeit als eine schwierige Phase. Sie gehen darauf ein, sich Sorgen und Gedanken darüber gemacht zu haben, ob das Kind die nötige Ausdauer für die Schule mitbringt oder inwiefern der gewählte Einschulungszeitpunkt richtig ist. Die eher negative Sichtweise auf den Entscheidungszeitraum geht bei den meisten Eltern mit einem Unsicherheitsgefühl einher, welches unter anderem auf die unzureichende Beratung von Seiten der Institutionen zurückgeführt wird.

> Was sie mir gegeben haben, das waren diese Vorschulblätter, die sie gemacht hat. Die haben sie mir dann gezeigt. Und haben halt gesagt, was sie aus dem Bauch heraus sagen. Aber mir war klar, was sie aus dem Bauch heraus sagen, weil sie ein-

fach diese Grundsatzeinstellung hatten. Also es war nichts Objektives, das war was Subjektives und da war ich schon ein bisschen alleine. [...] Da hätte ich mir mehr, klarere Aussagen gewünscht. Aber die wollten sich halt auch nicht irgendwie festlegen. Weil man dann Angst hat, ‚die hat aber gesagt, ich habe gesagt, sie soll nicht oder sie soll' oder wie auch immer. Ich denke auch, dass da zu wenig Wissen auf Seiten der Erzieherinnen ist. Die wissen ja oft nicht mal, wann der Einschulungstermin, also wie es mit der Zurückstellung der Kinder ist. Sollen sie eingeschult werden oder nicht? Also diese Termine, die da jetzt verrutscht sind. (EZP 3_F 3_120–122)

Darüber hinaus lässt sich feststellen, dass die meisten Eltern den Entscheidungszeitraum als schwierig einschätzen, wenn die Erwartungen und der tatsächliche Verlauf dieser Phase nicht übereinstimmen. In den Vorstellungen der Mütter hätte es leichter und weniger anstrengend sein sollen.

ELTERN: Also, bis sie eingeschult worden ist, das war eine Katastrophe. Das war sehr turbulent, sehr aufregend, sehr viel Unsicherheit. War nicht wirklich gut, also war immer im Zwiespalt, war immer unsicher. Soll sie jetzt gehen? Soll sie nicht gehen? Immer ein Hü und ein Hott. Also, es war schwierig, extrem schwierig in ihrem Fall.

INTERV.: Haben Sie sich dann die Zeit der Entscheidungsfindung auch so vorgestellt gehabt?

ELTERN: Nein, überhaupt nicht. Also dadurch, dass wir halt eine größere Tochter noch haben. Die Voraussetzungen waren eben dort andere. Und das war leichter. Ich sage jetzt mal, auch nicht bloß, bloß einfach, aber leichter auf jeden Fall. Und dann dachte ich eben, bei der XY wäre das leichter eben, weil man ja den Gang schon mal durch ist, aber das war halt, ja, andere Grundvoraussetzungen und plötzlich eine ganz andere Situation. Ja, war schon schwierig. (EZP 3_F 6_89–91)

Nur eine Mutter, welche den Entscheidungszeitraum als schwierig schildert, hatte auch mit diesem Verlauf gerechnet.

Einige Eltern beschreiben den Verlauf des Entscheidungsprozesses rückblickend als überwiegend positiv. Für sie stand zum Teil schon anhand des Geburtsdatums frühzeitig fest, wann ihr Kind eingeschult werden sollte. Dennoch erwähnen auch sie einzelne Probleme während dieser Zeit. Eine Mutter spricht an, dass sie sich Gedanken gemacht hatte, ob die sprachliche Entwicklung des Kindes gut verläuft. Von institutioneller Seite wurden sie auf Probleme hingewiesen, welche sie vorher nicht wahrgenommen hatte. Andere Familien äußern, dass sie während der Zeit Bedenken in Bezug auf das Interesse des Kindes an der Schule, das junge Alter oder die Bewältigung des Schulweges hatten. In einem Interview schildert die Mutter, eigentlich keine Zweifel gehabt zu haben, allerdings wurden von anderen Eltern (mit Schulkindern) negative Vorstellungen vom Schulbeginn verbreitet, die bei ihr letztendlich auch zu Bedenken führten. Bei all diesen Familien werden die Probleme im Zusammenhang mit dem Entscheidungsprozess jedoch nicht als gravierend beschrieben und spielen in ihrer Beurteilung nur eine untergeordnete Rolle.

> Also, war jetzt eigentlich positiv, muss ich sagen. Mit dem, dass da alles gepasst hat. Mit dem, dass keine größeren Probleme waren. Und dann also war das für mich auch so in Ordnung. (EZP 3_F 9_168)

Zusammenfassend lässt sich festhalten, dass die Beurteilung des Schuleintritts und die Zufriedenheit mit dem Einschulungszeitpunkt anhand verschiedener Aspekte erfasst werden können. Unterschiede zwischen fristgerecht und verspätet einschulenden Eltern zeigen sich vor allem in der globalen Beurteilung des Schuleintritts. Die zurückstellenden Eltern geben fast alle eine positive Einschätzung ab. Damit mehr Problemen gerechnet wurde, stellt sich der Übergang leichter als erwartet dar. Hingegen zeigt sich bei den fristgerecht einschulenden Eltern ein uneinheitliches Bild. Der Schuleintritt wird sowohl leichter als auch schwerer als erwartet eingeschätzt. Wenngleich einige der fristgerecht einschulenden Eltern den Übergang als schwierig beschreiben, sind dennoch fast alle Eltern beider Gruppen zufrieden mit ihrer Entscheidung. Dies bestätigt sich auch in den Aussagen, dass die Familien für ihr Kind rückblickend keinen anderen Einschulungszeitpunkt wählen würden. Nur bei zwei fristgerecht einschulenden Familien zeigt sich eine Unzufriedenheit mit der Entscheidung, welche auf einen schwierigen Schuleintritt zurückgeführt werden kann und sich in dem Wunsch nach einem (möglichen) anderen Einschulungszeitpunkt widerspiegelt. Hinsichtlich der Beurteilung des Entscheidungszeitraumes lassen sich zwischen fristgerecht und verspätet einschulenden Eltern keine Unterschiede feststellen. Einzelne Veränderungen, wie eine frühzeitigere Klärung der Situation und Entscheidung, werden von beiden Elterngruppen gewünscht.

9.3   Beurteilung des zusätzlichen Jahres

Durch eine Zurückstellung soll das Kind in einem zusätzlichen Jahr vorhandene Rückstände bezüglich der Schulfähigkeit ausgleichen, um so einen guten Start in die Schule zu haben. Die verspätet einschulenden Eltern sollten deshalb im dritten Interview den zusätzlichen Zeitraum hinsichtlich der Förderung im Kindergarten und der Entwicklung des Kindes beurteilen.

Über die *Zufriedenheit mit dem Zurückstellungsjahr* äußern sich alle Mütter insgesamt positiv, lediglich in zwei Fällen zeigen sich Bedenken bezüglich der Dauer des Kindergartenaufenthaltes. Grund der Bedenken ist aus Sicht beider Familien der zu lange Kindergartenaufenthalt. Nach vier Jahren Kindergarten zeigten die Kinder im letzten halben Jahr Langeweile. Aus diesem Grunde hätte sich eine Mutter eine Einschulung im laufenden Schuljahr gewünscht. Die andere Mutter hätte einen späteren Kindergarteneintritt gewählt, wäre sie von vornherein von einer späteren Einschulung ausgegangen.

> Wenn ich von vornherein gewusst hätte, dass die XY dann vier Jahre im Kindergarten ist, hätte ich die das erste Jahr nicht reingetan. Ich finde, drei Jahre Kindergarten reichen. (EZP 3_F 3_144)

Ein Teil der Eltern geht auf die zusätzliche Förderung der Kinder ein, von der diese stark profitierten. Als eine Maßnahme wird eine bewusste Betonung des „Ältesten-Status" durch die Erzieherinnen angesprochen.

> Weil sie also ihm klipp und klar gesagt haben: ‚Du bist der Große, du bist der Älteste, du musst uns jetzt ein wenig helfen', und er hat dort definitiv seine Aufgaben gekriegt, die er zu erledigen gehabt hat. Ja, das hat ihn schon auch gefördert. (EZP 3_F 5_237)

Der Status des Ältesten wurde weder von den Kindern noch von den Eltern als unangenehm empfunden, vielmehr wird darin eine Stärkung des Selbstbewusstseins gesehen.

> Er hat das Kindergartenjahr auch genossen, eben weil er auch eine Sonderstellung hatte. Und weil er von allen sehr respektiert wurde als ältestes Kind, auch in anderen Gruppen. Und das ist witzig, das sieht man heute noch. Also, wenn er mal seinen kleinen Bruder abholt im Kindergarten, da kommen die immer noch her: ‚Oh, XY, besuchst du uns. Oha toll!' Also der hat da einen Status gehabt, und der hat ihm sehr viel Kraft gegeben. Sehr viel Stärke. (EZP 3_F 7_177)

Neben der Übertragung von besonderen Aufgaben wurden die Kinder darüber hinaus auch gefördert. So beschreibt eine Mutter, dass die Erzieherin dem Kind zusätzliche Arbeitsblätter gegeben hat, um einerseits die motorischen Fähigkeiten und andererseits Konzentration und Ausdauer zu verbessern.

In den Fällen, in denen die Kinder gegen Ende des Aufenthaltes Langeweile äußerten, geben die Mütter an, dass keine besondere Förderung im Kindergarten stattgefunden hat. Stattdessen gehen sie drauf ein, dass der Kindergarten kaum zur Weiterentwicklung des Kindes beigetragen hat. Zumeist fand das gleiche Programm zur Schulvorbereitung noch einmal statt.

In einem Fall verbrachte das Kind das Jahr vor der Einschulung in einer schulvorbereitenden Einrichtung (SVE). Trotz anfänglicher Bedenken beurteilt die Mutter das Jahr als sehr gewinnbringend. Vor allem geht sie auf die Betreuungssituation in der Einrichtung ein. Aufgrund des sehr guten Erzieher-Kind-Schlüssels konnten die pädagogischen Fachkräfte individuell auf die Rückstände der Kinder eingehen und mit ihnen arbeiten. Aus Sicht der Eltern hätte dies ein regulärer Kindergarten nicht leisten können.

> Und dahinten [regulärer Kindergarten] sind 50 Kinder. Da fällt einer nicht auf, der in der Ecke hockt und Bausteine zusammenbaut, bevor er in die ‚Wackelzähne‘ geht, also in die Vorbereitung. Und da [SVE] sind 12–15 Kinder, und da wissen sie genau, was jedes Kind für Schwächen hat. (EZP 3_F13_156)

Die Mutter betont mehrfach das Engagement der pädagogischen Fachkräfte. Sowohl die individuelle Betreuung als auch das Einfühlungsvermögen trugen ihrer Ansicht nach zu einer sehr guten Entwicklung des Kindes bei. Trotz einer kindgerechten und spielerischen Umgebung bestand in der Einrichtung gleichzeitig ein disziplinierter Tagesablauf. Benannt wird die räumliche und zeitliche Strukturierung, so standen jeder Gruppe ein Klassenzimmer mit Schulbänken und ein separater Raum zum Spielen zur Verfügung. Aus Sicht der Mutter wirkt sich der Tagesablauf mit dem „Sitzen, Machen und dann Spielen" (EZP 3_F 13_49) nun sehr positiv auf die kindliche Bewältigung der schulischen Anforderungen aus.

Die *Entwicklung der Kinder im zusätzlichen Kindergartenjahr* bewerten alle Eltern als positiv. Ein entscheidender Aspekt bei der Zurückstellung war bei allen der noch nicht vorhandene allgemeine Entwicklungsstand. Rückblickend sehen die meisten Eltern einen deutlichen Nutzen durch das zusätzliche Jahr.

> Das Jahr hat ihm richtig gutgetan. Man merkt es auch in der Entwicklung. Er ist ein Stück reifer noch geworden. Nicht so spielerisch, sondern doch echt gut. (EZP 3_F 8_221)

> Also, ich denke, diese Reife, die ich ihr gerne angedeihen lassen wollte durch dieses eine Jahr, die hat sie. Die kann jetzt auch dem Nachbarsmädchen gegenüber sagen: ‚Nein, das möchte ich nicht.‘ Das konnte sie früher nicht. Da war sie halt immer, einfach, sie ist halt mit und hat sich schubsen lassen. [...] Das kann sie inzwischen. Da hat sie an Reife gewonnen. Oder auch an der Fähigkeit, nicht mehr

so ... also sachliche Dinge von spielerischen zu unterscheiden. Ich denke, da ist sie den anderen voraus. (EZP 3_F 3_78)

Anhand der Aussagen wird sichtbar, dass mit den Begriffen ‚Reife' und ‚allgemeiner Entwicklungsstand' verschiedene Fähigkeiten verbunden werden. Die im zweiten Interview angesprochene Verspieltheit konnte im zusätzlichen Jahr abgelegt werden. Auch das lange fehlende Interesse an schulischen Inhalten hat sich im Laufe der Zeit deutlich entwickelt. So berichtet eine Mutter, dass das Kind nach einem halben Jahr von selbst schreiben lernen wollte. Weitere Entwicklungsschritte berichten die Eltern hinsichtlich der feinmotorischen Fähigkeiten, die sich vor allem in der Haltung von Stiften und somit beim Schreiben und Malen zeigen. Einige Eltern beschreiben ebenfalls eine Verbesserung der sozial-emotionalen Fähigkeiten. Sie gehen dabei auf mehr Offenheit gegenüber anderen Kindern, höhere Selbstständigkeit oder ein besseres Selbstwertgefühl der Kinder ein.

Und auch das Selbstbewusstsein: Er war dann natürlich der Älteste, durfte besondere Aufgaben erledigen. Und das hat ihn stark gemacht. Und auch dann Dinge zu probieren, wovor er Angst hatte, das geht ja auch immer von da oben [Mutter deutet auf den Kopf] aus. (EZP 3_F 7_173)

9.4 Bildungsaspirationen

Wie in den vorangegangenen Interviews wurden die Eltern auch zu Beginn der Grundschule nach den Erwartungen hinsichtlich der Entwicklung ihres Kindes in der Schule und dem späteren Schulabschluss befragt.

Hinsichtlich der *idealistischen Bildungsaspirationen* zeigen sich nur vereinzelt Unterschiede zu den Aussagen aus dem zweiten Interview während der Kindergartenzeit. Der Großteil der Eltern präferiert für das Kind immer noch das Abitur als Schulabschluss. Einige Eltern gehen in diesem Zusammenhang darauf ein, dass ein hoher Bildungsabschluss mehr Chancen für das weitere Leben eröffnet, wie beispielsweise ein anschließendes Studium. Ein kleiner Teil der Eltern wünscht sich den Realschulabschluss, wobei sich hier wiederum zwei Varianten finden. Während einige lediglich den mittleren Schulabschluss ansprechen, ergänzen andere Mütter, dass sie dies als ‚Mindestwunsch' ansehen.

Ich würde mindestens Realschule, aber das ist so, was ich mir wünsche. [...] Also, ich würde mir für ihn wünschen mindestens Realschulabschluss. (EZP 3_F 19_92)

Die Möglichkeit, nach dem Realschulabschluss noch eine weiterführende Schule zu besuchen, stellt einen Weg dar, der nicht von vornherein auf den Besuch des Gymnasiums abzielt. Die Eltern wollen frühzeitigen Druck auf die Kinder vermeiden, einzelne sehen den weiteren Verlauf auch stark im Zusammenhang mit der Entwicklung und den Absichten der Kinder.

Bei einigen Familien zeigen sich Veränderungen in Bezug auf die idealistischen Bildungsaspirationen. Sie präferieren im Vergleich zum zweiten Interview nun einen höheren Schulabschluss. Während vorher die mittlere Reife mit dem Zusatzwunsch Abitur angegeben wurde, äußern die Eltern nur noch den höheren Abschluss als Bildungswunsch. Ein Teil der Eltern betont zusätzlich, dass sie sich eine problemlose Schulzeit für ihr Kind wünschen. Die idealistische Bildungsaspiration der Eltern wird in diesen Aussagen an eine zusätzliche Bedingung geknüpft und somit auch teilweise eingegrenzt. Ein guter Schulabschluss soll nicht erzwungen werden, wenn sich das Kind aber gut entwickelt und mit den Anforderungen zurechtkommt, sollen ihm alle Türen offen stehen.

> Es wäre schon schön, wenn er es schaffen würde, auf das Gymnasium zu gehen. Aber wenn wir jetzt merken, dass er jetzt nicht so der Lern-Typ ist oder dass es zu stressig ist, dann muss das auch nicht sein. Aber wäre schon erstrebenswert. (EZP 3_F 15_145)

Zwischen den idealistischen und den *realistischen Bildungsaspirationen* lassen sich deutliche Unterschiede festhalten. Wie schon im zweiten Interview geht nur eine Mutter auf das Abitur als realistischen Abschluss für ihr Kind ein. Die Mehrheit der Eltern hat zu Beginn der Grundschule keine konkreten Vorstellungen, welchen Schulabschluss das Kind tatsächlich erreichen wird. Vor allem die nicht absehbare weitere Entwicklung geben viele Eltern als Begründung an. Einige Mütter gehen auf das Engagement und die Motivation der Kinder als konkrete Bereiche ein, die sie als wichtig für eine positive schulische Entwicklung und einen guten Schulabschluss ansehen. Darüber hinaus äußern manche, dass nach so kurzer Zeit in der Schule eine Einschätzung zu früh ist.

> INTERV.: Können Sie das schon irgendwie einschätzen, wie er sich so entwickelt?
> ELTERN: Nein, kann ich überhaupt nicht, glaube ich. [...] Ich denke, das wäre jetzt ein bisschen verfrüht. (EZP 3_F 15_150–153)

Lediglich ein kleiner Teil der Eltern gibt die mittlere Reife als realistischen Schulabschluss für das Kind an. Dabei wird von fast allen eine problemlose Bewältigung dieser Anforderung benannt. Trotzdem sprechen auch diese Eltern die weitere Entwicklung als nicht vorhersehbare Bedingung an. Bei einer guten Entwicklung sehen die Mütter auch realistische Chancen für einen höheren Schulabschluss.

> Also, ich glaube nicht, dass man das jetzt wirklich beurteilen kann, aber wenn sie wirklich so dran bleibt, wie sie im Moment, mit dem Ehrgeiz, den sie hat, dann könnte ich mir eine mittlere Reife auf jeden Fall vorstellen. Aber vielleicht schafft sie es auch weiter. Also, denke schon, dass sie das hinkriegen könnte. (EZP 3_F 6_81)

Zwischen den realistischen Bildungsaspirationen im zweiten und dritten Interview zeigen sich bei den meisten Eltern keine Unterschiede. In einem Fall lässt sich allerdings ein gesteigertes Bildungsbestreben feststellen. Während im Kindergarten noch keine eindeutige Aussage zum späteren Schulabschluss getroffen wurde, wird nun der Realschulabschluss als realistisch angesehen.

Sowohl in Bezug auf die idealistische als auch auf die realistische Bildungsaspiration lassen sich kurz nach der Einschulung keine Unterschiede zwischen fristgerecht und verspätet einschulenden Eltern feststellen. Unterschiede in den realistischen Bildungsaspirationen vor Schuleintritt zeigen sich nicht mehr. In beiden Gruppen sprechen einige Eltern konkrete Abschlüsse an, die sie ihren Kindern zutrauen. Andere Mütter wollen hingegen keine Aussagen über spätere Bildungsverläufe machen. Übergreifend äußern die meisten Eltern, dass die weitere Entwicklung des Kindes entscheidend für den späteren Schulabschluss ist.

9.5 Zusammenfassung

Die Bewährung der Einschulungsentscheidung kann anhand verschiedener Aspekte bewertet werden. Einen Aspekt stellt dabei die Bewältigung des Schuleintritts dar. Anfängliche Schwierigkeiten, aber auch Fortschritte werden sowohl von fristgerecht als auch verspätet einschulenden Eltern berichtet. Allerdings werden mehr Probleme als Erfolge geschildert. Dennoch bewältigten die meisten Kinder aus Sicht der Eltern die allgemeinen schulischen Anforderungen gut. Die Bewährung von unterschiedlichen Einschulungszeitpunkten wird in anderen Studien vorrangig an schulbezogenen kindlichen Fertigkeiten festgemacht (vgl. Kapitel 4). Bezogen auf die fachlichen Fähigkeiten zeigen sich vornehmlich Unterschiede in den Deutschkenntnissen. Die Eltern beschreiben durchgehend sehr unterschiedliche Entwicklungsstände. Während einige Kinder schon flüssig lesen können, haben andere noch deutliche Pro-

bleme bei der Buchstaben-Laut-Zuordnung. Auch zwischen den beiden Einschulungsgruppen bestehen in der Bewertung Unterschiede. Fristgerecht einschulende Eltern beschreiben in Bezug auf die sprachlichen Fähigkeiten eher
Probleme, hingegen schätzen die zurückstellenden Eltern ihre Kinder dahin
gehend als sehr gut ein. Der Vergleich zu anderen Kindern wird oft in Bezug
auf das Alter der Mitschüler vorgenommen. So werden die fristgerecht eingeschulten Kinder oft mit Älteren vergleichen und von ihren Eltern schlechter
eingeschätzt, während die zurückgestellten Kinder im Vergleich zu Jüngeren
besser abschneiden. Das Sozialverhalten wird trotz seiner Bedeutung als
Schulfähigkeitskriterium im Zusammenhang mit der Bewährung der Einschulungsentscheidung nur von einigen Eltern angesprochen. Vor allem die zurückstellenden Eltern benennen diesen Aspekt, wobei sowohl positive als auch negative Situationen beschrieben werden. Die Schuleinstellung der Kinder indessen wird von beiden Gruppen als überwiegend positiv beschrieben.

Neben der Bewältigung des Schulstarts und den kindlichen Fähigkeiten zu
Beginn der Grundschule wurde die Bewährung der Einschulungsentscheidung
auch anhand der Zufriedenheit der Eltern mit dem Übergangsprozess erfasst.
In den Aussagen zur globalen Beurteilung des Schuleintritts bildet sich die
ganze Bandbreite ab. Eine fast durchweg positive Einschätzung lässt sich bei
den zurückstellenden Eltern feststellen, bei fristgerecht einschulenden Eltern
sind die Aussagen gemischt. Trotz allem sind die meisten Eltern zufrieden mit
ihrer Einschulungsentscheidung und würden wieder den gleichen Einschulungszeitpunkt für ihr Kind wählen.

Das zusätzliche Kindergartenjahr wird von den zurückstellenden Eltern als
gewinnbringend bewertet. Die fehlenden Fähigkeiten, welche unter anderem
zur Zurückstellung geführt hatten, konnten nachgeholt werden.

Bezüglich der idealistischen Bildungsaspirationen zeigte sich ein ähnliches
Bild wie zum Zeitpunkt des dritten Kindergartenjahres. Als Wunsch geben die
Eltern einen mittleren oder hohen Bildungsabschluss an. Bei den realistischen
Bildungsaspirationen zeigten sich hingegen Veränderungen zwischen der Kin-
dergarten- und der Grundschulzeit. Die meisten Eltern machen mittlerweile
keine spezifische Aussage mehr zum tatsächlich erreichbaren Schulabschluss.
Unterschiede zwischen fristgerecht und verspätet einschulenden Eltern lassen
sich in Bezug auf die idealistische und realistische Bildungsaspiration nicht
finden. Vielmehr ist es allen Eltern wichtig, die weitere Entwicklung des Kindes abzuwarten und danach zukünftige Entscheidungen zu treffen.

10 Fallporträts

Im folgenden Kapitel werden anhand verschiedener Fälle das individuelle Zustandekommen sowie die Bewährung der Einschulungsentscheidung dargestellt. Die Auswahl der Fälle soll eine möglichst kontrastierende Darstellung von Einschulungsverläufen wiedergeben (vgl. Kapitel 7.3.3). Aus den drei Gruppen (1 – mittlere Kompetenzen und mittlerer/hoher Bildungshintergrund; 2 – niedrige Kompetenzen und mittlerer/hoher Bildungshintergrund; 3 – niedrige Kompetenzen und niedriger Bildungshintergrund) werden jeweils zwei Fälle – fristgerechte und verspätete Einschulung – exemplarisch dargestellt. Bei der Auswahl wurde zusätzlich darauf geachtet, inwieweit die Fälle Besonderheiten im Einschulungsverlauf aufweisen. Zu Beginn werden kurz Hintergrundmerkmale der Familie beschrieben, um so die Einordnung in die Gruppen und den Unterschied zu den anderen Fällen zu verdeutlichen. Anschließend wird auf spezifische Auswertungskategorien, die sich anhand der fallübergreifenden Darstellung ergaben, eingegangen. Hinsichtlich der Entstehung der Einschulungsentscheidung werden die Wahrnehmung des Kindes und der Verlauf der Entscheidungsfindung, anhand der Einstellungen der Eltern sowie relevante Aspekte in Familie und Institutionen, aufgegriffen. Dazu werden an dieser Stelle Aussagen berücksichtigt, auf die bei den deskriptiv-vergleichenden Darstellungen der Einschulungsentscheidung nicht eingegangen wurde. In einem zweiten Punkt wird die Bewährung der Einschulungsentscheidung dargestellt. Dabei werden sowohl die Bewältigung und Beurteilung des Schulstarts, die Zufriedenheit mit der Einschulungsentscheidung sowie bei den zurückstellenden Eltern die Bewertung des zusätzlichen Kindergartenjahrs herangezogen. Ziel dieses Kapitels ist es, den Prozess der Einschulungsentscheidung anhand spezifischer Fälle mit ihren unterschiedlichen Verläufen, trotz ähnlicher Hintergrundmerkmale, darzustellen. Ebenso wie in beiden vorangegangenen Kapiteln werden Aussagen zur Verdeutlichung herangezogen. Zur besseren Lesbarkeit der Fallanalysen wurden den Familien und Kindern fiktive Namen gegeben, welche in keinem Zusammenhang mit der Realität stehen.

10.1 Fall 1: Zurückstellungen und Förderung in einer schulvorbereitenden Einrichtung

Familie M. lässt sich der ersten Gruppe zuordnen – mittlere Kompetenz und mittlerer/hoher Bildungshintergrund. Beide Eltern haben einen Hauptschulabschluss, Herrn M. hat daran eine Lehre angeschlossen. Frau M. hat einen Berufsfachschulabschluss, auf den auch das mittlere familiäre Bildungsniveau zurückgeht. Die Familie wohnt in einem ländlichen Gebiet. Markus ist das einzige Kind der Familie. Zu Beginn der Kindergartenzeit weist der Sohn in den Kompetenztests der BiKS-Studie Fähigkeiten im mittleren Bereich auf. Das Kind wird vom Schulbesuch zurückgestellt und besucht im zusätzlichen Jahr eine schulvorbereitende Einrichtung (SVE) an einer Förderschule. 2009 wird er dann an einer bayerischen regulären Grundschule eingeschult. Familie M. ist aufgrund des Geburtsmonats von Markus direkt von der Stichtagsverlegung betroffen.

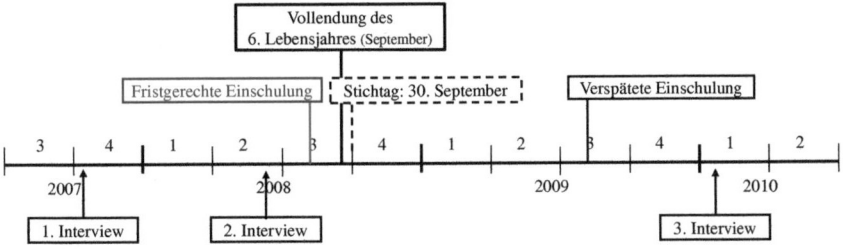

Abbildung 10.1: Übersicht über die Interviewzeitpunkte und die Einschulung bei Familie M.

10.1.1 Einschulungsentscheidung

Wahrnehmung des Kindes
Frau M. gibt bereits im ersten Interview an die neue Stichtagsreglung zu kennen. Ihr ist bewusst, dass ihr Sohn damit 2008 eingeschult werden muss und somit im Alter von fünf Jahren die Grundschule beginnt. Auch wenn Markus kurz nach dem Eintritt (Ende September) sechs Jahre alt wird, hat die Mutter Bedenken bezüglich des frühen Einschulungsalters, da sie einer Einschulung mit fünf Jahren kritisch gegenübersteht. Sie betont immer wieder, dass es im Falle ihres Sohnes eine knappe Entscheidung ist. Nach ihren Informationen wäre eine Zurückstellung vom Schulbesuch nur für Kinder problemlos gewesen, die im Oktober geboren sind.

Zum Zeitpunkt des ersten Interviews schätzt sie ihr Kind als noch nicht schulfähig ein. Zwar stellt sie heraus, dass er sich gut allein beschäftigen kann, sobald es allerdings um ein längeres Arbeiten an eher schulbezogenen Aufgaben geht, mangelt es an anhaltender Konzentration. Die sozial-emotionalen Fähigkeiten beurteilt sie lediglich unter Bezug auf Berichte des Kindergartens. Vor allem die Hilfsbereitschaft und Fürsorglichkeit ihres Kindes gegenüber kleineren Kindern stellt die Mutter heraus. Als eine emotionale Schwäche ihres Sohnes beschreibt sie hingegen den Umgang mit Niederlagen.

> Und, ähm, beim Sozialverhalten, also, ich weiß ja nicht, ob da das mitspielt, mit dazugehört, wenn wir jetzt ein Spiel machen oder so, dann wenn er verliert, dann ist das große Geheule, und ich denke, dass gehört mit zum Sozialverhalten. [...] Na, der will da halt immer dann gewinnen und wenn er, wenn der Gewinn da ist, dann hurra. Auf der anderen Seite dann geht das Geheule los, na. Also, da ist er meiner Meinung nach, weiß ich nicht, ob man mit fünf Jahren so viel Verständnis schon haben muss, na. Weil ein jeder will gewinnen. (EZP 1_F 13_81)

In der Aussage der Mutter zeigt sich, dass sie die nicht vorhandene Schulfähigkeit auf das Alter zurückführt. Sie ist der Meinung, dass in dem jungen Alter diese Fähigkeiten noch nicht vorhanden sein müssten und manche Charakterzüge, die zuvor beim Kind als eher nachteilig beschrieben wurden, bei allen Menschen bestehen würden, also nicht wirklich beurteilbar wären. Frau M. unterstreicht dadurch ihre eher ablehnende Haltung gegenüber einer Einschulung mit fünf Jahren.

Auch im zweiten Interview, nachdem die Zurückstellungsentscheidung bereits gefallen ist, betont die Mutter das junge Alter ihres Kindes. Gleich zu Beginn des Interviews geht sie darauf ein, dass die Entscheidung für eine verspätete Einschulung insbesondere auf das Alter zurückzuführen ist. Als positiv stellt sie die sozialen Fähigkeiten des Kindes heraus. Gleichzeitig beschreibt sie die noch großen Rückstände bezüglich der Konzentration, der Ausdauer, den feinmotorischen Fähigkeiten und der visuellen Wahrnehmung. Für die Mutter ist klar, dass eine Einschulung eines als unreif charakterisierten Kindes mit einem ungünstigen Schulstart verbunden ist. Aus diesem Grunde soll eine verspätete Einschulung ihrem Sohn Zeit geben, die noch nicht ausreichend vorhandenen Fähigkeiten und vor allem die Probleme hinsichtlich der Wahrnehmung zu verbessern.

Verlauf der Einschulungsentscheidung

Zu Beginn der Interviewstudie ist Frau M. noch etwas unentschlossen hinsichtlich des Einschulungszeitpunktes ihres Kindes. Dies führt sie auf die neue Einschulungsregelung und das dadurch jüngere Einschulungsalter zurück. Eine Einschulung mit fünf Jahren hält sie für wenig sinnvoll, da für sie ein starker Zusammenhang zwischen Alter und Fähigkeiten besteht. Aus ihrer Sicht haben ältere Kinder einen besseren Schulstart als jüngere. Diese Haltung der Mutter wird unter anderem durch die Aussage einer Lehrkraft verstärkt.

> Und die [die Lehrkraft] sagt: ‚Du merkst halt jeden Monat, jedes Vierteljahr, jedes halbe Jahr, was das Kind älter ist.' (EZP 1_F 13_23)

Frau M. geht es um einen guten Start ihres Kindes in die Grundschule, dabei ist es ihr egal, ob das Kind vorzeitig, fristgerecht oder verspätet beginnt. Den richtigen Einschulungszeitpunkt koppelt die Mutter an die Bedingung der Schulfähigkeit. Aus Sicht von Frau M. muss ihr Kind vor Beginn der Schule ausreichende fein- und grobmotorische Fähigkeiten sowie einen gewissen Grad an Konzentration besitzen. Darüber hinaus sollte es sich in die Gemeinschaft einfügen, Farben erkennen und bis 20 zählen können. Zu Beginn des letzten Kindergartenjahres kann Markus dies allerdings noch nicht. Eine fristgerechte Einschulung kommt für sie nur infrage, wenn ein Kind auch die benötigen Fähigkeiten hat. Insofern würde Frau M. „alles dafür tun, dass der Markus nicht eingeschult wird" (EZP 1_F 13_31). Da die vorhandenen Fähigkeiten derzeit eher für eine Zurückstellung sprechen, möchte die Mutter bis zum kommenden Frühjahr warten und dann auf der Grundlage der Einschätzung durch den Kindergarten entscheiden, ob ihr Kind eingeschult werden kann oder nicht. Da Frau M. nach eigenen Angaben in einem regen Austausch mit dem Kindergarten steht, geht sie davon aus, dass bisher alles in Ordnung ist. Sie hofft, bei Problemen diese auch mitgeteilt zu bekommen. Trotz der Überlegungen bezüglich des jungen Alters ihres Sohnes ist für die Mutter zum Zeitpunkt des ersten Interviews die endgültige Entscheidung zeitlich noch weit entfernt. Sie schiebt sie vor sich her und verweist auf das Gespräch mit dem Kindergarten im Frühjahr. Ebenso beschreibt sie den bisherigen Verlauf und die Betreuung im Kindergarten als zufriedenstellend. Unsicher ist Frau M. allerdings gegenüber dem bevorstehenden Erzieherinnenwechsel. Aus ihrer Sicht ist dies im letzten Kindergartenjahr eher nachteilig. Vor allem eine zusätzliche Eingewöhnungsphase für Kinder und Fachkraft machen es ihrer Meinung nach schwer, das Kind in so kurzer Zeit richtig einzuschätzen und es auf die Schule vorzubereiten. Die bisherige pädagogische Fachkraft beschreibt sie als kompetent – „die war so fit, die hätte die Kinder dahin gebracht, dass alles gepasst hätte" (EZP 1_F 13_99). Der neuen Erzieherin traut Frau M. diese Aufgaben jedoch ebenfalls zu.

Im zweiten Interview, drei Monate vor der regulären Einschulung, hat sich das Bild der Mutter bezüglich der Erzieherinnen stark gewandelt.

> Wie gesagt, mit der Frau S., wie die gekommen ist, wenn die nicht gewesen wäre, hätte keiner was vom Markus gewusst und er wäre nächstes Jahr in die Regelschule gekommen und wäre untergegangen. Also das ist meine Meinung. Die hat es eigentlich, muss ich sagen, die hat den Startschuss für das [gegeben]. (EZP 2_F 13_77)

Erst durch den Erzieherinnenwechsel erfährt die Mutter von den erheblichen Rückständen des Kindes. Den ab da für Frau M. einsetzenden ‚Nervenkrieg' hätte sie ein Dreivierteljahr vorher nicht erwartet. Die Mutter nimmt die neue Erzieherin als eine Unterstützerin wahr, die im Verlauf des Entscheidungsprozesses durch ihren Kontakt zur Grundschule die Zurückstellung vereinfacht. Das vorher so positiv geprägte Bild der alten Erzieherin und des Kindergartens hat sich nun etwas abgeschwächt. Zwar möchte die Mutter niemanden direkt beschuldigen, dennoch ist ihr unklar, weshalb die Rückstände nicht eher aufgefallen sind. Gleichzeitig äußert sie aber, dass man dem Kindergarten „keinen Vorwurf machen" kann. Sie weiß, dass bei der hohen Anzahl zu betreuender Kinder nicht immer auf jedes individuell eingegangen werden kann.

Neben den zusätzlichen außerfamiliären Maßnahmen wie Vorschule, Ergotherapie oder Fähigkeitstest übt die Mutter auch vermehrt zu Hause mit dem Kind. Während Frau M. zu Anfang des Kindergartenjahres nur gelegentlich Spiele mit ihrem Kind gemacht hat, steigert sich das aufgrund der Wahrnehmungsstörung, bis fast täglich mit dem Kind geübt wird.

> Wir waren uns auch ständig in den Haaren. Ich habe immer gesagt: ‚Das gibt es doch nicht. Das kann noch nicht sein, dass der das nicht kann.' Und dann daheim geübt, und dann hat er das Weinen angefangen: ‚Und ich kann das nicht. Und ich will das nicht.' Das kann doch nicht sein, dass der keinen Zweier malen kann. Ich habe doch nicht gewusst, warum. Ich habe immer gedacht, naja, er will nicht. Dann haben wir halt jeden Tag zehn Minuten geübt. Eine viertel Stunde, so wie sie uns das gesagt haben. Bis der zum Schluss abends im Bett schon gesagt hat: ‚Muss ich morgen üben?' Also ich, der hat es total aufgezogen, also der ist immer nervöser geworden und dann hat er das Fingernägelzipfeln angefangen. (EZP 2_F 13_67)

Die gesamte Situation, vor allem die zusätzliche Förderung, belastet sowohl das Familienleben als auch das Kind. Dies drückt sich in einer angespannten familiären Situation sowie in Angstzuständen des Kindes aus. Für Frau M. war dies der Grund dem Ganzen einen ‚Riegel vorzuschieben'. Sowohl die familiäre Förderung als auch die zusätzlichen Tests hat sie mittlerweile eingestellt. Dadurch ist es sowohl für das Kind als auch zwischen den Eltern und dem Kind ruhiger geworden. Die Mutter überlässt die zielgerichtete Schulvorbereitung nun der Ergotherapie und Logopädie. Zu Hause setzt sie nur noch auf vereinzelte spielerische Fördermaßnahmen.

Trotz der massiven Probleme und der zusätzlichen Unterstützung besteht bei der Mutter die Hoffnung auf einen Entwicklungssprung. Markus hat deshalb auch am Schuleingangstest (Schulspiel) der regulären Grundschule für die fristgerechte Einschulung teilgenommen. Da beim ersten Test einige Schwierigkeiten auftraten, kam es zu einer Wiederholung. Nach dem zweiten Schulspiel fand ein Gespräch zwischen Frau M. und dem Direktor der Grundschule statt, in dem der Familie zum Besuch einer schulvorbreitenden Einrichtung für das Kind geraten wurde. Frau M. steht dem Vorschlag sehr ablehnend gegenüber, da sich für sie mit der schulvorbereitenden Einrichtung die Förderschule verbindet. In diesem Zusammenhang geht sie auch auf ihre Angst vor dem Gerede anderer Leute ein.

> Ich habe eigentlich am Anfang in allem und jedem einen Feind gesehen. Ich habe mir immer gedacht: ‚Ha, und braucht ihr wieder einen. Braucht ihr wieder eure Stückzahl in der Förderschule', weil das haben sie uns halt alles gesagt, dass, die wo schon damit zu tun gehabt haben. Pass auf, die haben zu mir gesagt: ‚Wenn der mal in der SVE ist, dann kommt der nicht mehr raus. Dann schieben sie ihn gleich SVE rauf die Stufen, Treppe rauf in die Förderschule.' Und das war meine größte Angst. Und das haben mir mehr bestätigt [...]. (EZP 2_F 13_73)

Letztlich stimmt die Mutter der Überweisung an die Fördereinrichtung zu, da sie keine Alternative sieht. Einen Verbleib im bisherigen Kindergarten schließt sie aufgrund der nicht ausreichend vorhandenen Förderung aus. Eine fristgerechte Einschulung möchte sie zu diesem Zeitpunkt ebenfalls nicht, da sich ihr Kind wahrscheinlich sehr schwer tun würde und bei zu großen Problemen ein Übertritt an die Förderschule nach dem ersten Jahr zu erwarten wäre. Auch wenn die Mutter sich für die Überweisung an die schulvorbereitende Einrichtung entscheidet, bleibt sie skeptisch. Mit der Entscheidung ist sie zu diesem Zeitpunkt noch nicht zufrieden, für sie tritt dies erst ein, wenn das Kind im kommenden Jahr den Schuleingangstest an der Regelschule besteht und normal eingeschult wird. Dennoch ist sie erleichtert, da nun der Druck der letzten Zeit von ihr und dem Kind abfällt.

10.1.2 Bewährung der Entscheidung

Den Verlauf der ersten Wochen in der Grundschule, nach dem zusätzlichen Jahr in der schulvorbereitenden Einrichtung, beschreibt Frau M. als gut. Sie macht dies vor allem an der Freude ihres Sohnes fest. Dieser hat bisher noch nicht einmal erwähnt, dass er nicht mehr in die Schule gehen möchte. Die positive Schuleinstellung sieht die Mutter als eine Bestätigung, die richtige Einschulungsentscheidung für ihr Kind getroffen zu haben. Darüber hinaus bewertet sie die guten Schulleistungen als positiv und sieht vor allem im mathematischen Bereich die Stärken des Kindes. Im Vergleich zu anderen erleichtert das höhere Alter ihres Sohnes die Bewältigung der schulischen Anforderungen. Damit bestätigt sich für Frau M. auch der Zusammenhang zwischen Alter und Fähigkeiten. Ihre positive Sicht auf die Fähigkeiten des Kindes wird durch die Rückmeldung der Lehrerin bekräftigt. Diese bescheinigt Markus neben den guten schulischen Leistungen auch ein sehr gutes Sozialverhalten, was mit der positiven Einschätzung der Mutter vor der Einschulung übereinstimmt. Dennoch waren die ersten Schulwochen für das Kind anstrengend. Die Mutter geht darauf ein, dass sich ihr Sohn nach der Schule hinlegen und schlafen musste (vgl. S. 134; Zitat EZP 3_F13_134). Dies führt sie auf den strafferen Tagesablauf zurück und erklärt anschließend, dass dies mittlerweile nicht mehr vorkommt. Da die Mutter vor allem Befürchtungen hatte, dass ihr Kind nicht gern zu Schule gehen würde, hat sie sich die ersten Wochen deutlich schwieriger vorgestellt. Der Schulbeginn ist aus Sicht von Frau M. viel leichter und positiver verlaufen als erwartet.

Bereits vor dem Wechsel in die schulvorbereitende Einrichtung hatte die Mutter gesagt, dass sie erst dann mit der Entscheidung zufrieden ist, wenn ihr Kind nach dem einen Jahr auf die Regelschule wechselt. Da dieser Schritt nun erfolgt ist, gibt Frau M. an sehr zufrieden mit dem Einschulungszeitpunkt zu sein. Mehrfach wiederholt sie: ‚Ich würde es immer wieder machen'. Rückblickend ist Frau M. froh darüber, dass ihr Kind visuelle Probleme aufwies und somit keine fristgerechte Einschulung stattfand. Sie ist sich sicher, dass eine Zurückstellung ohne die Rückstände schwierig geworden und eine Einschulung mit fünf Jahren ‚in die Hose gegangen' wäre. Zwar gehört Markus nun zu den Ältesten in der Klasse, ihrer Ansicht nach kommt er genau deshalb viel leichter mit den Anforderungen zurecht als die jüngeren Kinder.

Die Entscheidungsfindung bewertet die Mutter rückblickend als sehr anstrengend. Frau M. sagt, dass sie diese Zeit nicht noch einmal erleben möchte, gleichzeitig betont sie, dass sich die ‚Rennerei' und das zusätzliche Jahr in der schulvorbereitenden Einrichtung gelohnt haben.

> Also, die Zeit von der SVE war sehr schön, aber vorher die Entscheidung, wie wir es machen, was wir machen, warum das so ist, das Zurückstellen, bis das durchgegangen ist, das möchte ich nie wieder. Also das hat so gereicht. Und dann ein Jahr nur Ergo, Logo und Reiten. Das war schon jede Woche nur nonstop Stress. Aber es hat was gebracht. Man macht es ja nicht umsonst. (EZP 3_F 13_101)

Ein weiterer wesentlicher Aspekt für den guten Schulstart und die Zufriedenheit mit der Zurückstellung ist für Frau M. die gute Vorbereitung in der neuen Einrichtung. Der schulähnliche Alltag sowie die pädagogischen Fachkräfte förderten das Kind effektiv und bereiteten es sehr gut auf die Schule vor. Dies hat die, vor allem für die Mutter, schwierige Situation der Zurückstellung akzeptabler gestaltet. Ein Fazit, was die Mutter trotz ihrer anfänglichen Bedenken während des Interviews oft anführt, ist die Empfehlung der schulvorbereitenden Einrichtung für andere Eltern, deren Kinder Schwierigkeiten in Bezug auf die Schulfähigkeit aufweisen. Gleichzeitig besteht aber ihre negative Haltung gegenüber der Förderschule nach wie vor.

> Wie das am Anfang geheißen hat, der Markus soll in die schulvorbereitende Einrichtung, war ich dagegen, weil das ist an der Förderschule angeschlossen. Und wie ich Förderschule gehört habe, dann war alles zu spät. (EZP 3_F 13_53)

Frau M. verbindet mit dem Begriff Förderschule weiterhin bestimmte Vorurteile, die sie auch nach den eigenen positiven Erfahrungen mit der schulvorbereitenden Einrichtung nicht ablegen kann. Zwei Ängste zeigen sich zu Beginn der Grundschule. Zum einen hat Frau M. Angst vor dem Urteil anderer Personen und zum anderen verbindet sie mit dem Besuch der Förderschule geringe Bildungs- und Zukunftschancen. Ein Kind aus der Förderschule hat „ja schon von vornherein verloren, der kriegt irgendwann überhaupt keine Arbeit" (EZP 3_F 13_142). Diese Zukunft möchte sie ihrem Kind nicht bieten, was sich auch in ihren Erwartungen an die Schulbildung ihres Kindes widerspiegelt. Sie wünscht sich hauptsächlich einen reibungslosen Verlauf der Grundschule, welchen sie derzeit auch als realistisch ansieht. Frau M. möchte nicht noch einmal so großen Druck auf ihr Kind ausüben. Ihr ist es wichtig, dass Markus einen Schulabschluss macht, der seinem Wissen und Können entspricht und ihr Kind nicht zu großem Druck ausgesetzt ist, der vielleicht aus überhöhten Vorstellun-

gen der Eltern entsteht. Dennoch möchte Frau M. ihrem Kind alles ermöglichen, was es selbst will, und ist bereit dafür die nötige Unterstützung, in welcher Form auch immer, zu bieten.

10.1.3 Zusammenfassung

Für Frau M. ist die Zeit vor der Einschulung nicht wie erwartet verlaufen. Zu
Beginn des letzten Kindergartenjahres geht sie noch davon aus regulär einzuschulen, obwohl sie zum einen leichte Bedenken bezüglich des jungen Alters
ihres Kindes hat und zum anderen Markus hinsichtlich seiner Fähigkeiten als
noch nicht bereit für die Grundschule einschätzt. Da aber bis zu diesem Zeitpunkt keine negativen Rückmeldungen vom Kindergarten bzw. der Erzieherin
kommen und das Kind schulpflichtig wird, geht die Mutter zu Beginn der Interviewstudie von einer normalen Entwicklung aus. Frau M. ist eher unentschlossen und möchte die für sie sehr wichtige Einschätzung der Erzieherin
abwarten. Zweifel an einer kompetenten Beratung zeigen sich allerdings vor
dem Hintergrund des bevorstehenden Erzieherinnenwechsels. Mit dem Wechsel der Erzieherin erfolgt ein Bruch im Übergangsprozess. Die von Frau M.
plötzlich bewusst wahrgenommenen Probleme ihres Kindes machen die restli-
che Kindergartenzeit zu einer sehr schwierigen Situation. Durch die Tests und
die familiäre Förderung entsteht ein übermäßiger Druck, der sich insbesondere
in einem auffälligen Verhalten von Markus widerspiegelt. Der Rat der Grundschule zum Besuch einer schulvorbereitenden Einrichtung führt bei Familie M.
zu einer längeren Zeit von Unsicherheit und Belastung, welche sich erst nach
der Zurückstellungsentscheidung entspannt. Die Wahl der schulvorbereitenden
Einrichtung stellt für die Mutter eine besondere Herausforderung dar. Zum
einen hat sie Angst, dass ihr Kind nach dem zusätzlichen Jahr nicht auf eine
Regelschule gehen wird, sondern in der Förderschule verbleibt. Zum anderen
ist sie darüber besorgt, dass über den Verbleib ihres Kindes an der schulvorbereitenden Einrichtung im Wohnort schlecht gesprochen wird. Da Frau M. eine
Zurückstellung und somit einen guten Schulstart für ihr Kind erreichen möchte, entscheidet sie sich letztendlich für die schulvorbereitende Einrichtung,
auch weil für sie keine Alternativen bestehen.
   Die Zufriedenheit mit ihrer Entscheidung stellt sich allerdings erst ein, als
das Kind nach dem zusätzlichen Jahr auf einer regulären Grundschule eingeschult wird. Der für Frau M. bestehende Zusammenhang zwischen Alter, Fähigkeiten und Bewältigung der schulischen Anforderungen zeigt sich aus ihrer
Sicht deutlich bei Markus. Eine Einschulung mit fünf oder knapp sechs Jahren

bewertet sie als ungünstig für Kinder. Auch wenn im Vorfeld viele Schwierigkeiten aufgetreten sind, haben sich die Belastungen aus Sicht von Frau M. gelohnt. Als gut bewertet sie das Jahr in der schulvorbereitenden Einrichtung,
insbesondere hinsichtlich der schulbezogenen Förderung. Diese positive Einschätzung des zusätzlichen Jahres hängt vor allem mit der Einschulung an einer regulären Grundschule zusammen. Denn die zuvor bestandenen Vorurteile
gegenüber Förderschulen kann sie auch nach den positiven Erfahrungen nicht
abbauen.

10.2 Fall 2: Fristgerechte Einschulung und keine Wiederausschulung aufgrund von hohem schulischen Interesse

Familie T. gehört wie Familie M. zur ersten Gruppe – mittlere Kompetenz und
mittlerer/hoher Bildungshintergrund. Frau T. hat nach dem Abitur einen Hoch-
schulabschluss gemacht. Herr T. besitzt einen Realschulabschluss und hat anschließend einen Fachabschluss gemacht. Die Familie wohnt in einem ländlichen Gebiet und hat zwei Kinder. Der ältere Sohn geht zu Beginn der Interviewstudie bereits in die Grundschule im Wohnort. Thomas ist das zweite Kind
und weist im zweiten Kindergartenjahr mittlere Kompetenzen auf. 2008 wird
der Sohn fristgerecht in Hessen eingeschult.

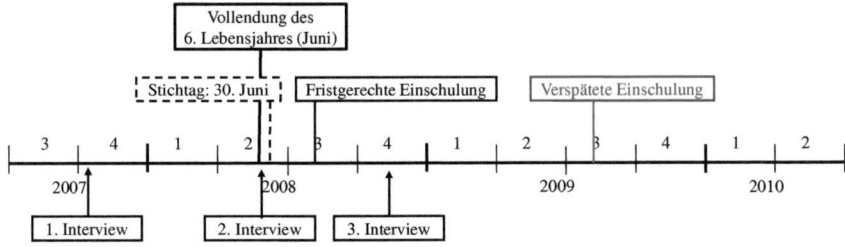

Abbildung 10.2: Übersicht über die Interviewzeitpunkte und die Einschulung bei
Familie T.

10.2.1 Einschulungsentscheidung

Wahrnehmung des Kindes
Gleich zu Beginn des ersten Interviews geht Frau T. darauf ein, sich schon jetzt
sehr viele Gedanken um die Einschulung ihres Kindes zu machen. Als Begründung nennt sie das Alter ihres Sohnes. Thomas wird im kommenden Jahr

schulpflichtig, aus ihrer Sicht ist dies jedoch recht knapp, da er erst kurz vor dem Stichtag das sechste Lebensjahr vollendet. In diesem Zusammenhang sieht sie auch die Entwicklung des Sohnes. Frau T. berichtet zwar über einen großen Entwicklungssprung im letzten halben Jahr, aber die jetzigen Fähigkeiten ihres Kindes sind aus ihrer Sicht nicht ausreichend für den Schuleintritt. Trotz eines großen Wortschatzes schätzt sie seine grammatikalischen Kenntnisse als weniger gut ein, auch hinsichtlich der Selbstständigkeit erhofft sich die Mutter noch Verbesserungen.

> Also, ich hoffe nur, dass er es so von der Entwicklung, dass er bis dorthin diesen Sprung noch macht mit der Selbstständigkeit, dass er es auch schafft. Weil er ist ein sehr anhängliches Kind, vielleicht auch weil der zweite ist ein bisschen behüteter aufgewachsen als der erste, und ich hoffe, dass er diesen Schritt noch schafft bis dorthin. (EZP 1_F 20_23)

Da das Kind schon Interesse an der Schule zeigt, ist Frau T. dennoch relativ zuversichtlich in Bezug auf eine reguläre Einschulung. Thomas hat den Wunsch, in die Schule gehen zu wollen, und fängt an Buchstaben und das Rechnen zu lernen. Die Mutter verdeutlicht dies an der Hausaufgabensituation des älteren Sohnes, an der sich Thomas gern beteiligt und ebenfalls lernen möchte.

Im zweiten Interview berichtet Frau T. über den erhofften und tatsächlich erfolgten Entwicklungssprung. Dies zeigt sich für sie hauptsächlich in der verbesserten Sprache und Selbstständigkeit, beispielsweise spricht Thomas nun eher andere Kinder an als vorher. Sie erwähnt allerdings auch, dass anhand der Fähigkeiten der Altersunterschied zu den anderen Kindern auffällt. Da der Wunsch des Kindes in die Schule zu kommen und auch das Interesse daran weiterhin bestehen, geht sie von einer fristgerechten Einschulung aus. Trotz der Fortschritte äußert die Mutter Bedenken in Bezug auf die sprachlichen Fähigkeiten.

Verlauf der Einschulungsentscheidung

Auch wenn Frau T. zu Beginn des ersten Interviews Bedenken bezüglich des jungen Einschulungsalters hat, gibt sie an ihren Sohn bereits bei der Schule angemeldet zu haben. Gleichzeitig räumt sie ein, bei einer bestehenden Entscheidungsfreiheit ihr Kind lieber nicht einzuschulen. Da Thomas aber schulpflichtig wird, macht sich die Mutter derzeit eher Gedanken um die Wahl der Grundschule. Bisher war das Kind im Kindergarten des Nachbarorts, die nach dem Sprengelprinzip zugeteilte Grundschule liegt jedoch im Wohnort. Frau T.

überlegt deshalb, ob eine Einschulung im Nachbarort vielleicht sinnvoll wäre. Zwei Gründe würden aus ihrer Sicht dafür sprechen: Zum einen würde der Sohn mit den Freunden zusammen eingeschult werden. Zum anderen wäre die Nachmittagsbetreuung durch die Großeltern, welche im Nachbarort wohnen, abgesichert. Demgegenüber würde eine Einschulung im Wohnort den bisherigen langen Schulweg verkürzen und das Kind könnte zur Schule laufen. Ihren ersten Grund relativiert die Mutter anschließend. Eine Trennung von den bisherigen Freunden aus dem Kindergarten sieht sie als nicht problematisch an, da sie davon ausgeht, dass ihr Kind schnell neue Freunde findet. Trotz der Unsicherheit bezüglich der Schulwahl möchte sie ihr Kind im kommenden Jahr einschulen.

Das bisherige Wissen zum Schuleintritt hat die Mutter durch die Einschulung des älteren Sohnes erworben. Weder durch den Kindergarten noch über die Grundschule hat Frau T. bislang Informationen bekommen. Sie gibt an sich alles selbst ‚zusammenzusuchen' und würde sich an der Stelle mehr Unterstützung wünschen.

> Also, man ist hier schon ein bisschen alleine gelassen. Man muss sich da so ein bisschen durchboxen. (EZP 1_F 20_103)

Auch zum Zeitpunkt des zweiten Interviews wurde die Mutter durch die beiden beteiligten Institutionen wenig beraten. Sie geht allerdings darauf ein, dass die Möglichkeit im Kindergarten bestanden hätte, sie diese aber nicht wahrgenommen hat. Bei den Untersuchungen in der Grundschule und beim Gesundheitsamt hätte sie eine Rückmeldung erwartet, hat diese aber nicht erhalten. Da Thomas ein ‚Pflichtkind' ist und auch die schulrelevanten Fähigkeiten vorhanden sind, steht die fristgerechte Einschulung im Herbst fest. Eine Zurückstellung hätte die Mutter nur vorgenommen, wenn Thomas von der Entwicklung noch nicht weit genug gewesen wäre. Aus ihrer Sicht kann eine Zurückstellung einerseits eine mögliche Überforderung zu Beginn der Grundschule abwenden, andererseits könnte dies auch zu Langeweile im Kindergarten führen.

Bei ihrer Entscheidung hat sich Frau T. unter anderem auf die Ergebnisse der Tests in Grundschule und Gesundheitsamt, in denen die Schulfähigkeit des Kindes bestätigt wurde, verlassen. Diese Aussage trifft die Mutter zu Beginn des zweiten Interviews, relativiert sie jedoch im weiteren Verlauf. Sowohl das Einschulungsgespräch bei der Schulleitung als auch die Überprüfung beim Gesundheitsamt bewertet Frau T. zu einem späteren Zeitpunkt im Interview als weniger gut und hilfreich.

INTERV.: Und also diesen Test, fanden Sie den insgesamt sinnvoll? Jetzt mal abgesehen davon, dass Sie keine Rückmeldung gekriegt haben?

ELTERN: Nein. Aus dem Grund nicht, weil der Thomas war in der Zeit noch so ein ganz Schüchterner und dann kommt, sitzt er da in einem Raum, wo er noch nie drinnen war, sitzen, es waren die alte Schulleiterin, die neue Schulleiterin, eine Sekretärin ihm da gegenüber. Und er musste wie so ein Bittsteller neben dem Tisch da stehen und diese Sachen machen. Und dass da ein Kind, das eh, weil es ein bisschen schüchtern ist, ganz zurückhaltend reagiert. Ist ja wohl klar. Diese Atmosphäre war gar nicht angenehm. Und auch für ein Kind nicht schön.

INTERV.: Also würden Sie auch nicht sagen, dass das irgendwie eine Hilfe für Sie war?

ELTERN: Nein. Ganz und gar nicht. Nein. (EZP 2_F 20_68–71)

Die Mutter beschreibt vor allem die Atmosphäre und das Verhalten ihr gegenüber als unangemessen. Sie war bei beiden Untersuchungen mit im Raum, saß aber separat und durfte nicht sprechen. Vom Gesundheitsamt wurde der Mutter die fristgerechte Einschulung empfohlen, gleichzeitig aber eine mögliche Lese-Rechtschreib-Schwäche von Thomas erwähnt, was sie als sehr verwirrend empfand.

Frau T. beschreibt, trotz der frühen Schulanmeldung, den Zeitraum bis zur endgültigen Entscheidung als unruhig. Die Mutter geht darauf ein, hin und wieder über eine Zurückstellung nachgedacht zu haben. Aus ihrer Sicht wäre dies nicht einfach geworden und hätte bedeutet selbst aktiv zu werden. Zudem hatte sie Angst durch eine Zurückstellung ihrem Sohn frühzeitig bestimmte Bildungswege zu verbauen.

Dann hat man sich Gedanken gemacht: ‚Lege ich meinem Kind dann Steine in den Weg?' Weil es dann immer heißt: ‚Das war doch der. Der wurde zurückgestellt.' Ich war dann lange Zeit ganz arg unentschlossen. (EZP 2_F 20_116)

Frau T. geht darauf ein, sich viele Gedanken gemacht zu haben, was das Beste für ihr Kind sein wird. Dennoch empfand sie die Zeit der Unentschlossenheit nicht als anstrengend. Die Zweifel führt sie auf ihr Wissen vom Schulanfang des älteren Sohnes zurück, da sie weiß, dass die Kinder von Anfang an aufpassen müssen, um den Anschluss nicht zu verlieren. Seitdem die Entscheidung feststeht, ist für die Mutter etwas Ruhe eingetreten. Sie gibt an, nun auch keine Zweifel mehr an ihrer Einschulungsentscheidung zu haben.

Da für Frau T. eher die aufnehmende Grundschule, in der bereits das ältere Kind ist, ein Problem darstellt, geht sie am Ende des zweiten Interviews auf ihre Bedenken ein. Bisher hat die Familie kaum positive Erfahrungen mit dieser Schule gemacht. Die Mutter spricht vor allem die schlechte Kommunikation zwischen Lehrkräften und Eltern sowie eine wahrgenommene Benachteiligung von Jungen an.

Man kommt zum Elternabend, man geht in das Elterngespräch rein, fragt: ‚Wie entwickelt sich sein Kind?‘ ‚Alles wunderbar. Keine Probleme. Alles rosarot.‘ Und kriegt das Zeugnis, und da steht was ganz anderes drin wie das, was man am Elternabend gesagt gekriegt hat. Und man kriegt halt auch hier keine Rückmeldung, wenn es in irgendeinem Fach mal nicht läuft. Dann schreibt ihr Kind, schreibt Einser, lernt in Englisch Gedichte auswendig und kommt dann heim und sagt: ‚Ich kriege eine Drei ins Zeugnis.‘ Und keiner von der Schule macht mal einen Hinweis, das Kind verweigert sich in dem Fach. Es traut sich mündlich nicht, den Mund aufzumachen. [...] Da hätte ja ein Satz im Hausaufgabenheft gereicht: ‚Es klappt im Moment nicht. Könnten Sie mal in die Schule kommen?‘ (EZP 2_F 20_233–235)

Die Jungs haben es grundsätzlich schwer. Der Thomas ist zum Glück einer, von seiner Wesensart, der kann mit jedem. Der kommt da auch durch. Aber wenn man einen Jungen hat, der ein bisschen Ecken und Kanten hat, die Kinder, die haben es schwer an dieser Schule. Die haben es einfach schwer dann. (EZP 2_F 20_227)

Frau T. hofft auf eine Lehrkraft für Thomas, welche die Kinder individuell wahrnimmt und zu den Eltern einen engen und offenen Kontakt pflegt.

10.2.2 Bewährung der Entscheidung

Den Verlauf der ersten Schulwochen beschreibt Frau T. als schwierig. Die während der Einschulungsentscheidung bestandenen Zweifel in Bezug auf das Alter und die damit in Zusammenhang stehenden Fähigkeiten bestätigen sich nun vereinzelt. Thomas ist vom Alter her der Jüngste in der Klasse, die ältesten Mitschülern sind bis zu eineinhalb Jahre älter als er. Dieser Unterschied zeigt sich sowohl in den kognitiven Fähigkeiten als auch körperlich, indem die anderen Kinder ihm deutlich überlegen sind. Aus Sicht der Mutter fällt es Thomas daher sehr schwer, sich in der Klasse zu behaupten. Zusätzlich verstärkt wird dies durch den aggressiven Umgang innerhalb der Gruppe, der sich sowohl physisch als auch psychisch bei ihrem Kind niederschlägt. Frau T. beschreibt mehrere Situationen, die für ihren Sohn vor allem psychische Belastungen darstellten.

> Wenn er eine rote Brotdose dabei hat, wird er ausgelacht: ‚Das ist eine Mädchen-
> dose.' […] Er hat zwar manchmal Phasen, wenn er mittags heimkommt und sagt:
> ‚Der hat mich wieder geschubst. Und die haben mich deswegen ausgelacht. Und
> ich nehme diese Brotdose nie wieder mit.' Wo ich [ihn] ein bisschen aufbauen
> muss. (EZP 3_F 20_20–22)

Die Mutter schätzt Thomas eher als ein zurückhaltendes Kind ein, weshalb ihn
die sozialen Probleme stark belasten und dies zu zeitweilig unruhigem Schlaf
führt. Schwierigkeiten zeigen sich, wie von Frau T. erwartet, beim Schreibenlernen. Sie führt es unter anderem auf das Lernsystem zurück. Während zu
ihrer eigenen Schulzeit noch einzelne Buchstaben nacheinander erlernt wurden, werden bei Thomas von Beginn an alle Buchstaben aufgenommen (vgl. S.
136, Zitat EZP 3_F 20_20). Übergreifend schätzt Frau T. ihren Sohn hinsichtlich seiner Fähigkeiten unterdurchschnittlich ein. Sie hätte nicht gedacht, dass
ihr Kind von Anfang an Schwierigkeiten hätte. Um den Anschluss nicht zu
verpassen, übt die Mutter täglich mit ihrem Sohn. Sowohl für das Kind als
auch für sie stellt dies allerdings eine große Belastung dar, da mittlerweile alles
danach ausgerichtet wird. Frau T. verdeutlicht die Tragweite am kommenden
Urlaub, für den sie schon Übungsmaterial zurechtgelegt hat. Aufgrund der aktuellen Situation besteht bei ihr die Angst, ihr Kind frühzeitig zu überfordern.

Aufgrund des schwierigen Schulbeginns hat Frau T. schon über eine Wiederausschulung nachgedacht. Ihre Überlegung hat sie bereits der Lehrerin mitgeteilt. Diese empfiehlt der Mutter noch etwas abzuwarten. Ihren Rat begründet sie mit der großen Freude des Kindes an der Schule und am Lernen.

> Im Großen und Ganzen geht er gerne. Und das ist auch dieser Grund, wo die Leh-
> rerin im Moment sagt: ‚Wir lassen ihn mitlaufen, weil er Spaß hat. Er hat Spaß am
> Lernen. Er will auch unbedingt.' […] Und das ist der Grund, dass er im Moment
> noch nicht zurückgestellt wird. (EZP 3_F 20_22)

In den Aussagen gegenüber Frau T. schätzt die Lehrkraft Thomas hinsichtlich
seiner Fähigkeiten als durchschnittlich für sein Alter ein und vermutet, dass er
demnächst noch einen Entwicklungssprung machen wird. Die Mutter ist dennoch unschlüssig und befürchtet, dass ihr Sohn auch weiterhin in einigen Bereichen schlechter sein wird als andere Kinder. Sie hat Bedenken, dass er irgendwann darüber frustriert sein könnte und dadurch noch schlechtere Leistungen erzielt bzw. das Interesse am Lernen verliert. Eine Wiederausschulung
bzw. spätere Klassenwiederholung möchte sich die Mutter weiterhin offen
halten. Bisher folgt sie allerdings noch dem Rat der Lehrkraft, da trotz des
anstrengenden Schulalltags Thomas die Freude am Lernen nicht verloren hat.

Angesichts der erheblichen Schwierigkeiten und der starken Belastung durch das ständige zusätzliche Üben ist Frau T. unzufrieden mit dem Schuleintritt. Sie hatte es sich, auch aufgrund der Erfahrungen mit dem älteren Sohn, weniger schwierig vorgestellt. Noch immer hofft die Mutter auf einen Entwicklungssprung und damit auch auf eine weniger anstrengende Situation.

> Also, es ist wirklich eine unheimliche Belastung im Moment. Es gibt so Zeiten, wo es ein paar Tage besser geht, wo ich denke, eben klappt es doch wunderbar. Und dann gibt es wieder Tage, wo ich denke, warum tust du das dir und dem Kind an? (EZP 3_F 20_73)

Die aktuellen Verhältnisse stellen für die Mutter teilweise einen ‚Kampf' dar, dennoch versucht sie ihr Kind so gut es geht zu unterstützen. Sie geht davon aus, dass ihr Sohn bei einer späteren Einschulung den Eintritt in die Grundschule deutlich besser bewältigt hätte, weshalb die fristgerechte Einschulung von Thomas aus ihrer Sicht zu früh war. Rückblickend schildert Frau T., dass sie Bedenken hatte, diese aber während des Entscheidungsprozesses aufgrund der institutionellen Ratschläge nicht berücksichtigte. Auf die Frage nach der Zufriedenheit mit der Einschulungsentscheidung antwortet sie sehr eindeutig.

> INTERV.: Sind Sie zufrieden mit Ihrer Einschulungsentscheidung?
> ELTERN: Nein. Nein. Nein. (EZP 3_F 20_84–85; vgl. auch S. 145; Zitat EZP 3_F 20_85)

Die Zeit bis zur Entscheidung betrachtet Frau T. im Nachhinein als ein ständiges Zweifeln. Für sie war es ein stetes Hin und Her, was mit einer starken Belastung für sie verbunden war. Die Mutter gibt zu, dass die Unsicherheit, die vor der Entscheidung bestand, seit dem Schuleintritt wieder vorhanden ist. Für ihren Sohn wäre eine Einschulung im Nachbarort besser gewesen, da hier bereits Kontakte bestanden und auch die Anzahl der Kinder in den Klassen deutlich geringer ist. Vor der Einschulung waren die sozialen Kontakte für die Mutter kein ausschlaggebender Grund, da nun aber erhebliche Probleme bestehen, führt sie diesen Aspekt wieder an.

Am Ende des Interviews äußert die Mutter, sich gerade ihren „ganzen Frust von der Seele gesprochen" (EZP 3_F 20_135) zu haben. Sie hofft immer noch auf einen Entwicklungssprung des Kindes, der die Bewältigung der schulischen Anforderungen und den Alltag erleichtert. Darüber hinaus betont sie, dass sie weiterhin alles versucht, um ihrem Kind die Schule leichter zu machen, und er schon „irgendwie durch die Schulzeit kommen" wird (EZP 3_F 20_143).

10.2.3 Zusammenfassung

Bedenken bezüglich einer fristgerechten Einschulung hat Frau T. zu Beginn des Übergangsprozesses nur hinsichtlich des jungen Alters von Thomas. Die Fähigkeiten schätzt sie nach einem Entwicklungssprung als ausreichend ein. Vor allem das große Interesse ihres Sohnes an schulischen Inhalten sieht sie als einen Hinweis auf eine fristgerechte Einschulung an. Allerdings nimmt sie auch die Unterschiede zu älteren Kindern wahr.

Da für Frau M. schon zu Beginn des letzten Kindergartenjahres eine fristgerechte Einschulung sicher ist, gibt sie an, sich eher wenig Gedanken über eine mögliche Zurückstellung zu machen. Diese wäre ohnehin nur relevant, wenn das Kind deutliche Rückstände in den Fähigkeiten aufweisen würde. Ihre Entscheidung stützt sie auch auf die von institutioneller Seite bestätigte Schulfähigkeit ihres Sohnes. Dennoch empfand Frau T. die Beratungssituation in den Institutionen als weniger gut. Sie hätte sich vor allem vom Kindergarten mehr direkte Beratung in Zusammenhang mit der Einschulung gewünscht.

Trotz ihrer eigenen Einschätzung und der durch die Institutionen bestätigten Schulfähigkeit hat das Kind von Beginn an Schwierigkeiten in der Grundschule. Die zuvor wahrgenommenen Fähigkeitsunterschiede aufgrund des Alters zeigen sich nun deutlich. Frau M. übt sehr viel zusätzlich mit ihrem Sohn, damit er die schulischen Anforderungen bewältigen kann. Sowohl für das Kind als auch für die Familie ist diese Situation sehr anstrengend. Die Mutter denkt deshalb auch über eine Wiederausschulung nach. Lediglich die überaus positive Schuleinstellung des Kindes hält sie von diesem Schritt ab. In diesem Zusammenhang äußert Frau T. Bedenken dem Kind durch die Wiederausschulung Chancen zu nehmen und eine frühzeitige Niederlage zu bereiten. Die Mutter geht rückblickend darauf ein, schon vor der Einschulung einen späteren Eintritt aufgrund des Alters in Erwägung gezogen zu haben. Ihre Zweifel sprach sie jedoch nicht an, da für sie die Fähigkeiten stets das entscheidende Kriterium für die Einschulung waren. Die in den ersten beiden Interviews geäußerte Sicherheit in Bezug auf die Einschulungsentscheidung und den Einschulungszeitpunkt beschreibt die Mutter nach dem schwierigen Schuleintritt rückblickend als ein ständiges Zweifeln. Aufgrund der aktuell stark belastenden Situation ist Frau T. eher unzufrieden mit ihrer Entscheidung. Eine spätere Einschulung oder die Einschulung an einer Schule mit kleineren Klassengrößen wären ihrer Meinung nach für Thomas bessere Entscheidungen gewesen.

10.3 Fall 3: Zurückstellung und positive Hervorhebung des Älterseins

Familie C. lässt sich der zweiten Gruppe zuordnen – niedrige Kompetenz und mittlerer/hoher Bildungshintergrund. Beide Eltern haben Abitur und einen Hochschul- bzw. Fachhochschulabschluss. Die Mutter ist Realschullehrerin und verfügt somit über Insiderwissen bezüglich der Einschulung, der schulischen Anforderungen und der institutionellen Rahmenbedingungen. Die Familie wohnt in einem ländlichen Gebiet und hat drei Kinder. Claudia ist das zweite Kind der Familie und das erste Mädchen. Der ältere Bruder wurde vorzeitig eingeschult und besucht zu Beginn der Interviewstudie die Grundschule. Die jüngere Schwester besucht den gleichen Kindergarten wie Claudia. In den Fähigkeitstests zu Beginn des Kindergartens erreicht Claudia niedrige Werte. Sie wird 2009 in Bayern eingeschult. Aufgrund der Stichtagsverschiebung fällt das Kind unter die Ausnahmeregelung, in der Kinder mit bestimmten Geburtsmonaten auch ohne Begründung vom Schulbesuch abgemeldet werden kann. Offiziell gilt das Kind als fristgerecht eingeschult. In Bezug auf die Stichtagsregelung und ohne Berücksichtigung der Ausnahmeregel würde Claudia als verspätet eingeschult gelten, weshalb der Fall in der vorliegenden Arbeit auch als zurückgestellt betrachtet wird.

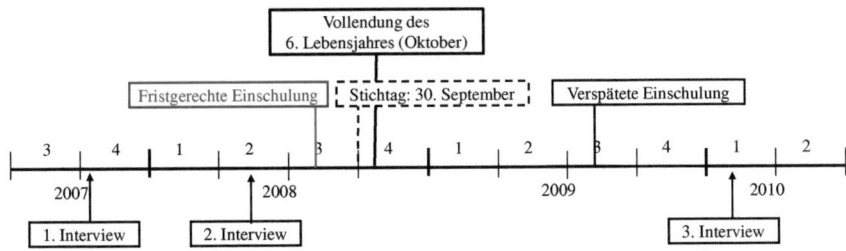

Abbildung 10.3: Übersicht über die Interviewzeitpunkte und die Einschulung bei Familie C.

10.3.1 Einschulungsentscheidung

Wahrnehmung des Kindes
Frau C. gibt im ersten Interview an noch unentschlossen bezüglich des Einschulungszeitpunktes zu sein. Auch wenn das Alter von Claudia in den Überlegungen zum Einschulungszeitpunkt bei ihr kaum eine entscheidende Rolle spielt, erwähnt sie das Rücktrittsrecht. Aufgrund des Geburtsmonats ihres Kin-

des kann die Mutter selbst entscheiden, ob eine fristgerechte oder eine um ein Jahr verspätete Einschulung stattfindet. Die Fähigkeiten ihrer Tochter schätzt sie als noch nicht ausreichend für den Schuleintritt ein, weshalb sie in Bezug auf die Entscheidung unentschlossen ist. Als problematisch sieht Frau C. vor allem die mathematischen Fähigkeiten ihrer Tochter, was ihren Verdacht auf Dyskalkulie verstärkt. Als bereits vorhandene und positive Fähigkeiten stellt sie hingegen das gute Sozialverhalten, die guten sprachlichen Fähigkeiten sowie eine musikalische Begabung heraus. Auffällig ist in den Einschätzungen immer wieder der Vergleich zu den anderen Geschwisterkindern, insbesondere zum älteren Bruder. Claudia wird stets als schlechter bewertet, obgleich die Mutter auch darauf hinweist, dass ihr älteres Kind vorzeitig eingeschult wurde und möglicherweise hochbegabt ist. Für Frau C. beeinflusst das Zusammenspiel verschiedener Aspekte die Schulfähigkeit. Dennoch schätzt sie ihr Kind hauptsächlich vor dem Hintergrund der noch mangelnden mathematischen Fähigkeiten als noch nicht schulreif ein und spricht sich eher für eine Zurückstellung aus. Trotz allem hofft sie zu Beginn des letzten Kindergartenjahres auf einen Entwicklungsschub, wie er in der letzten Zeit vorkam.

Bis zum Zeitpunkt des zweiten Interviews haben sich die erwarteten Fortschritte jedoch nicht eingestellt. Frau C. schätzt ihr Kind weiterhin als noch nicht schulfähig ein und möchte deshalb das Rücktrittsrecht, d.h. einen späteren Einschulungszeitpunkt, wahrnehmen. Die Mutter geht wiederum auf die schlechten mathematischen Fähigkeiten der Tochter ein. Darüber hinaus spricht sie aber auch das zurückhaltende Verhalten von Claudia in Gruppen sowie die geringe Motivation für schulische Inhalte an. Aufgrund ihrer zurückhaltenden Art spielt sich ihr Kind nicht in den Vordergrund und wird dadurch oft übersehen. Ihre Angst ist es, dass Claudia bei schulischen Problemen wenig Unterstützung von anderen erfahren wird und die schulischen Anforderungen bei einer fristgerechten Einschulung nur schwer erfüllen könnte. Bezüglich der Motivation stellt Frau C. immer wieder fest, dass ihre Tochter bei neuen Aufgaben schnell aufgibt. Vor allem wenn sie die Aufgaben nicht im ersten Anlauf lösen kann, schwindet die Motivation es noch einmal zu versuchen.

> Die Claudia ist halt so eine, die sagt, wenn sie nicht will und, wenn ihr das jetzt, wenn sie das auf den ersten Anhieb nicht schafft, dann macht sie das auch nicht. Und da habe ich dann die Angst, dass sie runter fällt. (EZP 2_F 3_96)

Frau C. befürchtet, dass trotz des zusätzlichen Jahres einige benannte Probleme bestehen bleiben.

Verlauf der Einschulungsentscheidung

Bezüglich des Einschulungszeitpunktes spricht sich die Mutter grundsätzlich für eine individuelle Entscheidung aus. In diesem Zusammenhang fände Frau C. auch eine Einschulung zum Halbjahr eine gute individuelle Lösung, die sie sich vor allem für ihre Tochter vorstellen könnte. Für sie sind die Fähigkeiten des Kindes das entscheidende Kriterium. Wichtig sind ihr Selbstständigkeit, Kompromissbereitschaft, Durchsetzungsvermögen, ein gewisser Grad an feinmotorischen und kognitiven Fähigkeiten sowie ein guter Umgang mit Niederlagen. Aus ihrer Sicht ist kein Aspekt besonders bedeutsam, vielmehr muss ein gutes Zusammenspiel vorhanden sein. Das Alter hingegen sieht sie als nicht relevant an. Zum Zeitpunkt des ersten Interviews zeigt sich in den Aussagen der Mutter eine leichte Tendenz in Richtung einer Zurückstellung. Allerdings ist sich Frau C. noch nicht sicher und möchte bis zum Frühjahr abwarten.

> Sie hat Anfang Herbst jetzt einen rechten Schub gemacht. Diese Vorschulerziehung [...] tut ihr gut. Da geht sie einen Schritt vorwärts, und deswegen bin ich jetzt wieder am Zweifeln. Ich war eigentlich schon ziemlich nahe dran zu sagen: ‚Nein, ich schule sie nicht ein.' Wenn ich sie aber wieder mit den Kindern und Mädchen vergleiche, die später eingeschult werden, dann denke ich mir, da ist sie aber auch fehl am Platz. Und wenn ich dann wieder das Mädchen sehe, mit dem sie sehr befreundet ist, die älter ist als sie, dann denke ich auch wieder, nein, ganz hat sie das auch noch nicht. Also, ich bin schon noch gespalten [...]. (EZP 1_F 3_36)

Die Unentschlossenheit wird insbesondere durch den Fähigkeitsvergleich mit anderen Kindern deutlich. Neben den mathematischen Schwierigkeiten der Tochter führen die hohen Ansprüche der Mutter in Bezug auf die Schulfähigkeit dazu, dass diese eine fristgerechte Einschulung bei ihrer Tochter eher für ungünstig hält.

Frau C. ist von Anfang an sehr gut über die Möglichkeiten und den Ablauf bei der Einschulung informiert. Dies liegt zum einen am bereits vorhandenen älteren Schulkind und zum anderen an ihrer eigenen Tätigkeit als Lehrerin. Trotz ihrer eigenen Kompetenz misst die Mutter der Beratung im Kindergarten durch die Erzieherin eine große Bedeutung zu. Allerdings äußert Frau C. Bedenken gegenüber der Urteilsfähigkeit der derzeitigen Erzieherin ihrer Tochter. Diese begründet sie mit dem mehrfachen Erzieherinnenwechsel in der Gruppe, mit dem sie Schwierigkeiten auf Seiten aller Beteiligten verbindet. Ihr Kind musste sich im letzten Kindergartenjahr mehrfach an eine neue Bezugsperson gewöhnen und erhielt keine konstante Förderung. Die neuen Erzieherinnen können ihrer Meinung nach nicht so schnell jedes Kind ausreichend einschätzen, was wiederum ihr als Mutter keine konstante und verlässliche Beratungssituation bietet. Nach einem ersten ausführlicheren Gespräch mit der derzeitigen pädagogischen Fachkraft ist die Mutter allerdings positiv gestimmt. Sie bewertet die Einschätzung der kindlichen Fähigkeiten durch die Erzieherin als hilfreich und sehr kompetent.

> Also, ich glaube, das war relativ kompetent, was sie mir gesagt hat. Das war nicht irgendwie ,Wischiwaschi' oder so etwas, sondern sie konnte mir das anhand der Beobachtungsbögen oder anhand von Beispielen belegen. (EZP 2_F 3_26; vgl. auch S. 119, Zitat EZP 2_F 3_27–30)

Als einzigen Kritikpunkt an der Beratung stellt Frau C. den nicht direkt vorhandenen Rat zur Einschulung heraus. Zwischen den Zeilen hat sie eine Tendenz zur Zurückstellung der Erzieherin herausgehört.

Den gesamten Zeitraum der Entscheidungsfindung beschreibt die Mutter als schwierig. Sie benennt insbesondere die eigene Unentschlossenheit und das Hin- und Hergerissen-Sein zwischen ihrem eigenen Ehrgeiz und der richtigen Entscheidung für das Kind. In diesem Zusammenhang taucht wiederum der Vergleich mit dem älteren Sohn auf.

> Und der Große hat es halt vorgemacht, und dann war das für mich schon so ein bisschen Schlucken und sagen: ,Nein, die ist nicht so weit wie er damals.' Bei ihm läuft die Schule halt einfach so, und ich muss mich um nichts kümmern, und der ist selbstständig und, also, ich höre nie etwas Negatives. Und die Noten stimmen auch und die Leistungen. Und da hätte ich natürlich schon noch ein Kind, das noch mal so gut ist, aber das lässt sich nicht wegnehmen. (EZP 2_F 3_50)

Frau C. fällt es schwer zu akzeptieren, dass sich der Prozess bei ihrem zweiten Kind eher schwierig gestaltet. Die Zeit der Entscheidungsfindung ist für Frau C. deshalb von einem großen Unsicherheitsgefühl geprägt. Die Möglichkeit eines einfachen Rücktritts vom Schulbesuch erleichtert ihr allerdings die Situation. Für sie ist es wichtig ihrem Kind das normale Zurückstellungsverfahren mit Schuleingangstests und schulpsychologischen Begutachtungen ersparen zu können und somit ein mögliches Gefühl von frühzeitigen Niederlagen zu vermeiden.

10.3.2 Bewährung der Entscheidung

Frau C. betont gleich zu Beginn des dritten Interviews deutlich, dass die Einschulung keine Zurückstellung gewesen ist. Wie die Mutter schon erwartet hatte, war die Einschulung trotz des zusätzlichen Jahres schwierig. Die neue Umgebung und die vielen Menschen, vor allem die Anpassung an die neuen Gegebenheiten stellen für Claudia, trotz ihrer guten sozialen Fähigkeiten, eine Belastung dar.

> Also, sie ist einfach dann am Abend fix und ... richtig platt. Ich denke, das schöpft ihr ganzes Potenzial. Ich weiß nicht, wie ich es ausdrücken soll. Die ist eigentlich ein sehr fröhliches Mädchen, die draußen rum springt und spielt und so. Und sie hat jetzt viele neue Freundinnen. Aber die lädt nie jemanden ein. Also die möchte dann einfach für sich Ruhe haben. (EZP 3_F 3_22)

Hinsichtlich der kognitiven Fähigkeiten besteht aus Sicht der Mutter kein Problem. Dies belegt sie mit der Einschätzung des Kindes durch die Lehrkraft, die Claudia als besonders ruhig, besonnen, weniger verspielt und konzentrierter als die anderen fristgerecht eingeschulten und jüngeren Kinder in der Klasse beschreibt. Aufgrund dieser Eigenschaften wurde ein Kind mit sonderpädagogischem Förderbedarf, das die Klasse besucht, neben Claudia gesetzt. Gegenüber Frau C. beschreibt die Lehrerin diese Maßnahme als eine Unterstützung für das andere Kind und für die eigene Arbeit. Die Lehrkraft geht davon aus, dass sich Claudia nicht wie andere Kinder ablenken lässt und in kritischen Situationen angemessen reagiert (vgl. S. 138, Zitat EZP 3_F 3_24 und S. 139, Zitat EZP 3_F 3_24). Die Mutter nimmt die Einschätzung der Lehrkraft als eine Bestätigung der nun besser entfalteten Fähigkeiten ihrer Tochter wahr. Das höhere Alter wird nicht negativ stigmatisiert, sondern als positiv gekennzeichnet. Weiterhin interpretiert sie die Übertragung der Pflichten an das Mädchen als Stärkung der sozio-emotionalen Fähigkeiten und bewertet die Rückmeldung der Lehrkraft als eine Bestätigung ihrer Zurückstellungsentscheidung.

Frau C. ist mittlerweile zufrieden mit der Einschulungsentscheidung. Vor allem über die Regelung des einfachen Rücktritts ist sie ‚froh‘. Den Zeitraum der Entscheidungsfindung hingegen empfand sie als schwierig, da sie sich lange Zeit recht unsicher war. Ihr Insiderwissen und die Gespräche mit anderen Personen haben ihr nicht weitergeholfen. Vor allem vom Kindergarten hatte sich die Mutter mehr Unterstützung und eindeutigere Ratschläge erhofft. Rückblickend schätzt sie die Aussagen der Erzieherin als sehr vage ein und bewertet den, auf eine Nachfrage hin, direkt geäußerten Rat zur Einschulung als subjektiv. Für Frau C. entschied die Erzieherin aus dem Bauchgefühl heraus. Sie geht davon aus, dass deren Meinung zum einen auf „zu wenig Wissen" (EZP 3_F 3_122) und zum anderen auf der Angst, falsche Aussagen zu treffen, basierte. Während die Mutter vor der Einschulung der Erzieherin noch gute Kompetenzen hinsichtlich der Beratung zugesprochen hat, gibt sie rückblickend an kaum richtige Hilfen bekommen zu haben. Als schwierig empfand Frau C. auch, ihre eigenen Zweifel gegenüber der Tochter nicht zu zeigen.

> Ich habe versucht, das das Kind halt nicht spüren zu lassen. Meine Zweifel auch nicht. Dass sie an sich selbst nicht zweifelt. Aber dass da was durchrutscht, das ist klar. Das kann man, da kann man das Kind nicht ganz außen vor lassen. Die kriegt die Gespräche mit. Und die kriegt mit, wenn ich da ein Buch darüber lese oder so. Genau. Also, ich fand es schwierig und bin jetzt froh, dass wir jetzt im Rückblick doch die richtige – also ich habe lange gekämpft, mindestens ein Jahr – dass wir jetzt doch die richtige Entscheidung getroffen haben. (EZP 3_F 3_128)

Das zusätzliche Jahr bewertet die Mutter als positiv, da sie das Kind keinem frühzeitigen Druck ausgesetzt und ihr Zeit gegeben hat, sich weiterzuentwickeln. Auch wenn sie Claudia teilweise immer noch als schüchtern und zurückhaltend einschätzt, nimmt sie im Gegensatz zum letzten Jahr ein offeneres Verhalten wahr. Aus Sicht von Frau C. hat der Kindergarten wenig zu dieser Weiterentwicklung beigetragen. Sie begründet es einfach mit einem ‚Jahr mehr Lebenserfahrung‘ bzw. ‚Reife‘, was den Fähigkeitsunterschied zwischen einem Fünf- und einem Sechsjährigen ausmachen würde. Für sie wäre ihr Kind ein halbes Jahr später bereit für die Grundschule gewesen. Aber auch ein späterer Beginn des Kindergartens hätte eine Möglichkeit dargestellt.

Trotz der positiven Entwicklung des Kindes äußert Frau C. Bedenken in Bezug auf den mathematischen Bereich. Auch wenn ihre Tochter dem aktuellen Stoff folgen kann, ist sie sich gleichzeitig unsicher, ob sich die Situation nicht auch verschlechtern könnte. Frau C. argumentiert anhand eines Vergleiches zu ihrem älteren Sohn.

> Die Claudia läuft halt mit dem Stoff mit. Der war immer schon zwei Kapitel weiter vorne. Und da habe ich halt mal Bedenken geäußert. (EZP 3_F 3_64)

10.3.3 Zusammenfassung

Frau C. geht von Anfang an darauf ein, dass im Falle einer späteren Einschulung dies keine Zurückstellung im eigentlichen Sinne ist. Aufgrund des Geburtsmonats von Claudia kann die Familie vom Rücktrittsrecht Gebrauch machen. Die Mutter gibt daher an, dass das Alter des Kindes für sie keine Rolle bei ihrer Entscheidung spielt, sondern die Fähigkeiten ausschlaggebend sind. Bei ihrer Tochter zeigen sich ihrer Ansicht nach noch deutliche Rückstände in einigen Bereichen. Darüber hinaus sieht Frau C. vor allem das schüchterne Verhalten als ein mögliches Hindernis für die Schule an.

Die Entscheidung gestaltet sich bei Familie C. ambivalent. Auf der einen Seite kann problemlos auf das in Bayern bestehende Rücktrittsrechts zurückgegriffen und somit der Stress durch zusätzliche Tests oder Schulpsychologen vermieden werden. Dem gegenüberstehen jedoch der Ehrgeiz und die Bildungsansprüche von Frau C. Aufgrund ihres eigenen Bildungshintergrunds und der positiven Erfahrungen mit dem älteren Sohn fällt es ihr schwer zu akzeptieren, dass ihre Tochter möglicherweise weniger begabt ist und der weiteren Bildungsverlauf wahrscheinlich nicht problemlos verlaufen wird. Grundsätzlich spricht sich die Mutter für eine individuelle Entscheidung beim Schuleintritt aus und tendiert deshalb bei ihrer Tochter zu einer Zurückstellung. Auch wenn Frau C. selbst Lehrerin ist und schon ein Kind in der Schule hat, schätzt sie den Rat der Erzieherin und möchte das Gespräch mit ihr abwarten. Aus dem Beratungsgespräch zur Einschulung kann sie lediglich zwischen den Zeilen eine Tendenz zur Zurückstellung heraushören. Die eigene Unsicherheit bei der Entscheidung zeigt sich durch den ständig wiederkehrenden Vergleich von Claudia mit dem älteren Bruder. Zwar verweist die Mutter öfter auf dessen mögliche Hochbegabung, relativiert dies aber selten in Bezug auf die Fähigkeiten der Tochter.

Die ersten Schulwochen beurteilt die Mutter aufgrund der Umstellung auf die neue Situation als etwas schwierig. Allerdings ist sie mit der Einschulungsentscheidung sehr zufrieden. Die von ihr befürchteten Probleme, dass Claudia aufgrund ihrer Schüchternheit wenig beachtet wird, waren unbegründet. Die Tochter hat aus ihrer Sicht im zusätzlichen Jahr die nötige Reife erlangt, was sich unter anderem an der guten Bewältigung der schulischen Anforderungen zeigt. Ferner bestätigt die Lehrkraft, dass sich Claudia ruhiger und reifer verhält als die jüngeren Klassenkameraden. Die Mutter entnimmt daraus eine Bestätigung ihrer Einschulungsentscheidung. Die Fortschritte des Kindes schreibt Frau M. allerdings nicht einer guten Förderung im Kindergarten zu, sondern vielmehr der Zeit durch das zusätzliche Jahr. Auch wenn die Mutter das Alter als einen wenig relevanten Aspekt von Schulfähigkeit beschreibt, fließt er dennoch stets mit ein. Für sie gehen mit einem höheren Alter, wie auch bei den anderen Müttern, bessere Fähigkeiten und „mehr Lebenserfahrungen" einher (EZP 3_F 3_148).

10.4 Fall 4: Über die schulvorbereitende Einrichtung fristgerechte Einschulung an der Förderschule

Familie F. wird der zweiten Gruppe zugeordnet – niedrige Kompetenz und mittlerer/hoher Bildungshintergrund. Frau F. hat einen Hauptschulabschluss mit anschließender Lehre abgeschlossen, während Herr F. einen Realschul- und einen Fachschulabschluss absolviert hat. Die Familie wohnt in einem eher ländlichen Gebiet in Bayern und hat zwei Kinder. Die ältere Tochter besucht bereits die Grundschule. Frederike wird hinsichtlich ihrer Fähigkeiten zu Beginn des Kindergartens im untersten Drittel eingestuft (niedrige Kompetenzen). Im letzten Kindergartenjahr wechselte Frederike in die schulvorbereitende Einrichtung eines Förderzentrums und wird 2008 fristgerecht an der angegliederten Förderschule eingeschult.

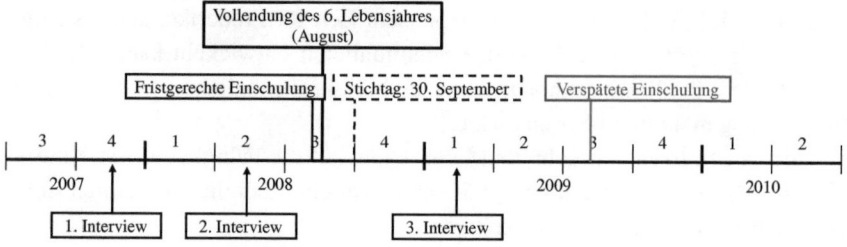

Abbildung 10.4: Übersicht über die Interviewzeitpunkte und die Einschulung bei Familie F.

10.4.1 Einschulungsentscheidung

Wahrnehmung des Kindes
Zu Beginn des letzten Kindergartenjahres schätzt Frau F. ihre Tochter als noch zu jung und nicht schulfähig ein. Sie ist der Meinung, dass ältere Kinder besser mit den Anforderungen zurechtkommen als jüngere. Diese Vorstellung stützt sie unter anderem auf Erfahrungen aus ihrem Bekanntenkreis. Sie berichtet über ein Kind, das eingeschult wurde, obwohl der Kindergarten und der Arzt das Kind als nicht schulfähig eingeschätzt hatten. Mittlerweile bekommt dieses Kind Nachhilfe und weist nach wie vor große Probleme mit den schulischen Anforderungen auf. Bei ihrem eigenen Kind sieht Frau F. noch deutliche

Rückstände und setzt für die Schulfähigkeit in einigen Bereichen noch Entwicklungsschritte voraus. Sie schreibt ihrer Tochter zwar ein grundsätzliches Selbstbewusstsein zu, denkt allerdings, dass dies noch besser sein muss, damit sie auch in der Grundschule zurechtkommt. In manchen Situationen nimmt die Mutter einen starken Willen des Kindes wahr, sieht aber gleichzeitig oft ein unsicheres Verhalten. Sie geht auch darauf ein, dass sich ihr Kind im Kindergarten anders verhält als zu Hause, erläutert diesen Aspekt jedoch nicht näher. Die von Frau F. wahrgenommen Rückstände in vielen Bereichen führt sie vor allem auf gesundheitliche Probleme des Kindes zurück. Die Tochter hatte bereits häufig Probleme mit den Ohren und hört dadurch schlecht.

> Durch das, dass sie da immer Schwierigkeiten hat [mit dem Hören; F.W.], ist sie von der Sprache einfach ein Stück weit zurückgeworfen worden. (EZP 1_F 6_17)

Die Mutter weiß, dass das Kind die Hörprobleme durch eine gute Beobachtung kompensiert und somit von ihren Fähigkeiten im Vergleich zu anderen nicht negativ auffällt. Ohne die Probleme würde die Tochter ihrer Meinung nach allerdings wesentlich bessere Fähigkeiten aufzeigen. Aus diesem Grunde wünscht sich Frau F. gern noch ein Jahr mehr Zeit für Frederike, damit sie die Rückstände aufholen und die nötige Schulfähigkeit entwickeln kann. Die Familie fördert ihr Kind dennoch, damit es bei einer möglichen fristgerechten Einschulung nicht unvorbereitet wäre.

Im zweiten Interview geht die Mutter kaum auf die Fähigkeiten des Kindes ein. Sie schätzt ihre Tochter übergreifend als gut ein. Lediglich das Hören sieht sie weiterhin als eine Schwierigkeit an.

> Weil dumm ist die Frederike sicher nicht, sie hört es einfach nicht, und ich denke mal, darauf muss man eingehen. (EZP 2_F 6_72)

Nach einer mittlerweile stattgefundenen Operation macht Frederike deutliche Fortschritte, welche die Mutter vor allem beim besseren Hören und Sprechen wahrnimmt.

Verlauf der Einschulungsentscheidung

Im ersten Interview gibt Frau F. an ihre Tochter lieber zurückstellen zu wollen, allerdings geht sie davon aus, dass dies nicht möglich sein wird, da sowohl der Kindergarten als auch der Arzt eine fristgerechte Einschulung befürworten. Trotz der Probleme beim Hören und Sprechen werden die Fähigkeiten des Kindes von dritter Seite als durchschnittlich eingeschätzt. Die Vermutung der Mutter fristgerecht einschulen zu müssen, wird ebenfalls durch Erfahrungen mit der älteren Tochter und aus dem Bekanntenkreis gestützt. Schon bei dem älteren Kind hätte Frau F. lieber eine Zurückstellung vorgenommen, allerdings wurde ihr damals von der Schule deutlich mitgeteilt, dass diese Entscheidung nicht von den Eltern getroffen wird, sondern von der Schulleitung. Aufgrund dieser Erfahrungen ist Frau F. sehr aktiv und versucht ihr Kind soweit wie möglich auf die Grundschule vorzubereiten. Da sie bezüglich ihrer Förderung jedoch unsicher ist, z.b. ob ihre Maßnahmen ausreichen, versucht sie sich hinsichtlich der Einschulung zu informieren, erhält allerdings keine eindeutigen Informationen.

> Ich denke, ich habe zu wenig Info, auf die ich mich verlassen kann im Endeffekt. Das ist alles ein bisschen so halbherzig, alles ein bisschen in der Luft, so, wenn dann und vielleicht ja, und da sind viel zu viele ‚Vielleichts' meiner Meinung nach. Das dürfte nicht sein, das müsste klar sein. (EZP 1_F 6_63)

Frau F. hätte gern deutliche Aussagen, ob ihr Kind die schulischen Anforderungen gut bewältigen wird bzw. auf welchen Gebieten sie zusätzlich fördern sollte. Sie möchte vor allem der Situation des täglichen zusätzlichen Übens mit ihrer Tochter, damit diese „gerade noch so durchkommt" (EZP 1_F 6_65), aus dem Weg gehen. An dieser Stelle sieht die Mutter auch die Politik in der Verantwortung deutlichere Strukturen zu schaffen, beispielsweise wer die letzte Entscheidung bei der Einschulung haben sollte. Für sie haben die Schulleiter zu viel Einfluss, obwohl sie die Kinder meist gar nicht kennen. Überdies ist es für sie schwer nachvollziehbar, weshalb eine Verlegung des Stichtages stattfand.

> Was läuft uns denn weg? Warum denn jetzt schneller, warum denn? Bloß damit in zehn Jahren, wenn diese niedrige Kinderrate zum Tragen kommt, damit dann da die Arbeitsplätze wohl gesichert sind oder ... Um was geht es denn da eigentlich? Und deswegen nimmt man dem Kind ein Jahr Kindheit? (EZP 1_F 6_39)

Ihrer Meinung nach sollte den Kindern die Zeit gelassen werden, damit sie die nötigen Fähigkeiten entwickeln. Als Voraussetzung für die Einschulung sieht Frau F. vor allem Interesse an der Schule, ein gutes Sozialverhalten sowie Selbstvertrauen und die nötigen motorischen Fähigkeiten an. Ihr ist dabei wichtig, dass ein Kind die Anforderungen gut bewältigen kann und nicht ständig zu kämpfen hat.

Zum Zeitpunkt des zweiten Interviews geht die Mutter gleich zu Beginn darauf ein, dass die Tochter aufgrund der Hörprobleme nun doch zurückgestellt wurde. Mittlerweile besucht Frederike eine schulvorbereitende Einrichtung, die in ein Förderzentrum mit Schwerpunkt Hören integriert ist. Die notwendige fristgerechte Einschulung, die Frau F. im ersten Interview noch so sehr beschäftigt hatte, ist nun kein Thema mehr. Entscheidend für die Mutter ist, dass ihre Tochter in die Schule kommt, wenn sie bereit ist.

> Und für mich steht das Kind im Vordergrund, und nicht irgendeine Frist. (EZP 2_F 6_50)

Vor allem die unklaren und teilweise widersprüchlichen Informationen, die Frau F. erhalten hat, sowie der Wunsch den Schuleingangstest zu umgehen, führten bei ihr zu einem aktiveren Verhalten. Aus diesem Grunde nimmt sie frühzeitig Kontakt zur Grundschule auf und spricht ihr Anliegen einer Zurückstellung gegenüber der zuständigen Beratungslehrkraft an. In dem Gespräch hat die Mutter jedoch das Gefühl, nicht wirklich ernst genommen zu werden.

> Er [Beratungslehrkraft; F. W.] hat es so genannt, fünf Jahre macht man nichts mit dem Kind, und in dem einen Jahr, wo es zurückgestellt werden soll, da macht man wieder nichts, das kann ja wohl nicht sein. Und dann hab ich ihm halt auch versucht zu erklären, dass wir da ja schon was machen und auch die fünf Jahre vorher hätten wir wohl auch was gemacht. Aber das wollte er gar nicht so recht hören, und von daher hab' ich das schon als großen Druck empfunden und ich hab' schon Bedenken gehabt, wenn das jetzt in diesem Sprachkindergarten, in dieser Vorschule da, nicht klappt, dann will der die unbedingt da in der Schule sehen. Da habe ich schon Bedenken gehabt, weil er ja auch das ärztliche Attest, was wir vom Kinderarzt hatten, nicht unbedingt so hat gelten lassen wollen. (EZP 2_F 6_52)

Aufgrund der Aussagen und des Desinteresses des Beratungslehrers ihr gegenüber fühlt sich Frau F. sowohl stark unter Druck gesetzt als auch enttäuscht. Letztendlich stimmt die Beratungslehrkraft aufgrund des ärztlichen Attestes, der bevorstehenden Operation des Kindes sowie der Bemühungen der Eltern um einen Platz in der schulvorbreitenden Einrichtung der Zurückstellung zu. Die Mutter geht davon aus, dass ohne ihre Bemühungen ihre Tochter fristgerecht eingeschult worden wäre.

Die Zeit bis zur endgültigen Entscheidung – Zurückstellung und Wechsel der Einrichtung – empfand die Mutter als „extrem stressig" (EZP 2_F 6_48). Wegen der unzureichenden Informationen war die Zeit für sie von einem Unsicherheitsgefühl begleitet. Neben den Aussagen durch die Beratungslehrkraft empfand sie auch Druck aufgrund der vorgegebenen Termine für die Einschulung.

Es war halt für mich schwer, weil ich kein Ende gesehen habe, weil die Fristen sind näher gerückt, der Einschulungstermin kam, diese Voruntersuchung eben von der Schule her kam schon auf uns zu. [...] Der Druck war groß, war nicht wirklich gut. (EZP 2_F 6_54)

Zwischen dem ersten und zweiten Interview fand die Operation des Kindes und der Wechsel in den neuen Kindergarten statt. Frau F. berichtet, dass Frederike sich gut in der neuen Einrichtung eingewöhnt hat und dass in einigen Wochen eine zusätzliche Untersuchung zur Entwicklung, vor allem hinsichtlich des Hörens und Sprechens, erfolgt. Erst danach will die Familie entscheiden, welcher weitere Weg sinnvoll ist. Aufgrund der Zurückstellung und des Besuchs der schulvorbereitenden Einrichtung stehen nach Meinung der Mutter dem Kind noch alle Möglichkeiten für den weiteren Bildungsverlauf offen. Frederike könnte im Anschluss an den Kindergarten fristgerecht an der angegliederten Förderschule eingeschult werden, aber auch ein Wechsel an die reguläre Grundschule nach dem zusätzlichen Jahr oder nach der 1. Klasse der Förderschule ist möglich.

Derzeit ist die Mutter zufrieden mit ihrer Entscheidung, da für sie die Entlastung des Kindes wichtig ist. Zum einen haben sich die Fähigkeiten deutlich verbessert und zum anderen wird das Kind durch den Wechsel in die schulvorbereitende Einrichtung zusätzlich und gezielt gefördert. Der Druck, das Kind bis September ‚schulfähig zu bekommen‘, besteht nicht mehr.

10.4.2 Bewährung der Entscheidung

Obwohl nach dem zweiten Interview von einer Zurückstellung des Kindes ausgegangen wurde, fand im Herbst 2008 eine fristgerechte Einschulung von Frederike in die Förderschule statt. Frau F. ist sehr froh und erleichtert über diesen Schritt. Sie unterstreicht ihre Zufriedenheit im Interview immer wieder durch die Aussagen, dass es dem Kind sehr gut geht. Ihrer Tochter gefällt es in der Schule, sie geht gern dorthin und kommt mit den Anforderungen gut zurecht. Zu Beginn des Schuljahres hatte die Mutter allerdings noch Bedenken, da sie die Anforderungen der Lehrkraft als relativ hoch im Vergleich zu anderen Schulen eingeschätzt hat. Dennoch sind die ersten Wochen gut verlaufen. Auch wenn Frau F. einige Probleme anspricht, sieht sie diese nicht als gravierend an, sondern beschreibt die bisherige Zeit eher als normal.

Also, am Anfang habe ich überlegt, ob das nicht ein bisschen arg viel ist, aber sie meistert das. Also sie, sie kriegt das hin. Also, ich staune ganz, mit was für einem

Ehrgeiz sie da rangeht und das dann auch wirklich kann und macht und schafft. (EZP 3_F 6_45)

Die Mutter ist sehr beeindruckt von der Entwicklung des eigenen Kindes. Vor allem der Ehrgeiz von Frederike spiegelt sich in den schulischen Leistungen wider und führt zu einer positiven Rückkopplung für das Kind und die Familie. Frau F. schätzt die schulischen Leistungen ihrer Tochter als sehr gut ein und ordnet sie unter die Besten in der jetzigen Klasse ein. Bereichsbezogen relativiert sie diese Einschätzung jedoch etwas. Während Frederike im mathematischen Bereich sehr gut ist, sieht die Mutter das Kind hinsichtlich der Sprache eher im Mittelfeld. Hier wirken sich ihrer Ansicht nach noch immer die Rückstände aus der Kindergartenzeit, insbesondere das Hörproblem, aus. Der Vergleich zu Kindern auf einer Regelschule fällt der Mutter schwer, im Interview gibt sie an, dass sie ihre Tochter in der besseren Hälfte vermutet. Direkt nach dem Interview äußert die Mutter hingegen in einer Nachbemerkung, dass ihr Kind an einer normalen Grundschule höchstwahrscheinlich ,untergegangen' wäre. Trotz des Besuchs der Förderschule schätzt Frau F. die Entwicklung ihrer Tochter als sehr positiv ein. Ihre Beurteilung wird durch die Lehrkraft bestätigt. Die Entscheidung für eine Einschulung in die Förderschule beschreibt die Mutter im Nachhinein als die richtige Wahl, da die Tochter weder über- noch unterfordert ist. Aus Sicht von Frau F. scheint Frederike ebenfalls gut mit der Situation ,Förderschule' umzugehen. Neben der großen Schulfreude macht sie dies an einzelnen Beobachtungen fest.

> Wenn irgendeine Veranstaltung ist und so, sie geht in den Eingangsbereich, und das Kind wächst um fünf, sechs Zentimeter, na. Also, sie geht da stolz da rein, und sie fühlt sich daheim. Also, das ist richtig gut. (EZP 3_F 6_33)

An mehreren Stellen im Interview betont die Mutter, dass die fristgerechte Einschulung die richtige Entscheidung war, allerdings immer unter dem Gesichtspunkt der Einschulung an einer Förderschule. Da der Schuleintritt positiv verlaufen ist und das Kind sich gut entwickelt, ist Frau F. sehr zufrieden mit ihrer Entscheidung. Rückblickend würde sie die Entscheidung wieder so treffen. Den Zeitraum bis zur tatsächlichen Einschulung beschreibt die Mutter als eine Katastrophe. Die ständigen Zweifel, ob eine Zurückstellung möglich ist, ob der Wechsel in die schulvorbereitende Einrichtung am Förderzentrum klappt und wie die Tochter damit umgehen wird, führten bei Frau F. zu einer großen Unsicherheit. Auch nach dem Kindergartenwechsel wollte sich bei der Mutter keine wirkliche Ruhe einstellen. Für sie war immer unklar, ob sie Frederike einschulen soll oder nicht. Frau F. geht darauf ein, dass sie sich die Einschulungsentscheidung und die Zeit davor für ihre zweite Tochter einfacher vorgestellt hatte. Auch wenn beim ersten Kind nicht alles glatt gelaufen ist, so dachte sie, dass diese Erfahrungen ihr bei Frederike helfen würden. Im Nachhinein sieht sie aber, dass die Einschulung je nach Kind und dessen Voraussetzungen unterschiedlich verlaufen kann.

Trotz der schwierigen Zeit für Frau F. bis zur Einschulung ist das letzte Kindergartenjahr, sowohl im Regelkindergarten als auch in der schulvorbereitenden Einrichtung, für ihr Kind äußerst positiv verlaufen. Dabei hebt sie auch die schulvorbereitenden Programme zu Zahlen und Buchstaben im alten Kindergarten hervor.

> Und das war eben sehr spielerisch und trotzdem, ja, hatte das schon seinen Sinn eben. Das zielte dann schon darauf hin, dass eigentlich die Zahlen gelernt wurden, und das hat ihr viel gebracht. Also, damit ist sie sehr gut zurechtgekommen. Und da hat die das so spielerisch, hat die das dann mitgenommen einfach. Und das fiel ihr dann sehr leicht dadurch. Und bei den Buchstaben gab es was Ähnliches. […] Und das war halt spielerisch, das war lustig, das war Klasse gemacht von dem Kindergarten, dass die überhaupt dieses Programm da mitgemacht haben und auch gut rübergebracht. Das hat ihr gut getan, ja. (EZP 3_F 6_85)

Die gezielten Maßnahmen im alten und neuen Kindergarten haben nach Ansicht der Mutter das Interesse des Kindes am Lernen noch einmal gesteigert. Für sie hat ihre Tochter darauf gewartet, in die Schule zu kommen um Neues zu lernen. Dieser Punkt ist für Frau F. auch ein entscheidender Aspekt für die fristgerechte Einschulung. Wichtig war, dass die Voraussetzungen des Kindes mit den Anforderungen der Schule zusammenpassen, weshalb für die Mutter die Fähigkeiten von Frederike und die Anforderungen der Förderschule gut aufeinander abgestimmt sind.

10.4.3 Zusammenfassung

Für Frau F. besteht wie bei anderen Eltern auch ein starker Zusammenhang zwischen dem Alter und den Fähigkeiten des Kindes. Sie ist der Meinung, dass ältere Kinder besser mit den Anforderungen der Schule zurechtkommen als jüngere. Ihre Tochter schätzt sie für eine fristgerechte Einschulung als zu jung und nicht schulfähig ein. Die Rückstände schreibt die Mutter den seit Längerem bestehenden Hörproblemen zu, weshalb sie Frederike lieber zurückstellen lassen würde. Aufgrund der Schulpflicht und der Erfahrungen mit der älteren Tochter sieht sie allerdings wenig Chancen für ihren Wunsch und erscheint dahin gehend anfänglich sogar resigniert. Die bestehende Schulpflicht und die aus ihrer Sicht nicht vorhandene Schulfähigkeit führen bei Frau F. zu einer Unsicherheit. Da sie nicht will, dass ihr Kind in der Schule ‚gerade so mitkommt', versucht sie sich zu informieren und ihr Kind so gut es geht zu fördern. Die erhaltenen Informationen sind jedoch widersprüchlich, was sie dazu veranlasst sich selbst aktiv um eine Zurückstellung zu bemühen. Um rechtzeitig klare Verhältnisse zu schaffen, kontaktiert die Mutter die Grundschule um ihr Anliegen vorzutragen. Das Gespräch mit der Beratungslehrkraft bewertet sie als wenig unterstützend, dennoch gelingt es ihr, die Zurückstellung zu erwirken. Frau F. bewertet die Zurückstellung und den Wechsel der Einrichtung als gut, da aus ihrer Sicht dadurch weiterhin alle Bildungswege möglich sind. Im Gegensatz zu Frau M. äußert Frau F. keine Ängste in Bezug auf Stigmatisierungen wegen der schulvorbereitenden Einrichtung oder Förderschule.

Entgegen der Absicht wird Frederike 2008 fristgerecht eingeschult. Frau F. betont jedoch immer wieder, dass dies nur möglich war, da die Einschulung an der Förderschule stattfand. Für die Mutter ist dies die richtige Entscheidung und auch ihre Tochter fühlt sich damit wohl. Hingegen hätte sie bei einer regulären Grundschule für Frederike keine Chance für eine gute Entwicklung gesehen. Gerade weil bei der Mutter zu Beginn Unsicherheiten in Bezug auf die Schulpflicht bestanden, betont sie mehrfach, dass der Einschulungszeitpunkt nicht von Terminen bestimmt sein sollte, sondern vielmehr von den kindlichen Fähigkeiten und der Passung mit den jeweiligen schulischen Anforderungen. Diese Sichtweise kann als eine Reaktion auf die Probleme bei der Entscheidung angesehen werden.

10.5 Fall 5: Zurückstellung mit intensiver Förderung und anfänglicher Unterforderung

Familie E. gehört zur Gruppe 3 – niedrige Kompetenzen und niedriger Bildungshintergrund. Frau E. hat nach ihrem Realschulabschluss eine Lehre absolviert. Die Familie wohnt in einem ländlichen Gebiet. Frau E. lebt getrennt vom leiblichen Vater ihres Sohnes, dieser spielt im Alltag der Familie keine Rolle. Der Sohn ist das einzige Kind von Frau E. und weist zu Beginn der Kindergartenzeit niedrige Fähigkeiten auf. Emil leidet seit Beginn der BiKS-Studie an einer chronischen Gelenkkrankheit, die im Sommer vor dem Kindergarteneintritt erkannt wird. 2009 wird das Kind verspätet in einer bayerischen Grundschule eingeschult.

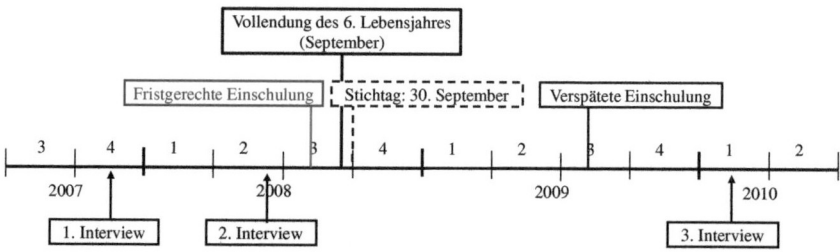

Abbildung 10.5: Übersicht über die Interviewzeitpunkte und die Einschulung bei
Familie E.

10.5.1 Einschulungsentscheidung

Wahrnehmung des Kindes
Zu Beginn des letzten Kindergartenjahres empfindet Frau E. ihren Sohn als zu
jung für eine fristgerechte Einschulung, da er erst Ende September das sechste
Lebensjahr erreicht. Vor allem den möglichen Altersunterschied beschreibt die
Mutter als nachteilig, da ihr Kind dann stets eines der Jüngsten wäre. Darüber
hinaus schätzt sie Emil als noch zu verspielt ein. Dies drückt sich für sie vor
allem in dem noch nicht vorhandenen schulischen Interesse und an Fähigkeiten
wie Schreiben oder Rechnen aus.

> Ja, aber alles, was mit Schreiben und Rechnen oder Schreiben, Zahlen mag er
> nicht unbedingt. [...] Wobei Zahlen noch eher wie Schreiben. Aber er stellt sich
> schon ein wenig blöd an. (EZP 1_F 5_29-31)

Ihren Sohn charakterisiert Frau E. weiterhin als etwas faul und dass er sich
dazu noch leicht von seinen Aufgaben ablenken lässt. Für die Mutter ist ihr
Kind deshalb noch nicht bereit für die Grundschule. Die Rückstände in den
Fähigkeiten von Emil führt die Mutter auf die bereits seit Längerem bestehende Krankheit des Kindes zurück. Durch mehrfache Krankhausaufenthalte fehlt
dem Sohn aus ihrer Sicht ca. ein halbes Jahr in der Entwicklung gegenüber
Gleichaltrigen, vor allem in Bezug auf motorische Fähigkeiten. Auch bis zum
zweiten Interview haben sich bei Emil kaum Entwicklungsfortschritte eingestellt. Frau E. beschreibt ihr Kind weitestgehend mit den gleichen Fähigkeiten
wie zu Beginn der Interviewstudie. Lediglich das Interesse am Lesen, Schreiben und Rechnen ist etwas größer geworden. Für die Mutter ist es jedoch immer noch nicht ausreichend für den Schulbeginn. Aus ihrer Sicht sollten Kinder ohnehin nicht so früh eingeschult werden, weshalb sie ihrem Kind sowohl
aufgrund des Alters als auch wegen der verzögerten Entwicklung noch Zeit

geben und somit auch eine längere unbeschwerte Kindheit ermöglichen möchte.

Verlauf der Einschulungsentscheidung

Die bekannten körperlichen Probleme auf Seiten des Kindes haben Frau E. schon frühzeitig dazu veranlasst sich mit dem Einschulungszeitpunkt auseinanderzusetzen und eine Zurückstellung in Betracht zu ziehen. Ihr ist bewusst, dass dies aufgrund der Schulpflicht schwierig werden könnte. Für die Mutter muss ein Kind, wenn es in die Schule kommt, eine Vielzahl an Fähigkeiten besitzen. Für sie gehören dazu seinen Namen fehlerfrei schreiben und leichte Rechenaufgaben bis zehn lösen können sowie ein gewisses Maß an Konzentration und Anstrengungsbereitschaft. Als besonders wichtig betont Frau E. in allen drei Interviews das Interesse und den Spaß am Lernen. Eine zu frühe Einschulung könnte aus ihrer Sicht dem Kind gleich zu Beginn die Freude an der Schule nehmen. Allerdings nimmt Frau E. an, dass Kinder innerhalb kürzester Zeit große Entwicklungssprünge machen können, weshalb sie sich auch bei ihrem Sohn noch unschlüssig in Bezug auf die Einschulung ist. Aus diesem Grunde möchte sich die Mutter, trotz der starken Tendenz für eine Zurückstellung, mit der endgültigen Entscheidung noch Zeit lassen. Sie bemüht sich deshalb dem Kind schulnahe Fähigkeiten und das Interesse am Lernen näher zu bringen. Dies geschieht allerdings zunehmend mit Druck und die Mutter muss sich eingestehen, dass ihre Versuche erfolglos bleiben. Der Druck entsteht für Frau E. vor dem Hintergrund der Schulpflicht und dem gleichzeitigen Wissen über die nicht vorhandene Schulfähigkeit ihres Kindes. Die Unsicherheit, welche Frau E. in dieser Zeit empfindet, wird durch einen Vorfall aus ihrem Bekanntenkreis, bei dem ein Kind die erste Klasse wiederholen musste, verstärkt. Solch eine Situation möchte sie für ihren Sohn von vornherein vermeiden.

> ELTERN: Eine Freundin von mir hat jetzt ihren Sohn von der zweiten Klasse zurückstufen lassen in die erste. Das möchte ich meinem Sohn auch nicht zumuten. […] Und ich denke, dass passiert einfach mit diesen Kindern, die einfach zu früh eingeschult werden.
> INTERV.: Ja. Wenn Sie dann so was sehen, also dass der aus der zweiten Klasse zurückgestuft wird. Haben Sie da auch Bedenken, dass Ihrem Kind das dann auch passieren könnte?
> ELTERN: Ja, durchaus. Und das ist eine Sache, wo ich sage, die möchte ich ihm eigentlich ersparen. […] Da möchte ich ihn dann lieber gleich ein Jahr im Kindergarten länger lassen, weil er das Jahr einfach wahrscheinlich noch braucht. […]

Und von daher möchte ich also dann schon ein wenig vorbeugen. [...] Ja. Vorbeugend vermeiden. (EZP 1_F 5_87–97)

Die Mutter versucht aufgrund der eigenen Unsicherheit und der geringen Weiterentwicklung des Kindes zu Beginn des Jahres die Zurückstellung frühzeitig festzulegen. Sie nimmt dazu die Sprechstunde des Rektors der Grundschule wahr, um ihr Anliegen und die Situation des Kindes darzustellen. Allerdings stößt Frau E. mit ihrem Wunsch beim Rektor auf Ablehnung.

Ihre Argumente für eine Zurückstellung werden vom Rektor nicht berücksichtigt. Er betont hingegen die Schulpflichtigkeit des Kindes. Die bestehende Unsicherheit der Mutter wird durch den Schuleingangstest, bei dem ihr Sohn von der Lehrerin als schulfähig eingeschätzt wird, zusätzlich verstärkt. Durch den Rat der Sekretärin der Grundschule erfährt die Mutter, dass der Rektor bei der Vorlage eines ärztlichen Attests eine Zurückstellung kaum ablehnen kann. Diesem Hinweis folgt Frau E. und legt „drei Atteste [...] von drei verschiedenen Ärzten" (EZP 2_F 5_67) bei der Schule vor. Im Anschluss an diesen Schritt findet auf Wunsch des Rektors ein zweites Gespräch statt. Frau E. schildert, dass sich die Meinung des Schulleiters trotz des positiven Eingangstests nun geändert hat. Der Rektor weist die Mutter jetzt anhand der zuvor von ihr vorgebrachten Argumente für eine Zurückstellung darauf hin, dass ihr die Einschulungsentscheidung überlassen wird. Den Meinungswandel kann sich Frau E. nicht wirklich erklären. Sie geht davon aus, dass ein mittlerweile stattgefundenes Gespräch zwischen Schulleiter und Erzieherin sowie die vorgelegten ärztlichen Atteste zu dieser Änderung führten. Die Mutter macht abschließend deutlich, dass dieser Verlauf unnötig gewesen ist und die Situation auch einfacher und eher geklärt hätte sein können.

Auch wenn für Frau E. schon relativ früh die Zurückstellung feststand, empfindet sie die Situation als schwierig. Die Unsicherheit und der Stress kamen vor allem wegen der Schulpflichtigkeit des Kindes und der Beratungssituation in der Grundschule zustande.

Mittlerweile hat sich die Situation für Frau E. und ihren Sohn entspannt.

Also, erst mal Sorge: Muss er wirklich denn eingeschult werden? Danach war es Erleichterung, und jetzt ist es so, relaxt. Wir haben noch Zeit, ich muss dich nicht zwingen zu irgendwas. (EZP 2_F 5_93)

Trotz ihrer Zufriedenheit mit der Zurückstellungsentscheidung hat die Mutter Bedenken bezüglich des kommenden zusätzlichen Kindergartenjahres. Sie vermutet, dass es ihrem Sohn möglicherweise im letzten halben Jahr langweilig werden könnte. Gleichzeitig hofft sie darauf, dass die Freude auf die Schule zunimmt. Für die Grundschule erhofft sich die Mutter eine relativ problemlose Zeit. Sie erwartet aber, dass ihr Kind nicht über dem Durchschnitt, sondern mit seinen Leistungen eher im Mittelfeld liegen wird.

10.5.2 Bewährung der Entscheidung

Hinsichtlich des Schuleintritts bestanden bei Frau E. sowohl positive als auch negative Erwartungen, welche beide eingetreten sind. Wie erhofft, bereiten dem Kind die schulischen Anforderungen kaum Probleme. Vielmehr ist Emil im ersten halben Jahr etwas unterfordert. Die Mutter führt dies auf das Vorwissen zurück. Da für Frau E. zahlreiche schulnahe Fähigkeiten eine Voraussetzung für den Eintritt in die Grundschule darstellen, hat sie diese auch im letzten Jahr vor der Einschulung gefördert. Rückblickend bewertet sie dies jedoch als ungünstig, da ihr Sohn im Gegensatz zu anderen Kindern einen deutlichen Vorsprung besitzt, während die anderen den Großteil dieser Fähigkeiten erst mit Schulbeginn erlernen. Mit dieser Erfahrung verändert Frau E. ihre Vorstellungen von Schulfähigkeit und sieht lesen, schreiben oder rechnen können nicht mehr als Voraussetzung für den Eintritt in die Grundschule an. Aufgrund der Unterforderung hat das Kind die Rolle als ‚Klassenkasper' angenommen. Zudem stellen sich auch die negativen Erwartungen der Mutter ein. Frau E. beschreibt ihren Sohn als durchschnittlichen Schüler. Sie glaubt, dass er bessere Leistungen erzielen könnte, jedoch scheint ihm die Motivation zu fehlen.

> INTERV.: Und, also, so über irgendwelche schulischen Sachen, also außer jetzt das Verhalten, über irgendwelche Leistungssachen oder so, haben Sie da auch mit ihr [der Lehrerin] gesprochen?
>
> ELTERN: Ja. Er gibt sich mit dem zufrieden, was er, was er so macht. Wobei sie auch der Meinung ist, dass er mehr könnte. Den Zappelphillip hat er abgelegt. Am Anfang war er wahrscheinlich noch recht unruhig im Unterricht. Aber das hat sich definitiv gelegt. Aber er macht seine Sachen halt so, dass es für ihn ausreichend ist. Ja, obwohl er es besser könnte. Er ist nicht blöd, er ist halt einfach nur ein wenig faul. (EZP 3_F 5_84–85)

Die Mutter fühlt sich in ihren Annahmen durch die Einschätzung der Lehrkraft bestätigt.

Als möglichen Grund für den wenigen Ehrgeiz und die geringe Anstrengungsbereitschaft bessere Leistungen zu erreichen, benennt Frau E. die allgemeine Schulfreude ihres Kindes. Auch wenn sich Emil freut, richtig schreiben, lesen und rechnen zu lernen, so geht er eher ungern zur Schule. In diesem Zusammenhang ist der Mutter eine Aussage ihres Kindes vom ersten Schultag sehr präsent, die für sie stellvertretend für seine schulische Motivation steht.

> Am ersten Schultag hat es ihn ganz entsetzt, dass er Hausaufgabe aufhat. Und dann hat er nur gesagt: ‚Mama, weißt du, was das bedeutet, wenn wir Hausaufgabe aufhaben? Wir sind noch nicht fertig, wir müssen morgen wieder hin.' (EZP 3_F 5_45)

Einen weiteren Grund für die geringe Schulfreude sieht die Mutter in dem Verhältnis zwischen ihrem Sohn und der Lehrkraft. Dieses schätzt sie als „ganz schlecht" ein (EZP 3_F 5_71). Da Frau E. bereits Gespräche mit der Lehrkraft geführt hat, kennt sie beide Seiten. Während ihr Sohn die Lehrerin ihr gegenüber als zu streng und zu laut beschreibt, geht die Lehrerin gegenüber der Mutter darauf ein, dass Emil sie ‚herausfordert', indem er vehement versucht seine Grenzen herauszufinden. Für Frau E. ist es nicht wirklich verständlich, weshalb ihr Kind solche Probleme mit der Lehrerin hat, da sie im Gegensatz zu ihm gut mit ihr auskommt.

Mit der Zurückstellungsentscheidung ist die Mutter nach der Einschulung zufrieden. Während sie im zweiten Interview noch auf die Unsicherheiten und den Stress bei der Entscheidungsfindung eingeht, bewertet sie die Zeit rückblickend als ‚in Ordnung'. Auf die Schwierigkeiten mit dem Rektor der Grundschule geht sie überhaupt nicht mehr ein. Letztendlich ist es so verlaufen, wie es Frau E. sich erhofft hatte.

Das zusätzliche Kindergartenjahr bewertet die Mutter positiv. Sie unterstreicht, dass das Kind vor allen die noch fehlenden motorischen Rückstände aufholen konnte. Rückblickend sieht sie die Entwicklung von Emil hin zu einem, aus ihrer Sicht, schulfähigen Kind. Frau E. schätzt ihren Sohn als nicht mehr so verspielt wie zum Zeitpunkt des zweiten Interviews ein, was sich unter anderem in seinem allgemein ruhigeren Verhalten widerspiegelt. Ebenso sieht sie bei ihrem Kind ein Interesse am Lernen, welches vor dem Zeitpunkt der regulären Einschulung noch nicht bestand.

> Im April war es ihm dann auch zuwider im Kindergarten, und er wollte in die Schule gehen. Da hat man dann einfach, ja, diesen Sprung auch gemerkt. (EZP 3_F 5_229)

10.5.3 Zusammenfassung

Die Einschulungsentscheidung der Familie ist geprägt von der früheren Krankheit des Kindes, weshalb sich Frau E. schon frühzeitig mit der Einschulung auseinandersetzt. Die vor allem in Bezug auf motorische Fähigkeiten bestehenden Rückstände führt die Mutter auf die mehrfachen Krankenhausaufenthalte zurück. Darüber hinaus schätzt sie ihren Sohn auch als zu jung für eine fristgerechte Einschulung ein. Grundsätzlich ist Frau E. gegen eine zu frühe Einschulung von Kindern, im Falle ihres Sohnes würde sie deshalb eine Zurückstellung als beste Lösung ansehen. Dennoch möchte sie zu Beginn des letzten regulären Kindergartenjahres noch keine voreilige Entscheidung treffen. Mit dem Wissen, dass ihr Kind vom Alter her als schulpflichtig gilt und sie sich unsicher ist, ob eine Zurückstellung bewilligt wird, fördert die Mutter ihr Kind hinsichtlich der Schulfähigkeit. Dies geschieht vor dem Hintergrund der anspruchsvollen Vorstellungen von Schulfähigkeit allerdings zunehmend mit Druck und zeigt keine Erfolge. Das Unsicherheitsgefühl und die geringen Fortschritte des Kindes bewirken, dass Frau E. sich mit der Grundschule in Verbindung setzt. Sie möchte mit diesem Schritt eine rechtzeitige Entscheidung bezüglich der Einschulung bewirken. Jedoch stellt sich dies als schwierig heraus. Der Antrag auf Zurückstellung aufgrund fehlender Fähigkeiten wird von der Grundschule abgelehnt und auf die Schulpflichtigkeit des Kindes verwiesen. Der anschließende Schuleingangstest bestätigt darüber hinaus die Schulfähigkeit von Emil. In einem zweiten Gespräch mit der Schulleitung wird ihr jedoch die fristgerechte Einschulung nicht mehr vorgeschrieben. Aufgrund von ärztlichen Attesten wird der Mutter nunmehr die Entscheidung überlassen.

Trotz der schlechten Erfahrungen fördert die Mutter ihr Kind auch während des zusätzlichen Kindergartenjahres in Bezug auf die Schule, was dieses Mal zu einer deutlichen Zunahme im Interesse an neuen Inhalten und am Lernen beim Kind führt. Ein anderer Effekt der Förderung ist allerdings, dass Emil zu Beginn der Schule unterfordert scheint und sich langweilt. Gleichwohl schätzt Frau E. die schulischen Leistungen ihres Sohnes als durchschnittlich ein. Sie begründet dies mit der geringen Schulfreude und dem eher schlechten Verhältnis zur Lehrerin. Die Zurückstellungsentscheidung bewertet die Mutter dennoch als richtig. Rückblickend schätzt sie den Zeitraum der Entscheidungsfindung, trotz der Schwierigkeiten mit der Grundschule, als gut ein. Wie von ihr erhofft, konnte Emil das zusätzliche Jahr nutzen, um krankheitsbedingte Rückstände auszugleichen. Besonders bedeutsam ist bei Frau E., dass sie ihre Ansprüche in Bezug auf die Schulfähigkeit nach dem Eintritt ihres Sohnes modifiziert und einschränkt.

10.6 Fall 6: Fristgerechte Einschulung mit Vorlaufkurs und gutem Schulstart

Familie R. wird ebenfalls der dritten Gruppe – niedrige Kompetenz und niedriger Bildungshintergrund – zugeordnet. Sowohl Frau R. als auch Herr R. absolvierten nach ihrem Realschulabschluss bzw. Hauptschulabschluss eine Lehre. Die Familie wohnt in einem ländlichen Gebiet. Ralf ist das erste Kind der Familie und wird zu Beginn der BiKS-Studie hinsichtlich seiner Fähigkeiten im unteren Drittel eingestuft. Im Verlauf der Studie wird der zweite Sohn der Familie geboren. Ralf wird 2008 fristgerecht in Hessen eingeschult.

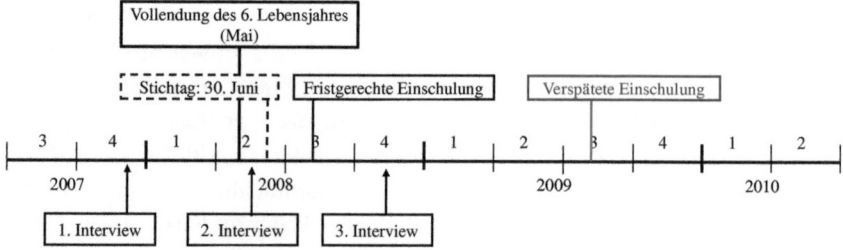

Abbildung 10.6: Übersicht über die Interviewzeitpunkte und die Einschulung bei Familie R.

10.6.1 Einschulungsentscheidung

Wahrnehmung des Kindes
Zu Beginn des letzten Kindergartenjahrs hat sich Frau R. noch nicht viel mit der ein Jahr später bevorstehenden Einschulung ihres Sohnes auseinandergesetzt. Derzeit beschäftigen sie eher die häufigen Krankheiten ihres Kindes.

> Im Moment mache ich mir Gedanken, weil er laufend krank ist. Hoffentlich ist das beendet, wenn die Schule dann losgeht. (EZP 1_F 18_21)

Das Alter spielt für die Mutter im Zusammenhang mit der Einschulung kaum eine Rolle, sie geht lediglich kurz darauf ein, dass ihr Kind im kommenden Jahr schulpflichtig wird. Entscheidend sind für sie vielmehr die passenden Fähigkeiten. Diese schätzt sie im ersten Interview sehr unterschiedlich ein. Positiv erstaunt ist Frau R. vor allem über das sehr große Interesse des Kindes an schulischen Inhalten. Ihr Sohn beschäftigt sich gern mit Zahlen, Buchstaben und Basteln. Die Mutter berichtet, dass ihr Kind schon einige Buchstaben kennt und auch seinen Namen sowie einfache Wörter schreiben kann. Darüber hinaus geht sie darauf ein, dass sie ihr Kind zwar fördert, indem sie ihm Bücher vorliest, aber das Interesse an neuen Lernaufgaben stets vom Kind ausgeht. Auch kleine Rechenaufgaben versucht Ralf bereits zu lösen.

> Weil, er fragt mich auch von sich aus: ‚Was ist drei plus eins? Gell, das ist vier?‘ Also, das kann er so bis zehn jetzt. Das hat er sich selbst angeeign[et]. Okay, es war … so ein Spiel ist das. Und da ist so unter so einer Plastik, Kunststoff … sind so zwei Würfel drinnen. […] Und die tut man so schütteln und dann kann man durchgucken. Und da hat er dann angefangen: ‚Und da ist fünf und drei, Mama was ist denn das?‘ (EZP 1_F 18_469–473)

Aus Sicht von Frau R. hat das Kind ebenfalls schon eine sehr gute Konzentration und Ausdauer, da er sich ‚stundenlang‘ hinsetzt und malt und bastelt. Auch bezüglich der Selbstständigkeit und des sozialen Verhaltens sieht die Mutter keine Probleme. Als eher nachteilig beschreibt sie hingegen die Schüchternheit. Ralf fällt es schwer auf andere Kinder zuzugehen, er wartet eher ab, bis sie zu ihm kommen. Insbesondere bei neuen Situationen tritt die Zurückhaltung deutlich hervor. Frau R. geht in diesem Zusammenhang auf eine Äußerung ihres Kindes ein, in der es gesagt hat, dass es lieber im Kindergarten bleiben möchte, als in die Schule zu kommen. Für sie ist dies vor allem an die Angst vor der Umstellung gekoppelt. Einen weiteren Rückstand sieht die Mutter in Bezug auf die sprachlichen Fähigkeiten. Zwar hat sie selbst auch schon bemerkt, dass ihr Sohn oft keine grammatikalisch korrekten Sätze bildet, im Zusammenhang mit dem ersten Test für die Einschulung wurde ihr dies jedoch nochmals deutlich aufgezeigt. Darüber hinaus wurde auch auf einen geringen Wortschatz hingewiesen. Frau R. betont allerdings, dass Ralf keine Probleme mit der Aussprache hat.

Gegen Ende des letzten Kindergartenjahres schätzt die Mutter die vorhandenen Fähigkeiten ihres Kindes als ausreichend für den Schuleintritt ein. Die Zurückhaltung und die sprachbezogenen Probleme des Kindes sind zwar immer noch vorhanden, haben sich aber gebessert.

> Das ist nur, wenn er erzählt. Er fängt dann total an zu nuscheln. *[Mutter ahmt Nuscheln nach]* […] Wo ich immer sage: ‚Langsam, sonst verstehe ich dich nicht.‘ Aber er selbst merkt das halt nicht. (EZP 2_F 18_133–135)

Der zusätzliche Besuch eines Vorlaufkurses in der Grundschule hilft aus Sicht der Mutter bei beiden Problemen. Bezogen auf die Zurückhaltung ist es gut, dass ihr Kind schon jetzt das neue Gebäude, einige Lehrer und Kinder kennen lernt. Bezogen auf die grammatikalischen Rückstände zeigen sich ebenso Fortschritte, die auch die Lehrkraft gegenüber der Mutter bestätigt.

Verlauf der Einschulungsentscheidung
Auch wenn Frau R. sich bisher kaum Gedanken zur Einschulung gemacht hat, geht sie von einer fristgerechten Einschulung im kommenden Jahr aus. Sie würde eine Zurückstellung nur vornehmen, wenn erhebliche Probleme beim Kind bestehen würden. Für sie sind eine ausreichende Konzentration, gutes soziales Verhalten und keine sprachlichen Rückstände wichtige Kriterien für die Einschulung. Den richtigen Zeitpunkt würde sie immer vom Kind abhängig machen. Ein Jahr mit der Einschulung zu warten, nur damit das Kind noch Zeit zum Spielen hat, hält die Mutter nicht für richtig.

Bereits vor dem ersten Interview hatte ein Test in der Grundschule stattgefunden. Die Mutter geht anfänglich nur darauf ein, dass sie im Anschluss auf die Probleme des Kindes hinsichtlich der Grammatik und des geringen Wortschatzes hingewiesen wurde. Frau R. beschreibt dies als einen kleinen Rückschlag.

> Und sie haben gesagt, er wäre von der Sprache her, da ist der Wortschatz so gering und die Grammatik. Und da habe ich mir dann schon Gedanken gemacht [...] Und man denkt, och ja, es läuft gut. Und dann sagen die: ‚Huch, doch nicht so alles in Ordnung.' (EZP 1_F 18_37–39)

Allerdings wurde ihr von der Schule mitgeteilt, dass die Rückstände nicht gravierend wären und durch den Besuch des Vorlaufkurses bis zur Einschulung behoben werden könnten. Seit Beginn des täglichen stattfindenden Vorlaufkurses nimmt Frau R. auch Verbesserungen bei ihrem Sohn wahr. Aufgrund dieser Entwicklung, der eigenen Einschätzung und der Aussage der Lehrkraft ist für sie die fristgerechte Einschulung ihres Kindes sicher. Neben der schulischen Beratung hat die Mutter bisher noch die reguläre Vorsorgeuntersuchung beim Kinderarzt genutzt, um sich über die Fähigkeiten ihres Kindes zu informieren. Sie geht darauf ein, dass auch hier die Sprache des Kindes angesprochen wurde, allerdings führt sie die Probleme an dieser Stelle auf die Schüchternheit ihres Sohnes während der Untersuchung zurück. Im Kindergarten fanden bisher noch keine Gespräche zur Einschulung statt. Einerseits wurde diese von den Erzieherinnen noch nicht angesprochen, andererseits hat auch die Mutter bisher noch keinen Grund für eine intensivere Beratung gesehen. Frau R. berichtet, dass sie sich bei Bedarf immer an die Erzieherin wenden kann und auch in den kommenden Wochen ein Gespräch über die Einschulung führen möchte. Im ersten Interview gibt Frau R. an zufrieden zu sein, wie alles verläuft. Sie weiß aber auch, dass noch zwei Untersuchungen folgen werden, die entscheidend für die Einschulung sind.

Zum Zeitpunkt des zweiten Interviews gegen Ende des letzten Kindergartenjahres hat Ralf an den anderen beiden Tests teilgenommen. Für Frau R. spricht jetzt nichts mehr gegen eine fristgerechte Einschulung. Sowohl die Untersuchung beim Gesundheitsamt als auch der nochmalige Test in der Grundschule haben ergeben, dass das Kind schulfähig ist. Den Ergebnissen misst die Mutter große Bedeutung zu und verlässt sich auf die Aussagen des Fachpersonals. Für sie erscheinen die Tests, vor allem der in der Schule, als sinnvoll, da diese Personen wissen, was das Kind können muss, um eingeschult zu werden. Im Gegensatz zu anderen Eltern sieht sie die Einschulungstests nicht als ‚schlimm‘ an, was sie aber auch auf das gute Abschneiden ihres Sohnes zurückführt. Die positive Haltung gegenüber den Tests wird erst zum Zeitpunkt des zweiten Interviews sichtbar. Im ersten Interview geht die Mutter in Bezug auf die Rückmeldungen bei den Tests lediglich auf Äußerungen zu Problemen des Kindes mit dem grammatikalischen Gebrauch und im Wortschatz ein. Im zweiten Interview gibt Frau R. darüber hinaus an, dass auch noch motorische Probleme erkannt wurden. Rückblickend schildert sie, zu diesem Zeitpunkt nicht wirklich sicher über eine fristgerechte Einschulung gewesen zu sein. Aufgrund der positiven Bewältigung des zweiten Schuleingangstests spricht die Mutter nun offener darüber.

> INTERV.: Also die Zeit, [...] wo diese Entscheidung anstand, ob man ihn einschult oder nicht, fanden Sie das eine schwere Zeit? So insgesamt? Haben Sie irgendwie geschwankt zwischen fristgerechter und späterer Einschulung?
> ELTERN: Ja, das war also nach dem ersten Test. Das war dann so viel, weil die halt gesagt hat: ‚Den Stift und genau mit rechts und links, das kann er noch nicht so.‘ Und, und dann mit der Sprache, mit der Grammatik, wo man das selbst als Eltern gar nicht so – also ich habe es zwar schon gemerkt, oh, mit dem Verstehen und so, dass andere Probleme haben ihn zu verstehen. Das war dann so viel, wo ich gedacht habe: ‚Boah, ob das okay ist, wenn er dann in die Schule geht?‘ Also, da war ich schon ein bisschen geschockt, weil man das halt nicht so sieht. Man denkt nicht so, das Kind ist perfekt, das nicht. Aber irgendwie so, dass es nicht klappen könnte oder so, in die Schule zu gehen? [...] Weil da hat man dann schon

gedacht: ‚Ach Gott, klappt es vielleicht doch nicht?' Weil man ja fest überzeugt war: ‚Ja, der geht dann in die Schule.' (EZP 2_F 18_162–169)

Den Vorlaufkurs in der Grundschule bewertet Frau R. als sehr gut, auch wenn ihr zusätzlich zu einer logopädischen Behandlung ihres Sohnes geraten wurde. Sowohl im Vorlaufkurs als auch beim Logopäden wurde ihr bestätigt, dass das Kind keine Probleme mit der Aussprache an sich hat, sondern die Probleme durch das hastige und unklare Sprechen auftreten. Nach dem ersten Test hatte die Mutter Bedenken, dass sie im Vorfeld zu wenig gemacht hätte. Da das Kind jetzt aber durch den täglichen Vorlaufkurs, die Vorschule im Kindergarten und den Logopäden gut gefördert wird, macht sie zu Hause wenig und nur dann, wenn das Kind auch Interesse zeigt. Frau R. möchte nicht durch eine zu umfassende Förderung das Kind schon vor Beginn der Grundschule überfordern oder ihm die Lust an der Schule und am Lernen nehmen.

Auch bis zum zweiten Interview fand noch keine Beratung durch den Kindergarten statt. Frau R. gibt an, dass sie bei Zweifeln auch nachfragen kann und in naher Zukunft auch ein Gespräch im Kindergarten hat. Da die Erzieherin bisher jedoch passiv in Bezug auf die Einschulung war, würde die Mutter bei einer Zurückstellungsempfehlung nicht mehr von ihrer jetzigen Entscheidung abweichen. Für Frau R. ist die Lehrerin des Vorlaufkurses die bedeutendere Beratungsperson.

Gegen Ende der Kindergartenzeit ist sie mit ihrer Einschulungsentscheidung zufrieden. Sie geht davon aus, dass der Zeitpunkt richtig ist, da sich Ralf immer noch stark für schulische Inhalte interessiert. Während sie sich beim ersten Test Sorgen gemacht hat, möchte die Mutter die Einschulung nun auf sich zukommen lassen. Für sie ist wichtig zu schauen, wie das Kind zurechtkommt. Ihrer Meinung nach ist es unnötig jetzt schon ‚Panik zu machen', wenn noch unklar ist, wie alles verläuft.

10.6.2 Bewährung der Einschulungsentscheidung

Frau R. ist sehr zufrieden mit dem Verlauf der ersten Schulwochen, allerdings relativiert sie diese Aussage gleich im nächsten Satz. Bezogen auf die schulischen Leistungen betont sie, dass ihr Sohn sehr gut zurechtkommt, Probleme bestehen jedoch im sozialen Bereich. Die Schwierigkeiten führt sie einerseits auf die Zurückhaltung von Ralf und andererseits auf die Klassenzusammensetzung zurück. Die Schüchternheit ihres Sohnes zeigt sich vor allem in den wenigen Freundschaften, die das Kind bisher in der Klasse hat. Die Mutter berichtet von nur einem Freund, der schon einmal nach Hause eingeladen wurde. Ralf scheint es ihrer Ansicht nach allerdings nicht so viel auszumachen, bisher kaum Freunde in der Klasse gefunden zu haben. Aufgrund des zurückhaltenden Verhaltens des Kindes kann er sich nur schwer in der großen Klasse behaupten.

> Negativ war, dass er jemanden neben sich sitzen gehabt hat, der es halt ausgenutzt hat, wenn die Lehrerin das nicht mitkriegt bei 24 Kindern. [...] Hinter ihrem Rücken [ist] dann halt der Ralf so richtig massiv schon attackiert worden. [...] Ich habe sie angesprochen, weil so nach einer Woche habe ich gedacht, es war dann wirklich, dass er da so *[deutet auf ihren Oberarm]* blau war. (EZP 3_F 18_27–31)

Nach dem Gespräch mit der Lehrerin wurde das Kind von Ralf weggesetzt. Die Mutter hofft, dass sich die sozialen Probleme irgendwann legen werden und ihr Sohn mehr Freundschaften innerhalb der Klasse schließen kann. Die Schwierigkeiten im sozialen Bereich hatte die Mutter erwartet, weshalb sie in Zukunft auch darauf achten wird, dass sich ihr Kind etwas besser integriert. Trotz der ‚Außenseiter-Position' von Ralf geht er gern in die Schule. Eine Begründung dafür ist die Lehrkraft. Frau R. gibt an, dass die jetzige Klassenlehrerin zufälligerweise auch die Lehrkraft des Vorlaufkurses war. Da ihr Sohn schon vorher ein gutes Verhältnis zu der Lehrerin hatte, fiel ihm die Umstellung auf die neue Situation leichter. Aus Sicht der Mutter kommt ihr Kind auch gut mit den schulischen Anforderungen zurecht, was für sie einen weiteren Grund für die bisher relativ gut verlaufene Grundschulzeit darstellt. Auch wenn das Interesse an schulischen Inhalten anhält, sind Frau R. die weiterhin bestehenden grammatikalischen Schwierigkeiten bewusst. Trotz der Bemühungen im Vorlaufkurs und der Logopädie zeigen sich vereinzelt noch Rückstände. Vor allem im Vergleich zu Klassenkameraden sieht sie bei ihrem Kind in diesem Bereich Nachteile. In anderen schulischen Inhalten wie Mathematik oder Schreiben schätzt sie ihren Sohn jedoch als durchschnittlich ein. Allerdings fällt ihr der Vergleich schwer, und sie hofft in dem kommenden Gespräch mit der Lehrerin auch mehr Informationen zu den Leistungen des Kindes zu bekommen. Die bisherigen Rückmeldungen der Lehrkraft waren positiv, auch deshalb schätzt die Mutter Ralfs Fähigkeiten als gut und den Schuleintritt als weitgehend gelungen ein. Diese Bewertung überträgt sich auch auf die Zufriedenheit mit dem Einschulungszeitpunkt. Frau R. gibt an zufrieden mit ihrer Entscheidung zur fristgerechten Einschulung zu sein. Wichtig für ihre Entscheidung waren vor allem die Einschulungstests.

Also für mich waren dann schon die Tests entscheidend. Und an der Schule haben die auch gesagt, so mit der Sprache finden sie nicht ganz so gravierend. Und man merkt das auch nicht so. Wenn man ihm jetzt eine Frage stellt und er muss nicht groß 'was berichten, kommt das auch deutlich rüber. (EZP 3_F 18_279)

Dass die fristgerechte Einschulung richtig war, zeigt sich für Frau R. auch an der momentanen Situation, die sie als ,ganz entspannt' beschreibt. Sowohl in der Schule als auch zu Hause bei den Hausaufgaben bestehen kaum größere Probleme. Für die Mutter steht fest, sie würde auch mit den Erfahrungen den gleichen Einschulungszeitpunkt für ihren Sohn wählen. Allerdings würde Frau R. im Vorfeld versuchen das Kind besser zu integrieren und den Kontakt zu Gleichaltrigen fördern. Auch wenn es für Ralf beim Schuleintritt kein Problem war, kaum Freunde zu haben, geht sie dennoch davon aus, dass der Übergang in die Grundschule zusammen mit Freunden einfacher ist.

Den Zeitraum bis zur Einschulung empfand die Mutter als ,aufregend'. Sie verknüpft mit der Einschulung den Beginn eines neuen Abschnitts, dem sie aber positiv gegenübersteht. Als große Unterstützung während der Zeit bis zur Einschulung empfand die Mutter den Vorlaufkurs in der Grundschule.

Da muss ich auch sagen, da haben dann, denke ich, auch Kinder, die jetzt da in manchen Bereichen Defizite oder so [haben], die können da echt gut aufholen, denke ich, in so einem Vorlauf. Klar, so was kann der Kindergarten auch nicht umsetzen. Aber das war jetzt echt gut. Also, weil da wurde echt viel gemacht. Einfach auch so motorisch, ob es jetzt Basteln war oder Sachen auswendig lernen. Also, das war echt, das war okay. (EZP 3_F 18_255)

Rückblickend bewertet sie deshalb den Kindergarten in Bezug auf die Schulvorbereitung negativer. Für Frau R. wäre eine spielerische Förderung, die auf allgemeine Inhalte wie Formen und Farben eingeht, ausreichend. Sie erwartet nicht, dass den Kindern schon Rechnen und Lesen beigebracht wird. Die Mutter betont mehrfach, dass die Förderung im Kindergarten für ihr Kind ausgereicht hat. Als Kritik führt sie auf, dass sie vor allem für andere Kinder einen Nachteil sieht, die nicht wie ihr eigener Sohn zusätzlich gut gefördert wurden.

10.6.3 Zusammenfassung

Frau R. beschäftigt sich eher wenig mit der Einschulungsentscheidung. Aus ihrer Sicht ist das Alter des Kindes eher unwichtig, entscheidend sind die Fähigkeiten, wenn diese ausreichend vorhanden sind, sollte ein Kind in die Schule kommen. Bei ihrem Sohn nimmt sie schon frühzeitig ein großes Interesse an schulischen Inhalten und am Lernen wahr. Lediglich in Bezug auf die Sprache bestehen Schwierigkeiten, dies wurde ihr auch in einem ersten Test an der Grundschule bestätigt. Ralf besucht seitdem einen Vorlaufkurs an der späteren Schule und beginnt im Laufe des letzten Kindergartenjahres auch noch eine logopädische Therapie. Für die Mutter ist wichtig, dass die Probleme nicht im Wortschatz oder in der Aussprache an sich liegen, sondern in der hastigen Sprechweise und der Verwendung der korrekten Grammatik. Da ihr Kind bereits viele vorhandene Fähigkeiten für den Schuleintritt aufweist und die Lehrkraft des Vorlaufkurses die Schwierigkeiten als nicht gravierend einschätzt, geht die Mutter von einer fristgerechten Einschulung aus. Eine Zurückstellung käme ohnehin nur infrage, wenn erhebliche Probleme beim Kind bestehen würden. Auch wenn Ralf ihr erstes Kind ist und sie bisher keine eigenen Erfahrungen mit der Einschulung besitzt, macht sich die Mutter bezüglich der Einschulungsentscheidung wenig Gedanken und betrachtet die Situation optimistisch. Sie verbindet mit der Einschulung einen neuen positiven Lebensabschnitt. Dass sie sich keine unnötigen Sorgen machen muss, wird ihr auch in den weiteren Einschulungsuntersuchungen bestätigt, in denen das Kind als schulfähig eingeschätzt wird. Die positive Entwicklung der Fähigkeiten führt sie auf die Förderung im Vorlaufkurs und der Logopädie zurück.

Trotz der zusätzlichen Förderung vor Schulbeginn zeigen sich nach dem Eintritt immer noch Rückstände in den sprachlichen Fähigkeiten von Ralf. Schwierigkeiten bestehen zu Beginn auch im sozialen Bereich, da das Kind kaum Anschluss in der Klasse findet. Da es für Ralf selbst jedoch kein größeres Problem darstellt, er gern in die Schule geht und weiterhin großes Interesse an neuen Inhalten hat, beurteilt die Mutter den Schuleintritt als gelungen. Aufgrund des Interesses sowie der Förderung zu Hause und im Vorlaufkurs empfindet die Mutter den Schuleintritt als sehr leicht. Für sie ist jedoch fraglich, ob Kinder ohne zusätzliche Förderung ebenso einen guten Start haben, da im Kindergarten nach ihrer Erfahrung kaum Schulvorbereitung stattfindet. Mit der Einschulungsentscheidung ist Frau R. zufrieden. Deutlich wird allerdings, dass sich die Mutter bezüglich der Rückstände ihres Kindes im ersten Interview eher zurückhaltend äußerte. Erst nach dem Übertritt geht sie auf weitere Probleme ein, die bereits vor dem Schuleintritt bekannt waren. Die Sicherheit bezüglich der fristgerechten Einschulung bestand möglicherweise nicht durchgehend. Denkbar ist, dass erst der deutliche Hinweis auf die nicht gravierenden Rückstände und die Verbesserung der Fähigkeiten von Ralf durch die Lehrkraft sie in ihrer Einschulungsentscheidung bestärkt haben.

11 Zusammenfassung und Diskussion

Die vorliegende Studie hatte zum Ziel die Einschulungsentscheidung mit dem Fokus auf Zurückstellung und aus der Perspektive von Eltern systematisch zu untersuchen. Anhand der längsschnittlich angelegten qualitativen Interviewstudie konnten Einstellungen, Einschätzungen und Entscheidungsprozesse beim Übergang vom Kindergarten in die Grundschule dargelegt werden.

Im ersten Teil der Ergebnisse wurden die in den Interviews erfassten Merkmale beschrieben, welche die Einschulungsentscheidung möglicherweise beeinflussen. Anhand von deskriptiven Darstellungen wurden die Ausprägungen der einzelnen Merkmale beschrieben und vergleichend zwischen fristgerecht und verspätet einschulenden Eltern analysiert. Der Zusammenhang der entscheidenden Aspekte wurde anschließend in einem Modell wiedergegeben. Unter Rückgriff auf die Werterwartungstheorie wurde der Entscheidungsprozess sowohl für fristgerecht einschulende als auch zurückstellende Eltern veranschaulicht. Im zweiten Teil der Ergebnisse wurden die Aspekte der Bewährung der Einschulungsentscheidung beschrieben und ebenso wie im ersten Teil die Unterschiede zwischen den beiden Elterngruppen herausgestellt. Da die Einschulung in der vorliegenden Arbeit als Prozess aufgefasst wurde, verdeutlichte der dritte Ergebnisteil unterschiedliche Verläufe von Einschulungsentscheidungen. Anhand von einzelnen Fällen wurden sowohl Abläufe bei fristgerecht einschulenden als auch zurückstellenden Eltern dargestellt. Die Ergebnisse dieser drei Teile werden in diesem Kapitel im Zusammenhang mit den gesetzlichen Regelungen sowie den in Kapitel 3 und 4 dargelegten empirischen Befunden diskutiert. Abschließend werden Grenzen der Untersuchung und weiterer Forschungsbedarf beschrieben.

11.1 Einschulungsentscheidung – Hohe Erfolgserwartungen bei der Passung von individuellen Merkmalen des Kindes und Anforderungen der Schule

11.1.1 Wahrnehmung des Kindes vor dem Hintergrund der Einschulungsregelungen

In der vorliegenden Studie konnte die zentrale und hohe Bedeutung des Entwicklungsstandes des Kindes bei der elterlichen Einschulungsentscheidung festgestellt werden. Aufgrund der Stichprobenauswahl und der Ausfälle war der Anteil an Mädchen relativ gering, weshalb geschlechtsspezifische Differenzierungen in der Wahrnehmung der Eltern nur vereinzelt nachvollziehbar waren. In den Aussagen der Eltern zeigt sich allerdings, dass das Geschlecht des Kindes für sie kein zentrales Argument darstellt. In Bezug auf die Entscheidungsaspekte bestehen keine systematischen Unterschiede. Als wichtige individuelle Entscheidungsaspekte haben sich demgegenüber das Alter und die Fähigkeiten des Kindes herausgestellt. Damit richten sich die Eltern nach den institutionell vorgegebenen Kriterien der Einschulungsregelungen – Alter und Schulfähigkeit. In Bezug auf das *Alter* ist der Abstand zum Stichtag entscheidend. Je zeitiger vor dem Stichtag das Kind das sechste Lebensjahr vollendet, desto einfacher fällt den Eltern die Entscheidung gegen eine Zurückstellung. Dies bestätigt die bisherigen Befunde zum Zusammenhang zwischen Geburtsmonat und Einschulungszeitpunkt. Sowohl nationale als auch internationale Studien konnten bereits aufzeigen, dass Kinder, deren Geburtsmonat bis zu drei Monate vor dem jeweiligen Stichtag liegt, deutlicher häufiger von Zurückstellung betroffen sind als Kinder, die mehr als drei Monate zuvor das sechste Lebensjahr erreichen (vgl. Cosden et al., 1993; Donath et al., 2010; Liebers, 2011; Martin et al., 2004). In Verbindung mit dem Alter des Kindes bei Schuleintritt wird auch die Verschiebung des Stichtages in Bayern angesprochen. Der Herabsetzung des Schuleintrittsalters stehen die Eltern sehr kritisch gegenüber, da für sie mit einem höheren Alter auch eine bessere Schulfähigkeit einhergeht. Sie sprechen zudem einen dadurch entstehenden größeren Altersunterschied innerhalb der Anfangsklassen an. Aus ihrer Sicht wird durch das jüngere Einschulungsalter die Altersdifferenz nach unten ausgedehnt, die obere Grenze bleibt jedoch bestehen. Diese wahrgenommene einseitige Verschiebung besteht jedoch gar nicht. Zwar werden die Kinder jünger eingeschult, allerdings geht damit auch gleichzeitig eine Herabsetzung des höchsten Schuleintrittsalters einher. Die möglichen Altersunterschiede bleiben deshalb wie vorher im gleichen Umfang bestehen. Die unzutreffende Wahrnehmung der Eltern kann möglicherweise auf die nahe am Stichtag gelegen Geburtsmonate der Kinder zurückgeführt werden.

Die Einschätzung der *kindlichen Fähigkeiten* ergibt sich aus den elterlichen Eindrücken, welche durch die eigenen Erfahrungen und Beobachtungen des Kindes geprägt sind. Dabei fließen Vergleiche zu anderen Kindern und Geschwistern ein. Die Einschätzung der kindlichen Fähigkeiten beruht nicht ausschließlich auf Beobachtungen der Eltern, sondern auch auf Aussagen andere Personen. Entscheidend sind insbesondere die Sichtweisen der Erzieherinnen. Auffällig ist, dass die Aussagen der Eltern zu den Fähigkeiten der Kinder oft den Berichten über die wahrgenommene Einschätzung durch die Erzieherinnen gleichen. Es kann davon ausgegangen werden, dass Gespräche der Eltern mit der Erzieherin über die Fähigkeiten des Kindes die elterliche Einschätzung beeinflussen.

Bezogen auf die unterschiedlichen Einschulungszeitpunkte zeigen sich zwischen den beiden Elterngruppen Unterschiede in der Wahrnehmung der Kinder. Betrachtet man die unterschiedlichen Fähigkeitsaspekte separat, so lassen sich dahin gehend nur vereinzelt Zusammenhänge mit dem Einschulungszeitpunkt feststellen. So wird über die fristgerecht eingeschulten Kinder gesagt, dass sie schon vor der Einschulung ein deutliches gesteigertes Interesse an schulischen Inhalten (vgl. Familie R./Fall 2 und Familie R./Fall 6) oder ein als positiv bewertetes Sozialverhalten haben. Zurückstellende Eltern nehmen bei ihren Kindern hingegen kaum vorhandenes schulisches Interesse wahr. Das Sozialverhalten der Kinder bewerten einige als gut und andere als nicht gut. Die Eltern fassen in ihren Einschätzungen die einzelnen Fähigkeiten meist zusammen und geben bezogen auf die Schulfähigkeit ein globales Urteil ab. Zurückstellende Eltern schätzen ihre Kinder als zu jung für die Schule ein und nehmen deutliche Rückstände in den Fähigkeiten wahr. Darüber hinaus wird bei einigen der zurückstellenden Fälle ersichtlich, dass dazu Kinder gehören, die erhebliche Entwicklungsrückstände, z.B. Aufgrund von Krankheiten, aufweisen (vgl. Familie M./Fall 1; Familie E./Fall 5). Im Gegensatz dazu beschreiben die fristgerecht einschulenden Eltern ihre Kinder als alt genug für den Schulstart und schätzen den allgemeinen Entwicklungsstand der Kinder als ‚schulfähig' ein. Übergreifend können die zurückstellenden Eltern hinsichtlich der Wahrnehmung ihres Kindes als eher defizitorientiert beschrieben werden.

In den vergleichenden und fallbezogenen Analysen haben sich das Alter und die Fähigkeiten fast durchgängig als besonders bedeutsam für die Einschulungsentscheidung der Eltern herausgestellt. In der Untersuchung von Pohlmann-Rother, Kratzmann und Faust (2011) zeigte sich, dass die Fähigkeiten des Kindes als bedeutender angesehen werden als das Alter. Die Eltern bewerteten von 15 vorgelegten Schulfähigkeitskriterien das Alter des Kindes als am wenigsten wichtig. Dies änderte sich auch nicht, wenn nach Einschulungszeitpunkten unterschieden wurde, allerdings sahen die vorzeitig einschulenden Eltern es deutlich weniger wichtig an als fristgerecht und verspätet einschulende Eltern. Zu einem späteren Zeitpunkt sollten Eltern, Erzieherinnen und Lehrkräfte aus einer vorgegebenen Liste mit elf Kriterien die für sie drei wichtigsten benennen. Das Alter des Kindes wurde dabei von allen drei Befragtengruppen eher selten angegeben, lediglich das Durchsetzungsvermögen und die

Kenntnisse von Buchstaben und Zahlen scheinen noch unwichtiger zu sein. Hingegen waren Ausdauer und Konzentration durchgängig das wichtigste Schulfähigkeitskriterium.

In der vorliegenden Interviewstudie konnte darüber hinaus ein starker Zusammenhang zwischen Alter und Fähigkeiten festgestellt werden. Die Eltern fassen beide Aspekte in einem eher linearen Zusammenhang. Mit einem höheren Alter verbinden sie bessere Fähigkeiten, was wiederum an die nötige Schulfähigkeit geknüpft ist. Jüngere Kinder besitzen demnach weniger weit entwickelte Fähigkeiten als ältere Kinder. Damit gehen nach Ansicht der Eltern auch Nachteile für jüngere Kinder zu Beginn der Grundschule einher, die sich beispielsweise in Leistungsunterschieden oder einer schlechteren Bewältigung der Anforderungen des Anfangsunterrichtes widerspiegeln. Auch der als groß eingeschätzte Altersunterschied zwischen den Schülern stellt für Eltern, deren Kinder relativ jung eingeschult werden würden, ein bedeutendes Problem dar. Zwar gehen die Eltern auch auf Fördermöglichkeiten ein, dennoch zeigt sich an dieser Stelle ein eher reifungstheoretisches Verständnis von kindlicher Entwicklung (vgl. Donath et al., 2010). Aufgrund dieser Ansichten erscheint den Eltern eine spätere Einschulung als eine sinnvolle Möglichkeit, um sowohl altersbedingte Rückstände in den Fähigkeiten auszugleichen als auch das Einschulungsalter des eigenen Kindes zu erhöhen. Bisherige Untersuchungen zum Zusammenhang von Alter und Fähigkeiten zeigen hierzu unterschiedliche Ergebnisse. Die Sichtweise der interviewten Eltern unterstützend, lassen sich positive Zusammenhänge finden. Ältere Kinder weisen demnach schon im vorschulischen Bereich bessere Fähigkeiten auf als jüngere (vgl. Crone & Whitehurst, 1999; Kurdek & Sinclair, 2001). Dies gilt auch für schulische Leistungen (vgl. Fredriksson & Öckert, 2005; Cameron & Wilson, 1990). Fredriksson und Öckert konnten sogar für verspätet eingeschulte Kinder Vorteile in den späteren Leistungen nachweisen. Ähnliche Ergebnisse zeigten sich für Lesen bei Jones und Mandevill (2011), sie konnten einen Einfluss des Alters bis in die sechste Klasse nachweisen. Allerdings besaßen das Geschlecht, der sozioökonomische Status und die Zugehörigkeit zu einer bestimmten Bevölkerungsgruppe einen stärken Einfluss auf die Leseleistungen als das Alter des Kindes. Weiterführende Ergebnisse von Kurdek und Sinclair (2001) fanden hingegen keinen Alterseffekt für mathematische Leistungen und Lesen in der vieren Klassen (Vergleich von älteren und jüngeren Kindern eines Jahrgangs; vgl. auch Crone & Whitehurst, 1999). Zudem zeigten sie auf, dass Schulfähigkeit in einem positiven Zusammenhang zu späteren Leistungen stand und nicht nach Alter und Geschlecht variierte. Berücksichtigt man weiterhin, dass Kompetenzen und ihre Entwicklung einem ständigen Wandel während der Kindheit unterliegen, auch wenn sie mehr oder weniger von Bildung und Kultur abhängig sind, scheint das Alter, zumindest für den Schuleintritt, kein ausschlaggebendes Kriterium für späteren Schulerfolg zu sein. Vielmehr sprechen einige Befunde dafür, dass eine schulische Lernumgebung altersbedingte Rückstände eher ausgleichen kann (vgl. Crone & Whitehurst, 1999). Auf der anderen Seite bestätigen Studien für zurückgestellte Kinder kurzfristige Vorteile zu Beginn der Schule (vgl. Dong, 2010; Shepard & Smith, 1987), was wiederum im Sinne der Eltern ist, welche ihrem Kind durch diese Maßnahme einen gelungenen Start ermöglichen wollen.

11.1.2 Einstellungen der Eltern zur Einschulung, Förderung und dem weiteren Bildungsverlauf

Schon zu Beginn der Interviewstudie zeigt sich bei den Eltern eine richtungsweisende Tendenz für die spätere Einschulungsentscheidung. Die fristgerecht einschulenden Eltern präferieren alle eine reguläre Einschulung, die zurückstellenden Eltern geben hingegen an, entweder mit dem Schuleintritt ein zusätzliches Jahr warten zu wollen oder sie sind sich noch nicht sicher darüber. In Bezug auf den möglichen Einschulungszeitpunkt des Kindes wurde auch eine allgemeine Haltung erfragt. Dabei sollten die Eltern zu folgender Aussage Stellung beziehen: Dem Kind eine möglichst lange, unbeschwerte schul- und lernfreie Zeit im Kindergarten ‚schenken' und es möglichst spät einschulen oder eine möglichst frühe Einschulung. Ein Zusammenhang zu den tatsächlichen Einschulungszeitpunkten lässt sich nicht finden. Die Eltern sind vorrangig dafür dem Kind die Zeit zum Spielen zu geben (vgl. Familie F./Fall 4). Dies ist wenig erstaunlich, da die Substichprobe unter anderem anhand der Tendenz der Eltern für eine spätere Einschulung gezogen wurde. Anstatt einer frühen Einschulung bevorzugen die Eltern eine individuelle Entscheidung, die an das Kind angepasst ist und somit einen guten Start ermöglicht.

Wie bereits aufgezeigt, entscheiden sich die Eltern für den Einschulungszeitpunkt unter anderem anhand des Alters und der Fähigkeiten des Kindes. Als wichtiger familiärer Entscheidungsaspekt ließen sich die elterlichen *Vorstellungen von Schulfähigkeit* feststellen, vor deren Hintergrund die eigene Einschätzung des Kindes getroffen wird. Diese bilden sich aus unterschiedlichen Aspekten heraus. So können Erfahrungen mit älteren Kindern, die institutionelle Förderung oder Beratung, aber auch die Vorstellungen über die Schule die subjektive Sichtweise beeinflussen. Aufgrund der eher offen formulierten landesspezifischen Einschulungsreglungen zu Schulfähigkeit kann dies als ein offenes Konstrukt verstanden werden, was je nach Rahmenbedingungen unterschiedlich ausgestaltet wird. In der Praxis wird ausschließlich die Sicht auf das Kind und der Ist-Zustand vor Schulbeginn betrachtet, die Schule hingegen wird nicht berücksichtigt (vgl. Kapitel 2.2). Dies kommt nicht zuletzt aufgrund der Einschulungspraxis (z.B. die Schuleingangstests) zustande. Die Einschulungsuntersuchungen werden zur Feststellung der kindlichen Fähigkeiten und vorrangig als selektives Instrument genutzt (vgl. Kapitel 2.2.2). Die Ergebnisse der vorliegenden Studie spiegeln diese Situation wider, denn die befragten Eltern beziehen Schulfähigkeit auf das Kind. An dieser Stelle muss allerdings einschränkend erwähnt werden, dass aufgrund der Frageformulierung der Bezug auf das Kind vorgegeben war.

Anhand der Aussagen ließ sich auf Seiten der Eltern ein umfassendes Verständnis von Schulfähigkeit feststellen. Für die meisten Eltern ist das Sozial- und Arbeitsverhalten relevant für den Schuleintritt. Letzteres wird von den Eltern auch als das wichtigste Kriterium angesehen. Ähnliche Befunde zeigten sich für Eltern in quantitativen Auswertungen der BiKS-Daten und bei Brozio (2004). Auch die Lehrkräfte sehen das Arbeitsverhalten im Sinne von Konzentration und Ausdauer als das wichtigste Schulfähigkeitskriterium bei Kindern an (vgl. Pohlmann et al., 2011). Aus der Sicht der interviewten Eltern ist dieses entscheidend, da es als Voraussetzung für das Erlernen von Inhalten und die Bewältigung des Schulalltags angesehen wird. Dass Aufmerksamkeit ein prädiktiver Indikator für spätere schulische Leistung ist, wiesen Duncan et al. (2007) nach. Neben den mathematischen und schriftsprachlichen Vorkenntnissen besaß in dieser Metaanalyse die Aufmerksamkeit den größten Einfluss auf spätere schulische Leistungen. Im Bereich der späteren Mathematikleistung waren die Aufmerksamkeitsfähigkeiten genauso prädiktiv wie die vorschulischen Lesefähigkeiten (vgl. auch Pagani, Fitzpatrick, Archambault & Janosz, 2010).

Das von den Eltern als ebenfalls wichtig aufgeführte Sozialverhalten wird auch von Erzieherinnen sehr häufig benannt (vgl. Pohlmann et al., 2011) und in einigen Studien sogar als das wichtiges Schulfähigkeitskriterium aufgeführt (vgl. Kammermeyer, 2000; Plehn, 2012). Es kann aber davon ausgegangen werden, dass eine intensive Förderung von sozialen Fähigkeiten in vorschulischen Institutionen stattfindet. Eine Bestätigung dahin gehend lässt sich in den Interviews finden. Die meisten Eltern berichten über gute soziale Fähigkeiten ihrer Kinder und benennen diese nur in Einzelfällen als einschulungsrelevant. Eine hohe Bedeutung guter vorschulischer sozialer Fähigkeiten für die späteren schulischen Leistungen konnte bislang nicht nachgewiesen (vgl. Duncan et al., 2007; Grissmer, Grimm, Aiyer, Murrah & Steele, 2010). Dies kann unter anderem damit zusammenhängen, dass soziale Fähigkeiten eher breit und allgemein erfasst wurden. So benötigen Kinder bestimmte soziale und emotionale Fähigkeiten um sich an die neuen Strukturen (z.b. Klassenverband, Lernprozesse) anzupassen und diese zu nutzen (vgl. Denham, 2006; Ladd & Dinella, 2009).

Im Gegensatz dazu haben sich vor allem schulnahe Vorläuferfähigkeiten als prädiktiv für die späteren Leistungen erwiesen (vgl. Kapitel 3.1.2). In den Interviews benennt jedoch weniger als die Hälfte der Eltern Vorkenntnisse in den Kulturtechniken als relevant für die Einschulung. Diese Eltern gehen darauf ein, dass hier noch keine fundierten Kenntnisse, wie flüssig lesen oder schreiben, vorhanden sein müssen. Erwartet werden von diesem Teil der Eltern hingegen erste Kenntnisse über Buchstaben und Laute. Für sie beginnt der Lernprozess bereits vor dem Schuleintritt und setzt sich anschließend in der Grundschule fort. Bei den anderen Eltern hingegen kann vermutet werden, dass das Erlernen der Voraussetzungen und Fähigkeiten wie Rechnen, Lesen und Schreiben mit der Grundschule beginnt. Für sie ist der Schulanfang ein Neustart und steht somit im Gegensatz zu pädagogischen Erkenntnissen, wonach der Schulanfang keine ‚Stunde Null' darstellt (vgl. Speck-Hamdan, 2001; Richter & Brügelmann, 1994).

Die Schulfähigkeitsvorstellungen der Eltern ist weder einseitig auf soziale Aspekte noch auf Vorläuferfähigkeiten beschränkt. Mit dem Arbeitsverhalten nehmen sie eine Voraussetzung als wichtig wahr, die für die spätere Bewältigung schulischer Anforderungen bedeutsam ist. Gleichzeitig legen sie Wert auf die soziale Entwicklung, die sich in bisherigen Untersuchungen als weniger prädiktiv für den weiteren Verlauf herausgestellt hat. Möglicherweise spiegeln sich in diesem Kriterium auch die Schulfähigkeitsvorstellungen der Erzieherinnen wider. Bei einem Teil der Eltern zeigt sich ein Verständnis des Schulanfangs als Prozess, bei dem sich Entwicklungen von Fähigkeiten auch nach dem Start der Grundschule fortsetzen. Allerdings wird dies lediglich in Bezug auf die Lesefähigkeiten deutlich. Im Allgemeinen sind die Vorstellungen der Eltern kurzfristig sowie eher statisch ausgerichtet und fokussieren auf Fertigkeiten, welche vor Eintritt in die Grundschule vorhanden sein müssen. Eltern verstehen Schulfähigkeit demnach nicht bzw. nur vereinzelt als Prozess oder im Sinne der ökosystemischen Perspektive, welche über die kindlichen Fähigkeiten vor Schulbeginn hinausgeht und die beeinflussenden Umwelten einbezieht. Dies ist jedoch nicht überraschend, da nicht davon ausgegangen werden kann, dass Eltern ausreichende Kenntnisse über wissenschaftliche Befunde und Modelle besitzen. Überraschender ist daher, dass sich ein ähnliches Bild bei den Schulfähigkeitstheorien und -vorstellungen von Erzieherinnen zeigt (vgl. Kammermeyer, 2000; Plehn, 2012). Auch sie legen eher ein ausschließlich auf das Kind gerichtetes und auf bestimmte Entwicklungsniveaus abzielendes Verständnis zugrunde. Kammermeyer (2000) und Plehn (2012) führen dies auf die fehlenden Informationen der Erzieherinnen aus der Schule über die weitere Entwicklung der Kinder sowie ein selektionsorientiertes Verhalten zurück. Da Erzieherinnen einen bedeutsamen Einfluss auf die elterliche Einschulungsentscheidung haben (vgl. Kapitel 8.3.2), ist es somit wenig erstaunlich, dass die Eltern ähnliche Vorstellungen von Schulfähigkeit aufzeigen.

In Bezug auf die *Fördereinstellungen* lassen sich familiäre und außerfamiliäre Fördermaßnahmen unterscheiden. Zu Beginn des letzten Kindergartenjahres finden bei den fristgerecht einschulenden Familien mehr familiäre Fördermaßnahmen statt als bei den zurückstellenden. Im Zusammenhang mit den Einschulungspräferenzen wäre anzunehmen, dass Eltern, die regulär einschulen wollen, eher die Notwendigkeit zusätzlicher schulbezogener Förderung sehen, wie sie sie beispielsweise auch vom Kindergarten erwarten (vgl. Dippelhofer-Stiem, 1999; Griebel & Niesel, 2002). Allerdings lassen sich diese Erwartungen im weiteren Verlauf nicht anhand der Aussagen bestätigen. Vielmehr zeigt sich bei einigen zurückstellenden Eltern eine zunehmende und überzogene familiäre Förderung. Die Situation entsteht aufgrund der Diskrepanz zwischen den Fähigkeiten des Kindes und den elterlichen Vorstellungen von Schulfähigkeit im Zusammenhang mit einer möglichen fristgerechten Einschulung. Da sie an den Anforderungen der Schule nichts verändern können, sehen die Eltern lediglich die Möglichkeit die Entwicklung der kindlichen Fähigkeiten zu unterstützen, um einen guten Start zu ermöglichen. Mit der Zurückstellungsentscheidung endet in beiden Familien die überspitzte familiäre Förderung. Insbesondere das Fallporträt von Familie E. (Fall 5) verdeutlichte diesen Zusammenhang. Darüber hinaus zeigte sich, dass zu viel Förderung vor Schulbeginn auch zu späteren Schwierigkeiten führen kann. Die im Anfangsunterricht zu entwickelnden Fähigkeiten lagen bei dem Kind schon vor, was bei ihm zu Langerweile und geringer Lernmotivation führte. Die Mutter sieht unter anderem darin die Ursache für die eher mittelmäßigen Leistungen des Kindes.

Die *außerhalb der Familie und des Kindergartens stattfindende Förderung* reicht von allgemeinen Maßnahmen wie Sport oder Musik bis hin zu spezifisch therapeutischen Förderaktivitäten. Die zurückgestellten Kinder werden schon vor Schulbeginn weitaus mehr gefördert und nehmen eher therapeutische Fördermaßnahmen in Anspruch als die fristgerecht eingeschulten Kinder. Da die Kinder aufgrund der nicht vorhandenen Passung ihrer Fähigkeiten mit den schulischen Anforderungen zurückgestellt werden, kann dies als deutlicher Hinweise auf die erheblichen Rückstände gesehen werden. Ungeklärt bleibt aber, weshalb die Kinder trotz der Förderung vor dem regulären Schulbeginn die Rückstände nicht ausgleichen können. Als Erklärung könnte die zu spät einsetzende Förderung herangezogen werden. Die Schulfähigkeit des Kindes rückt sowohl auf Seiten der Eltern als auch der Institutionen erst im letzten Kindergartenjahr in den Blickpunkt. Für einige Kinder scheint dies allerdings zu spät zu sein, um eine ausreichende Förderung zu erhalten und fristgerecht eingeschult zu werden. Möglicherweise könnte eine frühzeitigere Auseinandersetzung mit den Fähigkeiten des Kindes vor dem Hintergrund der schulischen Anforderungen dieser Problemlage entgegenwirken. Dies würde auch dem Wunsch einiger Eltern, eine frühzeitigere Beratung von Seiten des Kindergartens zu erhalten, entsprechen. Bedenklich sind in diesem Zusammenhang auch die Ergebnisse von Graue und DiPerna (2009). Sie konnten für zurückgestellte Kinder (Wiederholung des Kindergartens oder eine der Klassenstufen 1–3) im Vergleich zu Kindern mit ‚normalem' Schulverlauf ein 2,76-fach höheres Risiko auf Nutzung von frühzeitigen Fördermaßnahmen feststellen. Darüber hinaus haben Jungen ebenfalls ein höheres Risiko (*odd ratio* = 1.4) als Mädchen zusätzliche Förderungen zu erhalten. Betrachtet man diese Ergebnisse und die der vorliegenden Interviewstudie, so könnte im ungünstigsten Fall ein Kind schon vor Schuleintritt zusätzliche Förderung erhalten, die dennoch nicht zu einer fristgerechten Einschulung führt, und auch nach dem Schuleintritt Unterstützung benötigen. Dass solche eine schwierige Situation (negative) Auswirkungen haben kann und auch dem Kind bewusst wird, kann als selbstverständlich angesehen werden. Frühe Hilfen sollten zwar einen relativ problemlosen Schulstart und weiteren Grundschulverlauf ermöglichen, dennoch muss davon ausgegangen werden, dass diese in Einzelfällen möglicherweise nicht helfen.

Bildungsentscheidungen werden unter anderem vor den Hintergrund von *Bildungsaspirationen* getroffen. Der enge Zusammenhang zwischen dem Bildungshintergrund der Familien und dem späteren Schulabschluss von Kindern wurde dahin gehend bereits mehrfach untersucht und bestätigt (vgl. Baumert et al., 2003; Kleine et al., 2010). Im Sinne der Werterwartungstheorie ist die Wahl eines Bildungsabschlusses und dem damit zusammenhängenden Statuserhalt oder Statusverlust beziehungsweise -zugewinn ausschlaggebend. Während bildungsnahe Familien eher höhere Abschlüsse präferieren, um somit keinen Statusverlust zu erleiden, würde ein niedriger Schulabschluss bei bildungsfernen Familien keinen Verlust darstellen (vgl. Maaz et al., 2010; Stubbe, 2009).

In der vorliegenden Interviewstudie geben die Eltern vorrangig das Abitur als idealen Schulabschluss für ihr Kind an. Dies spiegelt die allgemeine Entwicklung der elterlichen Einstellungen hin zu höheren Bildungsabschlüssen ihrer Kinder wider (vgl. Baumert & Schümer, 2002; Olbrich & Siewert, 2011). Damit verbinden die Eltern vor allem bessere Zukunftschancen. Einige beschränken diesen Wunsch jedoch vor dem Hintergrund der Entwicklung des Kindes und streben insbesondere einen guten und eher stressfreien Verlauf der Schulzeit an.

Die realistischen Bildungsaspirationen fallen hingegen niedriger aus und bilden somit eher die niedrigen und mittleren Kompetenzen der Kinder zu Beginn der Interviewstudie ab. Darüber hinaus zeigen die Ergebnisse tendenzielle Unterschiede zwischen den beiden Einschulungsgruppen. Die zurückstellenden Eltern geben hauptsächlich die mittlere Reife als realisierbaren Schulabschluss für ihre Kinder an. Lediglich eine Mutter kann vor der Einschulung keine Aussage zum Schulabschluss zu machen. Dies trifft auch auf den größten Teil der fristgerecht einschulenden Eltern zu. Sie sehen den realistischen Schulabschluss in Verbindung mit der Entwicklung des Kindes in der Schule. Diese können sie zum jetzigen Zeitpunkt jedoch noch nicht einschätzen. Die anderen fristgerecht einschulenden Eltern geben an, dass ihr Kind relativ problemlos einen mittleren Bildungsabschluss erreichen wird. Deutlich wird sowohl für die idealistische als auch die realistische Bildungsaspiration, dass alle Eltern den Schulabschluss stets in Zusammenhang mit der weiteren Entwicklung sehen und davon abhängig machen. Auch wenn hohe Bildungswünsche bestehen, wollen die Eltern stets das Beste für ihr Kind. Dies drückt sich in der Vorstellung über eine Schullaufbahn aus, welche ohne Druck und mit Freude bewältigt werden soll. Dafür sind sie auch bereit ihre eigenen Wünsche zurückzustellen.

Ein Zusammenhang zwischen den Bildungsaspirationen und dem familiären Bildungshintergrund (je höher der Bildungshintergrund desto höher die Bildungsaspiration; vgl. Ditton & Krüsken, 2010) konnte in der vorliegenden Studie nicht festgestellt werden. Eine mögliche Erklärung könnte die geringe Fallzahl sein, die einen systematischen Zusammenhang schwer erfassen lässt. Eine weitere Begründung liegt in der Stichprobenauswahl und dem Befragungszeitpunkt. Die Familien wurden hinsichtlich ihrer Präferenz für eine eher spätere Einschulung und der geringeren Kompetenzen der Kinder ausgewählt.

Die Eltern legen den Fokus während des Kindergartens eher auf einen gelungenen Schulstart, vor allem vor dem Hintergrund fehlender Fähigkeiten der Kinder. Zwar werden in einigen Interviews die späteren Bildungschancen angesprochen, allerdings stets gekoppelt an das Kind und dessen weitere Entwicklung. Die Bildungsaspirationen der Eltern im Kindergartenalter scheinen daher ohne direkte Auswirkung auf die Einschulungsentscheidung in der vorliegenden Arbeit. Allerdings kann dieser Zusammenhang nicht grundsätzlich ausgeschlossen werden.

11.1.3 Institutionelle Bedingungen – Kindergarten und Erzieherinnen als bedeutende Einflussgrößen für die Einschulungsentscheidung

Die Bedeutung frühpädagogischer institutioneller Förderung ist spätestens seit den internationalen Bildungsstudien wieder in das Zentrum von Wissenschaft, Politik und Praxis gerückt. Insbesondere die kompensatorischen Effekte eines Kindergartenbesuches, z.B. für Risikokinder (d.h. mit niedrigeren Kompetenzen und aus Familien mit Migrationshintergrund und/oder niedrigem Bildungshintergrund), werden dabei betont (vgl. Bos et al., 2003; Kratzmann & Schneider, 2008; Mullis, Martin, Foy & Drucker, 2012; Seyda, 2009). Die schulbezogene Förderung wird durch die neueren Bildungspläne für den Elementarbereich (vgl. Fthenakis, 2004) mehr und mehr in den Fokus der Aufgaben des Kindergartens gerückt. So werden im hessischen Bildungs- und Erziehungsplan für Kinder bis zehn Jahre Ziele für unterschiedliche bereichsspezifische (und schulbezogene) Fähigkeiten beschrieben. Unter Bezug auf das eher statische Verständnis von Schulfähigkeit ist es wenig erstaunlich, dass sich die Eltern der vorliegenden Interviewstudie erst im Laufe des letzten Kindergartenjahres mit der *schulbezogenen Förderung im Kindergarten* auseinandersetzen. Immerhin geben alle Eltern an, dass schulvorbereitende Maßnahmen in den Einrichtungen stattfinden. Dies stimmt mit quantitativen Analysen der BiKS-Studie überein. Mit dem Näherrücken des Schuleintritts wurde die Schulvorbereitung im Kindergarten aus Sicht der Eltern zunehmend wichtiger, darüber hinaus nahmen sehr viele Kinder im letzten Kindergartenjahr an Vorschulprogrammen teil (vgl. Wehner & Pohlmann-Rother, 2012; ähnlich auch Stuck & Wolf, 2004). Ein Teil der Eltern versteht unter Schulvorbereitung im Kindergarten eine Vielzahl von verschiedenen Maßnahmen. Sie berichten sowohl über Programme zur Förderung von Vorläuferfähigkeiten als auch über Aktivitäten, die nicht bereichsspezifische Fähigkeiten vermitteln. Andere Eltern beziehen sich jedoch ausschließlich auf die Förderung von schulbezogenen Inhalten, wie Buchstaben oder Zahlen kennen und schreiben lernen. Fraglich ist, weshalb diese Eltern lediglich Maßnahmen mit Bezug auf Vorläuferfähigkeiten benennen. Zu vermuten wäre, dass die Eltern ein eher enges Schulfähigkeitsverständnis aufweisen und/oder Vorläuferfähigkeiten als wichtiges Kriterium für die Einschulung ansehen. Letzteres lässt sich anhand der vorliegenden Interviews bestätigen. Die Eltern, welche Vorläuferfähigkeiten als Schulfähigkeitskriterium ansprachen, geben auch an, dass ihr Kind an Vorschulprogrammen oder Vorschulgruppen teilgenommen hat. Ein Zusammenhang zur Vielfalt der benannten Schulfähigkeitskriterien lässt sich jedoch nicht feststellen. Eine Erklärung könnte sein, dass die Förderung von eher übergreifenden Fähigkeiten wie soziale und emotionale Fähigkeiten oder Selbstständigkeit als allgemeines Ziel des Kindergartens angesehen wird und deshalb nicht mit der schulvorbereitenden Förderung in Verbindung gebracht wird. Unklar bleibt, ob Eltern sozial-emotionale Fähigkeiten im Hinblick auf die Schulvorbereitung als nicht förderbedürftig ansehen. In diesem Sinne würde Schulvorbereitung dann als besondere Maßnahme verstanden werden, die sich vor allem auf die Förderung von mathematischen und schriftsprachlichen Vorläuferfähigkeiten bezieht. Für diese Erklärung sprechen die Befunde von Stuck und Wolf (2004). Grundsätzlich befürworteten die Eltern (und auch Erzieherinnen) eine ganzheitliche und langfristige Förderung der Kinder, im letzten Kindergartenjahr wird jedoch eine gezieltere Schulvorbereitung gefordert (vgl. auch Griebel & Niesel, 2002).

Dass sich keine Unterschiede in der Wahrnehmung und Inanspruchnahme der Förderangebote zwischen den fristgerecht und verspätet einschulenden Eltern finden lassen, ist wenig überraschend. Würde solch eine Situation bestehen, könnte man von erhöhten Zurückstellungsquoten für einige Kindergärten ausgehen, die dann möglicherweise auch schlechter besucht wären.

Die Schulvorbereitung wird überwiegend als positiv beurteilt, nur zu einigen Punkten werden kritische Anmerkungen gemacht. Zusammenhänge mit den Einschulungsgruppen lassen sich nicht feststellen, auch andere Faktoren wie das familiäre Bildungsniveau oder das Kompetenzniveau der Kinder spielen an dieser Stelle keine Rolle. Bewertung der Schulvorbereitung vor der Einschulung steht jedoch in einem Zusammenhang mit dem Verständnis von Schulvorbereitung. Zwar bewerten fast alle Eltern die schulbezogene Förderung im Kindergarten als ausreichend, diejenigen Eltern, die allerdings im Kindergarten eine ‚sehr gute' Förderung wahrnehmen, weisen gleichzeitig ein umfassendes Verständnis von Schulvorbereitung auf. Die breiter wahrgenommene Schulvorbereitung führt womöglich zu einer höheren Zufriedenheit. Die Eltern nehmen eine eher ganzheitliche Förderung wahr, was sich wiederum positiv auf die allgemein breiten Fähigkeitsanforderungen für die Schule auswirkt. Allerdings muss berücksichtig werden, dass es für Eltern eher schwierig ist, die Schulvorbereitung im Kindergarten zu beurteilen, da sie sich meist nur auf Berichte der Kinder und der pädagogischen Fachkräfte beziehen. Eine möglicherweise bestehende Diskrepanz zwischen den wahrgenommenen und den tatsächlich durchgeführten Fördermaßnahmen (vgl. auch Stuck & Wolf, 2004) spricht für einen erhöhten Bedarf an Informationsaustausch oder Hospitationsmöglichkeiten für die Eltern. Umfassendere Information und Beratung der Eltern hinsichtlich der Förderung im Kindergarten könnten verdeutlichen, dass schulbezogene Förderung nicht erst mit dem letzten Kindergartenjahr und anhand von besonderen Vorschulprogrammen oder Vorschulgruppen einsetzt, sondern von Anfang an stattfindet. Möglicherweise könnte dadurch auch die Zufriedenheit der Eltern mit der Förderung, insbesondere der schulbezogenen, erhöht werden.

Ähnlich wie bei den Fördermaßnahmen nimmt auch die *Information und Beratung* der Eltern erst mit Näherrücken der Einschulung zu. Während zu Beginn des letzten Kindergartenjahres nur etwa die Hälfte der Eltern bereits erste Informationen zur Einschulung erhalten hatten, berichteten zum zweiten Interviewzeitpunkt fast alle darüber. Die fristgerecht einschulenden Eltern erhielten ihre Informationen zum Teil durch Beratungsgespräche, aber auch durch allgemeine Elternabende. Hingegen nahmen alle zurückstellenden Eltern individuelle Gespräche mit der Erzieherin wahr. Dies könnte auf die Einschulungsentscheidung zurückgeführt werden. Vor allem Eltern, die über eine Zurückstellung nachdenken, scheinen im Vorfeld eher individuelle institutionelle Beratung in Anspruch zu nehmen, um sich über den Entwicklungsstand des Kindes, zusätzliche Fördermaßnahmen oder institutionelle Regelungen zu informieren. Die Informationen und Beratungsgespräche bewerten alle Eltern als hilfreich, dies lässt sich auf die Bedeutung der Erzieherin für die Eltern zurückführen. Die meisten Eltern schätzen den Rat der pädagogischen Fachkräfte, da diese ihre Kinder bereits seit mehreren Jahren kennen. Allerdings kritisieren einige Eltern das passive Verhalten der Erzieherinnen und die erst spät stattfindende Beratung zur Einschulung. Die Eltern wünschen sich deshalb eine deutlich frühzeitiger und individuell ausgerichtete Beratung durch den Kindergarten. Dies wird insbesondere bei Familie M. (Fall 1) deutlich. Aus Sicht der Mutter hätte eine rechtzeitige Rückmeldung zu den Fähigkeitsrückständen die Zurückstellung verhindern können. Bei einem anderen Fall zeigt sich jedoch auch, dass die Mutter sehr lange auf Gesprächsangebote des Kindergartens wartet, anstatt selbst aktiv zu werden. Demnach kann nicht nur die Passivität der Erzieherinnen ein Problem bei der Einschulungsberatung darstellen, sondern auch die der Eltern.

Der Einschulungsrat der Erzieherinnen stellt einen entscheidenden Faktor bei der Einschulungsentscheidung der Eltern dar. Die fristgerecht einschulenden Eltern erhalten entweder den direkten Rat ihr Kind einzuschulen oder nehmen keine direkte Aussage wahr. Allerdings deuten sie dies als Befürwortung einer regulären Einschulung. Die zurückstellenden Eltern erhalten hingegen den Rat, ihr Kind noch ein Jahr vom Schulbesuch zu befreien. Die Eltern der beiden verspätet eingeschulten Mädchen erhalten jedoch keine direkte Aussage der Erzieherinnen, sondern nehmen den Zurückstellungsrat eher indirekt wahr. Möglicherweise beeinflussen geschlechtsspezifische Stereotype bei den Erzieherinnen die Beratung der Eltern. Die Zuschreibung von geschlechtsspezifischen Verhaltensweisen und Fähigkeiten durch die Erzieherinnen kann auf die Übernahme bestimmter geschlechtsspezifischer Fähigkeiten durch die Kinder zurückgeführt werden (vgl. Roßbach & Tietze, 1996; Siegler et al., 2011). Die Befunde von Kuger et al. (2011) unterstützen diese Annahme. Die Erzieherinnen schätzten Mädchen im letzten Kindergartenjahr in den sozialen, musischen und künstlerischen Bereichen stärker ein als Jungen. Diese lagen hingegen in den Einschätzungen der mathematischen Fähigkeiten vor den Mädchen. Davon ausgehend, dass die pädagogischen Fachkräfte das Sozialverhalten als eines der wichtigsten Schulfähigkeitskriterien ansehen (vgl. Kammermeyer, 2000; Plehn, 2012; Pohlmann et al., 2011), könnte sich dies anhand der Einschulungsempfehlungen zeigen. Allerdings ergaben sich bei Kuger et al. (2011) dahin gehend keine statistischen Unterschiede. Die Erzieherinnen gaben Eltern von Jungen ebenso häufig Zurückstellungsempfehlungen wie Eltern von Mädchen. Vielleicht sind die Ergebnisse der vorliegenden Interviewstudie zufällig. Da die Einschulungsempfehlung der Erzieherinnen bei der Entscheidung der Eltern von großer Bedeutung ist und geschlechtsspezifische Zuschreibungen auch im Zusammenhang mit den Schulfähigkeitskriterien zu stehen scheinen, sollte dieser Zusammenhang in Zukunft noch eingehender untersucht werden. Dass verschiedene Beratungsverhalten auf Seiten der Erzieherinnen vorliegen, konnte sowohl in der vorliegenden Interviewstudie (vgl. Kapitel 8.3.2, aktives vs. passives Beratungsverhalten) als auch in der Studie von Plehn (2012) festgestellt werden. In der Erzieherinnenbefragung ließen sich „drei Gruppen von Erzieherinnen [unterscheiden; F.W.], die ihre

Beraterrolle entweder als partnerschaftlich, resigniert oder dominant wahr-nehmen" (ebd., S. 113).

Anhand der Fallpoträts der Familie M. und Familie C. konnte ein zusätzli-cher Aspekt festgestellt werden, welcher beim Übergang von Kindergarten in die Grundschule berücksichtigt und in Zukunft noch nähere betrachtet werden sollte. In beiden Fällen fand während des letzten Kindergartenjahres ein Erzie-herinnenwechsel statt. Für die Mütter bedeutete dies insbesondere keine kon-stante Förderung des Kindes sowie eine eigene Unsicherheit in Bezug auf die Beratungskompetenz. Während bei Familie M. erst durch den Wechsel erst die Zurückstellung ein Thema wird, beschriebt Frau C. den Rat der neuen Erziehe-rin rückblickend als vage und fühlt sich dadurch unzureichend beratend.

11.1.4 Institutionelle Bedingungen – Schule als Gesamtbild

Die Einschulungsentscheidung der Eltern wird weiterhin durch die Schule als aufnehmende Institution beeinflusst. Auch wenn einige Familien schon Schul-kinder haben, ist die Grundschule mit ihren Lehrkräften im Vergleich zum Kindergarten meist eine neue und nicht bekannte Umgebung. Aus diesem Grund nehmen einzelne Eltern auch keine *Informations- und Beratungsange-bote* durch die Schule wahr. Entweder steht für sie die Entscheidung schon fest oder sie schätzen den Rat der Lehrerin als nicht bedeutsam ein. Während die Kinder sowohl an Aktivitäten teilnehmen, die auf ein Kennenlernen ausgerich-tet sind, als auch an den offiziellen Einschulungsuntersuchungen haben die Eltern einen formellen Kontakt. Eine Beratung im Sinne einer Einschulungs-empfehlung bzw. der Bestätigung oder Infragestellung der Schulfähigkeit ha-ben jene Eltern erhalten, die entweder an einem individuellen Gespräch und/oder an einer Rückmeldung nach dem Einschulungstest teilgenommen haben. Detaillierte Aussagen zu den Einschulungsuntersuchungen können die Eltern kaum treffen, sie geben an, dass die Schuleingangstests oft in einem separaten Raum stattfanden. Die Zufriedenheit der Eltern mit der Beratungssi-tuation an den Grundschulen ist geteilt. Eine Hälfte schätzt sie als hilfreich ein, die andere ist unzufrieden. Übergreifend wünschen sich die Eltern, wie schon beim Kindergarten, vor allem eine individuellere Beratung durch die Grund-schule. Zudem befürchten Eltern, aufgrund der neuen Situation keine so aus-geprägt individuelle Betreuungssituation wie im Kindergarten vorzufinden.

Als ausschlaggebender institutioneller Entscheidungsaspekt bei der Ein-schulung hat sich die *Schule* vor allem *in ihrer Gesamtwahrnehmung* durch die Eltern herausgestellt. Die kritische Betrachtungsweise zeigt sich sowohl in grundschulspezifischen als auch übergreifenden Aspekten, wie der Anschluss-fähigkeit zwischen den Bildungsstufen. Bezogen auf die Grundschule äußern sich die bayerischen Eltern insbesondere negativ zur Stichtagsverschiebung und dem damit einhergehenden jüngeren Schuleintrittsalter. Sie verbinden damit eine zunehmend hohe Altersspanne und Leistungsheterogenität in den Anfangsklassen, bei der sie vor allem für die jüngeren Kinder Nachteile befürchten. Darüber hinaus wünschen sich die Eltern mehr Möglichkeiten zur Mitbestimmung bei der Einschulung, insbesondere den Einfluss der Schulleitungen erachten einzelne als zu bedeutsam. Dies zeigt sich insbesondere bei Familie F. (Fall 4) und Familie E. (Fall 5), welche beide im Zuge ihres Antrages auf Zurückstellung anfängliche Probleme mit der Grundschule hatten. Für die Eltern ist ein guter Schulstart für ihr Kind wichtig, bei einer Entscheidung durch den Schulleiter wird jedoch der Bezug zum einzelnen Kind ihrer Ansicht nach stark vernachlässigt. Untersuchungen zu Einschulungsentscheidungen von Schulleitern zeigen auf, dass diese sich zumeist auf vage Grundlagen beziehen, da keine festen Kriterien für die Einschulungsentscheidung bestehen. Als Folge davon orientieren sich Schulleiter an den Ratschlägen der Erzieherinnen. Deren Einschätzungen werden als wichtig erachtet und stärker als das eigene Urteil berücksichtigt, da sie die Kinder bereits über einen längeren Zeitraum begleiten. Darüber hinaus richten sie sich in kritischen Fällen nach dem Wunsch der Eltern, um Konflikte und spätere Einsprüche zu vermeiden sowie um die Beziehung zu den Eltern nicht von Anfang an zu belasten (vgl. Schipper & Pohlmann-Rother, 2013). Während die Eltern die zu große Bestimmung der Schulleiter bei der Einschulungsentscheidung kritisieren, scheint dies aus deren Sicht nicht zu bestehen. Die rechtlich bestimmte Entscheidungsgewalt besteht zwar (in den beiden Einzelfällen immerhin zu Beginn), wird aber in Wirklichkeit von dem eher konfliktmeidenden Verhalten der Rektoren und dem starken Einfluss der Erzieherinnen begrenzt.

Des Weiteren nehmen insbesondere die zurückstellenden Eltern eine zunehmend starke Leistungsorientierung wahr. Angesprochen werden die hohen Leistungsanforderungen zu Beginn, aber auch der Leistungsdruck am Ende der Grundschulzeit. Während bei den fristgerecht einschulenden Eltern nur jene mit hohem Bildungshintergrund kritische Aspekte benennen, zeigt sich bei den zurückstellenden Eltern durchweg eine negative Haltung gegenüber der Schule. Dieser Befund wird durch weitere Ergebnisse der BiKS-Studie gestützt. Insbesondere die Leistungsanforderungen (aber auch strukturelle Bedingungen) nehmen zurückstellende Eltern in der Grundschule deutlich negativer wahr als fristgerecht und auch vorzeitig einschulende Eltern (vgl. Kluczniok,

2012; Kratzmann, Wehner & Faust, 2012). Unklar bleibt allerdings, ob die eher ablehnende Haltung der verspätet einschulenden Eltern gegenüber der Grundschule auf die besondere Situation der Zurückstellung zurückgeführt werden kann oder ob diese bereits vorher vorhanden war. Zudem ist es, wie bei der Beurteilung der Schulvorbereitung im Kindergarten, für Eltern schwierig die Anforderungen der Grundschule realistisch einzuschätzen.

Da die Eltern (bzw. die Familie) als erste und prägende Sozialisationsinstanz einen entscheidenden Teil zur kindlichen Entwicklung beitragen (durch Förderung, Interesse, etc.), sollte auch bei der aufnehmenden Institution ein Fokus auf dem Einbezug der Eltern liegen. Möglicherweise können angemessene Kooperationsformen das negative Bild der Eltern von Schule korrigieren. In der Untersuchung von Ahtola et al. (2011) konnte kein Einfluss von Kooperationsformen zwischen Eltern und Schule auf die späteren schulischen Leistungen der Kinder nachweisen werden. In einer australischen Elternbefragung zum Übergang wurde jedoch festgestellt, dass ein Kennenlernen der Schule und des Lehrers bei Eltern zu mehr Vertrauen und einer positiveren Einstellung zum Übergang führt (vgl. Dockett & Perry, 2007). Die meist einmalig stattfindenden Veranstaltungen für Eltern kurz vor dem Schuleintritt greifen hier wahrscheinlich zu kurz. Wie auch beim Kindergarten sollten Möglichkeiten eines frühzeitigen und regelmäßigen Kontaktes zwischen Familie und Grundschule angeboten werden. Nur so kann von Seiten der Eltern eine Vertrauensbasis und ein positiver Eindruck aufgebaut werden. Dies wiederum kann eine positive Wirkung auf die Bewältigung des Übergangs aus Sicht der Kinder haben (vgl. auch Ahtola et al., 2011; Schulting, Malone & Dodge, 2005), da sich eine positive Einstellung der Eltern auch auf die Kinder übertragen kann.

11.1.5 Modell zur Zurückstellungsentscheidung

Das auf der Grundlage der Werterwartungstheorie erstellte Modell zur Einschulungsentscheidung stellt die einzelnen relevanten Faktoren in einem Gesamtzusammenhang dar. Unterschiede in den Zurückstellungsquoten zwischen den Ländern und Schwankungen im Zeitverlauf können damit jedoch nicht erklärt werden. Vielmehr soll es Aufschluss darüber geben, welche Faktoren bei der elterlichen Entscheidung über den Einschulungszeitpunkt wesentlich sind. Auch wenn die Werterwartungsmodelle vor allem auf einer Kosten-Nutzen-Abwägung beruhen, so zeigt sich, dass sie grundlegend auf die Darstellung von Einschulungsentscheidungen anwendbar sind (vgl. Kratzmann, 2011; Faust et al., 2007). Allerdings ist die Einschulungsentscheidung komplex und erfordet daher die Berücksichtigung von subjektiven Wertvorstellungen und Erfolgserwartungen (vgl. Eccles, 2005). Diese sind wiederum geprägt von Einstellungen, welche zwischen der Entscheidung und den Hintergrundvariablen vermitteln. Die Komplexität der Entscheidung kann auf bestimmte Hauptargumente reduziert werden (vgl. Faust et al., 2007). Für die Entscheidung zwischen einer fristgerechten und verspäteten Einschulung haben sich die kindlichen Merkmale (Alter und Fähigkeiten) und das Bild von Schule aus Sicht der Eltern als bedeutsamste und direkte Einflüsse auf die Entscheidungskomponenten subjektiver Wert und Erfolgserwartungen herausgestellt. Dabei kann vor allem dem Zusammenhang von kindlichen Fähigkeiten und Alter vor einem eher reifungstheoretischen Hintergrund eine herausgehobene Bedeutung bei der Einschulungsentscheidung zugeschrieben werden. Insbesondere die Passung zwischen der Wahrnehmung des Kindes und dem Bild von Schule ist ausschlaggebend. Eltern schulen dann ein, wenn beide Komponenten zueinanderpassen, da für sie nur auf diese Weise ein gelungener Schulstart möglich erscheint. Aus Sicht der verspätet einschulenden Eltern besteht zum vorgesehenen Einschulungszeitpunkt keine Passung zwischen den kindlichen Fähigkeiten und dem Bild von Schule. Mit einer fristgerechten Einschulung werden somit eher geringe Erfolgserwartungen verbunden. Dies widerspricht der Einstellung, dass sie ihrem Kind einen guten Schulbeginn und somit auch einen guten schulischen Verlauf ermöglichen wollen. Die Eltern versuchen mit ihrer Entscheidung eine frühzeitige Niederlage für das Kind zu vermeiden (vgl. Familie C./Fall 3 und Familie E./Fall 5).

Für die Einschulungsentscheidung zeigt sich, dass individuelle und familiäre Merkmale einen direkten Einfluss besitzen. In Ergänzung zu bisherigen Befunden wirken sich auf Seiten der Familie insbesondere die Einstellungen der Eltern gegenüber der Schule aus. Die beteiligten Institutionen haben, außer beim Bild von Schule, nur einen indirekten Einfluss auf die Entscheidung. Der Kindergarten kann dennoch als wichtiger Aspekt hervorgehoben werden. Vor allem die Erzieherinnen in ihrer Funktion als Beraterin haben einen starken Einfluss auf die elterliche Wahrnehmung der gesamten Situation und auf deren Einschulungsentscheidung. Im Gegensatz zur vorzeitigen Einschulung sind Gelegenheitsorientierungen oder langfristige Bildungsaspirationen, die auf möglichst hohe Abschlüsse zielen, keine ausschlaggebenden Faktoren.

Bezüglich der Einschulungsentscheidung ziehen fristgerecht und verspätet einschulende Eltern die gleichen Aspekte heran. Die unterschiedlichen Entscheidungen ergeben sich durch die Ausprägung dieser Merkmale bzw. deren Wahrnehmung. Ob eine Zurückstellung erfolgt, entscheidet sich jedoch nicht

nur aufgrund von fehlenden Fähigkeiten. Vielmehr greifen verschiedene individuelle, familiäre und institutionelle Aspekte ineinander und beeinflussen sich
gegenseitig.

11.2 Bewährung der Einschulungsentscheidung – Die richtige Einschulungsentscheidung führt zu einem guter Schulstart

Bildungsentscheidungen lassen sich in den meisten Fällen nur schwer rück-
gängig machen. Während sich fristgerechte oder vorzeitige Einschulungen
durch Klassenwiederholung oder Wiederausschulung korrigieren lassen, kann
eine Zurückstellung nicht zurückgenommen werden. Die Frage nach der Bewährung des gewählten Einschulungszeitpunktes ist deshalb in diesem Zusammenhang entscheidend. Sie ist anhand verschiedener Faktoren zu betrachten. Dabei beziehen sich die Eltern nicht nur auf schulische Leistungen und die
kindliche Bewältigung der neuen Situation, sondern auch auf ihre eigene Zufriedenheit mit der Entscheidung und dem Schulstart.

11.2.1 Schulstart – Gute Bewältigung trotz kleinerer Schwierigkeiten

Ein erster Indikator für die Bewährung der Einschulungsentscheidung auf Seiten der Eltern ist die Bewältigung des Schulstarts der Kinder. Dazu gehen die
Eltern auf die allgemeine Bewältigung der schulischen Anforderungen sowie
auf fachspezifische Fähigkeiten ein und benennen sowohl Probleme als auch
Erfolge innerhalb der ersten Schulwochen. Grundlegend schätzen alle Eltern
ihre Kinder hinsichtlich der Bewältigung der allgemein schulischen Anforderungen als gut oder sehr gut ein und betonen dies vor allem anhand der Ausdauer und Konzentration. Gleichzeitig erwähnen einige Eltern aber, dass die
Konzentration über den gesamten Schulalltag hinweg dennoch eine Schwierigkeit darstellt. Je nach Bezugspunkt unterscheiden die Eltern, allgemein sehen sie die Konzentration und Ausdauer als verbessert an, bezogen auf die
neue Situation des Schulalltags ist sie aber immer noch nicht optimal. Auch
das als wichtig angesehene Interesse der Kinder an Schule und Lernen spiegelt
sich bei der Bewältigung wider. Überwiegend haben die Kinder zu Beginn eine
positive schulische Orientierung (ähnliche Ergebnisse siehe Helmke, 1993).
Dies ist wichtig, da eine positive Einstellung bzw. Lernfreude auch mit besse-

ren Leistungen in Verbindung gebracht wird (vgl. Martschinke & Kammermeyer, 2006). Vereinzelt werden jedoch differenzierte schulische Orientierungen des Kindes aus Sicht der Eltern angesprochen. Erklärt werden diese anhand von strukturellen Problemen (Lehrerwechsel, Tagesablauf) und Langeweile des Kindes aufgrund von guten Vorkenntnissen (vgl. Familie E./ Fall 5).

Die Einschätzung der fachspezifischen Fähigkeiten variiert deutlich zwischen den Familien. Übergreifend schätzen die Eltern ihre Kinder im Leistungsmittelfeld ein. Sie beurteilen ihre Kinder im Vergleich zu anderen Klassenkameraden oder Bekannten, wobei das Alter als häufiger Referenzpunkt herangezogen wird. Der Zusammenhang zwischen Alter und Fähigkeiten, der auch schon bei der Einschulungsentscheidung prominent war, wird auch hier deutlich. Im Vergleich zu älteren Kindern bewerten die Eltern die Fähigkeiten ihrer Kinder stets schlechter, im Vergleich zu jüngeren Klassenkameraden besser und bei Gleichaltrigen sehen sie keine Leistungsunterschiede. Aufgrund des Einschulungsalters schätzen die fristgerecht einschulenden Eltern ihre Kinder eher schlechter ein, da diese ja vorwiegend zu den jüngeren der Klasse gehören (vgl. Faust et al., 2012; Fredriksson & Öckert, 2005; Jürgens & Schneider, 2006). Hingegen beschreiben die zurückstellenden Eltern ein positives Bild ihrer Kinder, da ihre Vergleichsgruppe zumeist jüngere Klassenkameraden sind. Daneben werden als Referenzpunkte vereinzelt auch Geschwisterkinder oder das andere Geschlecht herangezogen. Bedeutsam ist zum einen, dass dies eher in Bezug auf schlechtere Leistungen des Kindes geschieht und nur in einem Fall positiv hervorgehoben wird. Zum anderen vergleichen nur Müttern von Jungen ihre Kinder mit anderen Mädchen. Unterschiede zwischen den Einschulungsgruppen hinsichtlich der Bewältigung des Schulstarts zeigen sich lediglich in der Einschätzung der sprachlichen Fähigkeiten. Die fristgerecht einschulenden Eltern schreiben ihren Kindern häufiger Schwierigkeiten zu als Eltern von zurückgestellten Kindern. Letztere betonen vor allem den großen Wortschatz und dessen passende Verwendung.

Wie schon bei der Wahrnehmung des Kindes zeigt sich eine eher auf Rückstände bezogene Einschätzung der Eltern. Die Betonung von positiven Fähigkeiten findet deutlich seltener statt. Gerade zu Beginn der Grundschule zeigen sich bei den Kindern oft schnelle Erfolge und große Lernforstschritte, diese werden von den Eltern möglicherweise als erwartungsgemäß angesehen und deshalb weniger herausgestellt. Hingegen werden Probleme als eher unerwartet wahrgenommen und sind somit rückblickend präsenter als eine ,normale Entwicklung'.

11.2.2 Zufriedenheit mit der Einschulung

Trotz der zu Schulbeginn auftretenden Probleme und der teilweise schwierigen
Entscheidungsprozesse sind fast alle Eltern zufrieden mit der Wahl ihres Einschulungszeitpunktes. Nur in zwei Fällen äußern die Eltern Unzufriedenheit.
So zeigt sich bei Familie T. (Fall 2), dass sogar über eine Wiederausschulung
des Kindes nachgedacht wird. Die andere Mutter schwankt in ihrer Zufriedenheit und macht dies an der Entwicklung des Kindes fest. Je nachdem, ob das
Kind die gestellten Anforderungen bewältigt oder nicht, sieht die Mutter ihre
Entscheidung als richtig oder falsch. Die Mutter scheint gegenüber der Entwicklung ihres Kindes eine gewisse Ungeduld zu haben und den dahinter stehenden Lernprozess nicht wahrzunehmen. Beide Mütter gehen ebenfalls darauf
ein eher unzufrieden mit dem fristgerechten Schuleintritt zu sein und würden
rückblickend eine andere Entscheidung treffen. Alle anderen Eltern sind zufrieden mit dem Schuleintritt. Sie würden trotz der positiven und negativen
Erfahrungen im Entscheidungsprozess erneut wieder den gleichen Einschulungszeitpunkt für das Kind wählen. Jedoch würden einige Eltern vor der Einschulung frühzeitig Kontakt zu den Institutionen aufnehmen und zusätzliche
Förderung in Anspruch nehmen.

Vor allem bei den zurückstellenden Eltern zeigt sich in der übergreifenden
Bewertung des Schuleintritts und des Einschulungszeitpunktes eine sehr positive Haltung. Aufgrund der Probleme im Vorfeld der Einschulung, die hauptsächlich im Zusammenhang mit den kindlichen Fähigkeiten standen, vermuteten diese Eltern eher Schwierigkeiten bei Eintritt in die Schule. Die erwarteten
Probleme traten jedoch zum großen Teil nicht ein, weshalb sich der Übergang
für sie deutlich leichter gestaltet hat. Als erfolgreich beschreibt Griebel (2006)
den Übergang vom Kindergarten in die Grundschule, wenn keine schwerwie-
genden Probleme vorliegen, das Kind sich in seiner neuen Umgebung wohl-
fühlt und die schulischen Anforderungen erfüllen kann (ähnlich auch Mirkhil,
2010). Die Ergebnisse der vorliegenden Studie bestätigen dies anhand der Elternaussagen. Auch wenn Probleme bestehen, so werden diese nicht als so
schwerwiegend betrachtet und der Schuleintritt wird dennoch als gut eingeschätzt. Größere auftretende Schwierigkeiten, vor allem in der Bewältigung
der schulischen Anforderung, gehen dann aber auch mit einem eher misslun-
genen Übergang einher. Darüber hinaus kann festgehalten werden, dass die
Bewältigung des Schuleintritts aus Sicht der Eltern nicht nur anhand von Leis-
tungsaspekten wahrgenommen wird, sondern sich komplexer darstellt. Dies

sollte auch bei der Beurteilung von unterschiedlichen Einschulungszeitpunkten für weitere wissenschaftliche Fragestellungen einbezogen werden.

Auch wenn die zurückstellenden Eltern das zusätzliche Jahr als übergreifend positiv bewerten, führen sie ebenfalls negative Aspekte auf. Die vorhandenen Rückstände, die durch das zusätzliche Jahr aufgeholt werden sollten, zeigen sich bei einigen Kindern auch noch zu Schulbeginn.

Neuere BiKS-Analysen bestätigen die hier dargelegten Ergebnisse. Zusammenhänge zwischen der Zufriedenheit und dem Einschulungszeitpunkt ergaben sich dabei nicht. Die Mehrheit der Eltern war zu Beginn der Grundschule sehr zufrieden mit ihrer Einschulungsentscheidung und bestätigte dies auch über die gesamte Grundschulzeit hinweg. Nur ein kleiner Anteil von Eltern war unzufrieden mit der Einschulungsentscheidung. Es zeigte sich darüber hinaus, dass ein Teil der Eltern (12,8 %), welche zu Beginn eher zufrieden mit dem Einschulungszeitpunkt war, im Verlauf der Zeit unzufrieden wurden (vgl. Kratzmann et al., 2013). In der Interviewstudie könnten dies möglicherweise jene Eltern sein, die trotz positiver Bewertung auch anfängliche Bedenken äußern.

11.2.3 Positive Beurteilung des zusätzlichen Jahres

Für die zurückstellenden Eltern steht die Bewährung der Einschulungsentscheidung auch im Zusammenhang mit dem zusätzlichen Jahr. Eine Zurückstellung soll dem Kind Zeit geben, die bestehenden Rückstände aufzuholen, damit es ein Jahr später erfolgreich am Anfangsunterricht teilnehmen kann. Alle Eltern bestätigen diesen Effekt, aus ihrer Sicht haben die Kinder die zuvor festgestellten fehlenden Fähigkeiten erworben bzw. ausreichend weiterentwickelt. Bedeutsame Fortschritte nehmen die Eltern in Bezug auf die wichtigen Schulfähigkeitskriterien wahr. Aus ihrer Sicht zeigen die Kinder ein Jahr später einen besseren allgemeinen Entwicklungsstand, ein größeres Interesse an schulischen Inhalten und auch die individuell benannten Rückstände konnten weitestgehend ausgeglichen werden. Übergreifend sind die Mütter deshalb zufrieden mit dem Zurückstellungsjahr, auch wenn die Fortschritte nicht immer der institutionellen Förderung zugeschrieben werden. Zwei Familien beschreiben jedoch auch, dass vier Jahre im Kindergarten als zu lang betrachtet werden. Sie kommen zu dieser Auffassung, da die Kinder gegen Ende der Zeit Langeweile äußerten, was auch auf die im Vergleich mit dem Vorjahr wiederholten schulvorbereitenden Fördermaßnahmen zurückgeführt wird. Aus ihrer Sicht wären ein späterer Kindergartenstart oder ein zweiter Einschulungstermin im Jahr gute Alternativen.

11.2.4 Bildungsaspiration nach der Einschulung

Auch wenn die Bildungsaspirationen der Eltern kaum einen Einfluss auf die Entscheidung zwischen einer fristgerechten und verspäteten Einschulung haben, wird ihnen für den schulischen Verlauf eine größere Bedeutung zugemessen. Die Aussagen der Eltern zur idealistischen Bildungsaspiration spiegeln nach wie vor eine Präferenz für das Abitur wider. Nur ein kleiner Teil der Eltern wünscht sich hingegen den Realschulabschluss. Die hohe Bildungsaspiration begründen die Eltern wiederum mit besseren Chancen für die weitere Ausbildung und das Berufsleben. Deutlich wird, dass sich die idealistischen Aspirationen nach dem Schuleintritt leicht erhöhen. Eltern, die vor der Einschulung noch die Realschule als ‚Mindestwunsch' angaben, präferieren jetzt direkt den höchsten Schulabschluss für ihr Kind. Die idealistische Vorstellung ist immer noch an die zusätzliche Bedingung geknüpft, dass der Schulabschluss nicht erzwungen werden soll, sondern der Entwicklung des Kindes entspricht. In Bezug auf die realistischen Bildungsaspirationen geben die meisten Eltern nach der Einschulung an, diese Frage nicht beantworten zu können, da für sie die weitere Entwicklung des Kindes nicht absehbar ist. Vor dem Hintergrund des Befragungszeitpunktes ist dies wenig erstaunlich, die Familien befinden sich noch in der Übergangsphase und die Bewältigung des Schuleintritts ist noch im Gang.

Zwischen den fristgerecht und verspätet einschulenden Eltern zeigen sich hinsichtlich der idealistischen Bildungsaspiration keine Unterschiede nach dem Schuleintritt. Die vor der Einschulung festgestellten tendenziellen Differenzen in den realistischen Vorstellungen lassen sich nicht mehr feststellen. Möglicherweise waren dies zufällig auftretende Abstufungen. Die Bildungsaspirationen scheinen bei der Wahl zwischen einer fristgerechten oder verspäteten Einschulung keine entscheidende Rolle zu spielen, ganz im Gegensatz zur vorzeitigen Einschulung. Insbesondere vorzeitig einschulende Eltern erwarten, dass ihr Kind ein Gymnasium besucht. Hingegen äußern fristgerecht einschulende Eltern zwar auch den Wunsch nach einer höher qualifizierenden Schule, „stellen dies aber nicht wie andere Eltern mit der gleichen Notwendigkeit und Dringlichkeit heraus" (Pohlmann et al., 2009, S. 145; vgl. auch Kluczniok, 2012).

11.3 Grenzen der Untersuchung, weiterer Forschungsbedarf und praxisorientiere Folgerungen

Die vorliegende Studie beschäftigte sich anhand von Interviews mit Eltern vor und nach dem Übertritt in die Grundschule mit Zusammenhängen von Einstellungen und Merkmalen der Einschulungsentscheidung sowie deren Bewährung. Im Mittelpunkt standen dabei die elterlichen Sichtweisen. Aussagen zu Einflüssen der Institutionen konnten nur über die Wahrnehmung der Eltern getroffen werden, da die pädagogischen Fachkräfte der jeweiligen Kinder nicht direkt in die Interviewstudie eingebunden waren. Darüber hinaus lagen für den Zeitraum des Übergangs auch keine Aussagen der Kinder vor. Die Familien wurden aufgrund von individuellen (Kompetenzen und Geburtsmonat) und familiären Merkmalen (Präferenz zum Einschulungszeitpunkt) ausgewählt, welche die Wahrscheinlichkeit für eine Zurückstellung erhöhten. Damit liegt eine ausgewählte Stichprobe vor, welche keinen repräsentativen Charakter hat. Weiterhin war die BiKS-Studie im Sinne einer ländervergleichenden Untersuchung (Hessen und Bayern) angelegt. In der Substichprobe wurden allerdings keine Kinder aus Hessen verspätet eingeschult, weshalb erst durch erneutes Zusampeln eine zurückstellende Familie aus Hessen integriert werden konnte. Ein Vergleich von Zurückstellungsentscheidungen zwischen den beiden Bundesländern kann mit der vorliegenden Interviewstudie somit nicht geleistet werden. Darüber hinaus fand in Bayern während des Untersuchungszeitraumes eine Stichtagsverlegung statt. Dies führte dazu, dass vor allem im Oktober geborene Kinder zurückgestellt wurden (vgl. Kapitel 2.1.2), welche bei einer regulären Einschulung sehr jung gewesen wären. Zudem hat die Stichtagsverlegung möglicherweise einen starken Einfluss auf die Wahrnehmung der Einschulungsthematik bewirkt. Es bleibt also zu fragen, ob sich die Entscheidung und Bewährung zwischen fristgerechter und verspäteter Einschulung zwischen den Bundesländern mit alter Stichtagregelung von denen mit neuen Stichtagen unterscheidet. Hier könnte eine systematische Untersuchung, die auf den vorliegenden Ergebnissen aufbaut, zusätzliche Erkenntnisse für den Übergang vom Kindergarten in die Grundschule beitragen.

Geschlechtsspezifische Unterschiede bei der Zurückstellungsentscheidung konnten nur im Zusammenhang mit dem Rat der Erzieherinnen und dem Fähigkeitsvergleich aufgedeckt werden. Dies lag zum einen an der geringen Anzahl zurückgestellter Kinder und damit auch Mädchen, zum anderen wurde hierauf auch zu Beginn der Interviewstudie kein Schwerpunkt gelegt. Wünschenswert wären deshalb spezifische Untersuchungen und Analysen zu geschlechtsspezifischen Einstellungen von Eltern und Erzieherinnen in der Einschätzung von Schulfähigkeitsaspekten und der allgemeinen Entwicklung. Auch wenn die Bewährung der Einschulungsentscheidung untersucht wurde, so kann daraus kein Schluss für die weitere Entwicklung der Kinder gezogen werden. Geprüft werden müsste, ob sich die Entscheidung auch längerfristig bewährt. Erste Ergebnisse zeigen auf, dass der Großteil der Eltern auch über die gesamte Grundschulzeit zufrieden mit dem Einschulungszeitpunkt des Kindes ist (vgl. Kratzmann et al., 2013). Offen ist jedoch bisher die Sichtweise der Kinder. Zu fragen wäre, ob und inwieweit eine nicht fristgerechte Einschulung das Erleben des Übergangs und der Grundschule (bspw. hinsichtlich sozialer Beziehungen, Leistung- und Altersunterschiede) beeinflusst.

Weiterhin hat sich gezeigt, dass die Erzieherinnen sowohl auf die Eltern als auch auf die Schulen (vgl. Schipper & Pohlmann-Rother, 2013) einen bedeutsamen Einfluss haben. Die subjektiven Theorien der Erzieherinnen zu Schulfähigkeit wurden bereits untersucht (vgl. Kammermeyer, 2000; Plehn, 2012). Bisher fehlen jedoch praktische Umsetzungen, die einen reflektierten Umgang mit diesem Wissen und eine Erweiterung im Sinne des ökosystemischen Verständnisses von Schulanfang einbeziehen. Auch die Ergebnisse der Interviewstudie deuten darauf hin, dass die Zusammenarbeit zwischen den einzelnen beteiligten Personen bzw. Institutionen beim Übergang vom Kindergarten in die Grundschule ausgebaut werden sollte. Eine praxisorientiere Empfehlung ist daher, dass die eher kindorientierten und auf Rückstände bezogenen Einstellungen, sowohl bei Eltern als auch bei Erzieherinnen, hin zu einem förderorientierte, prozesshaften und längerfristig angelegten Begriff von Schulfähigkeit, wie er in der Grundschulpädagogik bereits vorhanden ist, herangeführt werden müssen. Plehn (2012) schlägt an dieser Stelle Aus- und Fortbildungsmaßnahmen für Erzieherinnen vor, welche die bestehenden Einstellungen aufgreifen, reflektieren und mit dem fachwissenschaftlichem Erkenntnissen erweitert. Um auch bei den Eltern das Verständnis von Schulfähigkeit und die damit einhergehenden Reifungsvorstellungen zu modifizieren, sind umfassende Informations- und Beratungsangebote nötig. Wie aus den Ergebnissen der vorliegenden Interviewstudie hervorgeht, sollten diese frühzeitig, langfristig und individuell angelegt sein. Auf diesem Wege könnte ein gemeinsames Verständnis von Schulfähigkeit und deren Förderung zwischen Erzieherinnen und Eltern geschaffen werden. Die bestehende Diskrepanz zwischen den von Eltern wahrgenommenen und tatsächlich durchgeführten Fördermaßnahmen (vgl. auch Stuck & Wolf, 2004) könnte damit ebenfalls vermieden bzw. abgebaut werden.

Eine weitere Empfehlung sind spezifische gemeinsame Aus- und Fortbildungen von Erzieherinnen und Lehrkräften in Bezug auf den Übergang vom Kindergarten in die Grundschule. Auch hier sollte das Ziel sein Veränderungen und eine geteilte Ansicht bezüglich subjektiver Theorien zur Schulfähigkeit aufzubauen. Darüber hinaus könnte eine langfristig angelegte Zusammenarbeit beider Institutionen beim Übergang die von Kammermeyer (2000) als eher gering beschrieben Einflussmöglichkeiten sowohl der Lehrkräfte auf den Kindergarten als auch der Erzieherinnen auf die Grundschule stärken (z.b. bereichsspezifische Förderungen, Begleitung der weiteren Entwicklung).

In eine langfristige Zusammenarbeit mit der Schule sollten auch die Eltern einbezogen werden. Während in der Studie von Ahtola et al. (2011) kein Einfluss von Kooperationsformen zwischen Eltern und Schule auf die späteren schulischen Leistungen der Kinder nachgewiesen werden konnte, zeigte sich jedoch bei Dockett und Perry (2007) auf Seiten der Eltern, dass das Kennenlernen der Schule und des Lehrers zu mehr Vertrauen und einer positiveren Einstellung zum Übergang führte. Die in Deutschland meist einmalig stattfindenden Kooperationsmaßnahmen sind möglicherweise zu kurzfristig angelegt. Übergangsbegleitende Veranstaltungen, bei denen nicht nur die Kinder, sondern auch die Eltern die neue Institution vertieft kennenlernen können, wären demnach weitere praktische Umsetzungen. Neben allgemein informierende Veranstaltungen sollten für die Eltern widerholte Einzelberatungen stattfinden, welche sich auf Entwicklungsdokumentationen (bzw. Beobachtungen) sowohl von Erzieherinnen als auch von Lehrkräften beziehen. Dies impliziert gleichzeitig, dass sich insbesondere die Lehrkräfte bereits vor dem Übergang mit der Entwicklung der Kinder auseinandersetzen sollten. Auf dieser Basis können dann professionell begründete Beratungen über die Fähigkeiten der Kinder und mögliche Einschulungszeitpunkte gegeben werden. Daneben könnten solche Kooperationsformen das negative Bild der Eltern von Schule möglicherweise korrigieren.

Eine frühzeitige und kontinuierliche Kooperation von Kindergarten, Grundschule und Eltern, welche wissenschaftliche Erkenntnisse in Bezug auf Schulfähigkeit (sowohl Auswirkungen von Vorläuferfähigkeiten als auch subjektiven Theorien) reflektiert und praktisch einbezieht, würde den Schulanfang im Sinne eines ökosystemischen Verständnisses erfassen und auch die Grundlage für einen ,bestmöglichen' Übergang bereiten – egal ob vorzeitig, fristgerecht oder verspätet.

Literatur

Ahtola, A., Silinskas, G., Poikonen, P.-L., Kontoniemi, M., Niemi, P. & Nurmi, J.-E. (2011). Transition to formal schooling: Do transition practices matter for academic performance? *Early Childhood Research Quarterly, 26*, 295–302.

Allmendinger, J., Ebner, C. & Nikolai, R. (2009). Soziologische Bildungsforschung. In R. Tippelt & B. Schmidt (Hrsg.), *Handbuch Bildungsforschung* (S. 47–70). Wiesbaden: VS Verlag für Sozialwissenschaften.

Artelt, C., Baumert, J., Klieme, E., Neubrand, M., Prenzel, M., Schiefele, U. et al. (2001). *PISA 2000. Zusammenfassung zentraler Befunde.* Berlin: Max-Planck-Institut für Bildungsforschung.

Aunola, K., Leskinen, E., Lerkkanen, M.-K. & Nurmi, J.-E. (2004). Developmental dynamics of math performance from preschool to grade 2. *Journal of Educational Psychology, 96*, 699–713.

Autorengruppe Bildungsberichterstattung (Hrsg.). (2010). *Bildung in Deutschland 2010. Ein indikatorengestützter Bericht mit einer Analyse zu Perspektiven des Bildungswesens im demografischen Wandel.* Bielefeld: Bertelsmann.

Autorengruppe Bildungsberichterstattung (Hrsg.). (2012). *Bildung in Deutschland 2012. Ein indikatorengestützter Bericht mit einer Analyse zur kulturellen Bildung im Lebenslauf.* Bielefeld: W. Bertelsmann Verlag.

Baumert, J. & Schümer, G. (2002). Familiäre Lebensverhältnisse, Bildungsbeteiligung und Kompetenzerwerb im nationalen Vergleich. In J. Baumert, C. Artelt, E. Klieme, M. Neubrand, M. Prenzel, U. Schiefele et al. (Hrsg.), *PISA 2000. Die Länder der Bundesrepublik Deutschland im Vergleich* (S. 159–202). Opladen: Leske + Budrich.

Baumert, J., Watermann, R. & Schümer, G. (2003). Disparitäten der Bildungsbeteiligung und des Kompetenzerwerbs. Ein institutionelles und individuelles Mediationsmodell. *Zeitschrift für Erziehungswissenschaft, 6*, 46–72.

Bayerisches Gesetz über das Erziehungs- und Unterrichtswesen (BayEUG) i.d.F. vom 31.5.2000.

Bayerisches Staatsministerium für Arbeit und Sozialordnung (Hrsg.). (2006). *Der Bayerische Bildungs- und Erziehungsplan für Kinder in Tageseinrichtungen bis zur Einschulung.* Weinheim und Basel: Beltz Verlag.

Bayerisches Staatsministerium für Unterricht und Kultus. (2005). *Einschulung.* Zugriff am 12.03.2009. Verfügbar unter http://www.km.bayern.de/km/schule/schularten/allgemein/grundschule/thema/00030/index.shtml.

Bayerisches Staatsministerium für Unterricht und Kultus. (2010). *Einschulung.* Zugriff am 19.08.2010. Verfügbar unter http://www.km.bayern.de/km/aktuelles/08313/index.shtml.

Becker, B. (2009). Welche Kinder gehen früher in den Kindergarten? Ein Vergleich zwischen deutschen und türkischen Familien. *Zeitschrift für Soziologie der Erziehung und Sozialisation, 29*, 387–402.

Becker, H.S. (1963). *Outsiders. Studies in the sociology of deviance.* London: Free Press of Glencoe.

Becker, R. (2000). Klassenlage und Bildungsentscheidung. Die empirische Anwendung der Werterwartungstheorie. *Kölner Zeitschrift für Soziologie und Sozialpsychologie (KZfSS), 52*, 450–474.

Bellenberg, G. (1999). *Individuelle Schullaufbahnen. Eine empirische Untersuchung über Bildungsverläufe von der Einschulung bis zum Abschluß.* Weinheim, München: Juventa Verlag.

Bellenberg, G., Hovestadt, G. & Klemm, K. (2005). *Selektivität und Durchlässigkeit im allgemein bildenden Schulsystem. Rechtliche Regelungen und Daten unter besonderer Berücksichtigung der Gleichwertigkeit von Abschlüssen.* Frankfurt am Main: Gewerkschaft Erziehung und Wissenschaft.

Bellenberg, G. & Klemm, K. (2000). Scheitern im System, Scheitern des Systems? Ein etwas anderer Blick auf Schulqualität. In H.-G. Rolff, W. Bos, K. Klemm, H. Pfeiffer & R. Schulz-Zander (Hrsg.), *Jahrbuch der Schulentwicklung. Daten, Beispiele und Perspektiven* (Eine Veröffentlichung der Arbeitsstelle für Schulentwicklungsforschung der Universität Dortmund, S. 51–75). Weinheim: Juventa Verlag.

Berthold, B. (2008). *Einschulungsregelungen und flexible Eingangsstufe. Recherche für den nationalen Bildungsbericht 2008 im Auftrag des Deutschen Jugendinstituts Stand: Februar 2008* (Deutsches Jugendinstitut, Hrsg.). Verfügbar unter http://www.dji.de/bibs/01_natBild_Expertise_Berthold.pdf.

Blossfeld, H.-P., Bos, W., Lenzen, D., Müller-Bölinger, D., Oelkers, J., Prenzel, M. et al. (2007). *Bildungsgerechtigkeit. Jahresgutachten 2007* (vbw – Vereinigung der Bayrischen Wirtschaft e.V.). Wiesbaden: VS Verlag für Sozialwissenschaften. Zugriff am 14.07.2009. Verfügbar unter http://dx.doi.org/10.1007/978-3-531-90341-5.

Bos, W., Hornberg, S., Arnold, K.-H., Faust, G., Fried, L., Lankes, E.-M. et al. (2007). IGLU 2006. Eine internationale Schulleistungsstudie der IEA. In W. Bos, S. Hornberg, K.-H. Arnold, G. Faust, L. Fried, E.-M. Lankes et al. (Hrsg.), *IGLU 2006. Lesekompetenzen von Grundschulkindern in Deutschland im internationalen Vergleich* (S. 11–19). Münster: Waxmann.

Bos, W., Lankes, E.-M., Schwippert, K., Valtin, R., Voss, A., Badel, I. et al. (2003). Lesekompetenzen deutscher Grundschülerinnen und Grundschüler am Ende der vierten Jahrgangsstufe im internationalen Vergleich. In W. Bos, E.-M. Lankes, M. Prenzel, K. Schwippert, G. Walther & R. Valtin (Hrsg.), *Erste Ergebnisse aus IGLU. Schülerleistungen am Ende der vierten Jahrgangsstufe im internationalen Vergleich* (S. 69–142). Münster, New York, München, Berlin: Waxmann.

Bos, W., Valtin, R., Hornberg, S., Buddeberg, I., Goy, M. & Voss, A. (2007). Internationaler Vergleich 2006: Lesekompetenz von Schülerinnen und Schülern am Ende der vierten Jahrgangsstufe. In W. Bos, S. Hornberg, K.-H. Arnold, G. Faust, L. Fried, E.-M. Lankes et al. (Hrsg.), *IGLU 2006. Lesekompetenzen von Grundschulkindern in Deutschland im internationalen Vergleich* (S. 109–160). Münster: Waxmann.

Boudon, R. (1974). *Education, opportunity, and social inequality. Changing prospects in western society.* New York, NY: Wiley & Sons.

Bronfenbrenner, U. (1981). *Die Ökologie der menschlichen Entwicklung. Natürliche und geplante Experimente.* Stuttgart: Klett (Herausgegeben von Kurt Lüscher).

Brozio, P. (2004). *Schulfähigkeit als Kompetenz. Was Eltern für ihre Kinder fordern* (Kieler Berichte – Neue Folge. Beiträge aus dem Institut für Pädagogik der Universität zu Kiel Nr. 10), Kiel.

Byrnes, A. (1989). Attitudes of students, parents, and educators toward repeating a grade. In L.A. Shepard & M.L. Smith (Hrsg.), *Flunking grades: Research and policies on retention* (S. 108–131). London, New York: The Falmer Press.

Cameron, M.B. & Wilson, B.J. (1990). The effect of chronological age, gender, and delay of entry on academic achievement and retention. Implications for academic redshirting. *Psychology in the Schools, 27,* 260–263.

Cosden, M., Zimmer, J. & Tuss, P. (1993). The impact of age, sex, and ethnicity on kindergarten entry and retention decisions. *Educational Evaluation and Policy Analysis, 15,* 209–222.

Crone, D.A. & Whitehurst, G.J. (1999). Age and schooling effects on emergent literacy and early reading skills. *Journal of Educational Psychology, 91* (4), 604–614.

Dahrendorf, R. (1965). *Arbeiterkinder an deutschen Universitäten.* Tübingen: Mohr.

Das Tagesbetreuungsausbaugesetzt (TAG). Gesetzt zum qualitätsorientierten und bedarfsgerechten Ausbau der Tagesbetreuung und zur Weiterentwicklung der Kinder- und Jugendhilfe i.d.F. vom Dezember 2004.

Dieckmann, A. & Krauss, S. (2005). Wenn weniger Wissen mehr sein kann: Einfache Heuristiken zur psychologischen Entscheidungsfindung. *Zeitschrift für Erziehungswissenschaft, 8* (2), 187–201.

Dippelhofer-Stiem, B. (1999). Schulvorbereitung? Was Erzieherinnen und Eltern meinen. *Theorie und Praxis der Sozialpädagogik* (1), 34–38.

Ditton, H. & Krüsken, J. (2010). Bildungslaufbahnen im differenzierten Schulsystem – Entwicklungsverläufe von Laufbahnempfehlungen und Bildungsaspirationen in der Grundschulzeit. In J. Baumert, K. Maaz & U. Trautwein (Hrsg.), *Bildungsentscheidungen* (Zeitschrift für Erziehungswissenschaft Sonderheft, Bd. 12). Wiesbaden: VS Verlag für Sozialwissenschaften.

Ditton, H., Krüsken, J. & Schauenberg, M. (2005). Bildungsungleichheit – der Beitrag von Familie und Schule. *Zeitschrift für Erziehungswissenschaften, 8* (2), 285–304.

Dockett, S. & Perry, B. (2007). *Transitions to school. Perceptions, expectations, experiences* (1. publ.). Sydney: UNSW Press (Includes index). Verfügbar unter http://www.loc.gov/catdir/toc/fy0706/2007367136.html.

Donath, T., Bates, A., Al-Bataineh, A. & Al-Rub, M.A. (2010). Kindergarten postponend: Examining parents' decisions and teacher opinions concerning school readiness. *International Research in Early Childhood Education* (1), 21–33. Zugriff am 06.07.2011. Verfügbar unter http://www.education.monash.edu.au/research/irecejournal/issues/2010/.

Dong, Y. (2010). Kept back to get ahead? Kindergarten retention and academic performance. *European Economic Review, 54,* 219–236.

Duncan, G.J., Dowsett, C.J., Claessens, A., Magnuson, K., Huston, A.C., Klebanov, P. et al. (2007). School readiness and later achievement. *Developmental Psychology, 43* (6), 1428–1446. Zugriff am 10.03.2011.

Ecarius, J., Köbel, N. & Wahl, K. (2011). *Familie, Erziehung und Sozialisation.* Wiesbaden: VS Verlag für Sozialwissenschaften.

Eccles, J.S. (2005). Subjective task value and the Eccles et al. model of achievement-related choices. In A.J. Elliot & C.S. Dweck (Hrsg.), *Handbook of competence and motivation* (S. 105–121). New York: Guilford Press.

Eckerth, M. & Hanke, P. (2009). Jahrgangsübergreifender Unterricht. Ein Überblick über den nationalen und internationalen Forschungsstand. *Zeitschrift für Grundschulforschung, 2* (1), 7–19.

Einsiedler, W. (2003). Unterricht in der Grundschule. In K. S. Cortina, J. Baumert, A. Leschinsky, K.U. Mayer & L. Trommer (Hrsg.), *Das Bildungswesen in der Bundesrepublik Deutschland. Strukturen und Entwicklungen im Überblick; ein Bericht des Max-Planck-Instituts für Bildungsforschung* (Orig.-Ausg., vollst. überarb. und erw. Neuausg., S. 285–341). Reinbek bei Hamburg: Rowohlt-Taschenbuch-Verlag.

Esser, H. (1990). „Habits", „Frames" und „Rational Choice". Die Reichweite von Theorien der rationalen Wahl (am Beispiel der Erklärung des Befragtenverhaltens). *Zeitschrift für Soziologie, 19* (4), 231–247.

Esser, H. (1999). *Situationslogik und Handeln* (Spezielle Grundlagen, Bd. 1). Frankfurt am Main: Campus-Verlag.

Esslinger-Hinz, I. (2004). Übergangskompetenzen als Entwicklungsaufgabe von Kindergartenkindern und ihren Eltern. In L. Denner & E. Schuhmacher (Hrsg.), *Übergänge im Elementar- und Primarbereich reflektieren und gestalten. Beiträge zu einer grundlegenden Bildung* . Bad Heilbrunn/Obb: Klinkhardt.

Faust, G. (2006b). Zum Stand der Einschulung und der neuen Schuleingangsstufe in Deutschland. *Zeitschrift für Erziehungswissenschaften, 9.* (3), 328–347.

Faust, G., Hanke, P. & Dohe, C. (2010). Merkmale und Akzeptanz der neuen Schuleingangsstufe im Bundesländervergleich. In W. Bos, S. Hornberg, K.-H. Arnold, G. Faust, L. Fried, E.-M. Lankes et al. (Hrsg.), *IGLU 2006 – die Grundschule auf dem Prüfstand. Vertiefende Analysen zu Rahmenbedingungen schulischen Lernens* (S. 231–251). Münster: Waxmann.

Faust, G., Kluczniok, K. & Pohlmann, S. (2007). Eltern vor der Entscheidung über vorzeitige Einschulung. *Zeitschrift für Pädagogik, 53* (4), 462–476.

Faust, G., Kratzmann, J. & Wehner, F. (2012). Schuleintritt als Risiko für Schulanfänger? *Zeitschrift für Pädagogische Psychologie, 26* (3), 197–212.

Faust-Siehl, G. (1995). Schulfähigkeit, Zurückstellung und Integrativer Schulanfang. Neue Entwicklungen bei der Einschulung. *Die Grundschulzeitschrift* (85/Juni), 26–31.

Faust-Siehl, G., Garlich, A., Ramseger, J., Schwarz, H. & Warm, U. (Hrsg.). (1996). *Die Zukunft beginnt in der Grundschule. Empfehlungen zur Neugestaltung der Primarstufe.* Reinbek bei Hamburg: Rowohlt.

Fertig, M. & Kluve, J. (2005). The effect of age at school entry on educational attainment in Germany (Discussion papers / RWI), Essen.

Festinger, L. (1954). A theory of social comparison processes. *Human Relations, 7,* 117–140.

Filipp, S.-H. (Hrsg.). (1995). *Kritische Lebensereignisse* (3. Aufl.). Weinheim: Beltz Psychologie-Verlags-Union.   Verfügbar   unter   http://www.gbv.de/dms/hebis-mainz/toc/045704767.pdf.

Flick, U. (2004). *Qualitative Sozialforschung. Eine Einführung* (2. Aufl., vollst. überarb. und erw. Neuausg.). Reinbek bei Hamburg: Rowohlt-Taschenbuch-Verlag.

Förtsch, C. (2009). *Zum Vorgehen von Schulleitern bei der Entscheidung über eine vorzeitige Einschulung – Eine qualitative Interviewstudie.* Unveröffentlichte Diplomarbeit, Otto-Friedrich-Universität Bamberg. Bamberg.

Fredriksson, P. & Öckert, B. (2005). *Is early learning really more productive? The effect of school starting age on school and labor market performance* (IZA Discussion Paper Nr. 1659). Bonn: Institute for the Study of Labor (IZA).

Frey, N. (2005). Retention, social promotion, and academic redshirting: What do we know and need to know? *Remedial and Special Education* (26), 332–346. Zugriff am 15.01.2009. Verfügbar unter http://rse.sagepub.com/cgi/content/abstract/26/6/332.

Friebertshäuser, B. (2003). Interviewtechniken – ein Überblick. In B. Friebertshäuser & A. Prengel (Hrsg.), *Handbuch Qualitative Forschungsmethoden in der Erziehungswissenschaft. Studienausgabe* (S. 371–395). Weinheim: Juventa Verlag.

Fried, L. (2002). Präventive Bildungsressourcen des Kindergartens als Antwort auf interindividuelle Differenzen bei Kindergartenkindern. In L. Liegle & R. Treptow (Hrsg.), *Welten der Bildung in der Pädagogik der frühen Kindheit und in der Sozialpädagogik* (S. 339–348). Freiburg im Breisgau: Lambertus.

Fröse, S., Mölders, R. & Wallrodt, W. (1988). *Das Kieler Einschulungsverfahren* (2., durchgesehene Aufl.). Weinheim: Beltz Test GmbH.

Fthenakis, W.E. (2004). Bildungs- und Erziehungspläne für Kinder unter sechs Jahren – nationale und internationale Perspektiven. In G. Faust, M. Götz, H. Hacker & H.-G. Roßbach (Hrsg.), *Anschlussfähige Bildungsprozesse im Elementar- und Primarbereich. [Symposium ... im April 2003 an der Otto-Friedrich-Universität in Bamberg]* (S. 9–26). Bad Heilbrunn/Obb.: Klinkhardt.

Geier, B. & Riedel, B. (2009). Ungleichheiten der Inanspruchnahme öffentlicher frühpädagogischer Angebote. Einflussfaktoren und Restriktionen elterlicher Betreuungsentscheidungen. In H.-G. Roßbach & H.-P. Blossfeld (Hrsg.), *Frühpädagogische Förderung in Institutionen. Zeitschrift für Erziehungswissenschaft.* Wiesbaden: VS Verlag für Sozialwissenschaften.

Glaser, B.G. & Strauss, A. L. (2010). *Grounded Theory. Startegien qualitativer Forschung* (3. Aufl.). Bern: Huber.

Gläser, J. & Laudel, G. (2010). *Experteninterviews und qualitative Inhaltsanalyse. Als Instrumente rekonstruierender Untersuchungen* (4. Aufl.). Wiesbaden: VS Verlag für Sozialwissenschaften.

Gleason, J.B. & Ely, R. (2002). Gender Differences in language development. In A. V. McGillicuddy-De Lisi & R. de Lisi (Hrsg.), *Biology, society, and behavior. The development of sex differences in cognition* (Advances in applied developmental psychology, Bd. 21, S. 127–154). Westport, Conn: Ablex Pub.

Gloger-Tippelt, G. (2009). Kindheit und Bildung. In R. Tippelt & B. Schmidt (Hrsg.), *Handbuch Bildungsforschung* (S. 627–640). Wiesbaden: VS Verlag für Sozialwissenschaften.

Gomolla, M. & Radtke, F.-O. (2007). *Institutionelle Diskriminierung. Die Herstellung ethnischer Differenz in der Schule* (2., durchges. und erw. Aufl.). Wiesbaden: VS Verlag für Sozialwissenschaften.

Götz, M. (2004). Die neue Schuleingangsssstufe in Deutschland: Alter Wein in neuen Schläuchen? In G. Faust, M. Götz, H. Hacker & H.-G. Roßbach (Hrsg.), *Anschlussfähige Bildungsprozesse im Elementar- und Primarbereich. [Symposium ... im April 2003 an der Otto-Friedrich-Universität in Bamberg]* (S. 254–272). Bad Heilbrunn/Obb.: Klinkhardt.

Graue, M.E. & DiPerna, J. (2000). Redshirting and early retention. Who gets the „gift of time" and what are its outcomes? *American Educational Research Journal, 37* (2), 509–534.

Griebel, W. (2006). Übergänge fordern das gesamte System. In D. Diskowski (Hrsg.), *Übergänge gestalten. Wie Bildungsprozesse anschlussfähig werden* (S. 32–47). Weimar: Verlag Das Netz.

Griebel, W. (2004a). Schulanfang aus der Familienperspektive. In D. Diskowski & E. Hammes-Di Bernardo (Hrsg.), *Lernkulturen und Bildungsstandards. Kindergarten und Schule zwischen Vielfalt und Verbindlichkeit* (S. 217–224). Baltmannsweiler: Schneider-Verlag Hohengehren.

Griebel, W. (2004b). Übergangsforschung aus psychologischer Sicht. In E. Schumacher (Hrsg.), *Übergänge in Bildung und Ausbildung. Gesellschaftliche, subjektive und pädagogische Relevanzen* (S. 25–45). Bad Heilbrunn/Obb.: Klinkhardt.

Griebel, W. & Niesel, R. (2002). *Abschied vom Kindergarten – Start in die Schule. Grundlagen und Praxishilfen für Erzieherinnen, Lehrkräfte und Eltern.* München: Don-Bosco-Verlag.

Grissmer, D., Grimm, K.J., Aiyer, S.M., Murrah, W.M. & Steele, J.S. (2010). Fine motor skills and early comprehension of the world: Two new school readiness indicators. *Developmental Psychology, 46* (5), 1008–1017.

Hacker, H. (1998). *Vom Kindergarten zur Grundschule. Theorie und Praxis eines kindgerechten Übergangs* (2., erweiterte und aktualisierte Aufl.). Bad Heilbrunn: Klinkhardt.

Halpern, D.F. (2000). *Sex differences in cognitive abilities* (3. ed.). Mahwah, NJ: Erlbaum.

Hannover, B. & Schmidthals, K. (2007). Geschlechterdifferenzen in der Entwicklung. In M. Hasselhorn & W. Schneider (Hrsg.), *Handbuch der Entwicklungspsychologie* (S. 419–428). Göttingen [u.a.]: Hogrefe.

Hansel, T. (1982). *Schulstart, Fehlstart? Beurteilungs- und Selektionspraxis beim Schuleintritt.* Düsseldorf: Schwann.

Hart, B. & Risley, T.R. (1995). *Meaningful differences in the everyday experience of young American children.* Baltimore: P.H. Brookes.

Helbig, M. (2013). Geschlechtsspezifischer Bildungserfolg im Wandel. Eine Studie zum Schulverlauf von Mädchen und Jungen an allgemeinbildenden Schulen für die Geburtsjahrgänge 1944–1986 in Deutschland. *Journal for Educational Research Online, 5* (1), 141–183.

Helmke, A. (1993). Die Entwicklung der Lernfreude vom Kindergarten bis zur 5. Klassenstufe. *Zeitschrift für Pädagogische Psychologie, 7,* 77–86.

Hessisches Schulgesetz (HSchG) i.d.F. vom 14. Juni 2005, zuletzt geändert durch Gesetz vom 21. November 2011.

Hessisches Sozialministerium & Hessisches Kultusministerium (Hrsg.). (2007). *Bildung von Anfang an. Bildungs- und Erziehungsplan für Kinder von 0 bis 10 Jahren in Hessen.* Wiesbaden.

Hielscher, H. (1978). Schulfähigkeit. *Ehernwirth Grundschulmagazin* (9), 3–4.

Hillmert, S. (2005). Bildungsentscheidungen und Unsicherheit. Soziologische Aspekte eines vielschichtigen Zusammenhangs. *Zeitschrift für Erziehungswissenschaften, 8* (2), 173–186.

Hong, G. & Yu, B. (2008). Effects of kindergarten retention on children's social-emotional development. An application of propensity score methode to multivariate, multilevel data. *Developmental Psychology, 44* (2), 407–421.

Hornberg, S., Faust, G., Holtappels, H.G., Lankes, E.-M. & Schulz-Zander, R. (2007). Lehr- und Lernbedingungen in den Teilnehmerstaaten. In W. Bos, S. Hornberg, K.-H. Arnold, G. Faust, L. Fried, E.-M. Lankes et al. (Hrsg.), *IGLU 2006. Lesekompetenzen von Grundschulkindern in Deutschland im internationalen Vergleich* (S. 47–107). Münster: Waxmann.

Hornberg, S., Valtin, R., Potthoff, B., Schwippert, K. & Schulz-Zander, R. (2007). Lesekompetenzen von Mädchen und Jungen im internationalen Vergleich. In W. Bos, S. Hornberg, K.-H. Arnold, G. Faust, L. Fried, E.-M. Lankes et al. (Hrsg.), *IGLU 2006. Lesekompetenzen von Grundschulkindern in Deutschland im internationalen Vergleich* (S. 195–223). Münster: Waxmann.

Horn, H.A. (1996). Brücken zur Einschulung. Kindergarten, Eingangsstufe, Vorklasse. In D. Haarmann (Hrsg.), *Handbuch Grundschule. Allgemeine Didaktik: Voraussetzungen und Formen grundlegender Bildung* (3., unveränd. Aufl., S. 76–87). Weinheim: Beltz Verlag.

Jansen, H. (1994). Fördert der Besuch des Schulkindergartens die Entwicklung schriftsprachlicher Fertigkeiten? *Zeitschrift für Pädagogische Psychologie* (8), 165–175.

Jimerson, S., Carlson, E., Rotert, M., Egeland, B. & Sroufe, L.A. (1997). A prospective, longitudinal study of the correlates and consequences of early grade retention. *Journal of School Psychology, 35* (1), 3–25.

Jones, M.M. & Mandeville, G.K. (1990). The effect of age at school entry on reading achievement scores among South Carolina students. *Remedial and Special Education, 11*, 56–62.

Jürgens, H. & Schneider, K. (2006). Im Frühjahr geborene Kinder haben schlechtere Bildungschancen. *DIW Berlin Wochenbericht, 73* (17), 209–214.

Kammermeyer, G. (2000). *Schulfähigkeit. Kriterien und diagnostische/prognostische Kompetenz von Lehrerinnen, Lehrern und Erzieherinnen.* Bad Heilbrunn: Klinkhardt.

Kammermeyer, G. (2011). Schulfähigkeit und Schuleingangsdiagnostik. In W. Einsiedler, M. Götz, A. Hartinger, F. Heinzel, J. Kahlert & U. Sandfuchs (Hrsg.), *Handbuch Grundschulpädagogik und Grundschuldidaktik* (3., vollst. überarb. Aufl., S. 281–288). Bad Heilbrunn: Klinkhardt UTB.

Kasüschke, D. (2002). Frühkindliche Bildungsprozesse und interindividuelle Differenzen zwischen Mädchen und Jungen. In L. Liegle & R. Treptow (Hrsg.), *Welten der Bildung in der Pädagogik der frühen Kindheit und in der Sozialpädagogik* (S. 275–287). Freiburg im Breisgau: Lambertus.

Katzenbach, D., Rauer, W., Schuck, K.D. & Wudtke, H. (1999). Die Integrative Grundschule im sozialen Brennpunkt. Ergebnisse empirischer Längsschnittuntersuchungen des Hamburger Schulversuchs. *Zeitschrift für Pädagogik, 45*, 567–590.

Kelle, H., Ott, M. & Schweda, A. (2012). Diagnostische und selektive Praktiken in flexibilisierten Einschulungsverfahren. *Zeitschrift für Grundschulforschung, 5* (1), 7–20.

Kemmler, L. (1975). *Erfolg und Versagen in der Grundschule. Empirische Untersuchungen.* Göttingen, Toronto, Zürich: Hogrefe.

Kern, A. (1954). *Sitzenbleiberelend und Schulreife. Ein psychologisch-pädagogischer Beitrag zu einer inneren Reform der Grundschule* (2. durchgesehene). Freiburg: Herder (mit vielen erklärenden Zeichnungen im Text und einem Bildanhang).

Kleine, L., Birnbaum, N., Zielonka, M., Doll, J. & Blossfeld, H.-P. (2010). Auswirkungen institutioneller Rahmenbedingungen auf das Bildungsstreben der Eltern und die Bedeutung der Lehrerempfehlung. *Journal for Educational Research Online, 2,* 72–93.

Kluczniok, K. (2012). *Die vorzeitige Einschulung. Eine empirische Analyse zum Verlauf und zu Determinanten der Einschulungsentscheidung.* Münster [u.a.]: Waxmann.

König, E. (2002). Qualitative Forschung im Bereich subjektiver Theorien. In E. König & P. Zedler (Hrsg.), *Qualitative Forschung. Grundlagen und Methoden* (2. Aufl., S. 55–69). Weinheim, Basel: Beltz Verlag.

Konsortium Bildungsberichterstattung (Hrsg.). (2006). *Bildung in Deutschland. Ein indikatorengestützter Bericht mit einer Analyse zu Bildung und Migration.* Bielefeld: Bertelsmann. Kormann, A., Storath, R. & Schlegel, H. (1993). Aktuelle Bestandsaufnahme der Einschulungsdiagnostik. In H.-P. Langfeldt & H.-P. Trolldiener (Hrsg.), *Pädagogisch-psychologische Diagnostik. Aktuelle Entwicklungen und Ergebnisse* (S. 45–63). Heidelberg: R. Asanger.

Kormann, A., Storath, R. & Schlegel, H. (1993). Aktuelle Bestandsaufnahme der Einschulungsdiagnostik. In H.-P. Langfeldt & H.-P. Trolldiener (Hrsg.), *Pädagogisch-psychologische Diagnostik. Aktuelle Entwicklungen und Ergebnisse* (S. 45–63). Heidelberg: R. Asanger.

Kottmann, B. (2006). Die Überweisung in die Sonderschule: Typische Fälle und Benachteiligungsmuster. In R. Hinz & B. Schumacher (Hrsg.), *Auf den Anfang kommt es an. Kompetenzen entwickeln – Kompetenzen stärken.* Wiesbaden: VS Verlag für Sozialwissenschaften.

Kowal, S. & O'Connell, D.C. (2004). Zur Transkription von Gesprächen. In U. Flick, E. von Kardorff & I. Steinke (Hrsg.), *Qualitative Forschung. Ein Handbuch* (3. Aufl., S. 437–446). Reinbek bei Hamburg: Rowohlt-Taschenbuch-Verlag.

Krajewski, K., Renner, A., Nieding, G. & Schneider, W. (2009). Frühe Förderung von mathematischen Kompetenzen im Vorschulalter. In H.-G. Roßbach & H.-P. Blossfeld (Hrsg.), *Frühpädagogische Förderung in Institutionen. Zeitschrift für Erziehungswissenschaft.* Wiesbaden: VS Verlag für Sozialwissenschaften.

Kratzmann, J. (2011). *Türkische Familien beim Übergang vom Kindergarten in die Grundschule. Einschulungsentscheidungen in der Migrationssituation..* Münster: Waxmann.

Kratzmann, J., Faust, G. & Wehner, F. (2013). Die Bewährung der Entscheidungen im Verlauf der Grundschule. In G. Faust (Hrsg.), *Einschulung. Ergebnisse aus der Studie „Bildungsprozesse, Kompetenzentwicklung und Selektionsentscheidungen im Vorschul- und Schulalter (BiKS)"* (S. 275–288). Münster, New York, München, Berlin: Waxmann.

Kratzmann, J. & Schneider, T. (2008). Verbessert der Besuch des Kindergartens die Startchancen von Kindern aus sozial schwachen Familien im Schulsystem? Eine Untersuchung auf Basis des SOEP. In J. Ramseger & M. Wagener (Hrsg.), *Chancenungleichheit in der Grundschule. Ursachen und Wege aus der Krise* (S. 295–298). Wiesbaden: VS Verlag für Sozialwissenschaften.

Kratzmann, J. & Schneider, T. (2009). Soziale Ungleichheit beim Schulstart. Empirische Untersuchungen zur Bedeutung der sozialen Herkunft und des Kindergartenbesuchs auf den Zeitpunkt der Einschulung. *Kölner Zeitschrift für Soziologie und Sozialpsychologie (KZfSS), 61* (2), 211–234.

Kratzmann, J., Wehner, F. & Faust, G. (2012). Rekonstruktion von Einschulungsentscheidungen mittels eines Mixed-Method-Designs. In M. Gläser-Zikuda (Hrsg.), *Mixed Methods in der empirischen Bildungsforschung* (S. 121–134). Münster u.a: Waxmann.

Krötz, G. (1985). Schulfähigkeit und Zurückstellung. In G. Krötz (Hrsg.), *Vom Kindergarten zur Schule. Erprobte Wege der Zusammenarbeit von Erziehern und Lehrern* (S. 21–35). Freiburg i. Br.: Herder.

Kultusministerkonferenz (KMK). (1964). *Abkommen zwischen den Ländern der Bundesrepublik zur Vereinheitlichung auf dem Gebiet des Schulwesens (Vom 28.10.1964 in der Fassung vom 14.10.1971).* Bonn: Sekretariat der Ständigen Konferenz der Kultusminister der Länder in der Bundesrepublik Deutschland. Zugriff am 24.02.2011. Verfügbar unter http://www.kmk.org/fileadmin/veroeffentlichungen_beschluesse/ 1964/1964_10_28-Hamburger_Abkommen.pdf.

Kultusministerkonferenz (KMK). (1994). *Empfehlung zur Arbeit in der Grundschule (Beschluss der Kultusministerkonferenz vom 2.7.1970 i. d. F. vom 6.5.1994.* Bonn: Sekretariat der Ständigen Konferenz der Kultusminister der Länder in der Bundesrepublik Deutschland. Zugriff am 21.07.2010. Verfügbar unter http://www.kmk.org/ fileadmin/veroeffentlichungen_beschluesse/1970/1970_07_02_Empfehlungen_ Grundschule.pdf.

Kultusministerkonferenz (KMK). (1997). *Empfehlung zum Schulanfang. Beschluss der Kultusministerkonferenz vom 24.10.1997.* Bonn: Sekretariat der Ständigen Konferenz der Kultusminister der Länder in der Bundesrepublik Deutschland. Zugriff am 28.08.2008. Verfügbar unter http://www.kmk.org/fileadmin/veroeffentlichungen_beschluesse/1997/ 1997_10_24-Empfehlung-Schulanfang_01.pdf.

Kultusministerkonferenz (KMK). (2002). *Schule in Deutschland. Zahlen, Fakten, Analysen. Analyseband zur Dokumentation Schüler, Klassen, Lehrer und Absolventen der Schulen.* Statistische Veröffentlichung der Kultusministerkonferenz, Nr. 161, Juli 2002. Bonn: Sekretariat der Ständigen Konferenz der Kultusminister der Länder in der Bundesrepublik Deutschland. Zugriff am 11.06.2013. Verfügbar unter http://www.kmk.org/fileadmin/ veroeffentlichungen_beschluesse/2002/2002_07_01-Schule-in-Deutschland.pdf.

Kultusministerkonferenz (KMK). (2012). *Schüler, Klassen, Lehrer und Absolventen der Schulen 2002 bis 2011.* Bonn: Sekretariat der Ständigen Konferenz der Kultusminister der Länder in der Bundesrepublik Deutschland. Zugriff am 26.02.2013. Verfügbar unter http://www.kmk.org/fileadmin/pdf/Statistik/KomStat/Dok_198_SKL2011.pdf.

Kundert, D.K., May, D.C. & Brent, D. (1995). A comparison of students who delay kindergarten entry and those who are retained in grades K-5. *Psychology in the Schools, 32* (3), 202–209.

Kurdek, L.A. & Sinclair, R.J. (2001). Predicting reading and mathematics achievement in fourth-grade children from kindergarten readiness scores. *Journal of Educational Psychology, 93* (3), 451–455.

Kurz, K., Kratzmann, J. & Maurice, J. von. (2007). *Die BiKS-Studie. Methodenbericht zur Stichprobenziehung.* Universität Bamberg. Zugriff am 02.09.2008. Verfügbar unter http://psydok.sulb.uni-saarland.de/volltexte/2007/990/pdf/Methodenbericht_ 2007.pdf.

La Paro, K.M. & Pianta, R.C. (2000). Predicting children's competence in the early school years: A meta-analytic review. *Review of Educational Research, 70,* 443–484.

Ladd, G.W. & Dinella, L.M. (2009). Continuity and change in early school engagement: Predictive of children's achievement trajectories from first to eighth grade? *Journal of Educational Psychology, 101,* 190–206.

Lamnek, S. (2010). *Qualitative Sozialforschung* (5., überarb. Aufl.). Weinheim: Beltz Verlag.

Lazarus, R.S. (1995). Stress und Stressbewältigung – ein Paradigma. In S.-H. Filipp (Hrsg.), *Kritische Lebensereignisse* (3. Aufl., S. 198–323). Weinheim: Beltz Psychologie-Verlags-Union.

Leaper, C., Anderson, K.J. & Sanders, P. (1998). Moderators of Gender Effects on Parents' Talk to Their Children: A Meta-Analysis. *Developmental Psychology, 34,* 3–27.

Leaper, C. & Smith, T.E. (2004). A meta-analytic review of gender variations in children's language use: talkativeness, affiliative speech, and assertive speech. *Developmental Psychology, 40* (6), 993–1027.

Lehmann, R.H., Peek, R. & Gänsfuß, R. (1997). *Aspekte der Lernausgangslage von Schülerinnen und Schülern der fünften Klassen an Hamburger Schulen. Bericht über die Untersuchung im September 1996.* Hamburg: Behörde für Schule, Jugend und Berufsbildung.

Lehrl, S., Roßbach, H.-G. & Weinert, S. (2012). Die Bedeutung der familiären Lernumwelt für Vorläufer schriftsprachlicher Kompetenzen im Vorschulalter. *Zeitschrift für Familienforschung, 24* (2), 115–133.

Lenz, M. *Intercoderreliabilität für MAXqda2 und MAXqda2007.* Zugriff am 04.04.2013. Verfügbar unter http://www.mlenz.de/fuer-maxqda/downloads/folder/33-intercoderreliabilit %C3%A4t.html.

Liebers, K. (2008). *Kinder in der flexiblen Schuleingangsphase. Perspektiven für einen gelingenden Schulstart* . Wiesbaden: VS Verlag für Sozialwissenschaften.

Liebers, K. (2011). *Zurückstellungsgründe aus der Sicht von Eltern. Ergebnisse einer Elternbefragung zum Schulanfang 2010* (Landesinstitut für Schule und Medien Berlin-Brandenburg (LISUM)).

Lincove, J.A. & Painter, G. (2006). Does the age that children start kindergarten matter? Evidence of long-term educational and social outcomes. *Educational Evaluation and Policy Analysis, 28* (2), 153–179.

LoCasale-Crouch, J., Mashburn, A.J., Downer, J.T. & Pianta, R.C. (2008). Prekindergarten teachers' use of transition practices and children's adjustment to kindergarten. *Early Childhood Research Quarterly, 23,* 124–139.

Maaz, K., Baumert, J. & Trautwein, U. (2010). Genese sozialer Ungleichheit im institutionellen Kontext der Schule: Wo entsteht und vergrößert sich soziale Ungleichheit? In H.-H. Krüger, U. Rabe-Kleberg, R.-T. Kramer & J. Budde (Hrsg.), *Bildungsungleichheit revisited. Bildung und soziale Ungleichheit vom Kindergarten bis zur Hochschule* (S. 69–102). Wiesbaden: VS Verlag für Sozialwissenschaften.

Maaz, K., Hausen, C., McElvany, N. & Baumert, J. (2006). Stichwort: Übergänge im Bildungssystem. Theoretische Konzepte und ihre Anwendung in der empirischen Forschung beim Übergang in die Sekundarstufe. *Zeitschrift für Erziehungswissenschaften, 9* (3), 299–327.

Mader, J. (1989). *Schulkindergarten und Zurückstellung. Zur Bedeutung schulisch-ökologischer Bedingungen bei der Einschulung.* Münster, New York: Waxmann.

Mader, J., Roßbach, H.-G. & Tietze, W. (1991). Schulentwicklung und Schulentwicklungsforschung im Primarbereich – Untersuchungen zum Regelsystem. In K. Beck,

A. Kell & F. Achtenberger (Hrsg.), *Bilanz der Bildungsforschung. Stand und Zukunftsperspektiven* (Beiträge zur Theorie und Geschichte der Erziehungswissenschaft, Bd. 10, S. 15–49). Weinheim: Deutscher Studien Verlag.

Mammes, I. (2009). Jungen als Verlierer und Mädchen als Gewinnerinnen des Bildungssystems. Zur Problematik eines Perspektivwechsels in einer polarisierten Diskussion. In T. Schweiger & T. Hascher (Hrsg.), *Geschlecht, Bildung und Kunst. Chancengleichheit in Unterricht und Schule*, S. 155–166). Wiesbaden: VS Verlag für Sozialwissenschaften.

Mantzicopoulos, P. & Morrison, D. (1992). Kindergarten retention: Academic and behavioral outcomes through the end of second grade. *American Educational Research Journal, 29* (1), 182–198.

Margetts, K. (1999). *Transitions to school: Looking forward* (Selected papers from the AECA National Conference Darwin July 14–17 1999). Zugriff am 03.05.2010. Verfügbar unter http://extranet.edfac.unimelb.edu.au/LED/tec/pdf/margetts1.pdf.

Marshall, H.H. (2003). Opportunity deferred or opportunity taken? An update look at delaying kindergarten entry. *Young Children, 58,* 84–93.

Martin, R.P., Foels, P., Clanton, G. & Moon, K. (2004). Season of birth is related to child retention rates, achievement, and rates of diagnosis of specific LD. *Journal of Learning Disabilities, 37* (4), 307–317.

Martschinke, S. & Kammermeyer, G. (2006). Selbstkonzept, Lernfreude und Leistungsangst und ihr Zusammenspiel im Anfangsunterricht. In A. Schründer-Lenzen (Hrsg.), *Risikofaktoren kindlicher Entwicklung* (S. 125–139). Wiesbaden: VS Verlag für Sozialwissenschaften.

Marx, H. (2004). Vorhersage von Lese-Rechtschreibschwierigkeiten und Konsequenzen für Vor- und Grundschule. In G. Faust, M. Götz, H. Hacker & H.-G. Roßbach (Hrsg.), *Anschlussfähige Bildungsprozesse im Elementar- und Primarbereich. [Symposium ... im April 2003 an der Otto-Friedrich-Universität in Bamberg]* (S. 90–104). Bad Heilbrunn/Obb.: Klinkhardt.

May, D.C., Kundert, D.K. & Brent, D. (1995). Does delayed school entry reduce later grade retentions and use of special education services? *Remedial and Special Education, 16* (5), 288–294.

Mayring, P. (2002). *Einführung in die qualitative Sozialforschung. Eine Anleitung zu qualitativem Denken* (5., überarb. und neu ausgestattete Aufl.). Weinheim: Beltz Verlag.

Mayring, P. (2003). *Qualitative Inhaltsanalyse. Grundlagen und Techniken* (8. Aufl.). Weinheim und Basel: Beltz Verlag.

Meis, R. (1997). *DVET. Duisburger Vorschul- und Einschulungstest* (Neubearbeitung von Jan Poerschke, 3., neu bearbeitete Auflage). Weinheim: Beltz.

Meuser, M. & Nagel, U. (2003). Das Experteninterview – Wissenssoziologische Voraussetzungen und methodische Durchführung. In B. Friebertshäuser & A. Prengel (Hrsg.), *Handbuch Qualitative Forschungsmethoden in der Erziehungswissenschaft. Studienausgabe* (S. 481–491). Weinheim: Juventa Verlag.

Mirkhil, M. (2010). Important ingredients for a successful transition to school. *International Research in Early Childhood Education, 1,* 60–70.

Mullis, I.V.S., Martin, M.O., Foy, P. & Drucker, K.T. (2012). *PIRLS 2011 international results in reading.* Chestnut Hill, MA: TIMSS & PIRLS International Study Center, Boston College.

Mullis, I.V.S., Martin, M.O, Kennedy, A.M. & Foy, P. (2007). *PIRLS 2006 international report. IEA's Progress in International Reading Literacy Study in primary schools in 40 countries.* Chestnut Hill, MA: TIMSS & PIRLS International Study Center, Boston College.

Naumann, I. (2012). *Zurückstellung an bayerischen und hessischen Grundschulen – Gründe und Vorgehen aus der Perspektive von Schulleiterinnen und Schulleitern.* Unveröffentlichte Masterarbeit, Universität Kassel. Kassel.

Nickel, H. (1976). Entwicklungsstand und Schulfähigkeit. Zur Problematik des Schuleintritts und der Einschulungsuntersuchungen (Studienhefte Psychologie in Erziehung und Unterricht). München, Basel: E. Reinhardt.

Nickel, H. (1981). Schulreife und Schulversagen: Ein ökopsychologischer Erklärungsansatz und seine praktischen Konsequenzen. *Psychologie in Erziehung und Unterricht* (28), 19–37.

Nickel, H. (1995). Die „Schulreife". Kriterien und Anhaltspunkte für Schuleingangsdiagnostik und Einschulungsberatung. In R. Portmann (Hrsg.), *Kinder kommen zur Schule. Hilfen und Hinweise für eine kindorientierte Einschulungspraxis* (Beiträge zur Reform der Grundschule, Bd. 73, S. 44–58). Frankfurt am Main: Grundschulverband - Arbeitskreis Grundschule e.V.

Niesel, R. (2008). *Schulreife oder Schulfähigkeit – was ist darunter zu verstehen?* Zugriff am 02.09.2008. Verfügbar unter http://www.familienhandbuch.de/cmain/ s_190.html.

Niesel, R., Ribeiro, A. & Hollen, A. von. (2006). Der Übergang als individuelles Lebensereignis und Gegenstand bildungspolitischer Aufmerksamkeit. In D. Diskowski (Hrsg.), *Übergänge gestalten. Wie Bildungsprozesse anschlussfähig werden* (S. 216–229). Weimar: Verlag. Das Netz.

Niklas, F. (2011). *Vorläuferfertigkeiten im Vorschulalter zur Vorhersage der Schulfähigkeit, späterer Rechenschwäche und Lese- und Rechtschreibschwäche. Diagnostik, Zusammenhänge und Entwicklung in Anbetracht der bevorstehenden Einschulung.* Hamburg: Kovač.

Niklas, F., Schmiedeler, S. & Schneider, W. (2010). Heterogenität in den Lernvoraussetzungen von Vorschulkindern. *Zeitschrift für Grundschulforschung, 3* (1), 18–31.

Niklason, L.B. (1987). Do certain groups of children profit from a grade retention? *Psychology in the Schools, 24* (4), 339–345.

Nohl, A.-M. (2006). *Interview und dokumentarische Methode. Anleitungen für die Forschungspraxis.* Wiesbaden: VS Verlag für Sozialwissenschaften.

Olbrich, S. & Siewert, K. (2011). Bildung und Wohlbefinden – Bildungsaspirationen bei den Müttern und Vätern. In H. Bertram (Hrsg.), *Fragt die Eltern! Ravensburger Elternsurvey, elterliches Wohlbefinden in Deutschland* (S. 89–99). Baden-Baden: Nomos.

Pagani, L.S., Fitzpatrick, C., Archambault, I. & Janosz, M. (2010). School readiness and later achievement: A French Canadian replication and extension. *Developmental Psychology, 46* (5), 984–994.

Picht, G. (1964). *Die deutsche Bildungskatastrophe. Analysen und Dokumentation.* Olten, Freiburg: Walter-Verlag.

Plehn, M. (2012). *Einschulung und Schulfähigkeit. Die Einschulungsempfehlung von ErzieherInnen – Rekonstruktionen subjektiver Theorien über Schulfähigkeit* (Klinkhardt-Forschung). Bad Heilbrunn: Klinkhardt.

Pohlmann-Rother, S. & Plehn, M. (2010). Bereit für die Grundschule? Schulfähigkeit aus Sicht von Erzieher/innen und Schulleiter/innen. *KiTa spezial Sonderausgabe* (1), 42–43.

Pohlmann, S. (2009). *Der Übergang am Ende der Grundschulzeit. Zur Formation der Übergangsempfehlung aus der Sicht der Lehrkräfte.* Münster: Waxmann.

Pohlmann, S., Kluczniok, K. & Kratzmann, J. (2009). Zum Prozess der Entscheidungsfindung zwischen vorzeitiger und fristgerechter Einschulung. *Journal for Educational Research Online, 1* (1), 135–153.

Pohlmann, S., Kratzmann, J. & Faust, G. (2011). Schulfähigkeit in der Sicht von Eltern, Erzieher/innen und Lehrkräften. *Diskurs Kindheits- und Jugendforschung, 6* (1), 57–73.

Portmann, R. (1995). Hilfen zur Förderung eines jeden Kindes. Diagnostik beim Schuleintritt. In R. Portmann (Hrsg.), *Kinder kommen zur Schule. Hilfen und Hinweise für eine kindorientierte Einschulungspraxis* (Beiträge zur Reform der Grundschule, Bd. 73, S. 59–75). Frankfurt am Main: Grundschulverband – Arbeitskreis Grundschule e.V.

Prengel, A. (1999). *Vielfalt durch gute Ordnung im Anfangsunterricht* (Reihe Schule und Gesellschaft, Bd. 15). Opladen: Leske + Budrich.

Prielipp, G.M. (1997). *Schulkindergarten/Vorklasse in der Gegenwart. Situation, Probleme und Konsequenzen für eine zeitgemässe pädagogische Arbeit.* Hamburg: Verlag Dr. Kovač.

Radtke, F.-O. (2007). Segregation im deutschen Schulsystem. In W.-D. Bukow (Hrsg.), *Was heißt hier Parallelgesellschaft? Zum Umgang mit Differenzen* (S. 201–212). Wiesbaden: VS Verlag für Sozialwissenschaften.

Richter, S. (1999). „Schulfähigkeit des Kindes" oder „Kindfähigkeit der Schule"? In H. Brügelmann, M. Fölling-Albers, S. Richter & A. Speck-Hamdan (Hrsg.), *Jahrbuch Grundschule. Fragen der Praxis – Befunde der Forschung* (S. 7–29). Frankfurt: Grundschulverband – Arbeitskreis Grundschule e.V.

Richter, S. & Brügelmann, H. (1994). Der Schulanfang ist keine Stunde Null. Schrifterfahrungen, die Kinder in die Schule mitbringen. In H. Brügelmann & S. Richter (Hrsg.), *Wie wir recht schreiben lernen. 10 Jahre Kinder auf dem Weg zur Schrift* (S. 62–77). Lengwil am Bodensee: Libelle.

Riedel, A., Schneider, K., Schuchart, C. & Weishaupt, H. (2010). School choice in German primary schools: How binding are school districts? *Journal for Educational Research Online, 2,* 94–120.

Rohling, I. (2002). *Gesundheit und Entwicklungsstand der Osnabrücker Schulanfänger. Multifaktorielle Analyse der Ergebnisse der Schuleingangsuntersuchungen unter besonderer Berücksichtigung des Jahrgangs 2001 Stadt Osnabrück Fachbereich Soziales und Gesundheit Gesundheitsamt / Jugendärztlicher Dienst Dr. med. Dr. rer. nat. Inge Rohling Februar* (Gesundheitsamt Osnabrück Stadt, Hrsg.), Osnabrück. Zugriff am 14.03.2013. Verfügbar unter http://edok01.tib.uni-hannover.de/edoks/e01mr01/850081572.pdf.

Roßbach, H.-G. (1984). Auswirkungen des Schulkindergartens auf die Schulkarriere. In Pestalozzi-Fröbel-Verband (Hrsg.), *Schulkindergarten. Dokumentation einer Expertenbefragung* (S. 51–59).

Roßbach, H.-G. (2001). Die Einschulung in den Bundesländern. In G. Faust-Siehl & A. Speck-Hamdan (Hrsg.), *Schulanfang ohne Umwege. Mehr Flexibilität im Bildungswesen* (Beiträge zur Reform der Grundschule, Bd. 111, S. 145–174). Frankfurt am Main: Grundschulverband – Arbeitskreis Grundschule e.V.

Roßbach, H.-G. (2008). Vorschulische Erziehung. In K. S. Cortina, J. Baumert, A. Leschinsky, K. U. Meyer & L. Trommer (Hrsg.), *Das Bildungswesen in der Bundesrepublik Deutschland. Strukturen und Entwicklungen im Überblick* (Orig.-Ausg., vollst. überarb. Neuausg., S. 283–323). Reinbek bei Hamburg: Rowohlt-Taschenbuch-Verlag.

Roßbach, H.-G., Kluczniok, K. & Kuger, S. (2009). Auswirkungen eines Kindergartenbesuches auf den kognitiv-leistungbezogenen Entwicklungsstand von Kindern. In H.-G. Roßbach & H.-P. Blossfeld (Hrsg.), *Frühpädagogische Förderung in Institutionen. Zeitschrift für Erziehungswissenschaft* (S. 139–158). Wiesbaden: VS Verlag für Sozialwissenschaften.

Roßbach, H.-G. & Tietze, W. (1996). *Schullaufbahnen in der Primarstufe. Eine empirische Untersuchung zu Integration und Segregation von Grundschülern.* Münster: Waxmann.

Rüdiger, D., Kormann, A. & Peez, H. (1976). *Schuleintritt und Schulfähigkeit. Zur Theorie und Praxis der Einschulung.* München: Reinhardt.

Scheunpflug, A. (2004). Entwicklung – was ist das? Von Reifung, Genen und Umwelt. In M. Horstkemper, A. Scheunpflug, K.-J. Tilmann & S. Walper (Hrsg.), *Aufwachsen. Die Entwicklung von Kindern und Jugendlichen* (Schüler- Jahrespublikation, S. 6–9). Friedrich-Verlag Seelze.

Schipper, I. & Pohlmann-Rother, S. (2013). Der Beitrag der Schulleitungen zur Einschulung. In G. Faust (Hrsg.), *Einschulung. Ergebnisse aus der Studie „Bildungsprozesse, Kompetenzentwicklung und Selektionsentscheidungen im Vorschul- und Schulalter (BiKS)"* (S. 237–249). Münster, New York, München, Berlin: Waxmann.

Schmidt, C. (2003). „Am Material": Auswertungstechniken für Leitfadeninterview. In B. Friebertshäuser & A. Prengel (Hrsg.), *Handbuch Qualitative Forschungsmethoden in der Erziehungswissenschaft. Studienausgabe* (S. 544–568). Weinheim: Juventa Verlag.

Schmidt, C. (2004). Analyse von Leitfadeninterviews. In U. Flick, E. von Kardorff & I. Steinke (Hrsg.), *Qualitative Forschung. Ein Handbuch* (3. Aufl., S. 447–456). Reinbek bei Hamburg: Rowohlt-Taschenbuch-Verlag.

Schmitt, M., Kuger, S., Kluczniok, K. & Maurice, J. von. (2010). Familiale Anregung während der frühen Kindergartenzeit. In D. Bühler-Niederberger, J. Mierendorff & A. Lange (Hrsg.), *Kindheit zwischen fürsorglichem Zugriff und gesellschaftlicher Teilhabe* (S. 145–166). Wiesbaden: VS Verlag für Sozialwissenschaften.

Schorch, G. (2009). Grundschule. In S. Blömeke (Hrsg.), *Handbuch Schule. Theorie – Organisation – Entwicklung* (S. 228–235). Bad Heilbrunn: Klinkhardt.

Schulting, A.B., Malone, P.S. & Dodge, K.A. (2005). The Effect of School-Based Kindergarten Transition Policies and Practices on Child Academic Outcomes. *Developmental Psychology, 41* (6), 860–871.

Schulz, A. (2002). *Berliner Grundschulgefälle. Die Illusion von der Gleichheit der Bildungschancen: eine vergleichende Analyse schulstatistischer und sozioökonomischer Kennziffern*. Frankfurt am Main, New York: P. Lang.

Statistische Veröffentlichung der Kultusministerkonferenz (Dokumentation Nr. 198), Berlin.

Seyda, S. (2009). Kindergartenbesuch und späterer Bildungserfolg. Eine bildungsökonomische Analyse anhand des Sozio-ökonomischen Panels. *Zeitschrift für Erziehungswissenschaften, 12,* 233–251.

Seyda, S. (2009). Kindergartenbesuch und späterer Bildungserfolg. Eine bildungsökonomische Analyse anhand des Sozio-ökonomischen Panels. *Zeitschrift für Erziehungswissenschaften, 12,* 233–251.

Shepard, L.A. & Smith, M.L. (1987). Effects of kindergarten retention at the end of first grade. *Psychology in the Schools, 24* (4), 346–357. Siegler, R. S., DeLoache, J.S. & Eisenberg, N. (Hrsg.). (2011). *Entwicklungspsychologie im Kindes- und Jugendalter* (2. Aufl.). Heidelberg, Neckar: Spektrum Akademischer Verlag.

Shepard, L.A. & Smith, M.L. (1989). Academic and emotional effects of kindergarten retention in one school district review of research on kindergarten retention. In L.A. Shepard & M.L. Smith (Hrsg.), *Flunking grades: Research and policies on retention* (S. 79–107). London, New York: The Falmer Press.

Sozialgesetzbuch (SGB). Achtes Buch (VIII) – Kinder und Jugendhilfe – in der Fassung der Bekanntmachung vom 11. September 2012. Zuletzt geändert durch Art. 3 G v. 3.5.2013.

Speck-Hamdan, A. (2006). Neuanfang und Anschluss: zur Doppelfunktion von Übergängen. In D. Diskowski (Hrsg.), *Übergänge gestalten. Wie Bildungsprozesse anschlussfähig werden* (S. 20–31). Weimar: Verlag Das Netz.

Speck-Hamdan, A. (2001). Schulanfänger: Könner? – Debütanten? In G. Faust-Siehl & A. Speck-Hamdan (Hrsg.), *Schulanfang ohne Umwege. Mehr Flexibilität im Bildungswesen* (Beiträge zur Reform der Grundschule, Bd. 111, S. 16–29). Frankfurt am Main: Grundschulverband – Arbeitskreis Grundschule e.V.

Statistisches Bundesamt. (2011). *Bildung und Kultur. Allgemeinbildende Schulen* (Fachserie 11 Reihe 1), Wiesbaden.

Stipek, D. & Byler, P. (2001). Academic achievement and social behaviors associated with age of entry into kindergarten. *Applied Developmental Psychology, 22,* 175–189.

Stubbe, T.C. (2009). *Bildungsentscheidungen und sekundäre Herkunftseffekte. Soziale Disparitäten bei Hamburger Schülerinnen und Schülern der Sekundarstufe I*. Münster: Waxmann.

Stubbe, T.C., Buddeberg, I., Hornberg, S. & McElvany, N. (2007). Lesesozialisation im Elternhaus im internationalen Vergleich. In W. Bos, S. Hornberg, K.-H. Arnold, G. Faust, L. Fried, E.-M. Lankes et al. (Hrsg.), *IGLU 2006. Lesekompetenzen von Grundschulkindern in Deutschland im internationalen Vergleich* (S. 299–327). Münster: Waxmann.

Stuck, A. & Wolf, B. (2004). *Kindertagesstätten in Rheinland-Pfalz. Empirische Ergebnisse aus der Sicht von Eltern und Erzieherinnen* (Berichte aus der Pädagogik). Aachen: Shaker.

Thomas, A.M., Armisted, L., Kempton, T., Lynch, S., Forehand, R., Nousiainen, S. et al. (1992). Early retention: Are there long-term beneficial effects? *Psychology in the Schools, 29* (4), 342–347.

Tietze, W. (2006). Schulfähigkeit als Bildungserfolg in der Eingangsphase der Grundschule. In D. Diskowski (Hrsg.), *Übergänge gestalten. Wie Bildungsprozesse anschlussfähig werden* (S. 199–215). Weimar: Verlag Das Netz.

Tietze, W. (1978). *Früheinschulung. Auswirkungen einer bildungspolitischen Maßnahme.* Kronberg/Ts.: Scriptor-Verlag

Tietze, W. (1998). *Wie gut sind unsere Kindergärten? Eine Untersuchung zur pädagogischen Qualität in deutschen Kindergärten.* Neuwied: Luchterhand.

Tietze, W., Roßbach, H.-G. & Grenner, K. (2005). *Kinder von 4 bis 8 Jahren. Zur Qualität der Erziehung und Bildung in Kindergarten, Grundschule und Familie.* Weinheim, Basel: Beltz Verlag.

Valtin, R., Wagner, C. & Schwippert, K. (2005). Schülerinnen und Schüler am Ende der vierten Klasse – schulische Leistungen, lernbezogene Einstellungen und außerschulische Lernbedingungen. In W. Bos, E.-M. Lankes, M. Prenzel, K. Schwippert, R. Valtin & G. Walther (Hrsg.), *IGLU. Vertiefende Analysen zu Leseverständnis, Rahmenbedingungen und Zusatzstudien* (S. 187–238). Münster, New York, München, Berlin: Waxmann.

van Ackeren, I. (2006). Freie Wahl der Grundschule? Zur Aufhebung fester Schulbezirke und deren Folgen. *Die deutsche Schule, 98,* 301–310.

Walper, S. & Roos, J. (2001). Die Einschulung als Herausforderung und Chance für die Familie. In G. Faust-Siehl & A. Speck-Hamdan (Hrsg.), *Schulanfang ohne Umwege. Mehr Flexibilität im Bildungswesen* (Beiträge zur Reform der Grundschule, Bd. 111, S. 30–52). Frankfurt am Main: Grundschulverband – Arbeitskreis Grundschule e.V.

Wehner, F. (2011). Einschulung oder Zurückstellung? Die Formation der Einschulungsentscheidung aus Sicht der Eltern. In I. Hermann, A. Raev & M. Wagner-Braun (Hrsg.), *Kolloquium 2011. Beiträge Bamberger Nachwuchswissenschaftlerinnen* (S. 9–37). Bamberg: Univ. of Bamberg Press.

Wehner, F. & Kratzmann, J. (2013). Einstellungen von Eltern und Erzieherinnen zur Förderung von Kindern im Alter von drei bis sechs Jahren. In G. Faust (Hrsg.), *Einschulung. Ergebnisse aus der Studie „Bildungsprozesse, Kompetenzentwicklung und Selektionsentscheidungen im Vorschul- und Schulalter (BiKS)"* (S. 83–96). Münster, New York, München, Berlin: Waxmann.

Wehner, F. & Pohlmann-Rother, S. (2012). Zur Verbreitung von Kooperationsaktivitäten und Förderprogrammen beim Übergang in die Grundschule. In S. Pohlmann-Rother & U. Franz (Hrsg.), *Kooperation von KiTa und Grundschule. Eine Herausforderung für das pädagogische Personal* (S. 71–83). Kronach: Link.

Wehner, F. & Pohlmann, S. (2010). Eltern vor der Entscheidung über eine Zurückstellung vom Schulbesuch. In B. Schwarz, P. Nenninger & R.S. Jäger (Hrsg.), *Erziehungswissenschaftliche Forschung – nachhaltige Bildung. Beiträge zur 5. DGfE-Sektionstagung „Empirische Bildungsforschung"/AEPF-KBBB im Frühjahr 2009* (Erziehungswissenschaft, Bd. 28, S. 34–40). Landau: Verlag Empirische Pädagogik e.V.

Weigert, E. (1996). „Der sogenannte Ernst des Lebens". Schulpflicht – Einschulung – Erstunterricht. In D. Haarmann (Hrsg.), *Handbuch Grundschule. Allgemeine Didak-*

tik: Voraussetzungen und Formen grundlegender Bildung (3., unveränd. Aufl., S. 102–113). Weinheim: Beltz Verlag.

Weigert, H. & Weigert, E. (1995). *Schuleingangsphase. Hilfen für eine kindgerechte Einschulung* (4., unveränd. Aufl.). Weinheim: Beltz Verlag.

Weinert, S., Ebert, S. & Dubowy, M. (2010). Kompetenzen und soziale Disparitäten im Vorschulalter. *Zeitschrift für Grundschulforschung, 3,* 32–45.

Wiedenhorn, T. (2011). *Die Bildungsentscheidung aus Schüler-, Eltern- und Lehrersicht.* Wiesbaden: VS Verlag für Sozialwissenschaften.

Witzel, A. (2000). Das problemzentrierte Interview. *Forum Qualitative Sozialforschung, 1* (1).

Witzlack, G. (1972). *Zur Diagnostik und Entwicklung der Schulfähigkeit* (3. Aufl.). Berlin: Volk und Wissen Volkseigener Verlag.

Wolf, B. (2002). *Elternhaus und Kindergarten. Einschätzungen aus zwei Perspektiven (Eltern und Erzieherinnen)* (Berichte aus der Pädagogik). Aachen: Shaker.

Abbildungen

Abbildung 2.1:   Anteile verspätet eingeschulter Kinder
                 (vgl. Autorengruppe Bildungsberichterstattung, 2012).........24

Abbildung 7.1:   Erhebungszeitpunkte...79

Abbildung 7.2:   Schritte der Kategorienbildung nach
                 Mayring (2003, S. 75)..81

Abbildung 7.3:   Beispiel für eine Codeübernahme bei Überschneidungen
                 – übernommen wurde der längere Code.............................83

Abbildung 8.1:   Modell der Einschulungsentscheidung zwischen
                 fristgerechter und verspäteter Einschulung.....................126

Abbildung 10.1: Übersicht über die Interviewzeitpunkte und die
                 Einschulung bei Familie M..150

Abbildung 10.2: Übersicht über die Interviewzeitpunkte und die
                 Einschulung bei Familie T...158

Abbildung 10.3: Übersicht über die Interviewzeitpunkte und die
                 Einschulung bei Familie C..166

Abbildung 10.4: Übersicht über die Interviewzeitpunkte und die
                 Einschulung bei Familie F...173

Abbildung 10.5: Übersicht über die Interviewzeitpunkte und die
                 Einschulung bei Familie E...181

Abbildung 10.6: Übersicht über die Interviewzeitpunkte und die
                 Einschulung bei Familie R..187

Tabellen

Tabelle 7.1: Stichprobenverteilung über die drei Erhebungszeitpunkte 75

Tabelle 7.2: Einschätzregeln für die Unterkategorie Vorhandensein der Beratung im Kindergarten mit Textbeispiel 84

Tabelle 7.3: Einordnung der Fälle nach theoretischen individuellen und familiären Merkmalen sowie dem realisierten Einschulungszeitpunkt 85

Anhang

A1. Übersicht über die landesspezifischen Stichtage und die Zurückstellungsregelugen

Bundes-land	Stichtag und Flexibilisierung	Bedingung für eine Zurückstellung	Antragsteller bzw. Entscheider
Baden-Württemberg (SchG §74)	Schrittweise Verschiebung: - um je einen Monat - ab dem SJ 2005/06 bis 2007/08 - vom 30.6. auf den **30.9.**	Kinder, deren geistiger oder körperlicher Entwicklungsstand keine erfolgreiche Teilnahme am Unterricht erwarten lässt.	Die Entscheidung trifft die Schule unter Einbezug eines Gutachtens des Gesundheitsamtes.
Bayern (BayEUG Art. 37)	*Alte Regelung* Schrittweise Verschiebung: - um je einen Monat - ab dem SJ 2005/06 bis 2010/11 - vom 30.6. auf den 31.12. *Neue Reglung* - ab dem SJ 2010/11 - **30.9.**	Kinder, deren geistiger oder körperlicher Entwicklungsstand keine erfolgreiche Teilnahme am Unterricht erwarten lässt.	Die Entscheidung trifft die Schulleitung der Grundschule, die Eltern haben die Möglichkeit, Einspruch zu erheben.
Berlin (SchulG §42)	Einmalige Verschiebung: - im SJ 2005/06 - vom 30.6. auf den **31.12.**	Kinder, deren Entwicklungsstand eine bessere Förderung in Einrichtung der Jugendhilfe erwarten lässt.	Die Entscheidung trifft die Schulaufsichtsbehörde auf der Grundlage gutachterlicher Stellungnahmen des zuständigen Schularztes oder des schulpsychologischen Dienstes. Es muss ein begründeter Antrag der Erziehungsberechtigten mit schriftlicher Stellungnahme der von ihrem Kind zuletzt besuchten Einrichtung der Jugendhilfe oder Kindertagespflegestelle gestellt werden.

Fortsetzung Übersicht über die landesspezifischen Stichtage und die Zurückstellungsregelungen

Bundes-land	Stichtag und Flexibilisierung	Bedingung für eine Zurückstellung	Antragsteller bzw. Entscheider
Branden-burg (BbgSchulG §51)	Einmalige Verschiebung: - im SJ 2005/06 - vom 30.6. auf den **30.9.**	Wenn zu erwarten ist, dass das Kind nicht mit Erfolg am Unterricht teilnehmen kann und eine anderweitige Förderung, insbesondere durch den Besuch einer Kindertagesstätte oder durch rehabilitative Frühförderung, gewährleistet ist.	Die Entscheidung erfolgt durch die Schulleiterin oder den Schulleiter unter Berücksichtigung einer schulärztlichen Untersuchung und nach Beratung der Eltern durch die Schule. Die Eltern müssen einen Antrag stellen und sind vor der Entscheidung anzuhören.
Bremen (Brem-SchulG §53)	**30.6.** Keine Stichtagsverschiebung	Kinder, die erhebliche gesundheitliche Gründe aufweisen.	Die Entscheidung trifft die Fachaufsicht auf der Grundlage eines schulärztlichen Gutachtens.
Hamburg (HmbSG §38)	**30.6.** Keine Stichtagsverschiebung	Kinder können unter Berücksichtigung der geistigen, seelischen, körperlichen oder sprachlichen Entwicklung zurückgestellt werden. Sie werden in eine Vorschulklasse aufgenommen.	Es muss ein Antrag der Sorgeberechtigten oder Antrag der Schule (nach Anhörung der Sorgeberechtigten) gestellt werden.
Hessen (HSchG §58)	**30.6.** Keine Stichtagsverschiebung	Kinder, die noch nicht den für den Schulbesuch erforderlichen körperlichen, geistigen und seelischen Entwicklungsstand haben. Kinder, die nicht über die erforderlichen deutschen Sprachkenntnisse verfügen.	Die Entscheidung trifft die Schulleiterin oder der Schulleiter. Es muss ein Antrag der Eltern vorliegen oder eine Anhörung unter schulpsychologischer Beteiligung und Beteiligung des schulärztlichen Dienstes stattfinden.

Fortsetzung Übersicht über die landesspezifischen Stichtage und die Zurückstellungsregelungen

Bundes-land	Stichtag und Flexibilisierung	Bedingung für eine Zurückstellung	Antragsteller bzw. Entscheider
Mecklen-burg-Vorpom-mern (SchulG M-V §43)	**30.6.** Keine Stichtagsverschiebung	-	Die Entscheidung trifft der der Schulleiterin oder dem Schulleiter der Grundschule im Einvernehmen mit den Eltern und unter Einbeziehung der schulärztlichen Untersuchung und des schulpsychologischen Dienstes. Es muss eine Antrag der Erziehungsberechtigten vorliegen.
Nieder-sachsen (NSchG §64)	Schrittweise Verschiebung: - um je einen Monat - ab dem SJ 2010/11 bis 2012/13 - vom 30.6. auf den **30.9.**	Kinder, die körperlich, geistig oder im sozialen Verhalten nicht ausreichend entwickelt sind, um mit Erfolg am Unterricht teilzunehmen.	-
Nordrhein-Westfalen (SGV NRW §35)	*Alte Regelung* Schrittweise Verschiebung: - um je einen Monat - bis zum SJ 2014/2015 - auf den 31.12. *Neue Regelung* - ab dem SJ 2011/2012 - **30.9.**	-	Die Entscheidung trifft die Schulleiterin oder der Schulleiter auf der Grundlage des schulärztlichen Gutachtens. Die Eltern sind anzuhören. Die Prüfung kann auch auf Antrag der Eltern erfolgen.
Rheinland-Pfalz (SchulG §58)	Einmalige Verschiebung: - im SJ 2008/09 - vom 30.6. auf den **31.8.**	Wenn beim Kind erhebliche gesundheitliche Gründe bestehen.	Die Entscheidung trifft die Schulleiterin oder der Schulleiter im Benehmen mit der Schulärztin oder dem Schularzt. Es muss ein Antrag der Eltern vorliegen.

Fortsetzung Übersicht über die landesspezifischen Stichtage und die Zurückstellungsregelungen

Bundes-land	Stichtag und Flexibilisierung	Bedingung für eine Zurückstellung	Antragsteller bzw. Entscheider
Saarland (Schul-pflichtge-setz §3)	**30.6.** Keine Stichtagsverschiebung	Kinder, bei denen aufgrund einer medizinischen Indikation durch den Schul- oder Amtsarzt eine Ein-schulung noch nicht angeraten ist.	Die Entscheidung trifft nach Anhörung der Erziehungsberechtigten der Schullei-ter.
Sachsen (SchulG §27)	**30.6.** Keine Stichtagsverschiebung	Kinder, die geistig oder körperlich noch nicht ausreichend entwickelt, um mit Erfolg am Unterricht teilzu-nehmen.	Die Entscheidung trifft der Schulleiter.
Sachsen-Anhalt (SchulG LSA §37)	**30.6.** Keine Stichtagsverschiebung	Kinder, die körperlich, geistig oder seelisch bzw. im sozialen Verhalten noch nicht ausreichend entwickelt sind, um mit Erfolg am Unterricht teilzunehmen.	Die Entscheidung trifft die Schulbehörde im Einvernehmen mit den Erziehungsbe-rechtigten und nur im Einzelfall.
Schleswig-Holstein (SchulG §22)	**30.6.** Keine Stichtagsverschiebung	Keine Zurückstellung vorgesehen, nur aus gesundheitlichen Gründen bzw. bei zu früh geborenen Kindern ist im Einzelfall eine Beurlaubung möglich.	-
Thüringen (Thür-SchulG §18)	Einmalige Verschiebung: - im SJ 2003/04 - vom 30.6. auf den **31.7.**	Wenn zu erwarten ist, dass das Kind aufgrund des Entwicklungsstandes nicht mit Erfolg am Unterricht teil-nehmen kann.	Die Entscheidung trifft der Schulleiter. Ein Antrag kann erst nach der schulärzt-lichen Untersuchung und nach Beratung durch die Schule gestellt werden.

(Anmerkung: SJ = Schuljahr)

A2. Interviewleitfaden Erhebungszeitpunkt 1

Erläuterungen für die Interviewdurchführung:
- Die Hauptfragen sind fett gedruckt und stehen in einem Kasten. Sie müssen gestellt werden!
- Die darunter angeordneten Fragen in normaler Schrift sollen gestellt werden, wenn die befragte Person nicht von sich aus auf die entsprechenden Aspekte zu sprechen kommt. Sie dienen ggf. auch dazu, die Hauptfragen zu präzisieren und/oder den Gesprächsfluss in Gang zu halten.
- Anmerkungen in kursiver Schrift und in eckigen Klammern [INT.: ...] sind Erläuterungen für die Interviewerin. Sie werden nicht vorgelesen!

Einstieg:

Noch ist *<Name des Kindes>* im Kindergarten. Im nächsten Jahr wird er/sie schulpflichtig. Haben Sie sich bereits über die Einschulung Ihres Kindes Gedanken gemacht?

- Woran denken Sie bei diesem Thema?

1. Zeitpunkt der Einschulung

Wissen Sie jetzt schon, in welchem Jahr *<Name des Kindes>* in die Schule kommen soll?

[INT: Einschulung 2008 = fristgerecht; Einschulung 2009 = späte Einschulung bzw. Zurückstellung vom Schulbesuch]

→ Wenn bereits entschieden: Was veranlasst Sie konkret dazu?
- Warum tendieren Sie zu diesem Jahr?
- Welche Vor- und Nachteile hat es für Ihre Familie?
- Welche Vor- und Nachteile hat es für <Name des Kindes>?
- Wie sicher sind Sie sich in Ihrer Entscheidung?
- Hat der Wunsch Ihres Kindes bei der Entscheidung eine Rolle gespielt?

→ Wenn noch nicht entschieden: Wann wird die Entscheidung/Situation für Sie klarer werden?
- Wovon hängt es dann ab, wie Sie sich entscheiden?
- Spielt der Wunsch Ihres Kindes bei der Entscheidung eine Rolle?

Manche Eltern möchten Ihrem Kind eine möglichst lange, unbeschwerte schul- und lernfreie Zeit im Kindergarten „schenken" und es möglichst spät einschulen. Andere sind für eine möglichst frühe Einschulung. Wie stehen Sie dazu?

- Und wenn Sie an <Name des Kindes> denken, wie stehen Sie bei ihm/ihr zum Zeitpunkt der Einschulung?
  - Begründung?

- Welche Punkte sprechen Ihrer Meinung nach für einen späten Schuleintritt (Einschulung 2009)?
- Welche Punkte sprechen Ihrer Meinung gegen einen späten Schuleintritt (Einschulung 2009)?

2. Informationsbeschaffung/Beratung zum Thema Einschulung

Wie werden Sie an Informationen zur Einschulung/zum Schulbeginn kommen? Woher wissen Sie das, was Sie schon wissen?

- Wer/Was informiert Sie?
- Haben Sie in den Medien irgendetwas dazu gehört?
- Haben Sie sich mit jemanden zum Thema Einschulung unterhalten?
- War die Einschulung Ihres Kindes bereits Thema eines Gespräches mit der Erzieherin im Kindergarten?
  <u>Wenn ja:</u>
    o Worüber haben Sie genau gesprochen?
    o Was hat die Erzieherin Ihnen in Bezug auf Ihr Kind geraten?
    o Haben Sie darüber gesprochen, wie man Ihr Kind bezüglich der Einschulung unterstützen könnte?
    o Wie hat die Erzieherin Ihre Meinung begründet?
- Haben Sie mit Ihrem Kinderarzt über die Einschulung gesprochen?
  <u>Wenn ja:</u>
    o Was hat er geraten?
    o Wie hat er seine Meinung begründet?
- Befindet sich Ihr Kind in therapeutischer Behandlung?
  <u>Wenn ja:</u>
    o Welche?
    o Haben Sie mit dem Therapeuten über die Einschulung gesprochen?
    o Was hat er geraten?
    o Wie hat er seine Meinung begründet?
- Welche dieser eben von Ihnen genannten Informationsquellen hilft Ihnen konkret bei der Entscheidungsfindung? Wie bewerten Sie diese?
- Begründung?

3. Merkmale des Kindes: Schulfähigkeit

Welche Fähigkeiten muss Ihrer Meinung nach ein Kind haben, wenn es zur Schule kommt?

- Wenn Sie aus diesen Punkten eine Reihenfolge machen müssten, was ist dann Ihrer Meinung nach wichtiger und was weniger wichtig?
- Welche dieser Fähigkeiten hat Ihr Kind bereits erworben?

Ausklang:

Sie erleben ja jetzt bei *<Name des Kindes>* die Zeit bis zur Einschulung. Sind Sie damit zufrieden, wie alles verläuft?

- Womit sind Sie zufrieden? Was läuft gut?
- Was würden Sie gern ändern?
- Gibt es noch etwas, das Ihnen beim Thema Einschulung wichtig ist, das aber hier nicht angesprochen wurde? [INT: letzte Frage im Interview]

Herzlichen Dank für Ihre Gesprächsbereitschaft! Wir wünschen Ihnen und Ihrem Kind für die Zukunft alles Gute!

A3. Interviewleitfaden Erhebungszeitpunkt 2

Erläuterungen für die Interviewdurchführung:
- Die Hauptfragen sind fett gedruckt und stehen in einem Kasten. Sie müssen gestellt werden!
- Die darunter angeordneten Fragen in normaler Schrift sollen gestellt werden, wenn die befragte Person nicht von sich aus auf die entsprechenden Aspekte zu sprechen kommt. Sie dienen ggf. auch dazu, die Hauptfragen zu präzisieren und/oder den Gesprächsfluss in Gang zu halten.
- Anmerkungen in kursiver Schrift und in eckigen Klammern [INT.: ...] sind Erläuterungen für den/die Interviewer/-in. Sie werden nicht vorgelesen!

Einstieg:

Sie erinnern sich sicherlich noch an das letzte Gespräch zum Thema „Einschulung" vergangenes Jahr. Jetzt wollen wir von Ihnen wissen, was bzw. wie Sie heute über die Einschulung von XY (*<Name des Kindes nennen>*) denken.

1. Zeitpunkt der Einschulung

Wie haben Sie sich nun hinsichtlich der Einschulung entschieden?
- Kommt XY *<Name des Kindes nennen>* im kommenden Schuljahr in die 1. Klasse?
  → Wenn <u>nicht</u>: Was veranlasst Sie konkret dazu?
- Welche Aspekte haben bei dieser Entscheidung eine Rolle gespielt?
- Was waren letztlich die ausschlaggebenden Gründe dafür?

Sind Sie vom <u>Kindergarten</u> in Bezug auf die Einschulung beraten worden?
- In welcher Form wurden Sie beraten?
- Was wurde angesprochen?
- Was wurde Ihnen geraten? Mit welcher Begründung?
- Wie stehen Sie dazu?
- War das eine Hilfe für Sie?

Sind Sie von der <u>Schule</u> in Bezug auf die Einschulung beraten worden?
- In welcher Form wurden Sie beraten?
  o Wurden Sie im Rahmen der Schulanmeldung beraten?
  o Wer hat Sie beraten?
  o Wurde auch mit Ihrem Kind gesprochen?
- Worüber wurde bei der Beratung gesprochen?
- Wurde die Schulfähigkeit Ihres Kindes überprüft?
  <u>Wenn ja:</u>
  o Wurde ein Test durchgeführt?
  o Ist Ihnen dieser Test bekannt?
  o Was wurde bei diesem Test gemacht?

- Was wurde Ihnen geraten? Mit welcher Begründung?
- Wie stehen Sie dazu?
- War das eine Hilfe für Sie?

Hat Ihr Kind an einer Einschulungsuntersuchung teilgenommen?
- Was wurde bei dieser Untersuchung gemacht?
- Was wurde Ihnen geraten? Mit welcher Begründung?
- Wie stehen Sie dazu?
- War das eine Hilfe für Sie?

Wie hat Ihr Umfeld auf die Entscheidung reagiert?
- Wie hat/haben der Kindergarten bzw. die Erzieher/-innen auf die Entscheidung reagiert?
- Wie hat sich Ihr Kind dazu geäußert? (Wie sieht der Wunsch des Kindes aus?)
- Wie haben Verwandte/Freunde auf die Entscheidung reagiert?

2. Rückblickende Bewertung der Entscheidungsfindung

Im Rückblick auf das letzte halbe Jahr: Wie haben Sie persönlich diese Zeit empfunden?
- Haben Sie oft zwischen einer fristgerechten Einschulung und einer Zurückstellung geschwankt oder war es Ihnen eigentlich ziemlich klar, wann Sie einschulen wollen? Beschreiben Sie bitte, was Sie in dieser Zeit bewegt hat.
  [INT.: diese Schilderung sollte ausführlich sein; bitte ggf. nachhaken]
  o Gefühle/Emotionen
  o Unsicherheitsgefühl
  o Druck (von außen)
  o Was fiel Ihnen besonders schwer dabei?
- Sind Sie zufrieden mit Ihrer Entscheidung? Wenn ja, warum? Wenn nein, warum nicht?
- Was hat bzw. hätte Ihnen bei der Entscheidungsfindung geholfen? Wo hätten Sie sich Unterstützung gewünscht?

3. Kooperation zwischen Kindergarten und Grundschule

Hat bezüglich der Einschulung Ihres Kindes eine Zusammenarbeit von Lehrer/-innen und Erzieher/-innen stattgefunden? Haben Sie diese konkret erlebt?
- Wenn ja:
  o Wie sah diese aus?
    ▪ allgemein zur Einschulung (z.B. gemeinsame Aktivitäten, Schnuppertag)
    ▪ auf Ihr Kind bezogen (z.B. gemeinsame Beratungsgespräche)
  o Hat diese Zusammenarbeit den Übergangsprozess für Sie erleichtert? Aus welchen Gründen?

- Wenn nicht:
    o Hätten Sie sich eine Zusammenarbeit von Kindergarten und Grundschule gewünscht? Wenn ja, warum? Wenn nein, warum?
    o Glauben Sie, dass diese Zusammenarbeit Ihnen den Übergangsprozess erleichtert hätte?

4. Schulfähigkeit und schulbezogene Förderung

Wir haben bereits beim letzten Mal darüber gesprochen, welche Fähigkeiten ein Kind Ihrer Meinung nach haben muss, wenn es in die Schule kommt. Jetzt möchten wir von Ihnen wissen, wie Sie den Schulbeginn und die weitere Schullaufbahn Ihres Kindes heute einschätzen.

- Gibt es Bereiche, in denen Sie Ihr Kind im Hinblick auf den Schulbeginn besonders fördern (z.B. durch bestimmte Aktivitäten)?
    o innerhalb der Familie
    o außerhalb der Familie
- Wünschen Sie sich hinsichtlich der Einschulung für Ihr Kind mehr schulbezogene Förderung im Kindergarten? Falls ja: Wie sollte diese Schulvorbereitung im Kindergarten Ihrer Meinung nach aussehen?
- Welche Vorstellungen haben Sie von der Schullaufbahn Ihres Kindes? Wie wird sich Ihr Kind Ihrer Ansicht nach in der Schule entwickeln? Welchen Schulabschluss wünschen Sie sich für Ihr Kind?
- Wie schätzen Sie die Fähigkeiten Ihres Kindes ein? Welchen Schulabschluss wird Ihr Kind Ihrer Meinung nach erreichen? (Erfolgserwartung)
- Was erwarten Sie sich von der Grundschule/der Lehrerin? Was erhoffen Sie sich?
    o hinsichtlich der Person
    o hinsichtlich der Unterrichtsgestaltung

Ausklang:

Gibt es noch etwas, das Ihnen beim Thema Einschulung wichtig ist, das aber hier noch nicht angesprochen wurde?

Herzlichen Dank für Ihre Gesprächsbereitschaft! Wir wünschen Ihnen und Ihrem Kind für die Einschulung alles Gute!

A4. Interviewleitfaden Erhebungszeitpunkt 3

Erläuterungen für die Interviewdurchführung:
- Die Hauptfragen sind fett gedruckt und stehen in einem Kasten. Sie müssen gestellt werden!
- Die darunter angeordneten Fragen in normaler Schrift sollen gestellt werden, wenn die befragte Person nicht von sich aus auf die entsprechenden Aspekte zu sprechen kommt. Sie dienen ggf. auch dazu, die Hauptfragen zu präzisieren und/oder den Gesprächsfluss in Gang zu halten.
- Anmerkungen in kursiver Schrift und in eckigen Klammern [INT.: ...] sind Erläuterungen für den/die Interviewer/-in. Sie werden nicht vorgelesen!

Einstig:

Sie erinnern sich sicherlich noch an unser letztes Gespräch zum Thema „Einschulung" im Juni diesen (bzw. letzten) Jahres. Sie haben uns von Ihrer Entscheidung erzählt, XY (*<Name des Kindes nennen>*) fristgerecht (bzw. zurückzustellen), also dieses Jahr, einzuschulen. Uns interessiert nun, wie Sie und Ihr Kind die ersten Schulwochen erlebt haben.

1. Verlauf der ersten Schulwochen

Wie sind die ersten Schulwochen bis jetzt verlaufen?
- Besondere Vorkommnisse?
- Schwierigkeiten/Probleme?
- Geht Ihr Kind gern in die Schule?
  - o   Fühlt es sich wohl dort?
  - o   Hat es in der Schule Freunde gefunden?
  - o   Wie hat es sich eingelebt?
- Was hat Ihnen Ihr Kind bisher von der Schule so erzählt?
- Wie beurteilen Sie insgesamt gesehen den Eintritt Ihres Kindes in die Schule?
  - o   (leichter/schwerer als erwartet, genau wie erwartet)
- Der Eintritt in die Schule kann Veränderungen/Umstellungen im Leben eines Kindes mit sich bringen. Wie schätzen Sie diese Veränderungen/Umstellungen im Leben Ihres Kindes ein? (bezogen auf das Kind)
- Der Eintritt in die Schule kann auch für die Familie Umstellungen/Veränderungen bedeuten. Wie erleben Sie diese in Ihrer Familie? (bezogen auf die Familie)
- Wie ist das Verhältnis Ihres Kindes zur Klassenlehrerin? Wie kommt Ihr Kind mit der Klassenlehrerin zurecht?

2. Fähigkeiten des Kindes

Kann Ihr Kind die Anforderungen der Schule bewältigen?
- Hat es in einem Bereich Schwierigkeiten?
- Braucht Ihr Kind Hilfe bei den Hausaufgaben?

o Unterstützen Sie Ihr Kind bei den Hausaufgaben?
o Falls ja, wie unterstützen Sie Ihr Kind bei den Hausaufgaben?
- Wie schätzen Sie die Fähigkeiten Ihres Kindes im Vergleich zu Kindern seiner Altersgruppe ein?
o allgemein gesehen
o im sprachlich Bereich
o im mathematischen Bereich
- Gibt es Bereiche, in denen Sie Ihr Kind im Hinblick auf die Schule besonders fördern (z.b. durch bestimmte Aktivitäten)
o innerhalb der Familie
o außerhalb der Familie
- Welche Vorstellungen haben Sie von der Schullaufbahn Ihres Kindes? Wie wird sich Ihr Kind Ihrer Ansicht nach in der Schule entwickeln? (Erfolgserwartung)
- Wie schätzen Sie nach den Erfahrungen der ersten Wochen in der Schule die Schulvorbereitung im Kindergarten ein? (Wenn Sie an die Kindergarten-Zeit Ihres Kindes zurückdenken, wurde Ihr Kind vom Kindergarten gut auf die Schule vorbereitet?)
- Rückblickend: Welche Kooperationsmaßnahmen zwischen Kindergarten und Grundschule haben Ihnen den Übergang erleichtert oder welche hätten Ihnen, Ihrer Meinung nach, den Übergang erleichtert?

3. Fragen zur Klassenlehrerin

Wie ist Ihr Verhältnis zur Klassenlehrerin Ihres Kindes?

- Wie kommen Sie mit der Klassenlehrerin zurecht?
- Wie häufig haben Sie bislang Kontakt zur Klassenlehrerin aufgenommen?
o Wer war an den Gesprächen beteiligt?
o Über welche Themen wurde gesprochen?
o Wie zufrieden waren Sie in der Regel mit den Gesprächen?

4. Zufriedenheit mit Entscheidung

Wenn Sie an die zurückliegende Zeit denken, also vom ersten Gedanken an die Einschulung bis zu dem Zeitpunkt, an dem Ihr Kind nun eingeschult wurde, wie bewerten Sie diese Zeit?

- Haben Sie sich diese Zeit der Entscheidungsfindung so vorgestellt?
- Sind Sie zufrieden mit Ihrer Einschulungsentscheidung?
- Wenn Sie die Erfahrungen, die Sie in dieser Zeit gemacht haben, berücksichtigen, würden Sie dann wieder zum gleichen Zeitpunkt einschulen?
o Begründung?
o Falls nein, wäre eher eine vorzeitige Einschulung oder eine Zurückstellung (bzw. fristgerechte Einschulung) in Frage gekommen?
[Die folgende Frage nur bei den zurückstellenden Eltern stellen]
- Denken Sie, dass das zusätzliche Jahr im Kindergarten Ihrem Kind noch einmal geholfen hat?

-   Sind Sie zufrieden, wie alles verläuft?
    o   Begründung?
-   Was würden Sie als Experte für die Einschulung anderer Eltern raten/sagen, die sich mit Einschulungsentscheidungen beschäftigen?
    o   Informationen, Empfehlungen, Hinweise, Tipps, mögliche Probleme etc.
-   Würden Sie mit Ihrer heutigen Erfahrung im Zusammenhang mit dem Schuleintritt Ihres Kindes etwas anders machen?
    o   Begründung?

Ausklang:

Gibt es noch etwas, das Ihnen beim Thema Einschulung wichtig ist, das aber hier noch nicht angesprochen wurde?

Herzlichen Dank für Ihre Gesprächsbereitschaft! Wir wünschen Ihnen und Ihrem Kind für die Zukunft alles Gute!

A5. Interviewleitfaden Zusatzinterview

Erläuterungen für die Interviewdurchführung:

- Die Hauptfragen sind fett gedruckt und stehen in einem Kasten. Sie müssen gestellt werden!

- Die darunter angeordneten Fragen in normaler Schrift sollen gestellt werden, wenn die befragte Person nicht von sich aus auf die entsprechenden Aspekte zu sprechen kommt. Sie dienen ggf. auch dazu, die Hauptfragen zu präzisieren und/oder den Gesprächsfluss in Gang zu halten.

- Anmerkungen in kursiver Schrift und in eckigen Klammern [INT.: ...] sind Erläuterungen für die Interviewerin. Sie werden nicht vorgelesen!

Einstieg

Manche Eltern möchten Ihrem Kind eine möglichst lange unbeschwerte schul- und lernfreie Zeit im Kindergarten „schenken" und es möglichst spät einschulen. Andere hingegen sind für eine möglichst frühe Einschulung. Wie stehen Sie dazu?

- allgemeine Einschulungsproblematik
    - o   Welche Punkte sprechen Ihrer Meinung nach für einen späten Schuleintritt?
    - o   Welche Punkte sprechen Ihrer Meinung gegen einen späten Schuleintritt?
    (allgemein gesehen, nicht bezogen auf eigene Kind)

1. Einschulungsentscheidung

Sie haben sich ja nun hinsichtlich der Einschulung für eine Zurückstellung von XY entschieden, welche Aspekte haben dabei eine Rolle gespielt?

- Welche Aspekte haben bei dieser Entscheidung eine Rolle gespielt?
- Was waren letztlich die ausschlaggebenden Gründe dafür?

Sind Sie vom <u>Kindergarten</u> zum Thema Einschulung beraten worden?

- In welcher Form wurden Sie beraten?
- Was wurde angesprochen?
- Was wurde Ihnen geraten? Mit welcher Begründung?
- Wie stehen Sie dazu? (Beurteilung der Beratung)
- War das eine Hilfe für Sie/Ihre Entscheidung?

Sind Sie von der <u>Schule</u> in Bezug auf die Einschulung beraten worden?

- In welcher Form und worüber wurden Sie beraten?
    - o   Wurden Sie im Rahmen der Schulanmeldung beraten?
    - o   Wer hat Sie beraten?
    - o   Wurde auch mit Ihrem Kind gesprochen?
- Wie stehen Sie dazu? (Beurteilung der Beratung)
- War das eine Hilfe für Sie/Ihre Entscheidung?

Hat Ihr Kind an Einschulungstests oder -untersuchungen teilgenommen?

- Wurde die Schulfähigkeit Ihres Kindes überprüft?

    <u>Wenn ja:</u>

    o   Wurde ein Test durchgeführt?

    o   Ist Ihnen dieser Test bekannt?

    o   Was wurde bei diesem Test gemacht?

- Was wurde Ihnen geraten? Mit welcher Begründung?
- Wie stehen Sie dazu? (Beurteilung der Beratung)
- War das eine Hilfe für Sie/Ihre Entscheidung?

Wie hat ihr Umfeld auf die Zurückstellung reagiert?

- Wie hat/haben der Kindergarten bzw. die Erzieher/-innen auf die Entscheidung rea-
  giert?
- Wie haben Verwandte/Freunde auf die Entscheidung reagiert?
- Wie hat Ihr Kind auf die Entscheidung reagiert? Was war der Wunsch Ihres Kindes?

Im Rückblick auf das letzte Jahr: Wie haben Sie persönlich diese Zeit empfunden?

- Haben Sie oft zwischen einer fristgerechten Einschulung und einer Zurückstellung
  geschwankt oder war es Ihnen eigentlich ziemlich klar, wann Sie einschulen wollen?
  Beschreiben Sie bitte, was Sie in dieser Zeit bewegt hat.
  [INT.: diese Schilderung sollte ausführlich sein; bitte ggf. nachhaken]

    o   Gefühle/Emotionen

    o   Unsicherheitsgefühl

    o   Druck (von außen)

    o   Was fiel Ihnen besonders schwer dabei? Wo gab es Probleme?

- Was hat bzw. hätte Ihnen bei der Entscheidungsfindung geholfen? Wo hätten Sie
  sich Unterstützung gewünscht?
- Sind Sie zufrieden mit Ihrer Entscheidung?

    o   Begründung

Wie gestaltet sich das kommende Jahr nun für Ihr Kind?

- Welche Einrichtung besucht das Kind derzeit?
- Welche Erwartungen bezüglich der Entwicklung des Kindes werden an das ‚zusätz-
  liche' Jahr gestellt?
- Fördern Sie Ihr Kind bzw. wird Ihr Kind in besonderer Form gefördert?

    o   innerhalb der Familie

    o   außerhalb der Familie (Ergotherapie, Logopädie, Musikschule, …)

    o   Förderung in der derzeit besuchten Einrichtung

       ▪   Formen, Einschätzung der Förderung

       ▪   Wünsche/Verbesserungsvorschläge

2. Kooperation zwischen Kindergarten und Grundschule

Besteht eine Zusammenarbeit von Lehrer/-innen und Erzieher/-innen bzw. Kindergarten und Grundschule bezogen auf die Einschulung? Haben Sie diese konkret erlebt?

- Welche Formen gab es?
    o allgemein zur Einschulung (z.b. gemeinsame Aktivitäten, Schnuppertag)
    o auf Ihr Kind bezogen (z.b. gemeinsame Beratungsgespräche)
- Wenn nicht: Hätten Sie sich eine Zusammenarbeit von Kindergarten und Grundschule gewünscht?
    o Begründung
    o Form der möglichen Zusammenarbeit

3. Schulfähigkeit und schulbezogene Förderung

Welche Fähigkeiten muss Ihrer Meinung nach ein Kind haben, wenn es zur Schule kommt?

- Wenn Sie aus diesen Punkten eine Reihenfolge machen müssten, was ist dann Ihrer Meinung nach wichtiger und was weniger wichtig?
- Welche dieser Fähigkeiten hat Ihr Kind bereits erworben? Wie schätzen Sie die Fähigkeiten Ihres Kindes ein?

- Wir hatten ja schon angesprochen, ob Sie für das kommende Jahr besondere Fördermaßnahmen getroffen haben. Hätten oder wünschen Sie sich hinsichtlich der Einschulung für Ihr Kind mehr schulbezogene Förderung im Kindergarten?
    o Falls ja: Wie sollte diese Schulvorbereitung im Kindergarten Ihrer Meinung nach aussehen?
- Welche Vorstellungen haben Sie von der Schullaufbahn Ihres Kindes?
    o Welchen Schulabschluss wünschen Sie sich für Ihr Kind?
    o Welchen Schulabschluss wird Ihr Kind Ihrer Meinung nach erreichen?

Ausklang:

Gibt es noch etwas, das Ihnen beim Thema Einschulung wichtig ist, das aber hier noch nicht angesprochen wurde?

- Womit sind Sie zufrieden? Was läuft gut?
- Was würden Sie gern ändern?

Herzlichen Dank für Ihre Gesprächsbereitschaft! Wir wünschen Ihnen und Ihrem Kind für die Zukunft alles Gute!

A6. Transkriptionsregeln

- Das Transkript besteht aus
    - dem verschriftlichten Interview
    - dem ausgefüllten Postskript

- Pro Interview 2 Dateien anlegen
    - im Textformat (MS WORD) unter dem Dateinamen: numerischer Code der Familie_Initialien InterviewerIn (=Anfangsbuchstabe des Vor- und Nachnamens).doc z.b. (123456789_kk.doc)
    - als Rich Text Format (MS WORD) unter dem Dateinamen: numerischer Code der Familie_Initialien InterviewerIn (=Anfangsbuchstabe des Vor- und Nachnamens).rtf z.B. (123456789_kk.rtf) (Vorgehen: Datei -> Speichern unter -> Dateityp „rtf" auswählen)

- Formatierungsangaben für die Datei:
    - Schrift: Times New Roman, Punkt 12
    - Zeilenabstand: 1,5
    - Seitenrand: oben 2,5 cm, unten 2 cm, rechts 3 cm, links 2,5 cm

- Kopfzeile anlegen: Quali1 (Z) – Fristgerecht eingeschult – W3 – Code.

- Seitenzahlen rechts unten in der Fußzeile einfügen.

- Text soll wortgetreu wiedergegeben werden, allerdings in grammatikalisch korrekter Sprache. Füllwörter, wie „ähm", „hm" etc., werden ausgelassen.

- Standardorthographie verwenden, d.h. deutsche Rechtschreibung, keinen Dialekt!

- Nichtverstandene Wörter werden mit ? gekennzeichnet.

- Kommentare, die nicht Gegenstand des Interviews selbst sind, werden in eckigen Klammern und kursiv gesetzt [Das Interview wird kurz unterbrochen, weil das Handy der Mutter klingelt]

- Alle Namen und Orte anonymisieren, d.h. mit XY kennzeichnen.

- Interviewte(r) wird mit ELTERN: gekennzeichnet (Wichtig: Bitte immer Großbuchstaben verwenden).

- Interviewer(in) wird mit INTERV.: abgekürzt (Wichtig: Bitte immer Großbuchstaben verwenden).

- Zwischen Text von Interviewer(in) und Interviewpartner(in) wird eine Leerzeile eingefügt, sonst wird der Text fortlaufend verfasst.

- Bitte auf Interpunktion achten, da diese sehr hilfreich ist, um Text später noch einmal lesen und verstehen zu können (Kommaregeln, Groß- und Kleinschreibung etc.). Immer wieder auch Punkte machen und bitte keine seitenlange „Satz-Wurst" produzieren. Primär kommt es uns auf den gesprochenen Inhalt an!

- Transkript möglichst zeitnah zum Interview anfertigen, da man dann das Interview noch besser „im Ohr" hat.

- Interview erst abschnittsweise anhören, dann transkribieren.
- Nach der Transkription unbedingt Korrekturlesen mit Abhören des Bandes!!!

Bitte setzt vor jedes Interview die nachfolgende Passage und füllt sie entsprechend eures Interviews erschöpfend aus, sodass die Interviewsituation auch in einem halben Jahr noch nachvollziehbar ist:

Postskript:
Code des Kindes bzw. der Familie:
Gesprächspartner(in): (Vater oder Mutter)
Geschlecht des Kindes:
Interviewer(in):
Datum/Zeit des Interviews: .... von .... bis .... Uhr
Interviewdauer (in Minuten):
Interviewort:
Störungen des Gesprächs:
Anwesenheit Dritter:
Gesprächsverlauf:
Sonstiges:
Transkriptor(in) (Name):
Datum der Fertigstellung des Transkripts

A7. Intercoderreliabilitäten EZP 2

Erhebungszeitpunkt 2: Intercoderreliabilitäten für die übergeordneten Codes

Ergebnisse der
Intercoderreliabilitätsprüfung: **Gesamt:**   *R = 0,73*

Gesamt (gruppiert, Mittelwert):   *R = 0,73*

Einzelergebnisse nach Codes:

Codename	C1	C2	CÜ	R
Einschulungsentscheidung	195	151	129	0,75
Einschulungsuntersuchung	181	106	87	0,61
Beratung im Kindergarten	145	121	95	0,71
Beratung in der Grundschule	135	162	94	0,63
Reaktionen im Umfeld	88	97	80	0,86
Rückblick	210	175	123	0,64
Kooperation	115	107	82	0,74
Förderung	192	171	152	0,84
Schulfähigkeit	196	177	135	0,72
Erwartungen an die Grundschule	72	62	62	0,93
Kritik am Schulsystem	23	24	13	0,55
Gesamtsumme	**1552**	**1353**	**1052**	**0,72**

A8.   Intercoderreliabilitäten EZP 3.1

Erhebungszeitpunkt 3: Fristgerechte Einschulung: Intercoderreliabilitäten für die übergeordneten Codes

Ergebnisse der
Intercoderreliabilitätsprüfung: **Gesamt:**   *R = 0,73*

                                                 Gesamt (gruppiert, Mittelwert):   *R = 0,74*

Einzelergebnisse nach Codes:

Codename	C1	C2	CÜ	R
Verlauf der ersten Schulwochen	167	113	75	0,54
Narrationen	26	27	24	0,91
Beurteilung des Schuleintritts	51	50	34	0,67
Veränderungen	75	61	52	0,76
Hausaufgaben	120	128	91	0,73
Klassenlehrer	205	189	144	0,73
Fähigkeiten des Kindes	159	163	112	0,7
Förderung	66	55	47	0,78
Bildungsaspiration	44	39	30	0,72
Rückblick Kindergarten	101	109	84	0,8
Rückblick Entscheidung	158	145	127	0,84
Kritik am Schulsystem	31	30	20	0,66
Gesamtsumme	**1203**	**1109**	**840**	**0,73**

A9. Intercoderreliabilitäten EZP 3.2

Erhebungszeitpunkt 3: Verspätete Einschulung: Intercoderreliabilitäten für die übergeordneten Codes

Ergebnisse der
Intercoderreliabilitätsprüfung: **Gesamt:**   *R = 0,72*

Gesamt (gruppiert, Mittelwert):   *R = 0,72*

Einzelergebnisse nach Codes:

Codename	C1	C2	CÜ	R
Verlauf der ersten Schulwochen	101	78	65	0,73
Narrationen	30	27	27	0,95
Beurteilung des Schuleintritts	18	22	13	0,65
Veränderungen	53	47	36	0,72
Hausaufgaben	68	69	46	0,67
Klassenlehrer	120	101	81	0,73
Fähigkeiten des Kindes	120	111	78	0,68
Förderung	45	35	31	0,78
Bildungsaspiration	31	30	21	0,69
Rückblick Kindergarten	78	80	56	0,71
Rückblick Entscheidung	143	129	104	0,76
Kritik am Schulsystem	30	32	23	0,74
Zusätzliches Jahr	66	43	32	0,59
Gesamtsumme	**903**	**804**	**613**	**0,72**